한국선교 140주년 기념도서
Commemoration of 140 Years Anniversary of Mission in Korea

성공이 아닌 섬김

Service, not Success

성공이 아닌 섬김

Service, not Success

한국선교 140주년 기념도서

Commemoration of 140 Years Anniversary of Mission in Korea

발   행· 에큐메니칼선교연구회
발 행 인· 김홍덕
엮 은 이· 양명득

펴 낸 이 · 성상건
펴 낸 날 · 2024년 10월 15일
펴 낸 곳 · 도서출판 나눔사
주   소 · (우) 10270 경기도 고양시 덕양구 푸른마을로 15
          301동 1505호
전   화 · 02)359-3429   팩스 02)355-3429
등록번호· 2-489호(1988년 2월 16일)
이 메 일 · nanumsa@hanmail.net

ISBN 978-89-7027-856-8 03230

값 18,000원

Service, not Success
Commemoration of 140 Years Anniversary of Mission in Korea

Publication: Ecumenical Mission Study Group
Publisher: Hong Duk Kim
Editor: Myong Duk Yang

*본 도서는 (재)성령의열매선교회 재정후원으로 발간되었습니다.

한국선교 140주년 기념도서
Commemoration of 140 Years Anniversary of Mission in Korea

성공이 아닌 섬김

Service, not Success

나눔사

우리의 이름을 역사 속에 묻으며

　1885년 미국북장로회의 언더우드와 미국북감리회의 아펜젤러가 안수받은 선교사로 조선 땅을 밟으면서 한국선교가 본격적으로 시작되었습니다. 뒤이어 호주장로회(1889), 영국성공회(1890), 미국남장로회(1895), 미국남감리회(1895), 캐나다장로회(1898)가 선교의 영역을 확장합니다. 해외교회 한국선교의 특징은 선교 초기부터 경쟁과 갈등을 넘어 협력과 일치를 위해 노력했다는 점입니다. 미국북장로회와 호주장로회의 '장로교선교부연합공의회' 구성으로 선교회 간 협력이 시작되고, 이어서 1898년 네 개의 내한선교회(미국남북장로회, 호주장로회, 캐나다장로회)가 함께하는 '장로회선교부공의회'가 조직됩니다. 여기에 1905년 미국북감리회와 미국남감리회 선교부가 연합사업에 동참하면서 '재한복음주의선교부통합공의회'로 개편되고, 1912년 '재한복음주의선교부연합공의회'로 이름을 변경합니다.

　한국교회 첫 교파연합기구로서 '재한복음주의선교부연합공의회'는 선교지역분할, 성서번역(성서공회), 문서출판(기독교서회), 교육과 의료분야 협력 등 교파 간 연합활동을 하였지만, 그때까지는 선교사들만의 연합체였습니다. '재한복음주의선교부연합공의회'는 이내 한국인 교회지도자들의 참여가 필요함을 깨닫고 새로 장·감 협의체를 조직하기로 합의했습니다. 이런 배경 속에 1918년 한국인 교회지도자들이 중심이 된 '조선예수교장감연합협의회'가 출범합니다. 자신의 이름을 묻고 한국인 교회지도자들을 세우려는 선교사들의 아름다운 노력이었습니다.

이후 '조선예수교장감연합협의회'가 더 넓은 단위의 연합을 위해 스스로 해산하고, 1924년 9월 24일, 명실상부 한국교회를 대표하는 연합기구 '조선예수교연합공의회(Korean National Christian Council, KNCC)'를 새롭게 조직하면서, 비로소 오늘날의 한국기독교교회협의회(교회협, NCCK)가 탄생합니다. 공의회는 그 목적을 '협동하여 복음전도', '협동하여 사회도덕 향상 도모', '협동하여 기독교 문화보급'으로 규정합니다. 공의회는 '이 회는 각 교파의 신경, 정치, 의식에 관여치 못한다'고 그 한계를 분명히 하고 교회 일치보다는 교회 간의 협동에 의미를 두면서 '따로와 같이'를 구분하여 한국교회 연합운동의 기초를 세우게 됩니다. 그렇게 시작된 교회협이 2024년, 창립 100주년을 맞았으니 놀라운 하나님의 은총입니다.

한국선교 140년의 역사 가운데 수많은 단체가 생겨나고, 변화하고, 혹은 사라진 것을 볼 때 선교는 결국 하나님이 하시는 것임을 확인하게 됩니다. 우리가 속한 교단과 교회를 기리고 키우는 일이 곧 선교라는 생각은 큰 오산입니다. '하나님의 선교(Missio Dei)'의 손과 발인 우리는 그저 겸손하게 보냄을 받고, 보내신 주님을 드러내는 일에 전념해야 할 것입니다. 소금처럼, 짠맛은 내지만 자신은 사라질 때, 주님은 빛나고 교회는 칭송받게 되었던 것을 지난 역사는 증언합니다. 그런 면에서 한국선교의 주체로 한국인 교회지도자들을 앞세운 선교사들의 겸손한 섬김 덕분에 오늘의 한국교회가, 교회협이 존재하는 것 같습니다. 교회협도 이제 책의 제목처럼 우리의 성과를 성공으로 치부하기보다는 섬김 가운데, 우리와 우리가 명명한 이름을 역사 속에 묻는 훈련을 더해 가야 할 것입니다.

해외선교사님들이 분주한 선교 중에도 <에큐메니칼선교연구회>를 만들어 함께 성찰해 온 선교의 주제들을 한국선교 140주년을 맞아 한 권의 책으로 출간하신 것은 참으로 의미 있는 일로서 진심으로 축하드립니다. 긴 시간 반추하고 숙의해 온 고민이 선교사는 물론 한국교회 지도자에게 큰 도전과 배움의 기회가 될 것입니다. 수고하신 모든 분께 감사와 경의를 표합니다. 감사합니다.

김종생
(한국기독교교회협의회 총무)

주님을 한목소리로 고백하며

올해가 한국선교 140년이 되는 해입니다. 호레스 알렌 의사가 1884년 그리고 아펜젤러와 언더우드 선교사가 1885년 한국에 입국하였습니다. 그 후 1905년 한국복음주의선교회연합공의회(The General Council of Evanglical Missions in Korea)를 조직되었고, 공의회는 장로교 선교부 4개와 감리교 선교부 2개로 구성되어 한국연합선교운동의 모체가 되었습니다.

그리고 오랜 세월이 지난 지금 미국장로교회(Presbyterian Church USA), 연합감리교회(The United Methodist Church), 캐나다 연합교회(United Church of Canada) 그리고 호주연합교회(Uniting Church of Australia)의 선교단체가 모여 지난 3년 동안 과거를 기억하고 성찰하며 각 선교부의 현재와 전망에 대하여 발표회를 하였습니다.

동시에 100년 전 네 개의 선교단체가 주축이 되어 한국교회와 협력하여 발족시킨 교회협의체 모임이 오늘날 한국교회협의회(National Council of Churches in Korea)로 발전되었습니다. 2024년 교회협의회 100주년을 기념하면서 우리의 연구모임에서 발표된 자료들이 한국교회 에큐메니칼 운동에 도움이 되기를 바랍니다.

에큐메니칼 선교 운동은 단순히 교회의 부흥이나 기독교 사회를 세우기 위한 사역이 아니었습니다. 서로 다른 교리와 조직을 가졌어도 주님을 한목소리로 고백하며 하나님의 사랑이 이 땅에 다양한 모습으로 펼쳐지는 모습을 허용하고 인내하는 노력이었습니다. 비록 많은 교회와 신앙공동체가 서로 다른 배경과 다양한 관점을 가지고 있더라도, 하나님의 사랑 안에서 연합하며 한국교회가 교회협의회를 통하여 성장하고 발전하였음을 지난 100년간 확인하였습니다.

본 도서의 제작에 참여해 주신 모든 필자께 감사의 마음을 전합니다. 이 자료가 후학들에게 교회와 에큐메니칼 선교 사역과 연구에 영감과 동기부여가 되기를 소망합니다. 해외선교사들이 이 땅에서 시작한 에큐메니칼 선교 운동을 통하여 한국교회가 앞으로 더 연합하고 일치하며 성장하기를 기도합니다.

김홍덕
(미국연합감리교회 한국선교사, 에큐메니칼선교연구회 회장)

세계화와 다문화 사회의 도전 속에

　매 주일 많은 교회에서 사도신경의 "거룩한 공교회(혹은 공회)를 믿는다" 고백합니다. 그 공교회가 바로 교단과 교파를 초월한 세계의 모든 교회, 즉 그리스도의 몸인 교회입니다. 한국 기독교계 일부에서 "에큐메니칼"이란 말 자체에 예민한 반응을 보이지만, 사실은 이미 각 교회에서 교파를 초월하여 세계 모든 교회가 보편적 결속과 일치를 추구하는 에큐메니칼 정신을 믿고 주일마다 고백해왔습니다. 선교에서도 예외는 아닙니다.

　감리교와 장로교가, 장로교도 호주, 미국의 남북 그리고 캐나다 장로교회가 연합하여 일하는 한국의 에큐메니칼 선교는 19세기 말 기독교가 한국에 전파될 때부터 시작되었습니다. 초기 선교사들은 교파를 초월하여 복음을 전하기 위해 협력했으며, 조선 땅에 교파가 없는 기독교회를 세우려고 시도했었습니다. 이는 한국교회의 기초를 다지는 데 중요한 역할을 했습니다. 20세기 중반에는 한국 전쟁과 사회적 혼란 속에서도 에큐메니칼 운동이 활발히 이루어졌습니다. 이 시기에 교회들은 사회 정의와 평화, 인권을 위한 공동의 노력을 기울이며, 에큐메니칼 정신이 더욱 뚜렷해졌습니다.

현재 에큐메니칼 선교는 세계화와 다문화 사회의 도전 속에서 새로운 방향을 모색하고 있습니다. 다양한 교파와 종교 간의 대화와 협력이 중요해지고 있으며, 이는 글로벌 선교와 사회적 책임을 다하는 데 기여하고 있습니다. 또한, 환경 문제와 사회적 불평등과 같은 현대적 이슈에 대한 대응도 에큐메니칼 선교의 주요 과제가 되고 있습니다.

한국선교 140주년을 맞아 선교는 과거의 유산을 바탕으로 현재의 도전에 맞서, 서로 다른 배경을 가진 공동체가 함께 협력하여 복음을 전파하는 중요한 역할을 계속해야 할 것입니다.

한명성
(미국장로교회 세계선교부 동아시아지역 담당)

1889년의 첫 선교 연합 운동부터

호주 빅토리아장로교회의 첫 한국선교사 헨리 데이비스가 조선 땅을 밟은 해는 1889년이다. 미국의 호레스 언더우드와 헨리 아펜젤러 입국 4년 후였다. 당시 이들은 주로 한양 정동에 거주하며 서로 친교하며 한국 복음화의 꿈을 키워갔다. 그리고 그해 미국북장로회와 호주빅토리아장로회의 선교사 연합 모임 '장로교미순연합공의회'(United Council of Presbyterian Missions)'가 조직되었다.

호주선교사 에디스 커에 의하면 이 공의회 회장으로 미국의 존 헤론이 그리고 총무로 호주의 헨리 데이비스가 선출되었다. 그러나 안타깝게 이 모임은 오래가지 못하였다. 데이비스는 1890년 4월 34세로 천연두와 폐렴으로 부산에서, 헤론은 같은 해 7월 33살로 이질로 서울에서 숨을 거두었다. 전자는 부산의 한 언덕에 그리고 후자는 서울의 양화진에 묻힌 것이다. 그렇게 이들이 시작한 연합 모임은 중단되었지만, 이 땅에 한 알의 밀알이 되었다.

그리고 3년 후인 1893년 선교사공의회가 다시 조직되었다. 이 모임은 그후 명칭이 몇 번 바뀌어 발전하면서 연합 활동을 활발하게 전개하였다. 평양신학교, 총회, 세브란스병원, 성서번역위원회, 찬송가편찬위원회, 주일학교 등등 초기의 연합 운동이 한국교회의 기틀을 튼튼히 하였다. 말하자면 현재 한국교회 DNA 안에 '주도 하나요 믿음도 하나요 세례도 하나요.'(one Lord, one faith, one baptism)의 실제가 심어진 것이다. 그러나 '거룩한 공교회와 성도의 교제'(the Holy catholic Church, the communion of Saints)가 한국교회라서가 아니라 교회의 본질 중 하나이지 않은가.

한국선교 140주년을 맞아 한국으로 파송을 받은 몇 명의 해외선교사가 함께 공부하며 발표한 글을 한 권의 책으로 엮었다. 폭염과 열대야 일수로 최장기록을 세운 2024년 여름, 영등포의 한 사무실에서 원고를 다듬으며 성찰하는 보람된 시간을 가졌다. 이 모든 것이 하나님의 인도하심과 은혜 아닌가.

양명득
(호주선교사)

*표지 제목: '성공이 아닌 섬김(Service, not Success)'은 미국선교사 엘리자베스 쉐핑(Elisabeth J. Shepping, 서서평)의 침대 위에 붙어있던 메시지로 초기 선교사들의 정신을 잘 말해주고 있다.

*표지 사진: 해외 각 교단 선교회의 첫 내한 선교사들이다. (우측부터) 호레스 알렌(Horace N. Allen, 미국), 헨리 아펜젤러(Henry G. Appenzeller, 미국), 호레스 언더우드(Horace G. Underwood, 미국), 헨리 데이비스(J. Henry Davies, 호주), 윌리엄 맥켄지(William J. Mckenzie, 캐나다)

차 례

1장 서론

2장 캐나다연합교회

3장 호주장로교회와 호주연합교회

4장 미국연합감리교회

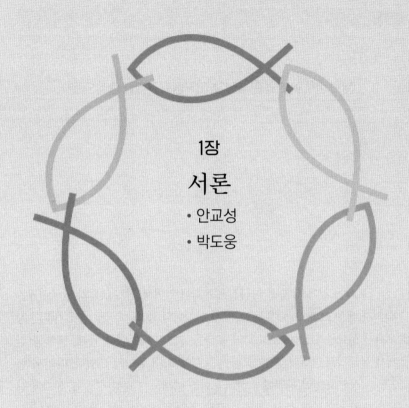

1장

서론

• 안교성
• 박도웅

해외 장로교회의 한국선교: 미국장로교회를 중심으로

안교성[1]

I. 서론

한국교회에 있어서, 특히 한국장로교회에 있어서, 장로교회의 한국선교는
그 의의가 매우 크다. 그 이유는 크게 두 가지이다. 첫째, 한국교회 초기부터 장
로교회가 선교를 했고, 장로교회의 유산을 남겼기 때문이다. 둘째, 그 결과 한
국에서 한국장로교회가 주류 교파인 동시에 최대 교파가 되었다. 따라서 한
국인들은 장로교회적 관점에서 한국교회를 이해하는 경향이 있고, 심지어 장
로교회가 세계적으로 주류 교파인 줄로 착각하는 경우까지 있다. 그러나 장
로교회는 세계적으로 대중 종교보다는 엘리트 종교의 특성을 보이는 교파로
교세가 그리 크지 않다. 한국장로교회가 세계 장로교회의 상당수를 차지하고
있는 실정이다.

그런데 한국장로교회가 한국교회의 주류 교파인 동시에 최대 교파이다
보니, 당연히 교인도 많고 교회도 많고 신학교도 많고 신학자도 많고 한국교회
사가(한국교회 역사학자)도 많고, 그 결과 한국교회사 분야에서 한국장로교회 출
신 학자의 영향이 거의 절대적이다. 즉 한국장로교회 출신 한국교회사가의 연
구물이 많고, 장로교회 관점에서 한국교회사를 기록하는 연구물도 많다. 따
라서 이런 상황을 의식하지 않고 한국교회사를 읽을 경우, 자칫하면 장로교회

---

1)   한국기독교역사문화관 관장, 장로회신학대학교 객원교수, 전 대한예수교장로회(통합) 총회
파송 몽골선교사 및 총회 세계선교부 총무

중심적 한국교회사를 읽거나 장로교회 중심적으로 한국교회를 이해할 가능성이 높다.

그렇다면 이런 결과를 초래한 장로교회의 한국선교는 어떻게 시작되었고, 어떻게 진행되었으며, 어떻게 마무리되었는가? 본 연구는 장로교회의 한국선교를 미국장로교회의 한국선교를 중심으로 살펴보고자 한다. 그 이유는 두 가지이다. 첫째, 미국장로교회가, 더구나 미북장로교회와 미남장로교회를 합할 경우, 한국에서 사역한 장로교회 중에서 적어도 규모 면에서 가장 큰 비중을 차지했기 때문이다. 둘째, 이미 앞선 연구(발제)에서 호주장로교회와 캐나다장로교회에 대해서 다뤘기 때문이다.

장로교회의 한국선교를 살펴보기 위해서, 장로교회의 한국선교 역사를 통사적으로 기술하기보다 중요 쟁점을 중심으로 살펴보려고 한다. 이와 더불어, 장로교회의 한국선교 역사를 선교본부, 현지 선교부, 한국장로교회 나아가 한국교회와의 관계 속에서 살펴보려고 한다. 그리고 필요할 경우, 세계 선교 운동과 선교학의 맥락 속에서 역사적 좌표를 살펴보려고 한다.

한국교회에서 초창기부터 4개 장로교회의 한국선교가 이뤄졌다. 곧 미북장로교회, 미남장로교회, 호주장로교회, 캐나다장로교회이다. 이중에서 미북장로교회와 미남장로교회는 미국장로교회로서 미국형 장로교회라고 할 수 있다. 미북장로교회와 미남장로교회는 1983년 합병하여 미국장로교회라는 연합교회가 되었다. 따라서 이 글에서는 미국장로교회라는 통칭을 사용하지만, 1983년 이전의 경우는 미북장로교회(1958년부터는 북미연합장로교회와 합병하여 미국연합장로교회가 됨)와 미남장로교회라는 명칭도 사용한다. 한편 호주장로교회와 캐나다장로교회는 한국선교 초기에 호주와 캐나다가 영국에 속했기 때문에 영국형 장로교회라고 할 수 있다.

호주장로교회와 캐나다장로교회도 각각 연합교회가 되었다. 호주장로교회는 호주연합교회가 되었고, 캐나다장로교회는 캐나다연합교회가 되었다.[2] 장차 미국형 장로교회와 영국형 장로교회가 어떤 공통점과 차이점을 가졌고, 어떤 협력을 했으며, 어떤 유산을 남겼는지에 대해서 심층 연구가 필요하지만,

---

2) 연합교회는 20세기 전반에는 united라는 단어를 선호했고, 20세기 후반에는 uniting이라는 단어를 선호했다. 후자는 연합이 계속된다는 기대를 반영한 표현이다.

이것은 후속 연구로 돌리기로 한다.[3] 또한 한국 사회에서 한미 관계가 한국 정치 및 외교 관계에서 거의 절대적인 위치를 차지함으로써, 미국형 장로교회를 비롯한 미국형 교회(미국감리교회, 미국성결교회, 미국침례교회, 미국오순절교회, 미국루터교회 등)의 영향도 컸지만, 이것도 후속 연구로 돌리기로 한다.[4]

II. 장로교회의 한국선교 역사

한국은 처음에는 세계 선교에 있어서 총아가 아니었다. 이것은 장로교회의 세계 선교에 있어서도 마찬가지였다. 한국은 정치적으로 주목받을 만한 나라가 아니었고, 선교적으로도 동아시아에서 있어서 중국, 일본에 비해서 우선순위가 아니었다. 4개 장로교회 모두 처음에는 한국선교에 적극적이지 않았다. 미북장로교회는 한국에 온 첫 번째 장로교 선교사인 호레이스 알렌이 중국 선교사였다가 선교지 갈등으로 인한 선교지 재배치 과정에서 한국선교사가 되었다.

한국에 입국한 첫 번째 장로교 목회자 선교사인 호레이스 언더우드도 인도 선교사를 꿈꾸다가 특정한 일을 계기로 선교지를 한국으로 바꾸게 되었다. 미남장로교회도 언더우드의 안식년 선교 동원 운동을 통해서 비로소 한국선교를 시작하게 되었다. 호주장로교회도 조셉 데이비스 선교사가 개인적으로 한국선교를 시작했다가, 그의 순직을 계기로 공식 선교를 시작했다. 캐나다장로교회도 독립 선교사들이 주류를 이루다가 윌리엄 매켄지 선교사가 개인적으로 한국선교를 시작했다가, 그의 순직을 계기로 공식 선교를 시작했다.

여하튼 이런 소극적인 출발에도 불구하고 한국은 결과적으로 장로교회의 선교의 대표적인 사례가 되었다. 특히 미북장로교회와 미남장로교회는 한국선교를 성공 사례로 손꼽았다. 가령 제2차세계대전 종전 이후의 미국장로교회의 선교 역사를 다룬 <<장로교 선교의 역사, 1944-2007>>(*A History*

---

3) 가령 영국형 장로교회는 영일동맹에 의해서 의료 상호 인정을 하는 혜택을 누렸다. 대표적으로 에비슨은 일본 식민정부가 의료선교사에게 요구하는 면허 취득에서 면제가 되었다.

4) 다음 책을 참고할 것. 안종철, <<미국선교사와 한미관계, 1931-1948>> (서울: 한국기독교역사연구소, 2010).

of Presbyterian Missions, 1944-2007)의 한국 편은 다음과 같은 문장으로 시작한다. "세계에서 이뤄진 모든 장로교 선교 사역 가운데, 한국이 가장 잘 알려져 있음이 분명하다: 곧 장로교[라는] 왕관의 보석이[라고 할 수 있]다."(Of all the Presbyterian missionary work in the world, Korea must be the most well-known: the jewel in the Presbyterian crown.)[5] 그런데 이미 선교가 시작된 지 얼마 되지 않아서, 이런 결과를 예상하는 이도 있었다. 1897년 일본, 중국, 한국 등을 방문한 미남장로교 선교부 총무 사무엘 체스터(Samuel Hall Chester, 1851-1940)는 그의 보고서 중에서 한국선교의 성공 가능성을 예상했다. "한국에서의 개신교 선교 사역의 역사는 짧지만 영광스럽다."(The history of Protestant mission work in Korea is brief but glorious.)[6] 사실, 1900년 개최된 '뉴욕 세계선교대회'(Ecumenical Missionary Conference in New York, 1900)에서 이미 한국교회는 교회 성장의 성공 사례 특히 삼자정책 중 자립의 성공 사례로 명성을 날리면서, 세계교회의 주목을 받았다.[7] 이런 놀라운 선교는 어떻게 시작되고 진행되고 마무리되었을까?

다행스럽게도 한국에서 선교한 4대 장로교 재한선교부의 역사는 모두 출간되었고(호주장로교회는 자료집 출간), 대부분 번역서도 출간되었다.[8] 그러나 대부분 해방 전후의 역사로 그쳤다. 그런데 해방된 지 벌써 약 80년이 되었고, 거의 3세대의 세월이 흐른 셈이다. 비록 장로교 재한선교부가 해방 후에, 특히 한국기독교100주년인 1984년 이후에, 축소되었다고는 하나, 여러모로 다양한 역할을 했고 한국교회와 영향력을 주고받았다. 따라서 본 연구는 장로교

5) Scott W. Sunquist, Caroline N. Becker, eds., *A History of Presbyterian Missions, 1944-2007* (Louisville, Kentucky: Geneva Press, 2008), 204.

6) Samuel H. Chester, *Lights and Shadows of Mission Work in the Far East: Being the Record of Observations Made During a Visit to the Southern Presbyterian Missions in Japan, China, and Korea in the Year 1897* (Richmond, VA: The Presbyterian Committee of Publication, 1899), 114.

7) *Ecumenical Missionary Conference, New York, 1900. Vol. I & II.* (London: Religious Tract Society, [1900]).

8) 교단협동선교부인 장로교 재한선교부의 역사가 다 출간되었다. 해리 로즈. 최재건 역. 《《미국북장로교한국선교회사, 1884-1934》》. 서울: 연세대학교출판부, 2009. Rhodes, Harry A. & Archibald Campbell, eds. *History of the Korea Mission Presbyterian Church U.S.A. Vol II, 1935-1959.* 1965; reprinted, Seoul: PCK, 1984. (2권은 아직 번역되지 않았다). 조지 톰슨 브라운. 천사무엘 외 역. 《《한국선교 이야기: 미국남장로교 한국선교역사(1892-1962)》》. 서울: 동연, 2010. 에디스 커, 조지 앤더슨, 양명득 편역. 《《호주장로교 한국선교역사 1889-1941》》. 서울: 동연, 2017. 윌리엄 스코트. 연규홍 역. 《《한국에 온 캐나다인들》》. 서울: 한국기독교장로회출판사, 2009.

회의 한국선교의 역사를 3기로 나눠서 살펴보려고 한다. 곧 제1기는 개국에서 해방까지, 제2기는 해방에서 한국기독교100주년까지, 제3기는 한국기독교 100주년에서 그 이후이다.

1. 개국에서 해방까지, 1884-1941: 전통 선교의 성공 사례

1) 장로교회의 한국선교의 기원

근현대서구개신교선교운동은 초교파 선교회와 교파 선교부로 양분된다. 교회의 선교에 대한 소극적 태도에 불만을 가진 선교 관심자들이 먼저 초교파 선교회를 만들었고, 이에 자극을 받아 교파 선교부가 등장했다. 특히 장로교회는 교파 선교부를 설립하기 위해서 선교공동체로서의 교회론을 작성하는 신학적 노력을 했고, 치리회 이외의 첫 번째 조직으로 선교부를 만들었다. 미국장로교회의 경우, 19세기 초에는 교회 밖 선교 기관에 동참하는 식으로 선교를 하다가, 19세기 후반에 독자적인 선교부를 구성했다. 호주장로교회는 초창기에 주(州)별로 구성되었기에 선교도 주별로 했지만, 전국조직이 구성되면서 교단 선교부가 구성되었다. 캐나다장로교회는 국내 선교에 관심을 가지다가 점차 세계 선교에 눈을 돌렸다.

19세기 말에 미국교회는 교파 선교부가 활성화되기 시작했다. 한국교회에 가장 큰 영향을 미친 미국장로교회(미북장로교회와 미남장로교회 모두)도 마찬가지였다. 그리고 미국감리교회도 마찬가지였다. 이런 맥락에서, 한국선교가 초교파 선교회가 아닌 교파 선교부를 통해 이뤄졌고, 자연스럽게 전통 선교의 3대 사역-교회, 교육, 의료- 중에서 교회 사역이 가장 중요한 위치를 차지했다. 이런 상황은 교단 선교부 소속 목회자 선교사를 선교사의 대표적인 이미지로 한국교회에 각인시켰다. 한국에서 초교파 선교회가 활성화된 것은 20세기 후반이었고, 여전히 한국교회의 세계 선교에 있어서 교파 선교부가 강세이다.

넓은 의미의 장로교회의 선교는 1884년 장로교 선교사의 입국 이전에 이미 시작되었다. 스코틀랜드장로교 중국 선교사 존 로스가 한국에 관심을 가졌고, 한글 성경 번역이라는 선교적 쾌거를 달성했고, 그로 인해 믿게 된 한국 기독교인들이 성경 번역, 성경 보급 등에 적극 나섰고, 미북장로교 선교사인 호레이스 언더우드가 1887년 설립한 정동교회(후에 새문안교회)의 초창기 교인 대다수(14명 중 13명)를 차지하게 되었다. 한편 일본에 비공식 유학생으로 갔던 이수정이 츠다 센(律田仙, 일본 감리교인)과의 만남 이후 회심하여 세례를 받고 성경 번역에 나섰는데, 이 모든 과정에 장로교 선교사인 조지 녹스(George William Knox, 미장로교 선교사, 미북장로교 선교사로 추정; 그동안 John Knox로 이름이 잘못 알려짐) 목사와 헨리 루미스(Henry Loomis, 미북장로교 선교사 및 미국성서공회 선교사)가 관여했다.[9] 이런 배경에서 미북장로교회의 한국선교가 시작되었다.

미북장로교회의 한국선교는 선교본부가 중국 의료 선교사로 파송되었던 신참 선교사 알렌의 선교지 변경 요청을 허락받음으로써 시작되었다. 이런 상황은 미감리교회가 한국선교를 시작하는 과정과는 대비가 된다. 미감리교회는 최초의 거주 선교사인 헨리 아펜젤러와 윌리엄 스크랜튼가 입국하기 전에, 이미 민영익과 존 가우처의 만남 등 역사적 사건을 통해 한국선교를 결정했고, 이에 따라 일본 선교사요 선교지 개척 경험이 풍부한 로버트 매클레이 선교사를 사전 답사하도록 한국에 보내어 기관 사역(교육 및 의료)에 대한 허락을 받았고, 감독제 등 조직을 중시하는 교파 특성에 따라 한국선교회를 구성했고, 아펜젤러와 스크랜턴을 선교팀으로 보냈다. 따라서 미감리교회의 선교는 상당히 조직적으로 진행되었고, 교파적 성격이 강했다.

이에 비해서 미북장로교회는 주어진 기회에 따라 선교를 진행한 편이었고, 따라서 조직적 측면이나 교파적 성격이 다소 느슨했다. 미북장로교회는 한국선교를 시작하면서, 존 헤론을 가장 먼저 임명했으나, 뜻밖에 알렌이 가장 먼저 입국했고, 언더우드는 넓은 의미의 개혁교회에 속하지만 영미형 장로교회가 아닌 유럽대륙형 개혁교회의 출신으로 한국선교를 위해 교적을 옮겨 미북장로교 선교사로 파송되었다. 각각 다른 상황에서 파송된 세 사람은 입국 후에 연합하면서도 갈등과 경쟁을 했기에 팀 선교가 취약했다. 그런 중에 헤론이 순직했고, 알렌이 외교관으로 전직함에 따라, 언더우드가 주도권을 쥐게되었다. 헤론은 요절함에 따라 양화진 외국인묘지를 설립하는 계기가 되었고, 당시 한국선교의 어려운 사정을 드러냈다. 알렌은 복잡한 인물로 간단히 말한다면 선교사와 외교관이란 역할을 각각 충실하게 수행했다고 할 수 있다. 그러

---

9) 이수정의 세례를 야스카와 도루[安川亨] 목사와 조지 녹스 목사 중 누가 했는가는 이견이 있다. 야스카와, 녹스, 혹은 공동 집례 등 세 가지 설이 있다.

나 알렌은 짧은 선교사 사역 기간에도 불구하고, 선교의 교두보를 놓았다. 즉 선교와 정부(혹은 교회와 국가) 간의 우호적인 관계(특히 상류층 선교에 유리한) 쌓기, 후발주자인 선교사 정착 돕기, 의료 선교 토대 놓기 등을 들 수 있다.

언더우드는 최초의 목회자 선교사요 장기 사역자(1885-1916)로서, 교회 사역(새문안교회)과 교육 사역(연세대학교) 등 대인 사역에 큰 성공을 거둠으로써 한국에서 가장 유명한 선교사요 장기적 유산을 남긴 선교사가 되었고, 그 결과 한국교회의 대표적인 선교사로 자리매김했다.

언더우드는 당시나 역사적으로나 위상이 공고한 선교사였다. 특히 한국에 동시에 입국한 감리교 목회자 선교사 아펜젤러가 조기에 순직했고, 같은 감리교 선교팀이었던 스크랜턴도 조기에 사직함에 따라, 그는 사실상 한국선교 초창기에 선두 주자요 독보적인 인물로서 강력한 지도력을 보였다. 그는 한국선교 초기 사역의 거의 모든 분야에 관여했다. 그는 무엇보다도 타 장로교 선교부의 한국선교 개시를 도왔다. 그는 호주장로교회 출신으로 개인적으로 입국한 데이비스를 도왔고, 데이비스 선교사의 순직으로 인해 호주장로교회가 정식 선교를 시작했다. 그는 안식년 동안 선교 동원에 나서 미남장로교회의 한국선교 개시를 도왔다.

그는 캐나다장로교회의 한국선교에 직접 관여하지는 않았지만, 캐나다 감리교회 출신인 올리버 에비슨을 영입하여 제중원(후에 세브란스병원)를 운영하게 했다. 또한 그는 연합 정신에 따라 선교 연합을 주도하면서, 한국 에큐메니칼 운동의 토대를 놓았다. 그는 학생 시절에 선교 연합 운동에 참여했고, 그의 아내 릴리아스 호튼이 지적한 대로 그의 외증조부가 런던선교회의 초교파 선교 정신을 내세운 '기본 강령'(근본 원리)을 작성한 알렉산더 웨어(Alexander Waugh) 박사였다. 그러나 그는 동시에 열정과 자기주장이 강한 인물로 많은 갈등과 경쟁을 유발하는 양면을 보였다. 즉 에큐메니칼 운동가와 강력한 지도자라는 두 가지 이미지가 상충했다. 여하튼 그는 교파 선교부 파송 목회자 선교사라는 뚜렷한 선교사 상을 남겼고, 그 결과 한국교회가 선교와 선교사를 이해하는 고전적인 담론의 토대가 되었다. 더구나 그의 후손이 계속 선교에 헌신함에 따라, 언더우드 선교사라는 선교사 이미지를 넘어 언더우드 선교 가문이라는 선교사 이미지까지 만들었다. 실제로 대표적으로 언더우드의 아들인 호레이스 호튼 언더우드(원한경), 손자인 호레이스 그랜트 언더우드 II세(원일한)가 보여준 선교 헌신과 한국 사랑은 특기할 만하다.

그러나 20세기 초반인 1920년부터 서서히 새로운 선교의 양상이 벌어졌다. 이때 이미 새로운 선교사가 다시 올 필요가 있는가, 2세대 선교사(선교사 자녀)가 필요한가, 선교 이양은 어떻게 하는가 등이 논의되었다. 심지어 1925년에는 한석진 목사가 존 모트가 주선한 모임에서 평생 동료인 사무엘 모페트(통상 마펫으로 칭함) 선교사에게 고국으로 혹은 본향으로 가라는 강력한 발언을 했다. 선교사가 장기적으로 선교지에 있으면 왕 노릇한다는 이유에서 나온 발언이었다. 이런 발언은 1970년 존 가투(John Gatu)의 선교 유예 선포보다 무려 반세기 앞선 것이었다.

오늘날 미국장로교회 선교부는 선교지 부동산 구입이나 선교사 자녀의 동일 선교지 파송 등을 금지하고 있다. 선교사의 장기 사역, 특히 선교사 자녀의 계속 사역 등이 선교의 출구전략, 이양, 선교 유예 등의 관점에서 새롭게 해석되는 것이다. 이제는 선교에 있어서 선교사 시대가 아니라 교회 시대가 된 것이다. 선교사가 수고했지만, 또한 새로운 선교사 이미지를 받아들이기가 쉽지 않지만, 선교 현장은 놀라울 정도로 급속하게 바뀌어 왔다.

한편 1890년은 미북장로교회의 한국선교에 있어서 변화의 계기가 되는 해였다. 모페트가 지방으로 진출하여 평양을 비롯한 한국 서북지역을 미북장로교 재한선교부의 새로운 중심, 나아가 한국장로교회의 새로운 중심으로 바꾸어 놓는 일을 시작했다. 모페트는 언더우드와는 달리 교파 의식이 강한 사람이었다. 그런 의미에서 그가 1901년 교파 신학교인 평양신학교(오늘날 장로회신학대학교)를 만든 것은 당연한 수순이었다. 이후에 평양 중심의 선교사와 서울 중심의 선교사 간의 많은 갈등이 빚어졌다.

또한 1890년은 한국선교 정책 중 독보적인 정책인 소위 한국형 삼자정책인 네비우스 정책이 도입되었다. 미북장로교회는 초창기에 젊은 신참 선교사들이 선교를 시작하면서, 많은 시행착오를 거쳤기에 선교 방향을 정해줄 선교정책이 필요했다. 마침 한국을 방문한 노련한 중국 선교사 존 네비우스의 충고를 받아들여 한국 장로교회형 삼자정책을 채택했다. 이후에 미북장로교회 이외에도 타 장로교회도 기본적으로 이 정책을 수용했다. 심지어 타 교파 교회도 기본적으로 이 정책을 존중했다. 그 결과 한국교회는 비약적으로 발전했다. 한편으로는 한국장로교회 교인들이 자전, 자립을 실천했고 그 결과 조속한 자치를 이룰 수 있었다. 위에서 언급한 체스터 총무도 한국인의 자발성을 한국 교회의 성공 요인으로 지적했다.[10]

다른 한편으로는 미북장로교회가 선교 자원 곧 선교사와 선교 자금을 교회 사역이 아닌 기관 사역 즉 교육 사역(초등학교는 한국교회가 담당하여 중등교육 이상)과 의료 사역에 집중할 수 있었다. 더구나 미북장로교회는 선교 성과가 있는 한국에 집중 투자함으로써 성공을 이어갔다. 당시 재한선교부는 단일 현지 선교부로서는 가장 많이 투자한 현지 선교부가 되었다. 당시 중국과 일본은 국가 규모나 선교 규모에 따라 복수의 현지 선교부가 있었지만, 한국은 전국적으로 통틀어 1개의 현지 선교부가 있었다. 심지어 삼자정책은 미북장로교 재한선교부의 선교 정책을 넘어 한국장로교회의 교회 정책과 선교 정책이 되었다. 한국장로교회가 스스로 선교를 시작했을 때, 첫 번째 타문화권 선교인 중국 산동선교에서도 삼자정책을 고수했다.[11] 그리고 미북장로교 재한선교부는 한국장로교회의 세계 선교를 격려하고 지원했다.

그러나 선교 정책이 선교 발전에도 기여했지만, 선교 갈등의 요인도 되었다. 첫째, 위에서 언급한 삼자정책은 현지인의 주도성과 더불어 현지인의 주도 가능성 혹은 이양 가능성을 염두에 두었다. 즉 선교부의 사역이 교회의 사역으로 전환되어야 하는데, 이때 현지인이 주도적으로 나설 뿐 아니라 이양받을 여력을 갖추어야 했다. 이런 맥락에서 교육 사역과 의료 사역은 목적과 규모가 문제시되었다. 한국선교의 대표적인 갈등인 대학 문제와 병원 문제를 살펴보자.

대학 문제는 주로 목적 즉 교육관이 문제였다. 선교사가 교회를 위한 교회 지도자 육성에 힘써야 하나 혹은 사회를 위한 기독교 지도자 육성에 힘써야 하나라는 문제로 갈등을 빚었다. 결국 숭실대학교와 별도로 연세대학교가 설립되었다. 병원 문제는 주로 규모 즉 건축과 운영이 문제였다. 선교병원을 무료 시약소(dispensary)와 본격적인 병원(general hospital) 사이에 어떤 규모로 할 것인가가 문제의 핵심이었다. 결국 세브란스병원은 주 기부자였던 세브란스의 추가 기부를 통해 본격적인 병원 건축으로 귀결되었다.

한편 미남장로교 재한선교부는 미북장로교 재한선교부의 후발주자로 한

---

10) Samuel H. Chester, *Lights and Shadows of Mission Work in the Far East*, 114.

11) 곽안련(Charles Allen Clark), 박용규, 김춘섭 역, 《〈한국교회와 네비우스 선교 정책〉》 (서울: 대한기독교서회, 1994).

국선교를 시작했다. 미남장로교 재한선교부는 여러모로 미북장로교 재한선교부와의 우호적인 관계에 있으면서도 2인자의 위상을 가졌고, 이런 맥락에서 협력과 독자성 유지 사이의 균형을 이뤄갔다. 특히 미남장로교 재한선교부는 신학적으로 보수적이었는데, 해방 전에는 신학 교육에 크게 기여했다. 미북장로교 선교사 모페트는 평양신학교를 설립하면서 4개 장로교 재한선교부 모두가 참여하는 연합신학교가 되게 만들었지만, 모페트 자신은 신학적으로 보수적이었기에 후임 교장으로 남장로교 선교사 스테이시 로버츠를 택했다. 평양신학교 교사는 주로 미북장로교 선교사가 맡았지만, 타 장로교 선교사도 참여했다. 미남장로교 선교사로 교리와 조직신학을 맡았던 윌리엄 레이놀즈는 보수 신학으로 유명했지만, 같은 미남장로교 선교사로 조직신학을 맡았던 존 크레인은 중도적인 입장을 지녔고 한국교회를 위한 조직신학서를 집필했다. 한편 호주장로교 선교사인 조지 엥겔은 성경 원어를 주로 가르쳤고, 캐나다장로교 선교사인 윌리엄 푸트는 교회사를 주로 가르쳤다.

또한 미남장로교 재한선교부는 선교 예양에 있어서 호남지역을 맡았는데, 이 지역에서 교회 개척을 중심으로 하되 의료 선교에도 힘을 기울였다. 서울의 세브란스병원이 현대의학의 위력을 보여주는 병원으로 정착했다면, 호남지역의 선교병원은 대부분 약자를 위한 병원으로 출발했고 그런 이미지를 유지했다. 한센병 환자를 구하려는 와일리 포사이드 선교사의 노력은 애양원 설립으로 이어졌고, 다시 한국교회의 상징적인 인물인 애양원교회 담임목사 손양원의 목회로 이어졌다. 미남장로교회의 한국선교는 그동안 미북장로교회의 한국선교에 비해서 상대적으로 주목받지 못했으나, 최근에는 이에 대한 연구가 활발해지고 있다. 이런 과정에서 가난한 한국인과 동일시하려던 선교사와 한국교회 지도자의 민중적 영성 연구가 활성화되면서, 소위 호남 영성이라는 개념이 등장했다. 한편으로는 최흥종 목사의 오방 정신이 재조명받았고, 다른 한편으로는 소박한 선교사의 대명사인 엘리자베스 셰핑(서서평)이라는 인물 연구가 선교학에서 하나의 독립적 연구 분야로 정착했다. 이런 노력은 최근까지 한일장신대학교의 제삼세계 교회지도자 교육으로 이어졌다.

3) 일제강점기 장로교회의 한국선교의 갈등과 혼란
근현대서구선교운동은 제국주의 시대에 전개되었다. 따라서 사실 여부를 떠나서 선교는 제국주의와의 연루 혐의를 받았다. 장로교회의 한국선교를 비롯하여 한국선교 전반에 걸쳐 가장 중요한 변화는 한국이 일본의 식민지로 전락한 것이었고, 따라서 선교와 정부(교회와 국가)의 관계가 근본적으로 바뀌었다는 것이다. 즉 서구 선교와 조선 왕조(또한 대한제국)의 관계에서 서구 선교와 일본 제국의 관계로 전환했다. 선교에 있어서 선교와 정부의 관계는 절대적인 영향을 미치기 때문에, 1910년 에딘버러 세계선교대회(World Missionary Conference in Edinburgh, 1910)의 8개 분과 중 하나가 '선교와 정부'였다.[12] 한국선교의 경우, 다른 지역과 달리 선교국과 제국이 같은 서구가 아니라 선교국은 서구 국가이고 제국은 동양 국가인 일본이라는 예외적인 상황이 벌어졌고, 그 결과 예상치 못한 현상이 나타났다.

첫째, 선교사가, 특히 미국 선교사가, 제국주의의 앞잡이가 아닌 민족주의의 동반자라는 이미지를 갖게 되었다. 미국은 최초로 식민지에서 독립한 국가였고, 민주주의를 주창한 나라였으며, 상대적으로 늦게 제국이 된 나라(멕시코 일부 지역 점령과 필리핀 점령)로서, 한국인에게는 제국주의의 침략에 맞선 독립과 민주주의의 아이콘이었다. 사실 미국 선교사는 영국 식민지인 인도에서 활동할 때, 자칫 독립 정신을 불러일으킬까 봐 경계 대상이 될 정도였다.

둘째, 미국 선교사를 비롯한 서구 선교사가 일본에 대해서 친일과 반일의 모습을 모두 보였다. 선교사는 선교지 백성과의 동일시의 관점에서 반일적 태도를 보였으나, 제국주의가 정당화 논리로 내세운 문명화(혹은 근대화)의 관점과 일본 제국이 실질적 통치자라는 현실적 이유에서 친일적 태도를 보였다. 그러나 대세는 중립 태도였다. 이런 맥락에서 1901년 장로교 선교사공의회가 정교분리 입장을 분명히 했다. 정교분리론은 원래 서구에서 정부의 교회 간섭을 막으려고 나왔던 담론인데, 한국에서 교회의 정부 간섭을 막으려는 담론으로 악용되었다. 이후 한국교회에서 이런 논리가 반복적으로 나왔다. 마침 1901년은 4개 장로교 재한선교부의 연합공의회인 선교사공의회가 한국교회 지도자도 참석할 수 있도록 선교사공의회를 기존의 선교사만의 공의회(영어 공의회)와 한국인도 참여하는 합동공의회(한국어 공의회)로 양분했던 때, 즉 한국교회가

---

12) 에딘버러세계선교대회 연구총서, 김성욱 역, 《〈선교와 정부: 1910년 에딘버러세계선교대회 제7분과위원회 보고서〉》 (서울: 미션아카데미, 2012).

조직화를 시작한 때였는데, 이때 한국교회의 정치 노선을 제시했던 것이다. 전반적으로 말해, 한일강제병합 이전에는 반일 태도가 우세했고, 한일강제병합 이후에는 친일 태도가 우세했다. 가령 1905년 당시 외교관이었지만 전직 선교사였던 알렌은 한국이 일본 보호령이 되는 과정에서 반일적 자세를 보였다가 쫓겨난 반면, 한국이 정치적 기대를 걸었던 미국은 가장 먼저 공사관을 철수함으로써 현실 정치의 실태를 드러냈다.

일본 제국은 일제강점기에 들어서면서 선교사의 반일 및 친일이라는 양면적 태도를 친일 일변도로 바꾸어 놓으려고, 여러 조치를 강구했다. 첫째, 한일강제병합 이전에 조선통감부의 통감 이토 히로부미는 교회의 정부 간섭을 막는 정교분리론을 내세우면서, 일본 식민정부와 선교사의 역할 분담을 제안했다. 둘째, 1911년 105인 사건에서 한국 기독교인은 물론이고 서구 선교사까지 처벌함으로써 선교사의 치외법권적 권리를 부정하여 원천적으로 선교사 개입 가능성을 막았다. 이후에 서구 선교사는 개인 차원에서는 예외적으로 반일적 태도를 보였으나 집단 차원에서는 반일적 태도를 보이지 않았다. 그러나 선교사들은 일본의 부당한 조치를 세계에 알렸다.

셋째, 이런 맥락에서 1919년 삼일운동 당시 서구 선교사는 집단 차원에서 개입하는 대신 인도적인 차원에서 일제의 탄압을 반대했고, 극히 일부가 인도적인 도움을 주었다는 이유로 투옥되었다. 이번에도 선교사들은 일본의 부당한 조치를 세계에 알렸다. 넷째, 일제강점기 동안에, 일본 제국은 종교기관의 법인화를 허락함으로써 한편으로는 한국교회를 통제했고, 다른 한편으로는 재한선교부가 선교 재산을 등록할 수 있는 길을 열어주면서 재한선교부의 환심을 샀다. 다섯째, 일제강점기 말기에 신사참배 문제가 벌어졌는데, 신사참배 문제는 식민지 상황에서 종교적 문제인 동시에 정치적 문제였다.

당시 장로교 재한선교부들은 한국교회가 당면한 일대 위기인 신사참배 문제에 있어서, 한국교회의 신앙적 절개만을 강조할 뿐, 선교사가 직접 동참하지는 않았다. 이것은 조선 왕조 시대에 가톨릭 선교사(비서구 선교사인 중국 선교사 주문모와 대다수 프랑스 선교사였던 서구 선교사)가 조상제사 문제로 함께 순교 당한 것과는 대조를 이룬다. 즉 신사참배 문제에 있어서, 개신교 선교사들은 결정적인 순간에 공동 순교자가 되지 않았다. 그러나 순교로 유명했던 한국가톨릭교회는 과거와는 달리 조상제사와 유사한 신사참배를 묵인했다.

이런 맥락에서 신사참배 반대를 노골적으로 표명한 선교사는 소수에 불과했고, 신사참배 반대로 인한 처벌도 가벼운 것으로 그쳤다. 더구나 재한선교부 간에 신사참배 문제에 대한 입장이 갈려서 혼란을 초래했다. 선교사들은 신학 노선과 사역의 이익이라는 현실 논리에 따라서 선교부 별로 혹은 개인별로 각자의 길을 걸었다. 특히 학교 폐쇄 문제에서 입장이 갈렸다. 미북장로교회는 찬성파와 반대파로 갈라졌고, 미남장로교회와 호주장로교회는 반대파가 되었고, 캐나다장로교회(당시 캐나다연합교회)는 찬성파가 우세했다. 더구나 신사참배 문제가 벌어진 후에, 장로교 재한선교부들은 한국교회와 거리를 두었고, 신학교를 필두로 대다수 선교 학교를 폐교했다. 심지어 장로교 재한선교부는 한국장로교회가 평양신학교를 재건하고자 세운 후(後)평양신학교가 교사(학교건물)를 빌려달라는 요청마저 거부했다. 이런 맥락에서 대부분의 선교 학교는 혼란 가운데 빠졌고, 선교사 철수 과정에서 주인이 바뀌었다.

한편 교파 선교부라는 것은 교파주의를 전제할 수 밖에 없었다. 20세기 전반기는 에큐메니칼 운동과 관련하여 두 가지 일이 벌어졌는데, 하나는 연합교회의 탄생이고, 다른 하나는 교단 분열이었다. 한국선교에 동참한 장로교 재한선교부의 모교회가 연합과 교단 분열을 경험했고, 그것이 한국선교에 영향을 미쳤다. 1920년대 캐나다장로교회는 감리교회, 회중교회와 더불어 캐나다연합교회가 되었고, 일부는 캐나다장로교회 잔존파로 남았다. 동역교회가 연합과 분열이 동시에 일어나자, 캐나다장로교 재한선교부와 한국장로교회는 이에 대처했다. 대다수 캐나다장로교 선교사는 새로운 캐나다연합교회에 소속하기로 했고, 일부는 캐나다장로교회에 남기로 했다.

선교 사역의 혼란을 막기 위해 선교지 재배치를 시도했는데, 캐나다연합교회 재한선교부는 한국에서 사역하고, 캐나다장로교회 [재한]선교부는 일본에서 재일한국인을 대상으로 사역하기로 했다. 한국장로교회는 두 교단 모두와 관계를 유지했다. 그러다가 해방 후 한국기독교장로회가 설립되는 과정에서 한국기독교장로회가 캐나다연합교회 선교부와 관계를 맺었고, 타 한국장로교회는 캐나다연합교회 선교부와 관계가 단절되었다. 한편 한국장로교회는 재일한국인 사역을 맡던 캐나다장로교회 [재한]선교부와의 관계도 사실상 중단했다. 이후에 한국장로교회 중에서 대한예수교장로회(통합)가 에큐메니칼 운동 관점에서 캐나다연합교회와 캐나다장로교회와 관계를 회복했다.

그러나 미북장로교회의 경우는 문제가 심각했다. 1930년대에 미국에서 벌어져 선교지에까지 영향을 미쳤던 선교론의 대립, 곧 전통 선교와 새로운 선교의 대립은 선교지는 물론이고 미국에도 큰 문제를 야기했다. 즉 미북장로교 선교본부와 대항선교부인 독립선교부의 대립, 신학적 갈등의 원천지인 미국 프린스턴 신학교와 대항신학교인 웨스트민스터 신학교의 대립, 미북장로교회와 갈등의 핵심 인물인 그레샴 메이첸의 출교와 더불어 설립된 대항교단인 정통장로교회의 대립 등이 숨가쁘게 전개되었다. 이런 맥락에서 캐나다장로교회와는 달리, 미북장로교회는 모교회의 갈등을 그대로 한국에 가져왔다.

미북장로교 재한선교부 소속 선교사는 미북장로교 선교부와 독립선교부(초기에 정통장로교회 선교부 역할을 함)에 각각 소속했고, 갈등을 이어갔다. 이런 갈등은 후에 신사참배, 해방 후 한국장로교회 재건과 교단 분열, 세계교회협의회(World Council of Churches, WCC)와 국제기독교협의회(International Christian Council of Churches, ICCC)의 대립 등에 지속적으로 나타났다.

장로교 재한선교부는 태평양전쟁 발발로 인한 선교사 강제 추방에 따라 갑작스럽게 출국했다. 당시 교회 사역은 삼자정책에 따라 비교적 일찍 한국장로교회에 자치를 부여했지만, 기관 사역은 이양 준비를 하지 못한 상태였다. 선교 재산을 지키려는 이유로 각 재한선교부의 회계들이 끝까지 한국에 남았다가 투옥되기도 했지만, 그들 역시 2차 강제 추방에 따라 출국할 수밖에 없었다. 그나마 이런 노력을 통해서, 해방 후 상당수 선교 재산을 건질 수 있었고 나중에 한국장로교회에 이양할 수 있었다. 당시 기관 사역은 시대의 흐름에 따라 끌려가면서, 다양한 운명을 맞이했다.

2. 해방에서 한국기독교100주년까지, 1945-1984: 새로운 선교의 등장과 대응

1945년 8월 15일 해방이 꿈같이 닥쳐왔다. 해방은 좁게는 식민지 한국이 제국 일본에서 해방되는 것을 의미했고, 넓게는 제2차세계대전이 종전됨으로써 제국주의 시대가 끝나고 후기식민주의 시대가 도래하는 것을 의미했다. 그동안 제국주의와의 연루 혐의에서 자유롭지 못했던 전통 선교는 새로운 선교를 모색하지 않을 수 없었다. 이미 20세기 전반부터 새로운 선교의 움직임이 있었지만, 그런 변화가 전통 선교의 개선을 의미했다면, 이제는 전통 선교의 종식을 의미했다. 이런 맥락에서 서구 선교에서 현지 교회로(from mission[s] to church) 선교 주도권이 넘어가는 선교, 곧 교회 중심적인 에큐메니칼 선교가 대두하였다. 그런데 새로운 선교가 새로운 시대의 거시적 맥락을 형성했지만, 오랫동안 전통 선교에 익숙했던 서구 교회, 서구 선교부, 심지어 비서구 현지교회는 전통 선교와 새로운 선교 사이에서 갈등을 빚었다. 그러나 도도한 시대의 흐름은 바꿀 수 없었다. 그렇다면 장로교회는 이런 새로운 선교의 시대에 어떻게 선교를 생각하고 실천했을까?

1) 해방 후 재한선교부의 귀환

제2차 세계대전 종전 후 전쟁으로 인해 선교지를 떠났던 선교부는 선교지 귀환 문제로 고민하였다. 어떤 선교부는 불가피하게 선교지를 떠났지만, 선교지로 귀환하기보다는 현지교회를 신뢰하고 지원하는 것이 낫겠다는 입장을 취했고, 어떤 선교부는 미완의 선교를 계속하기 위하여 선교지로 귀환하겠다는 입장을 취했다. 장로교회의 경우, 모든 재한선교부가 귀환 입장이었다. 그러나 해방 전의 상태 그대로 귀환할 수는 없었다. 해방과 더불어 분단이 이뤄졌고, 남북한은 각각 소련군과 미군이 진주하여 군정을 시작했다. 북한은 선교사의 입국을 거부해서, 북한교회는 선교사 없이 교회 재건을 해야 했다. 미북장로교 재한선교부는 선교지 절반을 상실했고 그것도 노른자위를 상실했다. 캐나다장로교(당시 캐나다연합교회) 재한선교부는 선교지 전부를 상실했다. 그러나 남한에 선교지를 두었던 미남장로교 재한선교부와 호주장로교 재한선교부는 선교지 변화가 없었다. 한편 남한은 선교사가 입국할 수 있었고 심지어 미군정 시대에 선교 사역이라는 본연의 사역 이외에 정치에 깊숙이 관여하면서 교회 재건을 넘어 국가 재건에 중요한 역할을 했다.

그렇다고 선교사들이 마음대로 귀환할 수 없었다. 외부적으로는 남한에서 미군정이 시작되었기에, 미군정의 허락이 있어야 했다. 장로교 재한선교부는 1947년부터 공식 귀환할 수 있었지만, 원한경 같은 이는 개인적으로 1945년부터 미육군성 고문 자격으로 입국하였다. 이밖에도 선교사 자녀들이 미군 자격으로 입국하였다. 미군정은 한국 통치에 준비가 되어 있지 않았기에, 의사소통이 가능하고 한국 경험이 있는 인물을 동원했는데, 적격자가 바로 재한선교사와 서구 유학 경험이 있는 한국교회 지도자였다. 이들을 통해 소위 '통역 정치'가 이뤄졌다. 이런 상황에서 선교사 특히 미국 선교사가 막강한 영향력을 미쳤다. 가령 원일한은 해방 전 경성제국대학교와 기타 전문학교를 종합하여 국립서울대학교를 설립하는데, 주동자 역할을 할 정도였다. 이밖에 해방과 더불어 전문직을 담당했던 일본인들이 귀국하면서 여러 분야에 공백 상태가 벌어졌는데, 특히 교육과 의료 분야를 기독교인들이 공백을 메꿨고, 이런 과정에서 선교사와 한국교회 지도자들이 상호 영향을 주고받았다.

내부적으로는 새로운 선교의 영향이 선교지 한국에 반영되기 시작했다. 먼저 미북장로교 재한선교부의 경우, 재한선교부의 대표가 해방 이전에는 현지 선교부의 일원으로서 현지 선교부 대표 자격을 가졌는데, 해방 후에는 선교 본부의 현지 파견 대표 자격을 가지게 되었다. 중앙집중화가 탈중앙집중화보다 앞선 조치였다. 또한 새로운 선교인 에큐메니칼 선교에 따라 선교가 전개되었다. 에큐메니칼 선교는 서구 선교와 현지교회가 동등하게 선교하는 동역 선교, 현지교회가 선교 주도권을 갖는 에큐메니칼 선교(협의의 에큐메니칼 선교), 현지교회가 선교 기관이기에 현지교회가 존재하는 모든 곳이 선교지가 되는 육대륙의 선교(혹은 모든 곳에서 모든 곳으로의 선교), 하나님이 선교의 주체이시고 교회는 하나님의 선교의 도구이며 하나님의 나라의 구현을 추구하는 하나님의 선교, 그리고 이 모든 것을 포함하는 선교(광의의 에큐메니칼 선교)를 의미했다.

에큐메니칼 선교에 있어서, 선교와 선교사의 개념도 바뀌었다. 선교는 선교 기관 중심의 선교(missions)에서 광의의 선교(Mission)로 바뀌었고, 선교사는 파송된 사람이 아닌 초대받은 사람(not someone to be sent, but to be invited)이 되면서 명칭도 선교사(missionary)에서 선교 동역자(mission coworker, fraternal worker)로 바뀌었으며, 선교 주도권은 선교 기관에서 교회로 바뀌었다.[13]

이런 변화는 다양한 수준으로 수용되었다. 교단마다 달랐고, 현지 선교부마다 달랐으며, 선교사마다 달랐다. 전체적으로 말해서 미북장로교회가 미남장로교회보다 전향적이었다. 한편 호주장로교회나 캐나다장로교회는 에큐메니칼 선교 입장을 취했다. 선교본부와 현지 선교부는 대체로 노선을 같이 했지

---

13) 최근에는 선교를 가리키는 형용사도 missionary에서 missional로 바뀌는 추세이다. 선교적 교회론을 참고할 것.

만, 선교사 중에는 입장차가 있었다. 가령 원일한은 통상 객관적인 입장을 취하는 인물이었지만, 유독 이 분야에서 보수적 입장을 드러냈다. 즉 선교사가 하루아침에 지도자 역할에서 도우미 역할로 전락하는 것을 수용하기 힘들어 했다.

특히 미북장로교회는 에큐메니칼 선교의 전도사 역할을 자처했다. 이런 상황은 한국선교를 넘어서 보다 거시적 맥락에서 살펴보면, 그 중요성과 심각성을 잘 깨달을 수 있다. 먼저 아시아교회는 선교 주도권에 관심이 있었다. 이미 1910년 에딘버러 세계선교대회부터 아시아교회 지도자들이 선교 주도권을 주장했고, 1938년 마드라스 탐바람대회에서 아시아교회 간의 권역별 연합기구 결성을 주장한 뒤 제2차 세계대전 종전 후에는 1949년부터 대회를 거듭하다가 마침내 1973년 아시아기독교협의회를 결성했다. 이런 과정 중에 아시아교회는 '교회 간 [상호] 협력'(inter-church aid)의 방식으로 협력 선교를 시도했다.

이런 맥락에서 한국장로교회의 태국선교가 시작되었는데, 전통 선교관에 익숙했던 최찬영 선교사와 후원교회인 영락교회 한경직 목사가 태국선교가 에큐메니칼 선교로 진행되는 과정에서 당혹감을 피력했다. 한마디로 선교사가 현지교회의 지도자가 되려고 가는데, 오히려 현지교회의 머슴으로 살게 되는 게 아니냐는 의혹이었다. 미북장로교회는 아시아교회의 에큐메니칼 선교를 활성화하기 위하여 1954년 아시아에큐메니칼선교협의회(Asia Council on Ecumenical Mission, ACEM)을 창설했으나 아시아기독교협의회와 중복될 염려가 있어서 발전적 해체를 했다.

미북장로교회는 선교 동역 교회에도 에큐메니칼 선교를 보급하고자 애썼다. 미북장로교회는 1956년 레이크 모홍크(Lake Mohonk) 대회에서 선교 동역 교회들과 모인 자리에서 선교 동역 교회들에게 선교 의제를 내놓으라는 도발적인 제안을 했다. 그 이유는 미북장로교회의 선교관이 바뀌었기 때문이다. 이전에는 미북장로교회가 선교 의제를 정하고 선교 동역 교회가 그 의제를 수행하는 방식으로 선교를 했다면, 이제는 선교 동역 교회가 스스로 선교 의제를 정하고 미북장로교회가 그것을 돕는 방식으로 선교를 하겠다는 것이었다. 파격적인 제안이 아닐 수 없었다. 이런 맥락에서, 레이크 모홍크 대회에 참가했던 한경직 목사가 감리교의 이화여자대학교처럼 장로교에도 여자대학교가 필요하다는 선교 의제를 내놓았고, 그 결과 서울여자대학교 설립이 추진되었다.

또한, 주선애 전도사를 서울여자대학교 설립 위원 겸 교수로 삼기 위해서, 미국 유학을 보내 준비를 하도록 했다. 그래서 주선애 전도사가 서울여자대학교에 부임했지만, 여러 가지 이유로 얼마 후에 숭실대학교로 자리를 옮기게 되었다.

미북장로교회는 1958년 에큐메니칼 선교에 적극적인 북미연합장로교회와 합병했고, 그 결과 에큐메니칼 선교에 더욱 박차를 가했다. 특히 당시 서구 교회는 타 서구 교회와는 교회 대 교회 관계를 맺었지만, 비서구 교회와는 선교부를 매개로 한 선교 대 교회 관계를 맺는 이중성을 유지했다. 그런데 서구 교회가 서구 교회와 비서구 교회 구분 없이 궁극적으로 교회 대 교회 관계로 발전해야 한다는 점에서 에큐메니칼 선교 차원을 넘어서 에큐메니칼 관계를 강조했다. 이런 맥락에서 1958년 미북장로교회와 북미연합장로교회가 합병하여 미국연합장로교회가 될 때, 선교부 명칭을 '에큐메니칼 선교 및 관계 위원회'(Commission on Ecumenical Mission and Relations, COEMAR)로 명명했다.

미북장로교회와 후신인 미국연합장로교회는 한국에서도 에큐메니칼 선교를 수행하기 위한 구체적인 절차에 돌입했다. 첫째, 한국장로교회와 선교 협의를 위한 협의체를 구성했다. 둘째, 1959년 한국장로교회 선교 75년을 맞아서(1884년을 기준으로 할 때), 한국장로교회 총회에서 선교 이양을 공식적으로 완수하기 위해 세계 각국의 선교 동역 교회를 초청하여 대미를 장식하려고 했다. 그런데 바로 그 대전 총회에서 한국장로교회가 승동측(후에 합동측)과 연동측(후에 통합측)으로 양분되는 난장판이 벌어졌다. 이미 고신측(대한예수교장로회 고신)과 기장측(한국기독교장로회)가 소규모로 분열해 나갔지만, 이번 분열은 대규모로 양분되는 분열이라서 충격이 이만저만 크지 않았다. 특히 외국 내빈으로 참가했던 태국교회 대표의 발언대로, 너무도 처참하고 충격적인 분열 현장이었다.

한편 미국연합장로교회는 1967년 새로운 선교 환경에서 화해를 강조하기 위하여 소위 67년 신앙고백을 작성했다. 이 신앙고백은 바르트의 화해 신학이 주조를 이루는 신앙고백으로, 당시 흑백 문제(인종차별), 6.8혁명(학생운동), 베트남전쟁(전쟁) 등 화해가 절대적으로 요청되는 시대 상황에 응답하고자 하는 신앙고백이었다. 그런데 이 신앙고백이 미국연합장로교회의 신앙고백, 엄밀히 말해서 타 교단의 신앙고백인데도, 한국장로교회가, 심지어 교단 분열 과정에서 선교사와 관계를 단절했던 대한예수교장로회(합동)까지, 모교회의 신앙고백이라는 이유로 반발했다. 선교역사에서 맺어진 소위 모교회와 자교회의 끈질긴 관계가 아닐 수 없다.

한편 미남장로교회는 한국선교를 개시한 이래, 교단 분열을 겪지 않았다. 따라서 미남장로교회는 꾸준히 보수적 입장을 견지했고, 그런 입장이 선교에 반영되었다. 미남장로교회는 에큐메니칼 선교의 수용에 있어서 미북장로교회에 비해서 지체현상을 보였다. 그러나 시차를 두고서 결국 에큐메니칼 선교 노선을 택했다. 미남장로교 재한선교부는 초창기에 미북장로교 재한선교부와 달리 한국장로교회와의 선교 협의체에 참가하지 않았고, 한국장로교회에 직접 영향을 행사하려고 했다. 그러자 미남장로교 재한선교부 선교지역인 호남 지역의 노회들이 들고 일어나면서, 재한선교부와 교회 간에 갈등이 빚어졌다. 이 노회들의 주장의 핵심은 선교 재정 운용 방식이었다. 재한선교부가 이전처럼 재한선교부 의견대로 선교 재정을 분배하지 말고, 이제는 한국장로교회를 신뢰하고 전액을 맡겨 사용케 하라는 주장이었다. 이런 갈등은 50년대에 계속 유지되었지만, 점차 상황이 바뀌어 갔다. 이 자리에서 주목할 것은 한국장로교회가 현지 선교부와의 관계 속에서 이런 경험을 했으면서도, 막상 스스로 세계 선교를 할 때는 그런 경험을 반영하지 않고 전통 선교 방식을 선호해 왔다는 사실이다. 시대착오적 선교가 아닐 수 없다.

미남장로교회는 1962년 미북장로교회의 레이크 모홍크 대회와 유사한 모임인 몬트리트(Montreat) 대회를 개최하였다. 이 대회는 미남장로교회도 1960년대에는 이미 에큐메니칼 선교 노선에 충실하기 시작했다는 방증이다. 가령 미남장로교 재한선교부는 한국장로교회의 정성균 목사가 선교사와의 개인적인 관계를 통해 선교지로 나가려고 하자, 에큐메니칼 선교 정신에 따라 선교부 간의 협의와 현지교회와의 협의를 강조했다. 즉 미남장로교회, 한국장로교회, 방글라데시 교회 간의 3자 간 협력을 강조했다. 정성균 목사는 결국 에큐메니칼 선교 맥락 가운데 아시아교회의 교회 간 협력 선교 방식으로 방글라데시 선교사로 파송되었고, 아시아기독교협의회의 지원까지 받았다. 그러나 그는 입국 후 독자 노선을 걸은 탓에 결국 현지 교회인 방글라데시 교회로부터 재초청을 받지 못했고, 그 결과 파키스탄으로 선교지를 옮겨 사역하다가 질병으로 순직하였다. 에큐메니칼 선교와 전통 선교의 엇박자가 벌어진 사례이다.

2) 민주화 운동과 선교사의 대응

한국교회는 파란만장한 근현대민족사를 거치는 동안 자국 정부에 대한 우호적인 태도 즉 친정부적 태도를 보여 왔다. 그러나 예외적으로 1970~1980년대에 이르는 독재체제의 암흑기에는 한국교회 특히 한국기독교교회협의회가 예언 활동을 하면서 반정부적인 태도를 보였다. 이때 선교사들도 예언 활동에 대해서 찬반으로 입장이 갈렸다. 반대파는 선교사가 외인이요 손님이고 불편을 초래해서는 안 된다는 입장이었고, 찬성파는 사마리아인처럼 외인이라고 방관자일 수 없고 정의가 불편보다 중요하다는 입장이었다.

이런 맥락에서, 찬성파에 속하는 일단의 선교사들이 동료 선교사에게 보내는 공개서한에서 자신들의 입장을 밝힌 바 있다. 장로교 선교사들은 내부적으로 의견차가 있었지만, 감리교 선교사나 카톨릭 선교사처럼 추방될 정도로 극단적으로 강력하게 입장표명을 하지는 않았다. 한편 장로교 재한선교부가 한국 민주화 운동의 현실을 세계에 알렸고, 위기에 처한 민주화 운동가들을 망명시키는 일에도 참여했다. 그러나 캐나다장로교회는 이미 20세기 전반에 연합교회가 되었고, 호주장로교회도 20세기 후반에 연합교회가 되면서, 장로교회 정체성은 연합교회 정체성으로 흡수 또는 승화되었고, 따라서 장로교회의 한국선교의 의미도 달라졌다.

3) 한국기독교100주년 기념과 재한선교부의 해체

한국교회에 있어서 한국기독교 100주년은 매우 중요한 이정표가 되었다. 엄밀히 말해서 한국교회 100주년이 아닌 한국선교 100주년이었지만, 중립적인 용어로 한국기독교 100주년으로 낙찰되었다. 100주년의 시기도 1884년설과 1885년설이 대립되었으나, 결국 1884년에서 1885년까지를 지키는 것으로 타협이 되었다. 한국교회가 교회 중심, 목회자 중심인 까닭에 언더우드와 아펜젤러를 빼고 기념식을 가질 수는 없었다.

여하튼 한국기독교 100주년은 한국교회로 하여금 세 가지를 주목하게 했다. 한국교회는 역사의식을 고취하게 되었고, 선교 초기의 연합 정신을 재인식하게 되었으며, 나아가 성인 의식(coming of age)을 가지게 되었다. 그 결과 한국교회는 선교 및 교회 관련 역사 연구를 강화했고, 연합 사역을 강조했으며, 자기 주도성을 재확인했다. 이런 의미에서 선교의 빚을 갚고자 민족 복음화 담론에서 세계 선교 담론으로 발전하였다. 한국교회는 1979년에서 1980년으로 넘어가는 사이에 선교사 100명을 파송했는데, 2008년에서 2009년으로 넘어가는 사이에 선교사 20,000명을 파송하게 되었다. 30년 만에 200배로 성장했으니, 엄청난 선교 성장이 아닐 수 없다.

그러나 한편으로 장로교 재한선교부들이 에큐메니칼 선교 정신에 따라 교회에 통합되거나 축소되었다. 선교가 쇠하고 교회가 승하는 논리는 이미 오래 전 선교의 안락사(euthanasia of missions) 담론에서부터 강조했다. 사업가는 성공하면 그 자리에 남지만, 선교사는 성공하면 그 자리를 떠난다는 말이 있듯이, 장로교 재한선교부들은 차츰 공식 조직으로서의 역사를 종결했다. 특히 1983년 미북장로교회와 미남장로교회가 합병하여 미국장로교회가 되었는데, 1984년 한국기독교100주년을 기하여 재한선교부를 선교친교모임(fellowship)으로 전환하였다. 물론 이후에도 장로교회의 한국선교가 실질적으로 이어졌지만, 선교 주도권은 한국장로교회에 넘겨졌고, 한국장로교회의 지도를 받았으며, 조직의 규모나 위상은 축소됐다.

3. 한국기독교100주년에서 그 이후, 1984-현재: 교회 간 협력 선교와 통일운동

1984년 이후 선교는 주로 교회 간 협력 선교로 이뤄졌고, 주요 통로는 교회 간 관계나 한국기독교교회협의회 같은 연합기구를 통한 양자 간 혹은 다자 간 교회협의회 방식으로 수행되었다. 그리고 1980년대부터 통일운동이 새로운 선교 영역이 되었다. 물론 그 이전에도 한국교회는 북한선교라는 명칭을 통해 북한을 상대로 선교하고자 하는 의욕을 보였지만, 현실적으로 할 수 있는 것이 없었다. 그러다가 1980년대에 통일운동의 새로운 움직임이 생겼다. 한편으로는 1980년 광주민주화운동의 좌절을 통해 분단이 민주화 운동을 비롯한 모든 문제의 뿌리에 놓여 있음을 절감했고, 12.12군사정변 등의 과정에 있어서 미국의 역할에 대한 의혹이 생기면서 반미주의가 대두되었고, 궁극적인 해결책으로 통일운동이 대두되었다.

다른 한편으로 에큐메니칼 운동이 통일운동에 관심을 보였고, 사실상 정부가 통일 문제를 독점한 상태에서 세계 에큐메니칼 운동 네트워크가 통일운동을 가능하게 했다. 가령 1981년 한국기독교교회협의회의 제4차 한독교회협의회가 통일운동의 출발점이 되었다. 이 한독교회협의회에서 통일문제 연구위원회나 기구를 설치하고 양국 교회협의회가 상호협력하기로 하였다. 이에 따라 1982년 통일문제연구원이 신설되었다.

한편 정부의 반대로 국내에서 통일운동을 전개하기 어렵게 되자, 해외에서 해외한인 중심의 모임, 에큐메니칼 기구와 에큐메니칼 교회의 북한 방문, 에큐메니칼 기구가 주관하는 남북교회 만남 등의 노력이 이어졌고, 그 결과 마침내 세계교회협의회가 주관한 1986년 스위스 글리온 회의에서 최초로 남북교회가 만났고 리마예식서에 따라 성찬식까지 가지는 일이 벌어졌다. 그런데 1986년에는 통일운동에 참여하는 기구와 교회가 많다 보니, 관계 정리가 필요했다. 가령 대한예수교장로회(통합)은 "북한 전도 대책과 통일문제에 대한 본 교단의 입장 표명"에서 "WCC 회원교단은 한국교회 통일정책을 다루는 데 있어서 한국교회의 참여와 합의를 기초로 한다. 한국교회를 배제시킨 어떠한 북한과의 직접적인 교섭은 해결에 도움이 되지 않는다"는 입장을 밝혔다.[14]

즉 한국교회가 당사자인데도 정부 통제로 인해 통일운동이 제한됨에 따라 에큐메니칼 기구나 에큐메니칼 교회가 자칫 한국교회를 배제하는 일이 벌어질 것을 염려한 조치였다. 이 때문에 이후에 북한을 방문하는 에큐메니칼 기구나 에큐메니칼 교회는 북한 방문 후 남한을 방문하여 북한 방문에 대해 보고하는 순서를 가지게 되었다. 실제로 스마일리 문건 등 한국장로교회와 미국장로교회 간에 북한선교에 대한 선교 주도권 문제로 다툰 적이 있었다. 이런 교회 간 협력 선교에 있어서 북한선교를 비롯한 모든 선교는 당사자 간의 평등하고 공정한 관계가 가장 중요하다. 과거에 북한은 미북장로교회와 캐나다장로교회의 주요 선교지였지만, 이제는 선교적으로 정치적으로 전혀 다른 상황이 되었다.

그뿐만 아니라, 한국장로교회는 세계 선교의 기존 방식인 양자 간 선교를 넘어서 세계 선교를 동역교회와 함께 하는 새로운 방식인 3자 간 선교 혹은 다자 간 선교를 발전시켰다. 가령 아프리카 가나장로교회, 한국장로교회, 독일교

---

14) 한국기독교교회협의회, 《〈1980-2000 한국교회평화통일운동자료집〉》 (서울: 한국기독교교회협의회, 2000), 68.

회가 삼자선교협력을 시도하여 성과를 거뒀다.[15]

최근에는 장로교회 재한선교부가 현지교회인 한국장로교회의 선교 주도권을 인정하는 에큐메니칼 선교의 맥락 안에서 다시금 활성화되는 경향을 보였다. 가령 미국장로교한국선교회는 통일, 평화 등의 주제로 간담회 등 모임을 가지고 결과물을 책으로 발간하거나, 미국장로교회 선교 역사를 정리하는 등 노력을 기울이고 있다. 미국장로교한국선교회는 <<평화로 숨쉬다>>를 발간했는데, 이 책에서 북한 사회에 대한 무지를 지적하면서 '북맹'(北盲)이란 단어가 나오기도 했고, 최근 평화담론인 정의로운 평화, 회복적 정의, 평화 교회 등의 개념이 나오면서 재세례파 전통의 평화론도 수렴하는 모습을 보였다.[16]

또한 미국장로교한국선교회는 선교역사 정리의 첫걸음으로 <<미국장로교 내한 선교사 총람, 1884-2020>>을 출간하였다.[17] 그동안 선교사 총람 혹은 편람은 한국교회사가들이 출간했는데, 이제 미국장로교회가 직접 이 일에 나선 것이다. 최근에는 한국기독교역사연구소가 <<내한선교사사전>>을 내면서, 그동안 선교사 연구 결과를 집대성했다. 이제 새로운 시대에 새로운 선교를 개발하고 실천하는 것은 선교에 부름받은 모든 이들, 특히 교회를 선교공동체로 이해하는 장로교회에게 주어진 사명이다.

III. 결론: 선교, 질그릇 속의 보배의 순종

본 연구는 장로교회의 한국선교를 미국장로교회를 중심으로 살펴보았다. 미국장로교회를 비롯한 장로교회의 한국선교는 선교의 기적에 가까운 성과를 냈다. 그래서 한국은 여러 가지 이유에서 선교와 선교사에 대한 이미지가 가장 좋은 나라 중 하나가 되었다. 그리고 한국교회는 복음의 빚을 갚기 위해 초창기부터 선교했고, 20세기 후반에는 비서구 선교의 대표적인 세력이 되었

---

15) 이명석, <<에큐메니칼 선교 이렇게 하면 잘 할 수 있다: 한국.독일.가난 교회 삼자선교협력이야기>> (서울: 대한예수교장로회영등포노회, 2013).

16) 미국장로교한국선교회 편, <<평화로 숨쉬다>> (서울: 미국장로교한국선교회, 2019).

17) 미국장로교한국선교회 편, <<미국장로교 내한 선교사 총람, 1884-2020>> (서울: 미국장로교한국선교회, 2020).

다. 이제는 오히려 한국교회의 세계 선교를 반성하는 단계에 이르렀다. 즉 선교의 재생산이 가능했던 것이다. 이런 맥락에서, 장로교회의 한국선교를 성찰하는 일은 한국에서 선교했던 장로교회들은 물론이고 한국장로교회를 비롯한 한국교회에도 매우 의미 있는 일이다.

미남장로교 선교사였고 컬럼비아신학교 선교학 교수를 역임한 조지 브라운(George Thompson Brown)은 미국장로교 중국 선교사의 역사를 다룬 저서의 제목을 <<질그릇과 초월적 능력: 중국의 미장로교인들, 1837-1952>>(*Earthen Vessels & Transcendent Power: American Presbyterians in China, 1837-1952*)이라고 붙였다.[18] 선교는 어쩌면 바울의 표현대로 '질그릇 속의 보배'와 같은 것인지 모른다.(고린도후서 4:7) 너무도 귀한 것이 너무도 약한 것에 담겼고, 그런 약한 것을 통해 이어진다. 따라서 모든 선교 역사는 성공과 실패, 승리와 좌절, 교만과 겸손, 기쁨과 슬픔 등이 파도치는 신과 인간의 대하드라마라고 할 수 있다. 장로교회의 선교도 마찬가지이다. 선교는 믿음의 주요 온전케 하시는 이가 기다리시는 곳을 향해 나아가는 순종의 길이요 순례의 길이다. 그래서 선교는 초대교회 교인이 고백했던 '아멘 주 예수여 오시옵소서'를 가장 간절하게 고백하는 일이기도 하다.

---

18) G. Thompson Brown, *Earthen Vessels and Transcendent Power: American Presbyterians in China, 1837-1952* (Maryknoll, NY: Orbis Books, 1997).

미국감리교회의한국선교140년의의의와전망

박도웅[1]

1. 서론

2024년은 미국감리교회가 공식적으로 파송한 선교사 헨리 아펜젤러 (Henry G. Appenzeller, 1858-1902) 목사가 한국에서 온 지 139년이 되는 해이다. 또한, 1884년 6월, 미국감리교회 선교부가 일본에 있던 로버트 매클레이 (Robert S. Maclay, 1824-1907) 선교사가 한국을 방문하여 새로운 선교지 가능성을 타진하고 선교 윤허를 받은 지 140년이 되는 해이다. 일본의 식민지 지배 35년과 해방 후 74년을 거치며 한국감리교회는 놀라운 성장을 이루었다. 이 땅에서 선교를 시작하고, 성장의 초석을 놓은 미국감리교회의 선교는 그대로 한국감리교회의 처음 역사가 되었다. 미국에서 남북으로 분열된 남북감리교회가 각각 한국에서 선교를 시작했지만, 한국감리교회는 일제 강점기 하에도 통합과 자치 시대를 열었다. 그 과정에서 초기 선교사들의 지원과 협력이 중요한 역할을 하였다.

이 글은 연합감리교회의 한국선교 역사를 간략하게 살피고, 한국교회의 관점에서 기술된 역사와 함께 미국감리교회의 선교정책과 수행 과정을 살필 것이다. 미국감리교회의 한국선교는 조선의 멸망과 일본의 식민지 강점기를

---

[1] 동인감리교회 담임목사, 미국 드류대학교 졸업(Ph.D.), 세계교회협의회 중앙위원, 한국기독교교회협의회 국제위원회 부위원장. 기독교대한감리회 에큐메니칼위원회 부위원장.

관통하는 시기에 이루어졌기에 한국의 역사적 고난과 사회적 변화를 반영하고 있다. 이 시기에 주한 선교사들 뿐 아니라 미국감리교회의 해외선교가 추구했던 방향을 살피는 것은 중요한 관점이다. 해방 후 80년 동안 이루어진 한국교회의 성장과 발전은 온전히 한국교회의 성과라 할 수 없다. 복음과 새로운 문물을 전해준 미국교회의 선교를 바탕으로 한국교회는 성장하였다. 21세기를 맞으며 새로운 선교 과제를 개발하고, 선교의 위기를 넘어야 하는 한국 감리교회의 전진을 위하여 처음 복음을 전해준 미국감리교회 선교의 의의를 밝히는 것은 새로운 전망의 이정표가 될 것이다.

2. 한국선교의 태동 : 1845~1920

1) 미감리교회의 선교

한국에서 처음 선교를 시작한 미국의 감리교회는 미(북)감리교회 (Methodist Episcopal Church: MEC)이다. 미감리교회는 1844년 총회에서 노예제도에 대한 입장 차이로 남감리교회(Methodist Episcopal Church, South: MECS)가 총회를 조직하면서 남은 북부지역의 감리교회이다.

미감리교회의 한국선교는 대단히 극적이고 우연한 사건에서 출발하였다. 1882년 5월, 한국과 미국 사이에 수호통상조약이 맺어졌다. 조약에 따라 미국은 전권공사 푸트(Lucius H. Foote)를 파견하였고, 미국에 공사를 보낼 수 없던 한국 정부는 1883년 6월 민영익을 단장으로 하는 방미사절단을 미국에 보냈다. 사절단은 푸트 공사가 타고 온 전함을 타고 미국으로 향했다. 샌프란시스코에서 워싱턴을 가는 기차 안에서 향하던 사절단은 한 미국인을 만나게 된다. 그는 미감리교회 소속의 가우처(John F. Goucher, 1845-1922)[2] 목사였다. 가우처 목사는 이 만남을 통하여 한국을 알게 되고, 한국선교에 대한 소망을 갖게 되었다. 그는 미감리교회 선교부에 2천 달러의 선교비를 보내며 한국선교를

---

[2]   후에 볼티모어여자대학을 설립한 가우처 목사는 해외선교에 깊은 관심을 가지고 있었고, 기차 안에서 만난 민영익 일행과 사흘 동안 동행하면서 많은 대화를 나누었다. 한국기독교역사학회 편, 『한국 기독교의 역사 I 』, (서울 : 기독교문사, 2018), 128.

요청하였다.[3] 가우처 목사의 요청을 받은 미감리교회 선교부는 같은 해 한국 선교를 결의하고, 일본에 있는 로버트 매클레이 박사에게 한국을 방문하여 선교 가능성을 타진하도록 하였다. 1884년 6월, 매클레이는 한국을 찾아, 일본에서 인연이 있었던 김옥균을 통해 한국정부에 선교허가를 요청하였다. 고종은 병원과 학교를 먼저 세우는 조건으로 이 요청을 승인하였다. 이 소식을 받은 미감리교회는 교육선교사로 아펜젤러,[4] 스크랜턴 대부인, 의료선교사로 스크랜턴(William B. Scranton, 1856-1922)[5]을 선발하였다.

1885년 2월 3일, 미국을 떠난 아펜젤러와 스크랜턴 일행은 2월 27일 일본에 도착하였다. 이들은 동경에 있는 매클레이 선교사 집에서 첫 한국선교사회의를 열고 한국선교에 대한 비전을 나누었다. 3월 23일, 아펜젤러 부부는 언더우드와 함께 제물포로 먼저 출발하였다. 이들은 부산을 거쳐 제물포에 도착하였고, 1885년 4월 5일 부활절에 제물포에 상륙하였다.[6] 갑신정변의 여파로 불안정한 정세를 듣고 인천에 한 주간 머문 아펜젤러는 일본으로 돌아가 한국의 정세가 안정되기를 기다렸다. 그 해 7월, 아펜젤러는 스크랜턴 대부인과 함께 서울에 들어왔고, 학교사업을 준비하였다. 8월, 두 명의 학생에게 영어를 가르치면서 교육사업을 시작하였다. 이 학교는 1887년 고종 황제에게 배재학당

---

3)   유동식, 『한국감리교회의 역사 I 』, (서울 : 도서출판KMC, 2007), 28~36.

4)   아펜젤러는 스위스에서 이민 온 독일계 5세 미국인으로 독일 개혁교회 전통을 가진 가정에서 자라난 개혁교회 교인이었다. 그는 펜실바니아주 웨스트체스터주립대학 재학 중 회심을 체험하였다. 대학을 졸업하고 한 학기 교사로 재직한 후, 아펜젤러는 펜실바니아주 프랭클린 마샬대학에 입학하였고, 감리교회에 출석하면서 감리교인이 되었다. 마샬대학 재학 중 참석한 집회에서 선교에 헌신할 것을 결심한 아펜젤러는 뉴저지주 드류신학교에 입학하였고, 1883년 10월 커네티컷주 예일대학에서 열린 미국신학교연맹 대회에서 언더우드를 만났다. 그는 졸업을 앞두고 한국선교사로 지원하였고, 가장 젊은 지원자였지만 교사 경력을 인정받아 한국선교사로 선발되었다. 위의 책, 46~51.

5)   스크랜턴은 미감리교회 목사의 딸이었던 어머니 매리에게 많은 영향을 받았다. 그는 예일대학 졸업한 후, 뉴욕 의과대학에서 진학하여 1882년 의사가 되었다. 그는 어머니 스크랜턴 대부인을 찾아온 매클레이 목사에게 한국선교사 제의를 받았으나 처음에는 거절하였다. 그후 장티푸스에 걸려 심하게 앓은 스크랜턴은 선교사로 헌신할 것을 결심하고 아내에게 자신의 생각을 밝혔다. 그는 미감리교회 해외선교부에 한국 의료선교사로 지원하였고, 1884년 12월 선교사로 선발되어 목사 안수를 받았다. 스크랜턴의 어머니 매리 스크랜턴(Mary F. Scranton, 1832~1909)은 아들이 선교사로 지원하는 것을 보면서 미감리교회 해외여선교회에 신청하여 선교사로 선발되었다. 이렇게 하여 미감리교회는 한국의 교육선교와 의료선교를 담당할 세 명의 선교사를 모두 선정하였다.

6)   아펜젤러는 한국에 도착하여 작성한 첫 보고서를 다음과 같은 기도문으로 마무리하였다. "우리는 부활절 날에 이곳에 도착했습니다. 오늘 죽음의 철창을 산산이 깨뜨리시고 부활하신 주께서 이 나라 백성들을 얽어맨 결박을 끊으시고, 그들에게 하나님의 자녀가 누리는 빛을 허락하여 주시옵소서." 위의 책, 54.

이라는 이름을 부여받아 오늘까지 이어지고 있고, 같은 해 서구식 학교 건물을 건축하였다.[7]

스크랜턴은 1885년 5월 3일 제물포에 도착하였다. 그는 5월 22일부터 미 장로교회 의료선교사 알렌(Horace N. Allen)을 도와 광혜원에서 일했다. 그러나 6월 말, 광혜원을 사퇴하고 정동에 감리교 병원 설립을 준비하기 시작하였다. 1885년 9월, 자신의 집에서 진료를 시작하였고, 1886년 6월에 정동에 건물을 구입하여 정식으로 병원 사역을 시작하였다. 정동에 세워진 이 병원은 1887년 고종에게 "시병원"이라는 이름을 하사받았다. 스크랜턴의 시병원은 정부가 설립한 광혜원과 달리 최초의 민간병원이었다. 그는 한국의 가난하고 버림받은 병자들을 치료하였다. 많은 빈민층 병자들을 돌보던 스크랜턴은 보다 적극적으로 민중 계층을 돌보기 위하여 궁궐과 외국 공사관이 밀집한 정동을 떠나 1894년 남대문 근처 빈민지역인 상동으로 병원을 옮겼다.[8] 그는 가난한 민중들을 위하여 서대문 밖 애오개에 시약소를 열었다.[9] 그 해 10월 미감리교회 해외여선교회의 파송을 받은 하워드(Meta Howard) 선교사가 스크랜턴을 도와 시병원에서 일하였고, 얼마 후 여성 전용의 부인병원인 보구여관을 열었다.

당시 한국은 일본을 비롯한 주변 강대국의 대립과 위협으로 위태로운 시기를 보내고 있었지만 미감리교회가 처음 파송한 세 명의 선교사들은 각자의 영역에서 순조롭게 선교를 시작하였다. 이들의 사역은 미감리교회 선교사들이 계속하여 한국에 올 수 있는 마중물이 되었고, 어두운 시대 상황에서 절망하던 한국 민중들에게 복음을 전하고 교육과 의료를 통한 실질적인 도움으로 소망의 불씨를 전파하였다.

2) 남감리교회의 선교

미감리교회보다 10년 늦게 시작된 남감리교회의 선교는 한국인 윤치호((Baron T. H. Yun, 1864~1945)의 요청이 중요한 동기였다.[10] 윤치호는 1881년 신

---

7) 위의 책, 61-65.
8) 한국기독교역사학회 편, 『한국 기독교의 역사 I 』, 146-47.
9) 유동식, 『한국감리교회의 역사 I 』, 57-60.
10) Robert W. Sledge, *Five Dollars and Myself: The History of Mission of the Methodist*

사유람단의 일원으로 일본을 방문하고, 2년간 동인사[11]에서 공부하였다. 그는 일본 유학 중에 영어를 배워, 1883년 5월부터 주한 미국공사 푸트의 통역관으로 한국에 돌아왔다. 1884년 매클레이 선교사가 방한하여 선교 윤허를 받을 때 통역관이었다.

1884년, 갑신정변의 실패로 정치적 입지가 위험해진 윤치호는 상해로 망명 겸 유학을 떠났다. 그는 미국 남감리교회가 상해에 설립한 중서서원에 입학하여 공부하면서 한국의 정세를 살폈다. 그는 개화파가 몰락하고 수구파가 권력을 되찾았다는 소식에 절망하고 한동안 주색에 빠져 방황하였다. 중서서원의 보넬(W. B. Bonnel) 선교사가 신앙적인 가르침과 함께 세례를 권했고, 윤치호는 기독교 신앙을 받아들였다. 1887년 4월 신앙고백문을 작성하고 세례를 받으면서 남감리교인이 되었다.[12]

1888년 10월, 중서서원을 졸업한 윤치호는 미국으로 떠나 밴더빌트대학과 에모리대학에서 신학과 현대학문을 공부하였다. 미국 유학하면서 문명국 미국에 대한 경탄과 한국의 암담한 상황에 대한 안타까움을 일기에 기록하였다. 1893년 미국 유학을 마치고 중국으로 떠나기 전, 윤치호는 에모리대학 총장 캔들러(W. A. Candler)에게 선교비와 함께 한국선교를 요청하는 서신을 보냈다.[13] 윤치호는 상해 중서서원의 교수로 재직하는 중에도 캔들러에게 한국선교를 요청하는 편지를 보냈다. 1895년 귀국하여 학부협판, 외무협판을 지내는 동안 기독교인이라는 사실을 숨기지 않았다.

남감리교회는 윤치호의 지속적인 선교 요청에 응답하여, 아시아선교를 관

Episcopal Church, South, 1845-1939, (Nashville : General Board of Global Ministries, United Methodist Church, 2005), 250-251. 이 책에서 Sledge는 남감리교회의 초기 한국선교를 주도한 두 사람으로 리드선교사와 윤치호를 들고 있다.

11) 동인사는 일본의 개화파 지도자이며 그리스도인이었던 나카무라가 설립한 중등 교육기관이었다. 유동식, 『한국감리교회의 역사 I 』, 122.

12) 윤치호는 세례를 받고 기독교인으로 살기를 결심하는 마음을 일기에 기록하였다. "오전 10시, 세례를 받았다. 오늘 하늘은 푸르고 날씨는 따스했으며 산들바람이 불어 구름을 몰아냈다. 최근 들어 제일 좋은 날씨였다. 오늘로부터 주님을 믿고 성교를 받들기로 굳게 결심했다. 가히 일생에 있어서 제일 큰 날이라 하겠다." 위의 책, 126.

13) "내가 모은 돈 200불을 당신께 보내오니 이 돈을 기초로 삼아서 조선에도 기독교 학교를 설립하여 내가 받은 교육과 같은 교육을 우리 동포도 받을 수 있게 하여 주소서. 만일 내가 상해로 가서 속히 조선으로 들어가면 내가 학교를 세우도록 할 것이오. 만일 나보다 먼저 오선에 가는 이가 있거든 그에게 부탁하여 학교를 세우게 하여 주되, 5년이 지나도록 세우지 못하게 되거든 그 돈을 마음대로 처리하여도 좋습니다." 위의 책, 131.

장하는 헨드릭스(Eugene Hendrix) 감독과 리드(Clarence F. Reid, 1849-1915) 선교사를 한국으로 보내 가능성을 확인하게 하였다.[14] 리드 선교사는 한국의 중심인 서울이 특정한 교파의 선교지로 정해지지 않은 것을 보고, 미국 북장로교회와 북감리교회 선교회들과 남감리교회의 서울 지역에서 새로운 선교를 합의하였다. 이는 당시 일본 선교와 유사한 방식이었다. 즉, 중국에서 사역하는 경험이 풍부한 선교사들을 아직 선교가 활발하지 않은 지역으로 이동시켜, 즉시 선교를 시작하되 서서히 선교지역을 확장하는 방식이었다. 또한 외국인에 대한 경계심도 일본과 비슷했다.[15]

1800년대 말 남감리교회는 심각한 재정적 어려움을 겪고 있었다. 그 여파로 해외 선교사들에게 선교비를 보내지 못하고, 자립하거나 귀국할 것을 권하였다. 일시 귀국한 선교사들은 재정 지원이 끊겨 선교지로 돌아가지 못하는 일이 발생하였다. 이 문제를 해결하기 위하여 나선 인물이 헨리 모리슨(Henry Morrison)과 워터 램버트(Water R. Lambuth)였다. 남감리교회 총무단의 일원이었던 그들은, 한 때 17만 2천 달러에 이르렀던 부채를 해결하였다.[16] 이러한 공로를 인정받아 1898년 남감리교회 총회에서 모리슨은 감독으로 선출되었다. 감독으로 취임 모리슨과 램버트는 다시 해외선교의 깃발을 올렸다. 이들은 중국 선교 담당 감독에게 한국선교를 위한 모금과 선교전략을 총괄하는 권한을 부여하였다.[17] 모리슨 감독의 헌신으로 재정적 위기를 극복하지 못했다면 남감리교회의 한국선교는 상당 기간 늦어졌을 것이다.

1895년 10월, 윤치호는 서울에서 헨드릭스 감독과 리드 선교사를 만났고, 정동에 있는 아펜젤러의 집에 한 주간 머물면서 선교 상황을 검토하였다. 또한 고종 황제를 알현하고 황제의 격려를 받았다. 헨드릭스 감독은 남감리교회의 한국선교를 확정하고, 스크랜턴의 소개로 남대문 근처의 집을 구입하고 상

---

14) Robert W. Sledge, *Five Dollars and Myself*, 251-2.
15) 위의 책, 252.
16) 1891년 보고에 따르면, 이 부채는 남감리교회의 선교에 막대한 지장을 주었는데, 재정 위기의 원인으로 경제적 침체가 아닌 목회자들과 교회의 해외선교에 대한 무관심이라고 진단하였다. 구조조정과 총무단 감축에도 다시 선출된 모리슨과 램버트는 1894년 미전역을 순회하며 13만 2천 달러의 부채를 상회하는 15만 달러의 헌금을 모금하였다. 또한 60명이 넘는 여인들을 고용하여 4만 통의 선교비 요청 편지를 발송하였다. 그 결과 선교부에 4만 달러 이상의 헌금이 답지하였다. 위의 책, 176-177.
17) 위의 책, 177.

해로 돌아갔다.[18] 윤치호와 함께 남감리교회 한국선교의 선구자인 리드는 뉴욕주에서 태어나 사범학교를 졸업하고 남감리교회 켄터키연회의 목사가 되었다. 1878년 중국 선교사로 파송되어 17년을 사역하였다. 그는 1896년 8월, 중국선교연회 조선지방 소속으로 한국에 왔다. 그는 남대문 인근에 작은 교회를 건축하고 예배를 드리기 시작하였고, 이곳에서 드린 처음 예배에서 평신도인 윤치호가 설교하였다.[19] 1897년 5월, 리드는 고양읍에서 전도의 열매로 기독교인이 된 24명의 장년과 3명의 어린이에게 세례를 베풀었다.[20] 리드는 활발하게 선교활동을 이어갔지만 병에 걸린 부인의 치료를 위하여 3년 만에 미국으로 돌아갔다. 1897년 중국에서 리드와 함께 사역했던 콜리어(C. T. Collyer) 선교사도 한국으로 파송을 받았고, 송도에서 교회를 개척하였다.

이 때 남감리교회 해외여선교회 파송으로 콜리어와 함께 중국에서 선교하던 조세핀 캠벨(Josephine P. Campbell, 1852~1920) 선교사도 한국에 오게 되었다. 남감리교회 최초의 여선교사인 캠벨 선교사는 미국 텍사스에서 태어나 목회자의 아내로 살던 중, 남편과 자녀들을 사별하고 1886년 남감리교회 선교사로 중국에서 활동하였다. 10년간 중국에서 선교하던 중 한국으로 파송으로 받아 1897년 10월 한국에 온 것이다. 캠벨 선교사의 주된 사역은 가정 방문을 통하여 여성들에게 전도하고 여성들을 위한 교육기관을 설립하는 것이었다.[21] 캠벨 선교사는 종로구 내자동에 캐롤라이나학당을 설립하여 여성교육에 집중하였다. 1898년 10월, 5명의 소녀와 2명의 교사로 출발한 이 학당은 후에 배화학당으로 교명을 변경하여 현재에 이르고 있다.[22]

남감리교회 한국선교에서 기억해야 할 사람은 첫 의료선교사로 파송된 하디(Robert A. Hardie 1865-1949) 선교사이다. 그는 1890년부터 한국에서 선교하던 중 1896년 캐나다로 귀국하였다. 그는 1898년 5월, 다시 파송을 받아 한국에 왔고, 개성에서 의료선교를 하던 중, 리드 선교사가 부인의 병으로 귀국하

18) 유동식, 『한국감리교회의 역사 I 』, 134.
19) Robert W. Sledge, *Five Dollars and Myself*, 252.
20) 위의 책, 252. 유동식, 『한국감리교회의 역사 I 』, 138.
21) Robert W. Sledge, *Five Dollars and Myself*, 253.
22) 위의 책, 256. 캐롤라이나학당이라는 명칭은 미국 북캐롤라이나와 남캐롤라이나의 여선교회와 청소년들의 재정 지원에 감사하여 붙인 이름이었다.

자 서울로 돌아왔다. 1990년 5월, 선교회연합회에서 미감리교회의 선교지역인 원산의 의료와 전도사업을 남감리교회에 이양한다는 결정이 내려졌다. 이에 따라 한국말에 능통한 하디가 원산 지역의 의료와 전도사업을 이끌게 되었다.[23] 1901년, 남감리교회 해외여선교회의 파송을 받은 매리 노울즈(Mary Knowles) 선교사가 원산으로 파송되어 루씨여학교를 설립하고 교육선교를 시작하였다. 어느 날, 하디 선교사가 밤을 새워 기도하는 중, 이전에 경험하지 못한 하나님의 임재를 느끼게 되었고, 그는 기쁨으로 새벽 일찍 뛰어가 종을 쳐 교인들을 불러 모았다. 하디는 자신의 체험을 교인들에게 전했고, 그들은 가족들과 주변 사람들에게 전하기 시작하였다. 이 사건을 계기로 남감리교회의 교세가 급격하게 증가하여 1906년, 1천 명이 넘는 교인으로 성장하였고, 1910년까지 6천 명 이상이 되었는데 이는 중국과 일본의 남감리교인들보다 많은 숫자였다.[24]

남감리교회는 미감리교회보다 10년 늦게 한국에 들어왔지만 초기부터 미감리교회와 협력하며 선교에 임했다. 두 선교회의 연합과 협력의 정신은 1910년 감리교협성신학교의 통합으로 나타났다.[25] 또 다른 협력사업은 1909년, 1910년 기간에 추진된 "백만구령운동"이었다. 이 운동은 백만 명의 개종자를 얻는 것이었지만, 결실을 얻기까지는 더 많은 시간이 필요했다. 1911년, 한국에 일곱 개의 지방(district)이 있었고, 모두 선교사들이 이끌었다. 선교사들의 뛰어난 지도력과 헌신에 발맞추어 한국인 신자들의 역할도 컸다. 한국인 신자들은 목사, 권사, 전도사로 선교의 최일선에서 최선을 다했다. 외국인 선교사들의 리더십도 중요했지만, 동시에 한국인들의 강력한 토착 지도력 역시 급속하게 성장하였다. 이들의 역동적인 선교는 앞으로 선교에 있어서 더욱 더 좋은 날들을 앞당기는 바탕이 되었다.[26]

미국 감리교회가 한국을 포함한 아시아와 남아메리카 지역에서 활발한 선교를 펼칠 수 있었던 이면에는 연회별로 조직된 여선교회연합회의 공이 컸다.

---

23) 위의 책, 142-43.
24) Robert W. Sledge, *Five Dollars and Myself*, 255-6. 슬레지는 일본이 한국을 강점하면서 기독교인들을 반일 세력으로 보기 시작한 시기에 이러한 성장이 이루어진 것은 놀라운 일이라고 기술하고 있다.
25) 위의 책, 256.
26) 위의 책.

특별히 미동부지역의 북조지아연회를 중심으로 남캐롤라이나연회, 버지니아 연회, 루이빌연회의 여선교회에서 활발한 모금 활동이 이루어졌다. 이 헌금은 여성목회자들의 은퇴 후 거처 마련과 내지선교회 사역을 위한 목적을 가지고 있었다. 1910년 당시 3백만 불이 넘는 헌금을 모아 인디언선교연회와 멕시코 이민자들과 후손들이 사는 텍사스로 보내졌다. 또한 미국 바깥 지역에 대한 관심으로 확대되어 오래된 선교지인 중국과 새로운 선교지인 브라질, 멕시코, 쿠바, 일본, 한국에서 사역하는 여선교사들을 지원하는 사업에 사용되었다.[27]

1910년까지 한국은 아시아에서 중국과 일본보다 빠르게 성장하는 선교 지로 떠올랐다. 그러나 일본의 한국 강점과 집요한 훼방으로 감리교회의 교 세는 10년간의 정체기를 맞이한다. 찰스 스톡스(Charles D. Stokes)는 1911년부 터 1919년 사이 9년이 한국의 개신교 선교역사에서 가장 어려운 시련기였다 고 기술하고 있다.[28] 그는 일본 정부의 통치가 시작되며 한국에서 일어난 변화 들을 이유로 꼽고 있다. 사회적 기반시설의 건설로 철도, 우편, 공중위생, 교육 등의 분야에서 발전이 나타나며 생활수준의 향상되었다고 기술하였다. 동시 에 경제적 양극화가 가시화되면서 농민들을 중심으로 빈곤층의 생활은 매우 어려워졌다. 사회적으로 아편, 술, 담배의 소비가 늘어나고, 매춘이 인가되었다. 이는 교회가 적극적으로 극복해야 할 사회현상이었다. 많은 사람들이 도시로 이동하고, 만주로 이주하였다. 초대 총감 데라우찌는 비밀경찰과 헌병들을 앞 세워 폭력적인 무단통치를 실시하였다.[29]

이러한 시대 상황에서 일어난 두 가지 중요한 사건이 있었다. 하나는 윤치 호의 투옥이었다. 일본 총독부는 당시 가장 중요한 감리교인이면서 정치적으 로 고위직에 있던 윤치호는 소위 "105인 사건"에 연루되어 3년간 옥고를 치렀

---

27) 위의 책, 264. 1895년, 리드 선교사가 중국에서 한국으로 이동한지 2년 후인 1897년 캠벨 부인 역시 중국에서 한국으로 선교를 이동하였다. 이 때 남북 캐롤라이나연회의 해외여선교 부가 중심이 되어 캠벨 부인의 사역을 지원한 것이 대표적인 사례이다. 당시 캐롤라이나연 회의 모금이 목표액을 넘겨 예산보다 많은 지원을 할 수 있었다. 위의 책, 274.

28) 찰스 스톡스, 장지철/김홍수 역, 『미국감리교회의 한국선교 역사 1885~1930』 (서울 : 한국 기독교역사연구소, 2010),

29) Robert W. Sledge, *Five Dollars and Myself*, 219~221. 남감리교회는 1908년 간도지방 선 교를 시작하였고, 3.1운동 이후 만주로의 이주가 급증하였다. 1920년 5월, 미국 남감리교회 총회는 시베리아 · 만주 선교를 결의하였고, 9월 조선선교연회도 동일한 내용을 결의하였 다. 조선연회는 선교사 크램(W. G. Cram)을 감리사로 임명하고, 10월에 양주삼과 정재덕 목 사를 보내 선교지를 답사하였다. 한국기독교역사학회 편, 『한국 기독교의 역사II』, 128~9.

다. 또 다른 사건은 그리스도인으로 개종한 한국인이 토착종교를 믿는 이들에게 무자비하게 폭행당한 사건이었다. 기독교로 개종하고 열 한 개의 교회를 세운 이 사람은 폭행의 후유증으로 건강을 잃었고, 삼 년 후에 사망하였다. 이 두 사건은 한국의 정치적, 사회적 환경이 선교에 어떠한 영향을 미치는지 잘 보여주었다.[30]

　총독부는 감리교회를 포함하여 개신교 선교를 제한하는 규정을 만들었다. 규정에 의하면, 선교단체는 총독부에 종교의 명칭과 교리의 개요, 선교 방식으로 보고하고, 설교자의 자격을 입증하는 신상정보를 첨부해야 했다. 교회나 집회소, 기관을 설립하는 사람은 허가를 받아야 하고, 선교방식과 교회 지도자들의 지도 방식이나 당국과의 협력이 부적절하다고 판단될 때에는 모든 것에 대한 교정을 지시하는 내용을 담고 있었다.[31] 이러한 무단통치는 전국적인 반발을 불러일으켰고, 1919년 3.1 독립만세운동으로 터져 나왔다. 15명의 기독교인을 포함한 33명의 대표가 이끌었던 이 운동은 독립에 대한 열망과 함께 민족적 자존심을 회복시켜 주었고, 일본의 한국 통치에 큰 영향을 미쳤다. 특별히 삼일운동 이후 많은 청년들이 교회를 찾았고, 남감리교회는 해외선교 백 년을 기념하는 백주년운동을 시작하는 계기가 되었다. 백주년운동은 특별선교단 구성, 새신자 교육, 기독교인의 생활 방식을 훈련하는 내용으로 진행되었다. 이 운동은 1920년대 처음 5년 동안 4천 명의 입교인, 2천 명의 학습인이 신앙생활을 시작하고, 백 개 이상의 교회를 세우는 성과를 거두었다.[32]

　슬레지의 기록에 의하면, 1920년대를 거치는 동안 감리교회의 교세와 재산이 증가하기 시작하였다. 1919년보다 41프로 증가한 7,630명의 교인들이 보고되었고, 1919년 당시 5만 8천불 (건물 176채) 상당의 재산은 1929년, 19만 7천불 (건물 315채) 상당으로 증가하였다. 감리교회 목회자들은 한국의 노인층이나 저학력 청년들이 여전히 전통적인 무속신앙에 잡혀있다고 보고, 고등교육을 받은 젊은 세대를 집중 공략하였다. 특별히 한반도 북쪽에서는 러시아 공산당의 영향을 받은 공산주의 무신론이 가장 큰 위협이었다. 러시아에서 불어오는 혁명주의와 물질주의, 무신론의 바람은 치밀한 계획과 효과적인 선동

---

30)　Robert W. Sledge, *Five Dollars and Myself,* 332.

31)　찰스 스톡스, 장지철/김홍수 역, 『미국감리교회의 한국선교 역사 1885~1930』, 222.

32)　위의 책, 282.

으로 한반도 북쪽에 몰아치고 있었다. 슬레지는 다음과 같은 물음으로 당시 한국의 상황을 보여주고 있다. "문제는 한국이 유교국가로 남느냐 기독교국가가 되느냐가 아니라 기독교와 유물론 중 무엇을 받아들일 것이냐이다."[33]

3. 통합과 자치의 여정 :1920~1939

10년의 시차를 두고 한국선교를 시작한 미감리교회와 남감리교회 선교사들은 초기부터 긴밀한 협력관계를 형성하였다. 남감리교회 선교사들은 미감리교회 선교사들의 도움을 받아 선교지와 한국인 사역자들을 구할 수 있었다. 남감리교회 선교사들은 미감리교회가 발간하던 「신학월보」 발간과 배재학당 운영에 참여하였다. 1904년, 두 교회는 영문 잡지 「The Korea Methodist」를 발간하고, 한글 신문 「그리스도인회보」를 연합으로 발간하였다. 두 교회는 1907년 협성신학교(The Union Theological School)과 1920년 협성여자신학교(The Union Methodist Women's Bible School)를 설립하였다. 두 교회는 1924년부터 본격적으로 통합으로 논의하기 시작하였다. 미국감리교회의 분열이 교리적 문제가 아닌 노예문제를 둘러싼 정치사회적 입장 차이였기 때문에 교리적인 합의는 어렵지 않았다.[34] 그러나 통합은 미국감리교회의 승인이 있어야 하는 문제였다. 1927년 3월, 연구위원들은 미국의 두 감리교회 총회에 청원서를 제출하였다.[35] 1928년, 미감리교회 총회는 남감리교회 총회와 남감리교회 조선연

---

33) Robert W. Sledge, *Five Dollars and Myself,* 360.

34) 한국기독교역사학회 편, 『한국 기독교의 역사Ⅱ』, 181~3. 1926년 미감리교회 제19회 조선연회는 "남북감리연합방침연구위원회"를 조직하고 위원으로 김종우, 김찬홍, 오기선, 노블, 모리스를 임명하고, 남감리교회 제7회 조선연회는 "남북감리연합기성위원회"를 조직하고 신공숙, 양주삼, 정춘수, 갬블, 저다인을 위원으로 선출하였다. 1926년 12월 28일 제1차 회의를 거쳐 위원수를 각각 9명으로 확대하였다. 1927년 노블 사택에서 열린 6차 회의에서 다음과 같은 원칙을 세웠다. 1. 조선에 있는 두 연회를 합하여 한 연회를 만들 것. 2. 합한 후에는 '미감리'라든지 '남감리'라든지는 못할 터이니 합당한 새 명칭을 지을 것. 3. 교회에서 사용하는 예문과 명칭을 동일하게 한 교회법전을 제정할 것. 4. 조선 교역자들은 남북교회의 관계는 물론하고 어디든지 파송하게 할 것. 5. 조선에 있는 남북감리교회의 모든 사업을 합동 연락하여 감리교회는 일치한 행동을 취할 것.

35) 청원서의 서문에 통합을 추진하는 조선연회의 입장이 다음과 같이 명시되어 있었다. "이 청원서를 귀 총회에 제출할 때에 우리는 선교부나 선교사들의 하는 사업에 대하여 감사하는 마음이 부족하다던가 미국에 있는 교회와 조선에 있는 교회와 두 사이에 친절한 관계가 있는 것을 단절코저 하는 한다던가 하는 것이 아닌 것을 분명하게 양해하시기 바랍니다." 위의 책, 183~4.

회의 동의를 조건으로 조선선교연회의 통합 요청을 기꺼이 승인하였다. 미감리교회 총회는 한국에 감리교회 선교를 시작한 미감리교회나 남감리교회의 명칭이 들어가지 않는 "한국감리교회"(The Methodist Church in Korea)라는 용어를 제안하였다. 10년 후, 미국의 두 감리교회는 유사한 원칙을 세워 연합하였다.[36]

1930년 남감리교회 댈러스 총회는 두 조선연회에서 각각 5명, 미국의 두 감리교회가 각각 5명의 대표를 선출하여 합동위원회를 조직할 것을 구체적으로 제안하면서, 합동위원회는 "미감리교회와 남감리교회가 형성한 유기적인 관계를 조선의 감리교회가 지켜갈 것"을 요청하였다. 댈러스총회에 대표로 참석한 양주삼(J. S. Ryang)은 "조선의 연합교회는 두 교회가 유기적으로 연합하는 것만큼 미국의 모교회와 긴밀하게 협력하는 것이 정말 필요하다"고 주장하였다. 그는 조선의 정부는 조선이 아닌 일본이고, 일본이 이미 한국 YMCA를 일본 YMCA의 통제 하에 두려 한다는 점을 설명하고, 조선의 감리교회는 미래의 안전을 위해 미국의 모교회와 공식적인 관계를 지속하는 것이 매우 필요하다고 역설하였다.[37]

댈러스총회는 뷰챔프 감독을 대표단의 책임자로 임명했으나 건강 문제로 사임하고 폴 컨(Paul B. Kern) 감독이 조선감리교회의 통합 문제를 주관하였다. 미감리교회 총회는 12년간 조선감리교회 연회를 이끌어 온 허버트 웰치(Herbert Welch) 감독에게 책임을 맡겼다. 합동위원회는 위원 수를 확대하여 제임스 베이커 (James C. Baker) 감독과 미감리교회 마블 하웰(Mabel K. Howell) 조선 주재 감리사를 비롯하여 여섯 명의 위원을 추가하였다. 이들은 11월 18일, 서울에서 회의를 열고 두 주간의 논의를 통하여 감리교회 장정과 역사, 교리적 선언 등을 작성하였다. 이들은 12월에 통합총회를 열어 새로운 교회가 출발하는 것을 승인하였다. "우리는 이 사역을 마치며 조선감리교회에 하나님의 축복이 임하기를 기도했습니다."[38] 1930년 12월 2일, 서울 협성신학교에서 웰치 감독의 사회로 기독교조선감리회 제1차 총회가 개최되었다. 한국인 양주삼 목사가 초대 총리사로 선출되었고, 중부, 동부, 서부, 그리고 만주선교연

---

36)   Robert W. Sledge, *Five Dollars and Myself,* 386.
37)   위의 책, 387~8.
38)   위의 책, 389.

회를 조직하였다.[39] 총회 첫날 웰치 감독이 낭독한 선언문에는 "... 기관으로서 미감리교회와 남감리교회는 조선에서 이제 이후로 존재하지 않는다. 두 교회는 조선감리교회에 합병된다. 두 교회의 목회자와 구성원들은 이제 조선감리교회의 사역자요, 구성원들이다. 오늘이 첫 번째 총회이다"[40]라고 선언하고 있다. 이렇게 하여 미국의 두 감리교회가 한국에서 선교를 시작한지 45년이 되는 해에 2만 3천 명의 교인을 가진 자치교회가 출발하였다. 스톡스는 처음 선교사들의 사역에서 출발하여 한국감리교회 자치에 이르기까지 미국의 두 감리교회와 조선의 사역자들이 함께 진행한 사역의 범주를 다음과 같이 여섯 가지로 제시하였다. 즉, 1) 복음전도, 2) 종교교육, 3) 교육사업, 4) 치료사역, 5) 사회사업, 6) 문서선교이다.[41]

한국감리교회는 정치적으로 자치를 이루었지만, 선교사들의 참여와 미국교회의 경제 원조를 계속적으로 필요로 하였다. 한국감리교회와 외국교회 및 선교사들의 소통을 위하여 조직한 "한국감리교회 중앙협의회"(Central Council of the Korean Methodist Church)는 한국과 미국의 감리교회를 연결하는 창구이면서 가장 큰 영향력을 가진 기구가 되었다. 협의회를 통하여 미국교회의 선교비가 지원되고, 한국의 학교와 병원, 교회 개척 등의 사업에 사용되었다.

스톡스는 통합 과정에서 주목할 만한 사실이 있었다고 회고하였다. 그는 한국선교를 시작한 미국 남북감리교회가 아주 화합적인 관계를 보였다는 것과 새로운 교회가 출발하면서 미국의 모교회나 선교사들의 지도에 대하여 어떤 감도 갖지 않았다는 것이다. 그는 미국감리교회의 사랑과 헌신으로 지도받은 결과로 기독교조선감리회가 출범하는 것에 대한 감사가 있었다고 평가하면서, 이는 선교사들의 수고와 함께 한국인 지도자들의 충성심과 자제력이 합

---

39) 한국기독교역사학회 편, 『한국 기독교의 역사II』, 185. 총회는 미국 모교회와의 위상을 고려하여 감독(Bishop)이라는 명칭 대신 총리사(General Superintendent)라는 명칭을 사용하였다. 이는 감리사(Superintendent)보다 상위이면서 감독보다 하위의 개념이다.

40) 찰스 스톡스, 장지철/김홍수 역, 『미국감리교회의 한국선교 역사 1885~1930』, 325.

41) 위의 책, 281~316. 종교교육은 미션스테이션과 지방공부반, 지역교회반, 정규반 및 가정연구과정을 포함한 다양한 성경공부 프로그램이 진행되었고, 세계주일학교연합회와 조선주일학교연합회의 협력과 후원, YMCA와 YWCA의 참여 등으로 활성화되었다. 여름성경학교가 활성화되면서 주일학교 학생들의 수가 증가하였다. 수천 명의 어린이들이 신앙교육을 받았고, 선교기관들은 학생에게 다양한 봉사의 기회를 제공하였다. 290~291.

력하여 이룬 열매라고 기술하였다.[42]

4. 자치교회의 한계와 정치적 시련 : 1938~1945

　　조선감리교회는 통합과 자치의 단계로 올라섰지만 여전히 미국감리교회
의 지원을 필요로 했다. 형식적 자치교회의 구조를 성취하였지만 내용적으로
온전한 자치교회라 하기 어려운 상황이었다. 이러한 상황에서 자치교회는 통
합 10주년을 맞이하였다. 1940년 1월 19일, 무어(Moore) 감독이 주재한 감사
예배에 참석한 100명의 감리교회 소속 선교사들은 한목소리로 "일치"(uniting)
를 외쳤다. 그들은 1930년대에 미감리교회와 남감리교회 해외선교부, 여성해
외선교부에서 파송되어 감리교회선교사연합회에서 함께 사역하는 선교사들
이었다. 연합회를 조직할 당시 선교사들의 소속은 거의 완전한 균형을 맞추고
있었다. 미감리교회 해외선교부에서 파송한 12명의 선교사들과 부인들, 남감
리교회에서 파송한 13명의 선교사들과 부인들, 미감리교회 여성해외선교부에
서 파송한 36명의 여선교사들, 남감리교회 여성해외선교부에서 파송한 29명
의 여선교사들이었다.[43]

　　일본이 1937년 중일전쟁, 1941년 태평양전쟁을 일으키면서 감리교회와
한국교회의 선교 상황은 급속히 어려워졌다. 일본의 감시와 노골적인 탄압이
강화되었다. 일본 총독부는 기독교 지도자들과 신자들에게 협력할 것을 요구
하고, 협력하지 않는 이들을 탄압하였다. 서울의 감리교신학교는 문을 닫았고,
일본군의 숙소로 사용되었다. 신학교를 이끌던 변홍규 총장은 투옥되었다. 그
는 출옥하여 감독으로 선출되었으나 일본 경찰은 그에게 사임을 압박하였다.
감리교신학교의 류형기 박사는 4개월 동안 감옥에서 모진 고문을 당하였다.
양주삼 감독은 한국의 감리교회 재산을 관리하는 책임을 맡았으나 일본 경찰
에게 계속적으로 고통을 당했다. 일본의 압박에 굴복하는 이들도 나타났는데,
대표적인 인물이 정춘수 감독이었다. 그는 삼일운동에 민족대표 33인의 한 사

---

42)　위의 책, 328~329.

43)　Linda Gesling, *Mirror and Beacon: The History of Mission of the Methodist Church, 1939-1968,* (Nashville : General Board of Global Ministries, United Methodist Church, 2005), 30.

람으로 참여했으나 1938년 이후 친일파로 변신하여 항일 인사들을 교회에서 추방하고 재산을 처분하였다.[44] 1942년 12월, 감리교회 특별총회는 정춘수 감독을 불신임하였으나, 일본 당국이 총회를 해산시키고 "일본기독교 조선 감리교단"을 조직하면서 다시 통리사라는 명칭으로 감리교회의 수장이 되었다.[45] 적극적인 친일 행적을 벌인 그는 해방 후 한국감리교회에서 목사직을 박탈당하고 출교되었다.

이차대전의 확산과 태평양 전쟁의 발발은 미국감리교회 해외선교 정책에 큰 변화를 불러왔다. 해외선교부는 한국에서 사역하는 미국감리교회 선교사들을 본국으로 불러들였다. 이러한 결정은 개인적으로 사역의 지속 여부를 고민하는 선교사들의 곤란한 사정을 해결해주는 측면도 있었다. 1940년 말에 모든 여선교사가 한국을 떠났고, 두 달 후에 끝까지 남았던 다섯 명의 남자 선교사들이 한국을 떠났다. 해외선교부는 이들에게 개별적으로 새로운 사역을 안내해야 했다. 선교부는 전쟁 기간 중에 자주 적용했던 방식으로 이들을 안내했는데, 선교사들을 다른 나라로 파송하거나 미국 내에서 사역지를 배정하는 것이었다. 동시에 선교부는 여러 나라에 있는 한국인들과 한국감리교인들이 지속적으로 지도력을 발휘하고 감리교회의 발전을 도모할 수 있다는 점을 전체 교회에 확인해주었다.[46]

해외선교부는 한국의 재산을 한국감리교회로 인계하였다. 당시 아시아에서 활동하던 미국감리교회의 선교사들의 상황도 다르지 않았다. 필리핀 교회와는 소통이 단절되어 선교사 가족들과 신자들의 형편을 알 수 없었고, 싱가포르에서 열린 회의에 참석한 말레이시아의 일부 선교사들은 선교지로 다시 돌아가지 못했다. 수마트라에 끝까지 남았던 타일러 톰슨(Tyler Thompson) 선교사는 연락이 두절된 채 억류되었다. 중국에서 사역하던 선교사는 1937년 189명에서 1941년 127명으로 감소하고, 일본군이 진주하면서 난징을 제외한 대부분 지역에서 신학교가 문을 닫고 교수들이 쫓겨났다. 해외선교부는 이러한 상황에 대응하여, 아직 선교사들이 활동할 수 있는 일본의 미점령지로 많은 선교사들을 대거 이동시켰다. 그들은 선교의 자유가 주어질 때 다시 사역지로

---

44) 위의 책, 31.
45) 기독교대백과사전 편찬위원회 편, 『기독교대백과사전 I』, (서울:기독교문사, 1980), 287.
46) Linda Gesling, *Mirror and Beacon*, 76.

돌아갈 수 있으리라 기대하였다. 동시에 해외선교부는 많은 여선교사들이 은퇴를 앞두고 있는 상황에서 여성해외선교부에서 젊은 여선교사 지원자들을 우선적으로 선발하고 훈련시키도록 요청하였다. 1940년대의 정세를 반영한 이러한 정책은 전쟁의 위험을 간과한 것이 아니라 중국 기독교가 전쟁의 도전을 이길 만큼 충분히 강하다는 믿음에서 내린 결론이었다.[47] 미국감리교회의 아시아 선교는 이차대전과 태평양전쟁으로 인하여 직접적인 타격을 받았다.

5. 해방과 한국전쟁 이후 선교 : 1945~1967

이차대전이 끝나고 한국은 해방을 맞이했다. 한국은 전쟁으로 무너진 인적, 물적 자산과 연결망을 재건해야 하는 시대에 들어섰다. 일본 강점기 한국을 떠났던 선교사들은 해방을 맞은 한국에 돌아가기를 열망하였다. 그들은 한국 사람들과 문화, 사회적 분위기를 기억하고, 전쟁 기간에 멀리 떠나 있었지만 한국의 동료들과 친구들의 고통을 함께 느꼈다. 그들은 자신들이 사랑하는 땅과 부름을 받은 사역으로 복귀하기를 강렬하게 원했다. 또한 전쟁이 끝난 땅에서 재건의 과정에 역할을 할 수 있을 것이라 믿었다. 대표적인 인물이 찰스 사우어(Charles Sauer, 1891~1972)였다. 그는 아펜젤러, 노블과 함께 한국감리교회의 설립과 발전을 이끌어준 중요한 선교사였다.

사우어는 선교사들이 미군정 관리들과 함께 일할 수 있을 것이라 믿었다. 그는 "한국에 있는 미군정 관리들이 필요하다면 선교사들을 특별 함정으로 데려오는 것을 열망하지 않을 수 없을 것"이라고 기록하였다.[48] 실제로, 미군정은 서둘러 돌아온 선교사들의 도움을 받아 군정의 정책과 방향을 정립하였다. 하지(John Hodge) 사령관은 선교사 2세인 조지 윌리엄스(George Zur Williams)가 노동자들과 이야기하는 것을 어깨 너머로 듣고 나서 자신의 통역관으로 채용하였다. 하지의 요청에 따라 윌리엄스는 미군정에서 일할 한국인 50명을 추천하였는데 그 중 48명이 기독교인이었다. 한국에서 추방되어 인도에 있던 윌

---

47) 위의 책, 77.
48) 위의 책, 108.

리엄스의 아버지 프랭크 윌리엄스(Frank E. C. Williams, 1883~1962, 한국명 우리암) 선교사[49]는 미군정의 농업 고문으로 활동하였다. 1945년 12월, 하지 장군은 미국 국무부에 열 명의 선교사들의 귀환을 요청하였다. 빌링(B. W. Billings) 박사를 필두로 하여 여름에 세 명, 11월에 네 명이 뒤를 이었다. 1946년 2월, 헨리 아펜젤러(Henry Appenzeller) 박사가 재정지원을 가지고 돌아왔다. 그러나 하지 장군이 그 후 일 년 이상 선교사들의 여권을 발급하지 않음으로 선교사들의 귀환은 한동안 중단되었다. 미국감리교회 해외선교부는 선교사들의 한국 복귀를 원했지만, 선교사들이 미군정의 정책과정에 참여하는 것은 한계가 있었다. 하지 장군의 입장 변화에 아쉬움을 느끼는 가운데 미국감리교회는 교회를 재건하고 선교회와 기구들을 다시 조직하는 일에 집중하였다.[50]

해방된 한국의 상황은 대단히 열악했다. 일본 총독부가 독점했던 사회 공공시설물에 대한 관리가 사라졌고, 우편과 환전 서비스는 군시설을 사용했다. 연료부족과 극심한 인플레이션으로 한동안 혼란을 겪어야 했다. 마침내 1947년 5월, 열세 명의 선교사 일행(남자 2명, 선교사 아내 4명, 미혼여성 7명)이 돌아올 수 있었으나 선교 상황은 여전히 힘들었다. 한국감리교회의 재정 담당자가 정부의 공직을 맡으면서 교단에서 상근하지 못하는 상황도 벌어졌다. 때문에 선교사들은 고물가 상황에서 교회 재산을 관리하면서 해체된 조직을 다시 구성해야 했다. 선교사들의 부담이 커졌고, 한국감리교회의 목회자들과 책임소재를 두고 갈등이 일어나기도 하였다.

대표적인 사례가 1940년 일제의 의해 폐교된 감리교신학교를 1946년 대학으로 승격시킨 일이다. 해외선교부에서 지원금을 보내고, 학생들을 모집하였다. 신학교 운영을 둘러싸고 한국감리교회 총리원과 선교사들이 각각 권리를 주장하였다. 선교사들은 해외선교부 동/남아시아 담당 프랭크 카트라이트(Frank Cartwright) 총무에게 보고하였고, 이 문제를 해결하기 위하여 선교부 대표단이 방한하였다. 대표단은 한국감리교회와 회의에서 결론을 내지 못하고 떠나면서, 이 문제에 대한 합의 전까지 학교를 열 수 없으며 해외선교부의 지

---

49) 미국 콜로라도주 덴버에서 출생하여, 1906년 한국에 파송되어 공주 영명학교를 설립하고 초대, 2대(1906~1940) 교장으로 재직하였다. 1940년 일제에 의하여 강제추방되자 인도로 건너가 영국군 사령부에서 광복군에게 영어를 가르쳤다.

50) 위의 책, 109.

원은 없을 것이라고 통보하였다. 양주삼 총리사는 신학교의 필요성을 주장하며 자신의 집을 팔아서라도 시작하겠다고 하였다. 양주삼 목사와 다른 한국인 목사들은 선교사들의 협조가 없어도 신학교를 열 것이라는 성명을 발표하였다. 결국 선교사들은 한국감리교회의 미래를 이끌어갈 목회자를 배출하는 것이 그들의 가장 중요한 사명이라는 관점에서 한국교회의 신학교 운영에 동의하였다.[51]

이차대전 이후 미국감리교회는 십자군운동(the Crusade for Christ)과 해외선교에 대한 새로운 방향을 논의하였다. 미국감리교회는 해방된 피선교지 선교는 그들의 재건을 돕는 것이라고 보았다. 1948년 총회는 새로운 4개년 계획을 수립하였다. "그리스도와 그의 교회를 위한 4개년 계획"으로 명명된 이 계획은 교회의 성장과 그리스도인들의 영적 성숙을 위한 설교와 교육 내용의 발굴과 전세계 그리스도의 교회를 위한 구호담당 부서의 설립을 주된 내용으로 삼았다. 후자의 목표를 위하여 해외봉사기금을 3분의 1 확대하고 추가로 개인과 교회가 기부하는 특별 기금을 만들 것을 권고하였다. 이 프로젝트에 따라 기부자들은 누가 수혜를 받는지, 해외선교부 운영자금이 아닌 직접 구호금으로 전달되는지 알 수 있었다. 이 계획에 따라 미국 내는 물론이고 해외 구호 프로그램이 활발해졌다. 십자군운동의 목표액이 2,500만 달러, 감리교회 지원액이 2,700만 달러에 달했다. 첫 해에 미국감리교회 해외구호위원회는 아프리카, 남아메리카, 동유럽과 아시아의 32개국에 음식과 의복, 약품을 보낼 수 있었다.[52]

한편 한국에서는 구호 프로젝트의 주도권을 두고 심각한 양상이 벌어졌다. 미국감리교회 해외선교부가 선교사들의 조직 구성을 허용하지 않았기 때문에, 한국주재 선교사들은 한국교회와 원활한 논의가 힘들다는 점을 진정하였다. 사우어는 해외선교부의 정책이 이상적이라고 비판하면서 한국의 상황은 그러한 원칙을 고수하기 어렵다고 보고하였다.[53] 사우어와 뜻을 같이 한 선교사들은 선교사들에게 보다 많은 재량권을 주었던 해방 이전의 방식이 더 효과적이라고 보았다. 이러한 상황은 선교사들이 장기적으로 사역하지 못하

---

51) 위의 책, 110~111.
52) 위의 책, 138.
53) 위의 책, 140. 사우어는 "그 나라 교회의 감독이 지도하고 선교사들이 동역하는" 해외선교부의 정책은 꿈같은 이야기(living in a dream)라고 비판하였다.

는 이유가 되었다. 1946년부터 1950년까지 한국에 파송된 23명의 선교사 가운데 사역 기간의 연장을 신청한 선교사는 10명이었다. 해외선교부는 선교사들이 장기적 안목에서 사역하지 않는 것에 크게 놀라지 않았고, 장기 선교사들은 새로운 선교사들이 인원수와 헌신성에서 전쟁 이전보다 낮지 않다는 것을 깨달았다. 선교사들의 역할과 책임이 이전과 확연하게 달라졌고 사역은 더욱 힘들어졌다. 한국인 목회자들의 지도력도 위기를 맞았다. 고등교육을 받고 경험이 많은 한국인들은 국가의 재건사업에서 자리를 찾을 수 있었고, 그들은 교회가 지불하는 것보다 더 좋은 대우를 받았다. 1950년 11월 보고서에서 브룸바우(Thoburn T. Brumbaugh) 아시아 담당 국장은 당시 한국교회가 직면한 심각한 문제를 재산의 파괴가 아니라 리더십의 상실이라고 보고하였다.[54]

1950년 6월 한국전쟁이 발발하였다. 당시 한국에는 삼백 명의 선교사가 있었고, 그 중 이백 명이 개신교 선교사였다. 백 명은 미국으로 돌아갔고, 백 명은 일본으로 옮겼으며, 나머지 백 명은 곳곳으로 흩어졌다. 기독교 계통 시설들은 전파되거나 부분적으로 피해를 입었다. 전쟁 중에 해외선교부는 구호물품을 보낼 수 없어 모금만 진행하였다. 한국전쟁은 한국에 있던 감리교회 선교회에 큰 피해를 주었다. 크리스티안 젠센(Kristian Jesen)은 38선에서 1마일도 떨어지지 개성의 집에서 포탄 소리에 잠을 깼다. 젠센은 함께 일하는 세 명의 여선교사들을 찾아 대피하였다. 젠센과 로렌스 젤러스 목사와 에른스트 키쉬 박사가 함께 했다. 젠센과 젤러스의 부인들은 서울에 있었다. 그들은 며칠 후 북한군에 발각되어 평양으로 끌려갔다. 유엔군이 참전하면서 8백 명의 미군 포로와 함께 수감되었다. 전쟁이 계속되면서 포로들은 북쪽으로 이동하였고, 키쉬 박사를 포함하여 많은 포로들이 일 년을 넘기지 못하고 사망하였다. 1953년 4월, 남은 포로들은 평양으로 이동하여 러시아행 기차에 올랐고, 모스크바에서 미국 대사관에 인계되었다.[55]

전쟁 중에도 한국감리교회는 계속하여 많은 교인들을 받아들였다. 전쟁이 끝나자마자, 한국감리교회는 다른 나라로 선교사들을 보내기 시작하였다. 한국감리교회 여선교회는 보르네오의 한국학생들과 볼리비아의 아이마라스

---

54) 위의 책, 141.
55) 위의 책, 143~145.

(Aymaras)의 교육을 후원하였다. 전쟁이 절정에 달했을 때, 이화학당와 같은 감리교회 계통 학교들은 유엔군이 후퇴한 부산에서 난민들을 교육하였고, 또 다른 감리교회 학교인 중앙여자대학교의 임영신(Louise Yim) 총장도 교직원들, 학생들과 함께 부산으로 피난하였다. 임영신은 이승만 대통령의 행정부에서 초대 상공부 장관으로 일했다.[56]

6. 인권과 민주화 시대의 선교 : 1968~2000

한국전쟁이 끝나고 한국감리교회가 재건되면서 한국감리교회는 미국감리교회와 동등한 파트너십을 형성하게 된다. 한국감리교회의 교세의 확장과 한국교회의 지도력이 강화되면서 선교사의 지원과 지도를 필요로 하지 않게 되었기 때문으로 보인다. 다만 1980년대까지 학원선교와 에큐메니칼 운동의 영역에서 선교사들의 지원을 요청했고, 군사정권에 저항하는 감리교인들도 미국교회의 지원을 필요로 했다. 한국감리교회는 온전한 자립교회의 면모를 갖추어가는 과정에서 복수 연회와 복수 감독제를 채택하고, 감독회장제를 시행하였다.

이 기간 미국감리교회는 인종차별을 선교의 중요한 주제로 삼고 이를 극복하기 위한 정책을 모색하였다. 해외선교부는 다양한 인종의 직원들을 채용하여 선교사 선발과정에 소수인종의 참여를 확대하고 흑인 대학과 교회 출신의 선교사를 양성하기 시작하였다. 그동안 피선교지에서 사역하던 선교사들은 인종차별을 언급하지 않았다. 어렵게 선발된 타인종 선교사들도 백인 중심의 선교사 사회에 적응하지 못하고 사직하는 경우가 많았다. 해외선교부는 이러한 상황을 타파하기 위하여 선교사들을 대상으로 인종차별 철폐 교육을 실시하고 직원들에 대한 교육도 강화하였다. 그러나 당시의 노력은 장기적이지 않았고 실제 사역지에서는 만족할만한 성과를 거두지 못했다.[57]

---

56) 위의 책, 146.

57) Robert J. Harman, From *Missions to Mission : The History of Mission of the United Methodist Church, 1968-2000,* (NY : General Board of Global Ministries, United Methodist Church, 2005), 42.

1976년, 해외선교부 전국회의는 선교와 봉사 프로그램에 소수인종/민족의 참여를 25퍼센트 확대하는 목표를 세웠다. 해외선교부의 각 부서는 제도적 인종차별 철폐위한 위원회(Committee on the Elimination of Institutional Racism)를 조직하였다. 위원회는 계획과 개정안을 제안했지만 현실은 좀처럼 나아지지 않았다. 1996년 해외선교부 실행위원회는 이 위원회들의 업무 중복성 문제를 극복하기 위하여 지역별 구성에서 기능별 단위로 조정하였다. 미국감리교회 해외선교부만큼 제도적 인종차별을 연구하고 문서화하고 해결하기 위하여 노력한 기관은 거의 없을 것이다. 해외선교부와 관련된 많은 프로그램과 다른 기관들의 프로젝트, 선교회와 교회들이 해외선교부가 발표한 제도적 인종차별 지표들을 사용하고 공유하였다.[58]

미국감리교회의 한국선교에서 가장 주목할 점은 교회의 성장과 사회 참여였다. 1970년대 이후 30년 동안 선교사들과 한국 감리교인교회들은 복음을 전하기 위해 헌신하였다. 그 결과 2000년 한국 인구의 30% 이상이 기독교인이 되었고, 아시아에서 필리핀 다음으로 많은 수였다. 한국선교의 성공은 한국문화의 바탕이 되는 강한 영상에 기인하고 있다. 한국의 무속신앙에서 중요시되던 부와 건강, 공경과 가족 같은 영적인 가치들이 기독교 신앙 안에서 구체화되었다. 동시에 한국인들이 겪은 역사적, 정치적, 사회적 억압과 고통이 성경에 나오는 이스라엘의 고통과 유사하다고 느꼈다. 한국 기독교인들은 놀라운 신앙훈련과 제자직을 실천하면서 세계 기독교 안에서 커다란 영향력을 갖게 되었다. 한국감리교회는 해마다 전도 목표를 세우고 노력하여 백만 명 이상의 교세를 이루었고, 세계 감리교회에서 두 번째로 큰 교회가 되었다.[59]

급속한 교회성장과 함께 주목해야 할 것은 한국감리교회 지도자들의 예언자적 실천이다. 1972년, 남북한의 긴장이 고조되면서, 박정희 정권은 계엄령을 선포하고 새로운 헌법을 통과시켰다. 정부는 민주주의과 인권에 대한 기본적인 논의도 허용하지 않았다. 이에 저항하는 목회자들과 교회 지도자들, 교인들이 체포되고 군사재판을 거쳐 장기간의 징역형을 받았다. 1974년, 미국감리교회 해외선교부는 한국감리교회 지도자들에 대한 지지를 결의하고, 한국 정

---

58) 위의 책, 43.
59) 위의 책, 208.

부에 비상사태 해제와 미국 정부에 한국의 인권보호를 위해 개입할 것을 요청하였다.[60]

1976년, 감리교회 변호사이자 여성 인권운동의 지도자였던 이태영 박사가 한국교회 여성연합회 회장을 포함한 19명의 인사들과 함께 체포되었다. 삼일절을 기념하여 명동성당에서 열린 기념미사에서 군사독재 정권의 인권침해에 항의하며 3·1민주구국선언을 발표한 사건이다. 그들은 정부 전복을 기도했다는 혐의로 기소되었다. 이는 한국의 민주주의와 국민의 권리가 부정된 사건이었다. 미국감리교회는 다른 교단들과 협력하며 한국의 인권 회복을 위하여 강력한 목소리를 내었다. 해외선교부와 미국교회협의회는 한국의 민주주의 운동가들의 소리를 강력하게 지지하였다. 1984년, 한국감리교회는 개신교 선교 100주년 (로마 가톨릭 선교 200주년)을 기념대회를 준비하면서 군사정권의 억압적인 본질에 대하여 다음과 같이 예언자적인 증언을 하였다. "우리 땅에 있는 불의한 폭정의 힘은 하나님의 형상으로 창조된 인간의 존엄성을 짓밟는 데 더 이상 사용되지 말아야 합니다." 미국감리교회 해외선교부는 남과 북에 있는 한국인들의 고통을 공감하며 함께 하였다. 해외선교부는 한반도가 미국과 소련의 이념 투쟁의 한가운데 존재하는 한, 한국 국민의 삶은 위협을 받는다고 보았다.[61] 1988년 한반도 통일운동이 본격화되면서 미국감리교회는 세계교회협의회와 협력하여 남북한의 기독교 지도자들을 제네바에 초청하였고, 1995년 해방 50주년을 맞아 한국교회와 전세계의 기독교인들이 1995년 8월 15일이나 이전 주일에 한반도평화와 통일을 위한 공동기도주일을 지키는 것에 협력하였다. 1992년, 전 한국선교사이자 에모리 대학 총장인 제임스 레이니 박사가 주한 미국대사로 임명되었고, 그는 미국 국무부와 북한의 공식적인 대화, 1994년 핵 개발에 관한 합의서 채택으로 북한이 정치적 고립 정책에서 탈출할 수 있는 기회를 찾으려고 노력하였다.

1968년에서 2000년 기간 동안 한국감리교회와 미국감리교회의 기대와 실망으로 가득 차 있었다. 1968년 온양에서 열린 협의회는 공동의 합의 없이 종료되었고, 한국감리교회가 자율성과 자기 결정권을 갖는다는 사실을 인정

하였다. 해외선교부는 한국감리교회가 변화하는 한국 현실에서 교회의 미래 선교와 사역을 찾기를 기대하였고, 한국감리교회 대표들은 해외선교부의 프로젝트 기금과 재산, 제도적 관계에 관한 결정권을 이양받기 위하여 구조적으로 준비하기를 원했다. 그러나 대부분의 사안에서 합의에 이르지 못했다.[62]

이후 몇 번의 협의가 있었지만 한국감리교회와 미국감리교회의 시각차가 컸다. 한국감리교회는 전 세계 교회 성장과 선교 확장에 초점을 맞춘 강력한 영적 사역에 강점을 가지고 있지만, 이를 체계적으로 관리할 수 있는 조직과 구조가 완벽하지 않다. 개체교회와 목회자들이 선교를 주도하고 있어 한국감리교회 본부가 조정하기 어려운 현실이다. 반면에 미국감리교회는 선교를 주도하는 구조와 제도를 가지고 있다. 감리교회의 연결주의를 통하여 북미와 전세계 피선교지로 선교의 영역을 확장하는데 적합한 구조이다. 한국감리교회는 미국감리교회의 연결주의를 인정하지만 피선교지 국가에 선교자원을 할당하거나 자원의 사용을 피선교지 교회에 위임하지 않는 것에 이견을 가지고 있었다. 미국감리교회는 한국감리교회의 열정을 높이 평가하지만 전체를 총괄하는 구조가 취약하여 책임지는 사람이 없다는 문제를 자주 제기하였다.[63]

이 시기 미국감리교회 해외선교부는 여성들의 권리와 참여의 강화와 확대를 중요한 정책 과제로 삼았다. 한국감리교회와의 협의회에 미국감리교회의 여성 지도자들이 참여하면서 한국감리교회 대표들도 여성의 참여에 대한 인식을 새롭게 하였다.[64] 한국감리교회의 여성지도력의 대표적 인물 김옥라 장로(1918~2021)가 기독교대한감리회 여선교회 전국연합회 회장을 거쳐 세계감리교 여성연합회 동남아지역 회장(1976~1981), 1981년-1986년 세계감리교 여성연합회(1981~1986) 회장과 세계감리교협의회 임원을 지냈으나 여성지도력의 강화는 여전히 한국감리교회의 과제이다.

---

62) 위의 책, 214.

63) 위의 책, 215.

64) Charles E. Cole, ed. *Initiatives for Mission, 1980-2002*, (NY : General Board of Global Ministries, United Methodist Church, 2005), 16,17.

7. 새로운 세기의 선교 : 2000~

21세기에 들어오면서 미국감리교회의 선교는 주도권의 변화를 맞이한다. 과거의 선교는 서구의 선교회가 선교사와 재정을 지원하여 피선교지의 목회자와 신자들을 성장시키는 방식이었다. 막대한 재정 지원은 교회와 선교기관들의 발전을 촉진시켰다. 그 과정에서 선교지와 피선교지의 불평등한 역학관계가 형성되었다. 그러나 피선교지의 교회들이 성장하면서 재정 능력이 높아지고, 서구지역을 자유롭게 방문하면서 사구의 문화와 문물, 음악, 예전, 신학을 받아들이기 시작하였다. 이러한 소통은 자연스럽게 교회일치와 연합의 정신을 형성하는 토대가 되었다.[65]

한국에 가장 먼저 온 장로교회(1884)와 감리교회(1885) 선교사들은 1890년, 장로교회 중국선교사 죤 네비우스(John L. Nevius,)[66]를 초청하여 선교사 교육을 실시하였다. 네비우스는 이 강연에서 자신의 저서 『선교사의 토착교회 설립과 발전』(*Planting and Development of Missionary Churche*)에 담은 원칙들을 발표하였다.[67] 이렇게 시작한 한국과 아시아 선교에서 부유해진 국가들(대만, 싱가포르, 한국)이 이들 교회에서 일어난 서구화로 인하여 아시아 상황에 맞지 않는 선교 정책을 실천하는 것이 아닌지 염려스럽다. 모든 신학이 그렇듯이 기독교 신앙과 복음전파는 다양한 상황 속에서 변하지 않는 성경의 진리를 연관시켜야 한다.[68]

21세기 미국감리교회의 선교 전략은 전통적인 선교와 현대의 다양한 피선교지 상황에 맞춰 교회를 세우고 목회자와 신자들을 양성하는 방식이다. 러시아 선교를 재개하면서 미국감리교회는 개인전도보다 러시아인들에게 필요한

---

65) Charles E. Cole, ed. *Christian Mission In The Third Millenium* (NY： General Board of Global Ministries, United Methodist Church, 2005), 38.

66) 미국 뉴욕 출생. 유니언대학과 프린스턴신학교를 졸업하고, 북장로회 중국 선교사로 파송되었다. 1854년 중국 남부 닝보에서 선교를 시작하고, 1871년 동북부 옌타이로 이동하여 1893년까지 40년간 선교하였다. 한국민족문화대사전 https://encykorea.aks.ac.kr/Article/E0076564. 2024.7.24 접속.

67) Charles E. Cole, ed. *Christian Mission In The Third Millenium*, 39. 그가 전한 선교의 원칙은 다음과 같다. 1. 토착교회는 사역과 사역자들을 스스로 지원해야 한다. 2. 새로운 신자들은 각자의 현장에서 그리스도의 증인이 되어야 한다. 3. 체계적으로 성경을 공부하고 성경의 가르침에 따라 살게 한다.

68) 위의 책.

학교와 병원, 사회복지 기관을 설립하는 방식을 택했다. 이는 경제위기로 고통받는 이들에게 필요한 음식을 제공하고, 감옥에 갇힌 이들을 방문하고, 가난한 이들을 구제하는 사역으로 전개되었다. 해외선교사들의 신앙교육을 통하여 지도력을 갖춘 가정교회 신자들이 전국에 수십 개의 가정교회와 성경공부 모임을 만들었다. 연합감리교회는 소명을 받은 여성과 남성들을 목회자로 훈련하고, 성경과 찬송가, 신앙서적을 러시아어로 번역하여 제공하였다.[69] 이러한 과정을 통하여 러시아교회가 자율적이고 자립적인 교회로 성장하도록 돕는 것이다.

또 다른 접근은 피선교지에서 성장한 목회자들과 선교사들이 타국에 있는 자신들의 민족을 전도하는 것이다. 다른 문화권에 이민자나 노동자로 살고 있는 동포들을 대상으로 하는 선교이다. 아프리카 가나 출신의 감리교회 선교사는 유럽에 있는 가나인의 공동체에 교회를 세울 수 있다. 이미 한국감리교회는 미국과 유럽에 있는 한국인들을 대상으로 선교하고 있다. 또한 연합감리교회는 독일에 거주하는 베트남 사람들 대상의 선교를 시작하였다. 그러나 미국감리교회나 독일교회가 베트남 사람들의 교회를 관리하고 지도하는 방식을 피하고자 노력하고 있다.[70]

일찍이 네비우스가 알려준 것처럼 피선교지의 상황에 따라 가장 효과적인 선교방식을 택하고, 피선교지의 교회가 자립하고 자치할 수 있도록 지원하는 것이 오늘까지 유효하고 적절한 선교정책이 될 것이다. 그러한 방향에서 감리교회의 전통인 웨슬리의 연결주의로 유기적인 소통과 협력을 바탕으로 하는 것이 오늘의 선교정책이 될 것이다.

8. 한국선교의 의의와 21세기 전망

미국감리교회의 한국선교는 19세기말에 시작하여 20세기를 거쳐 21세기에 이르렀다. 그동안 미국감리교회의 선교에 대한 연구는 아펜젤러를 비롯한

---

69) 위의 책, 108.
70) 위의 책, 109.

초기 선교사들과 사역에 집중되어 있었다. 그러나 본고는 한국사회가 겪었던 해방 전후 격동기와 산업화, 민주화 시기에도 한국감리교회와 파트너십을 가지고 지원과 협력을 아끼지 않았다는 사실을 확인할 수 있었다. 이러한 과정을 통하여 한국감리교회는 미국감리교회와 함께 세계감리교회의 주도적인 교회가 되었다. 미국감리교회 다음으로 많은 선교사를 파송한 교회가 되었다. 미국 감리교회 해외선교의 성공 사례라 할 것이다.

한국감리교회의 성장에 따라 미국감리교회의 선교정책은 복음전파, 자립교회 지원, 선교의 협력의 과정을 거쳐 왔다. 21세기의 선교는 지난 140년의 선교에서 얻은 교훈을 기초로 피선교지에 복음을 전하고, 자치교회를 세우고, 선교의 동역자가 되는 것이다. 21세기는 지역과 지구적 과제가 혼재되어 나타나는 시대이다. 기후위기와 지역분쟁으로 고통당하는 인류를 향하여 성경에 근거한 교회의 사회적 책임을 다하는 것이 필요하다.

미국감리교회의 한국선교는 초기부터 오늘에 이르기까지 전도와 사회적 책임을 다하는 균형잡힌 선교였다. 네비우스의 선교론과 같은 맥락에서 피선교지의 교회가 자립과 자치, 자양의 교회가 되도록 지원하고, 협력하고, 동역하였다. 아펜젤러 선교사가 한국에 온 지 백여 년이 되는 1981년, 존 스토트는 로잔운동과 세계복음주의연맹의 후원을 받아 "전도와 사회적 책임의 관계에 관한 국제회의"을 소집하였다. 이 회의의 보고서는 전도와 사회적 행동의 관계를 다음과 같이 세 가지로 밝혔다. "사회적 행동은 전도의 결과일 수 있고, 전도의 가교일 수 있고, 사회적 행동과 전도는 동반자일 수있다."[71]

이러한 관점에서 보면 미국감리교회는 전도와 사회적 행동의 균형을 이룬 선교정책을 실천하였다. 이는 21세기에도 여전히 유효하고 바람직한 선교론이 될 것이다. 미국감리교회의 선교로 자립하고 성장한 한국감리교회의 선교가 그러한 정책과 실천을 통하여 세계의 감리교회와 함께 복음의 도구가 되기를 바란다.

---

71) 존 스토트/크리스토퍼 라이트, 『선교란 무엇인가』, (서울 : IVP, 2018), 51~52. 미국 미시간 주 그랜드래피즈에서 열렸다. 이 보고서는 사회적 행동과 전도의 관계를 다음과 같이 설명하고 있다. "... 굶주린 이에게 음식을 주는 것(사회적 책임)에도 전도적 함의가 있다. 사랑에서 나온 선행이 그리스도의 이름으로 행해지는 것이라면, 그것은 복음의 예증이며 복음을 찬양하는 일이기 때문이다. ... 따라서 전도와 사회적 책임은 서로 분명하게 구별되지만, 우리가 복음을 선포하고 복음에 순종할 때 통합적으로 연관된다. 동반자 관계는 사실 결혼이다." 같은 책, 53.

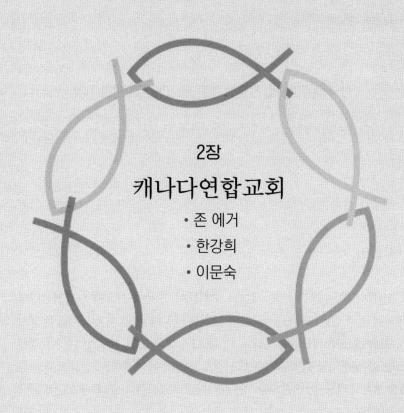

2장

캐나다연합교회

· 존 에거
· 한강희
· 이문숙

한국 에큐메니칼 선교에 대한 캐나다인(교회)의 기여

존 에거(Dr. John A. Egger)[1]

시작하며

19세기 말, 수많은 해외 개신교 교회들이 한국에 선교를 시작했습니다. 1884년 미국 장로교회(북장로교회)와 감리교 성공회(MEC) 첫 선교사들을 보냈고, 1889년 호주 빅토리아 장로교회, 1890년 영국 교회, 1894년 미국 남장로교회, 1896년 미국 감리교 성공회 남장로교회 등이 뒤를 이어 선교사들을 보냈습니다. 그리고 1898년 9월 7일 캐나다장로교회의 선교사 파견단이 한국에 들어왔습니다.

오늘 저는 한국에서의 캐나다교회의 한국선교가 어떻게 형성되었는지, 한국의 상황과 시간이 변함에 따라 어떻게 진화했는지 또 어떻게 캐나다장로교회와 한국기독교장로회(PROK, 이하 기장)가 인연을 맺게 되었는지, 그리고 오늘날, 이 파트너십이 어떤 위치에 있는지에 관한 이야기를 나누고자 합니다. 이 관계에는 사실 세 가지 뚜렷한 단계가 있습니다. 저는 각각의 단계를 나눠서 이야기하고 제 개인적인 의견을 나누겠습니다. 우선 캐나다연합교회를 제대로 소개하는 것으로 시작하겠습니다.

---

1) 캐나다연합교회 선교동역자(한국명 기요한), 2018-2022.

캐나다연합교회

캐나다연합교회는 캐나다에서 가장 큰 개신교 교단입니다. 1925년 6월 10일 캐나다연합교회는 캐나다 감리교(Methodist Church, Canada), 캐나다 장로교(Presbyterian Church in Canada), 그리고 캐나다 회중교회연합(Congregational Union of Canada)의 세 개의 교단이 연합하여 결성되었습니다. 거의 모든 감리교와 회중교회가 연합에 가입했지만, 캐나다장로교회의 17%는 가입하지 않기로 투표했고 그들은 장로교회로 남는 것을 선택했습니다.

캐나다연합교회 초기에는 영국과 스코틀랜드 전통을 가진 사람들이 주를 이루었지만, 세월이 흐르면서 캐나다로 이주한 한국인 등 다양한 배경을 가진 캐나다인들의 공동체가 되었습니다. 예를 들어, 1988년, 1924년 시베리아에서 태어나 1965년 캐나다로 이주한 이상철 목사는 캐나다연합교회의 32대 총회장을 맡기도 했습니다. 지난 97년 동안 캐나다연합교회는 인간관계, 사회적 변화, 그리고 창조의 진실성에 있어서 정의를 증진하기 위해 특별히 헌신하는 교회라는 자부심을 품고 캐나다에서 사역하고 있습니다. 실제로, 캐나다연합교회는 현재 웹사이트에 "깊은 영성과 은혜로운 예배를 지향하고, 정의와 다양성을 강조하며, 용감하고, 희망찬 공동체들로 이루어지고, 연대하고, 발전하는 교회"라는 비전을 제시하고 있습니다.

그러나 최근 몇 년 동안, 항상 정의를 위해 깊이 헌신해 온 교회로서의 캐나다연합교회는 기숙학교 논의에 대한 개입으로 정의에 대한 이미지를 상실할 위험에 처해 있습니다. 이것은 거의 100년 동안 캐나다 정부의 정책이었는데, 기숙학교에 원주민의 자녀들을 데리고 와 교육하는데 원주민들의 문화와 언어는 무시하고 단지 캐나다 사회에 동화시키기 위한 목적으로 교육한 것입니다. 1925년에서 1969년 사이에 캐나다연합교회는 15개의 학교를 운영했습니다. 1998년 연합교회는 기숙학교 제도에 관여한 것에 대해 사과했지만, 기숙학교는 수십 년 동안 캐나다연합교회의 선교정책 중심에 놓여 있었고 그 피해는 그렇게 쉽게 돌이킬 수 없는 것입니다. 연합교회가 표방하는 믿음에도 불구하고 연합교회가 캐나다 정부가 행한 문화학살에 쉽게 협력했다는 것에 대해 깊은 고민이 필요한 지점입니다. 아직도 캐나다연합교회는 이 문제에 대해 계속해서 고민하고 생각하고 있습니다.

이것이 한국에서 캐나다 선교사의 역사를 읽을 때마다 특히 선교사들의 자기 위치를 어떻게 이해했는지에 대한 관심을 끌게 하였습니다. 캐나다 선교사들이 부분적이라도 식민주의 프로젝트에 참여하고 있었다는 것을 이해하고 있었는가? 그들은 식민주의, 심지어 인종 차별주의에서 관련이 있다는 것에 얼마나 인식하고 있었는가? 얼마나 자신의 선교 활동을 반성하고 비판적으로 생각하며 그에 따라 대응했는가? 에 대한 자각이 필요할 것입니다.

관계의 시작

앞서 말했듯이 캐나다 선교회는 1898년 캐나다장로교회의 첫 선교사들이 한국에 도착하면서 설립되었습니다. 그들은 Robert Grierson 목사, William Rufus Foote 목사, 그리고 Duncan McRae 목사였습니다. 그러나 그들이 도착하기도 전에 이미 한국에서 활발하게 활동하고 있는 소수의 개별 캐나다 선교사들(James S. Gale, Malcolm C. Fenwick, Robert Alexander Hardie, Oliver R. Avison)도 있었습니다.

개별 선교사 중 가장 중요한 사람은 Cape Breton 출신의 William John McKenzie 목사인데 이분은 캐나다 선교사로서 가장 큰 영향을 미친 분입니다. McKenzie는 1894년 동료들과 국내 신도들의 지원을 받아 개별 선교사로 한국에 도착했습니다. 1891년 장로교 신학대학을 졸업한 그는 선교사로 한국에 와야 한다는 강한 소명을 느꼈습니다. 그는 캐나다의 장로회에 지원했지만, 그들은 그들이 이미 카리브해와 태평양에서의 선교 활동을 지원하는 데 과부하가 걸린다고 느꼈기 때문에 그를 거절했습니다. 그의 열정을 높이 평가하여 캐나다 장로회는, 다른 지역의 선교하도록 하였지만, 그는 자기의 사명이 한국에 있다고 주장하며 한국으로 떠나길 결심했습니다. 그 결과, 그는 1893년에 그들의 지원 없이 한국으로 떠나면서 밴쿠버 항구에서 일기에 다음과 같이 썼습니다.

"배를 타고, 내 고향을 떠나면서 나는 다른 것을 바라지 않았다. 그것은 희생이 아니라 그곳에 사는 것이다. 앞으로 한국은 내가 살아갈 나라가 될 것이다. 내가 하나님의 영광을 위하여 일 년 동안 그곳에서 살면서 일하기를 바라며, 내 먼지가

그들의 먼지와 섞어서, 큰 나팔이 울릴 때까지, 그 때에 죽음이 삼켜질 것이다.'

그는 한국에 있을 때 서울과 평양에 있는 북장로교 선교사들과 연락을 취했고, 그들은 그에게 소래마을에서 기독교인들과 함께 일할 것을 제안했습니다. 기독교는 1883년경 서상윤과 서경조 형제에 의해 소래에 전해졌습니다. 서경조 형제는 스코틀랜드 장로교 선교사 John Ross와 John MacIntyre가 만주에서 성경을 한국어로 번역하는 것을 도왔습니다. 소래의 작은 기독교인들은 그들의 신앙을 도와줄 선생님을 요청했습니다. 따라서, McKenzie는 1894년 초에 소래마을로 가서 18개월을 보냈습니다. 그는 그들이 사는 대로 살았고, 먹는 음식을 먹고, 입는 옷으로 옷을 입었습니다. McKenzie가 소래마을에 있는 동안, 그들은 외부의 도움 없이 완전히 지역사회의 자원으로 지어진 교회 건물을 지었습니다. McKenzie가 지쳐서 갑자기 병이 났을 때 이 교회를 헌당할 계획이 있었는데, 당시 열병을 앓던 그는 1895년 6월 21일 스스로 목숨을 끊었습니다.

소래 교회는 혼란스러웠습니다. 그들은 편지를 준비했고, Horace Underwood 는 번역서와 함께 캐나다 교회에 다른 선생님을 보내 달라고 요청했습니다.

> 우리는 McKenzie 목사의 친구요 동역자이며 형제이신 여러분께 이 편지를 씁니다. 우리는 여러분에게 이 편지를 읽어주시고 또 기도 어린 관심을 보여주시기를 원합니다. McKenzie 목사님이 한국에 오신 후에 그분은 황해도 장연의 소래마을로 내려오셔서 열심히 하나님 아버지의 사업을 하셨습니다. 그리고 많은 사람을 주님께로 이끌어 주셨습니다. 소래마을은 언제나 아주 사악한 곳이었고 축복이 없는 곳이었습니다. 이제는 McKenzie 목사님의 본을 따르려는 사람들이 많이 있습니다. 하지만 그분은 우리와 더 이상 함께 계시지 않습니다. 그리고 우리는 기도하면서 하나님의 뜻을 알기를 원하고 있습니다. 우리는 하나님 앞에서 기도하면서 캐나다에 계신 우리의 형제들에게 기독교인 선생님 한 분을 기다리고 있습니다.
>
> 1895년 12월 26일 주님의 이름으로 소래에 있는 기독교인 올림
> 소라이, 장윤, 황해도, 1895년 12월 26일.

제가 여기서 이 편지를 여러분과 나누는 이유는 이 편지가 선교 초기 단계의 협력 관계에서 한국인들의 역할이 있었음을 보여주기 때문입니다. 또한, 이 편지는 어느 한쪽의 필요에서만 진행된 선교가 아닌 함께 배우고, 함께 믿음으로 성장할 수 있는 파트너십 모델을 제시하기 때문입니다.

하지만 이 편지에는 조금 불편한 사실도 있습니다. 먼저 McKenzie 목사의 죽음의 방식입니다. 그의 죽음은 저를 혼란스럽게 만들었습니다. 저는 그의 헌신을 존경하지만, McKenzie 목사가 자기 자신을 돌보지 못하여 그 자신과 그가 사랑한다고 공언한 사람들 모두에게 끔찍한 결과가 있었습니다. 또 이 편지에서는 McKenzie 목사가 도착하기 전 소래마을을 대해 타락한 곳이라고 서술합니다. 이것은 선교가 일방적인 공여자와 수동적인 수여자의 모습을 보여주고 있다는 것이 아쉬운 점입니다.

이 편지를 통해 우리는 캐나다 선교에 양면성을 발견할 수 있습니다. 한편으로는 쌍방의 관계를 보여주지만, 다른 한편으로는 캐나다가 더 우월하다는 것을 가정에 두고 있습니다. 건강한 파트너십을 맺는다는 것이 때로는 느리고 어려운 것이라는 것을 캐나다 선교의 역사를 통해서 알 수 있습니다.

다시 돌아가서, 이 편지는 1896년 봄 캐나다 장로회 동방교회의 외국인선교위원회가 받은 편지로 그 호소에 감동하였지만, 캐나다 장로회는 한국에 새로운 선교지를 설립할 여력이 없다고 단호한 태도를 고수했습니다. 이 논쟁에서 언더우드는 선교사를 혼자 보내는 것은 좋지 않은 생각이라고 주장하였습니다. 그들은 한 명을 보내기도 어려웠고, 두 명을 보내는 것은 불가능했었습니다. 이 결정은 1896년 6월 총회에서 승인되었습니다. 1897년에야 여성외국인선교협회 대표들이 나서서 지지를 다짐한 뒤 장로회에서도 이 문제가 본격적으로 거론되었지만, 그때도 확실히 결론이 난 것은 아니었습니다. 그 후 3개월 동안 토론은 양쪽에서 왔다 갔다 했고 마침내 1897년 10월 17일 캐나다 장로회 해외 회의는 9시간에 걸친 치열한 토론 끝에 선교사 3명(1명이나 2명이 아닌)의 선교사를 한국에 파견하기로 결정했습니다.

첫 번째 단계

1898년 캐나다 선교사들이 한국에 도착했을 때, 그들은 서울에 있는 북장로교 동료들(특히 Horace Underwood와 Oliver Avison)의 열렬한 환영을 받았고, 1889년 한국에 있는 다양한 장로교 선교사의 사역 조화를 위해 결성된 장로교 평의회에 초대되었습니다. 첫 번째 질문은 '캐나다 장로교인들이 어디에서 사역할 것인가?'였습니다. 서해안에 있는 소라이를 방문했지만, 그곳은 사역을 시작하기에 적합하지 않다고 판단했기 때문입니다. 그러나 북장로교들은 캐나다인들이 이 지역들을 책임질 의향이 있다면 부산이나 원산 어느 한 곳에서라도 사역을 철회하겠다고 제안했습니다. 숙고 끝에 동북지방이 가장 필요한 지역이라고 판단하여 원산에 사역지를 세우고 만주와 시베리아까지 뻗어 나가는 것으로 결정하였습니다. (이것은 또한 그들의 동료 캐나다인 James Gale과 James Hardie 가 이미 일하고 있는 지역이라는 장점이 있었습니다.)

Grierson와 Foote, McRae는 곧 많은 다른 사람들과 합류했는데, 그들 중 다수는 1897년에 중국으로 보내졌으나 의화단의 난의 혼란이 있었던 후 1900년에 한국으로 재배치된 Louise McCully, 1901년에 도착한 Kate McMillan 박사와 같은 여성들이었습니다. 이 기간에 캐나다 선교단은 교회, 병원, 학교를 짓기 위해 지역 전역에 5개(원산, 함흥, 성진, 회령, 영중)의 선교소를 설립했으며, 지속적으로 내륙으로 확장해 나갔습니다. '원산 부흥' 시기에 한국교회는 1900년 몇백 명의 불과했던 신도들이 1911년은 10만 명대로 폭발적으로 증가했습니다. 그 결과, 선교 수행할 선교사들이 계속해서 부족했고, 더 많은 자금의 필요성과 함께 지속적인 호소가 보내졌습니다. 동시에 선교는 1913년 William Scott 목사, 1921년 Florence Murray 박사와 같은 젊은 세대의 선교사들이 도착하는 등 끊임없이 확장이 이루어졌습니다. 1925년 캐나다연합교회가 결성될 무렵 한국에는 51명의 선교사가 있었습니다.

1898년 첫 선교사들이 한국에 도착했을 때, 그들이 한국에서 오랜 시간 지내지 않았을 것을 예상했을 것입니다. 그들의 목표는 교회를 세운 뒤 지역 지도부에 넘겨 일이었습니다. 하지만 이것은 일어난 일이 아닙니다. 그들 중 많은 사람이 평생을 한국에서 일하며 보냈습니다. 관계를 시작한 그들은 곧 투쟁에서 사람들과 함께 나누어야 한다는 것을 알게 되었습니다. 이것은 특히

1919년 독립운동과 그 여파에서 볼 수 있습니다. 캐나다 선교사들은 처음에는 편들기를 꺼렸지만, 일본 당국이 평화적인 독립 시위에 잔인한 탄압으로 대응했을 때, 캐나다 선교사들은 가장 큰 비난의 목소리를 내는 사람 중 하나였습니다. 사실 캐나다 장로교 해외선교위원회의 A.L. Armstrong 목사가 봉기와 잔혹한 탄압에 대한 최초의 문서화 된 보고들을 북아메리카로 가져갔습니다. Armstrong은 이 시기에 우연히 아시아의 선교지들을 방문하고 있었습니다. 그 후 몇 년 동안, 캐나다인들은 일본 정부와 협력해야 했습니다. 하지만 그들의 마음은 한국 사람들에게 있었습니다. 그러나 결국 1941년 태평양 전쟁이 발발한 후 캐나다 선교단은 해산되었고 선교사들과 학교와 병원들은 장로회들의 보호 아래 놓이게 되었습니다.

여기서 잠시 선교 역사에 관한 이야기를 멈추고 '한국 에큐메니칼 선교 연구회'로서 한국 선교사, 특히 여성 선교사를 탐구하는 것에 중요할 것 같습니다. Edith McCully에 대해 우리 그룹과 이야기를 나누던 중 1908년 그녀가 함흥에 전도부인 마르다 윌슨(Martha Wilson) 학교를 설립한 것 외에는 그녀에 대한 정보를 찾기가 어려웠습니다. 하지만 남성 중심적으로 이루어진 연구는 빙산의 일각에 불과합니다. 또 전도부인을 위한 마르다 윌슨 학교에서 훈련을 받고 순회 전도사로 파견된 여성들에 대한 정보를 알아내는 것은 훨씬 더 어려웠습니다. 캐나다 선교단이 한국에 가장 큰 영향을 미친 것은 이 여성들과 다른 사람들의 일을 통해서이었지만, 그들의 이야기는 대부분 알려지지 않고 있습니다. 다행히 전도부인에 대해 작업을 하는 사람들이 여럿 있으니, 이 시리즈가 계속되면서 전도부인에 대한 더 많은 이야기를 들을 수 있기를 기대해 봅니다.

또한, 잠깐 한국의 다양한 선교 기관의 에큐메니칼 협력에 대해 구체적으로 말씀드리고 싶습니다. 1892년 감리교도와 장로교도는 한반도를 비경쟁적인 지리적 영역으로 나누기로 합의하였습니다. 1905년 복음주의 선교 총회가 교회 설립을 목적으로 설립되었지만, 결국 성공하지는 못했습니다. 다른 협력 분야도 있었습니다. 이미 James Gale과 한국성경학회 공식 번역자, Oliver Avison, 세브란스병원 설립 등의 일을 언급했지만, 그 외에도 협력할 부분이 많았습니다. 캐나다 선교단의 특별한 공헌 중 하나는 한국교회의 미래 지도력을 육성하기 위해 해외 유학을 희망하는 학생들에게 장학금을 제공하는 것이었습니다. 또한, 원산의 감리교 신자들의 교육 및 의료 업무 협력과 평양 신학교의 다른 장로교 선교사들과의 협력에 대해서도 에큐메니칼적 협력이라고 할 수 있을 것입니다. 이 모든 협력이 캐나다인들의 열정적인 참여로 주도되었던 것입니다.

이러한 열정을 가진 이유는 1909년부터 캐나다의 장로교회가 감리교와 회중교회와 천천히 그리고 확실히 연합하고 있었기 때문일 것입니다. 마침내 1925년 캐나다연합교회가 결성되자 한국 선교단은 새로운 연합교회로 이관되었습니다. 사임하고 캐나다로 돌아가기로 선택한 3명을 제외한 모든 선교사가 한국에 남기로 했습니다. 동시에 연합교회는 캐나다 감리교회가 진행하던 일본 선교도 이어 나갔습니다. 그러나 시간이 흐를수록 계속 캐나다에 있는 장로교인은 여전히 한인들과 함께 일해야 한다는 소명을 느꼈습니다. 그 결과, 이전 선교사들은 재일동포들과 함께 일하게 되었고, 결국 감리교와 장로교 양쪽의 뿌리를 가진 재일 한국기독교교회(KCCJ)가 만들어졌습니다.

캐나다 선교사들은 다른 선교에서 동료들과 열정적인 에큐메니컬 파트너십을 가졌고 신흥 한국교회와도 열정적인 파트너십을 가졌습니다. 1907년 제1회 노회가 전국을 위한 단일 노회로 결성되었고, 평양 장로교 신학교의 첫 졸업생 7명이 안수를 받았습니다. 1911년 함경도립교회는 조선인 김용제가 초대 노회장로 선출되면서 독자적인 노회를 결성하였습니다. 1917년에는 두 개의 장로회로 나뉘었고, 1921년에는 세 번째 장로회가 추가되었습니다. 1920년대 장로교에서 한국인들이 주를 이루기 시작하면서 한국교회에 대한 관리와 선교 프로그램들이 점차 현지인들에게 넘어갔습니다.

선교사 중심에서 한국인 중심으로 선교사역이 전환되는 과정이 완전히 순조롭지는 않았습니다. 1920년대와 30년대는 캐나다 선교단에게 어려운 시기였습니다. 선교 초기에는 캐나다 선교사들이 함경 지방에서 유일한 서양식 의료와 교육을 제공했고, 서양식 교육과 의학에 대한 요구가 많았습니다. 하지만 1920년대에 일본 식민지 정부는 캐나다인들보다 더 많은 자금을 지원하여 더 크고 좋은 학교와 병원을 짓고 있었습니다. 동시에, 한국 사회는 빠르게 변화하고 있었다. 일찍이 캐나다 선교사들은 자신들이 엄청난 인기를 누리고 있다는 것을 알았지만, 한국인들의 젊은 세대를 만족시키기는 쉽지 않았습니다. 당시 캐나다 선교사들의 반응을 보면, 그들이 정말로 당황했다는 것을 알 수 있

습니다: 왜 우리를 더 이상 좋아하지 않는가? 캐나다인과 한인 젊은 세대 사이의 긴장은 1922년 함흥의 남학교 학생 중 일부가 재원 부족에 항의하여 학원을 불태울 정도로 극에 달했습니다. 이러한 긴장에 대응하여, 캐나다 선교사들은 한국인들의 학교 운영에 더 직접적인 발언권을 주는 구조적인 변화를 만들기 시작했습니다. 1927년에는 선교사와 지역 지도자로 구성된 공동 이사회를 구성해 가정 교회의 기금을 포함한 모든 선교 문제를 결정하기로 하였습니다.

두 번째 단계

일본의 항복과 한국의 해방 이후, 캐나다 선교사들은 1946년에 한국으로 돌아왔습니다. 그들 중에는 William Scott 과 Florence Murray, 그리고 몇몇 다른 사람들이 있었습니다. 그들은 함경도에 있는 옛 선교지로 돌아가기를 희망했지만, 몇 달이 후, 이것이 불가능하리라는 것이 점점 더 분명해졌습니다. 대신 그들은 특히 북쪽에서 온 수십만 명의 난민들의 목적지가 된 서울에서 난민들과 함께 구호 활동에 집중했습니다. 실제로, 캐나다인 선교사들은 난민을 돌보는 것을 특별한 소명으로 여겼는데, 이것은 그들 또한 집으로 돌아갈 수 없는 일종의 난민이라고 여겼기 때문이었습니다. 그들이 소중히 여긴 이들은 서울에 모인 많은 동북쪽 피난민들이 있었는데, 그들 중 많은 이들이 오랜 친구였습니다.

또한, 캐나다 선교사들이 더는 독자적인 선교지역을 갖지 못했기 때문에 서울 조선신학대학, 이화여대, 세브란스 유니온병원, 기독교 방송국, 한국기독교문학회, 한국성서학회, 국가기독교협의회(NCCK의 전신) 등 다른 선교단체나 캐나다 선교사들과 긴밀히 협력하는 연합 기관에 큰 노력을 기울였습니다.

1950년 한국전쟁이 발발하자 캐나다인들은 처음에는 일본으로 대피했지만 결국 다시 부산으로 돌아갔습니다. 다시 노숙자가 된 그들은 대부분의 전쟁을 호주 동료들의 손님으로 부산에서 보냈습니다. 그들은 친절하게 그들에게 집을 열어주었습니다. 특히 Florence Murray는 부산 세브란스병원에서 유배 생활을 했습니다. 다시 말하지만, 캐나다인들의 선교 활동의 초점은 난민에 있었습니다. (전쟁은 엄청난 수의 실향민을 낳았고, 말로 그 궁핍을 묘사할 수 없습니다.)

한국전쟁이 한창일 때도 교회가 심각한 신학적 갈등의 시간을 벌였다는 것은 놀라운 일이었습니다. (한국인에게는 놀랄 일이 아닐 수도 있습니다.) 이것은 1953년에 조선신학교(현 한신대학교)를 둘러싼 갈등으로 한국기독교장로회가 분립한 사건입니다.

당시 William Scott을 포함한 몇몇 캐나다인들이 신학교에서 일하고 있었기 때문에 캐나다인들도 이 분쟁의 한복판에 휘말렸습니다. Scott은 그의 저서 '한국의 캐나다인'에서 캐나다인들이 어떻게 큰 경각심을 갖고 갈등이 전개되는 것을 지켜보았는지 묘사하고 있지만, 그들이 할 수 있는 일은 거의 없었다고 이야기합니다. 이 갈등이 기장의 결성으로 이어지자 캐나다연합교회는 대한예수교장로회 예장(PCK)과의 관계를 끊고 기장과 파트너십을 맺기로 결정하고 "한국 장로교회가 분열된 것에 대한 깊은 유감을 표명한다", 또 "화해의 마음으로 한국교회의 통합될 수 있기를 바란다"는 희망을 밝혔습니다.

분열의 혼란 속에서 연합교회는 자신의 선교현장에서 다시 자신을 발견했습니다. 기장과 연합한 유일한 외국 교회인 캐나다 선교단은 한국 전역에서 장로교를 섬기고 있다는 것을 다시 발견합니다. 그 후 몇 년 동안, 선교는 다시 확장되어 원주, 충주, 이리(익산), 광주, 목포에 선교 센터를 설립했습니다. Scott은 1959년에 은퇴를 하고, 그리고 1960년 Murray는 새로운 세대의 선교사들을 위한 길을 열었습니다. 1단계에서는 선교사는 주로 의사, 간호사, 목사 등으로 구성됐지만, 이제는 한국 사회가 전쟁으로부터 회복하는 데 도움이 필요했고, 필요한 것은 농업 전문가였습니다. 1960년까지, 선교사의 수는 34명 (남자 13명, 여자 21명)으로 증가했습니다.

1946년 캐나다인들이 한국으로 돌아왔을 때, 새로운 출발을 할 기회가 있었습니다. 그것은 캐나다교회와 한국교회가 동등한 위치로서 파트너십을 갖는 것으로 헌신할 기회였습니다. 1955년에 캐나다연합교회와 기장이 파트너십 협정에 서명했을 때 또 다른 기회가 있었습니다. 그런데도 (캐나다연합교회가 수년 동안, 때로는 힘든 길을 반복하며 배우고 익혀야 했기 때문에) 그러한 비전을 실천하는 것이 항상 쉬운 것은 아니었습니다. 1960년대와 70년대에 한국 측에서 파트너십 관계에 대한 불만이 커졌습니다. 한국인들은 캐나다 선교사들이 너무 많은 권력을 휘두르고 한국교회의 요구에 동떨어져 있다고 느꼈습니다. 이에

양 교회 대표가 포함된 협의에서 캐나다연합교회가 소유한 나머지 재산을 기장으로 이전하고 모든 선교 인력은 기장의 지시에 따라 봉사할 것이며, 재산을 이전함으로 기장 교회 기관에 대한 모든 자금 지원은 중단될 것을 권고했습니다. 이 권고안은 양 당사자가 만족할 수 있도록 시행되었습니다. 이 시점 이후 독립된 독립체로서의 캐나다 사절단은 존재하지 않게 되었습니다.

세 번째 단계

1974년의 논란과 협의를 조사하면서 캐나다연합교회 기록보관소를 살펴보았습니다. 페이지 한쪽에는 캐나다연합교회와 기장 사이의 관계에 관한 결정이 내려지고 있다는 보도가 있었고, 다른 쪽에는 기장 목회자들이 체포되고 한국의 정치적 혼란에 대한 보도가 있었습니다. 캐나다연합교회와 한국교회의 관계의 첫 번째 단계는 일제강점기의 현실과 투쟁을 중심의 발전을 특징지을 수 있고, 두 번째 단계는 한국전쟁의 현실과 그 여파를 중심의 발전을 특징지을 수 있다면, 세 번째 단계는 군사 독재와 민주주의를 위한 투쟁의 현실을 중심으로 발전하는 것으로 특징지을 수 있습니다. 이제 캐나다 선교사들은 기장에 직접 책임을 지게 되었고, 그들은 동료들과 더 긴밀한 관계를 형성할 수 있었습니다. 결과적으로, 이 관계에서 이 세 번째 단계는 캐나다연합교회와 한국에 있는 파트너들, 특히 기장, NCCK, KCWU(한국교회 여성연합) 및 한국의 다른 단체들 사이에 인권과 민주주의를 위한 깊고 중요한 에큐메니칼 협력의 시기였습니다.

캐나다 선교사들과 그들의 한국인 동료들 사이의 선교 협력과 민주주의를 위한 투쟁에 대한 몇 가지 사례를 나누겠습니다.

Willa Kernen(구미혜)은 1954년 기장이 출범한 바로 그때 한국에 도착하여 여러 해 동안 총회 사무소에서 근무했습니다. 1998년에 쓴 글에서, 그녀는 "가장 기억에 남고 인상 깊었던 일은 1970년대 민주주의 운동과 관련된 것"이라고 했고, 1976년 3월 1일에 있었던 민주적 민족 구국 선언은 영원히 그녀의 기억에 새겨져 있을 것이라고 언급합니다: "나는 내가 죽을 때까지, 아니, 내가 죽은 후에도, 이 일을 결코 잊지 않을 것이다." 그녀는 이우정 교수, 박형규 목사, 문익환 목사 등 민주주의의 꿈에 대한 헌신으로 영감을 준 많은 기장 지도자들을 언급했습니다.

1957년에 도착한 Marion Pope(방매륜)는 원주와 광주에 있는 기독교 병원에서 간호사로 일했고, 후에 이화여자대학교 간호학과 교수로 재직했습니다. 1980년, 그녀는 광주민주화항쟁 당시 광주에 있었고 군인들이 시위자들에게 자행한 폭력을 목격했습니다. Marion은 아직 살아있고, 저는 2019년에 그녀를 만날 기회가 생겨서 기뻤습니다.

Walter Beecham(배창민)과 그의 아내 Lenore(서은주)는 1958년에 한국에 왔습니다. Walter는 1898년에 쓴 글에서 1963년에 도시산업 선교에서 훈련을 받고 한국으로 돌아와 이곳에서 그것을 시행하도록 격려한 사람이 바로 기장 총회장 장하원이었다고 구체적으로 언급합니다. 1980년 광주민주화항쟁 이후, 많은 선교사가 그랬던 것처럼, Beecham 부부는 그들의 집에 활동가들을 위한 피난처를 제공했습니다. 저는 특히 Lenore가 지난 1월에 돌아가셨기 때문에 그녀를 기억하고 있습니다.

Mary Collins(고애신)은 1979년에 한국에 왔고 그 후에 그녀의 집안일 때문에 캐나다로 귀국하였습니다. 그리고 그녀가 한국의 인권과 민주주의를 위한 투쟁을 지지하기 위해 한국으로 돌아갈 준비가 되었을 때 비자가 거부되었습니다. Mary는 그 후 일본에 있는 한국기독교 교회와 함께 일본으로 일하러 갔고, 1898년에 한국으로 돌아왔습니다. 저는 2003년에 그녀를 방문해서 그녀가 민주주의가 확립된 후 한국으로 돌아오면서 얼마나 놀라운 변화를 경험했는지 그녀가 이야기한 것을 기억합니다. 제가 이 모든 사람을 언급하는 이유는 그 몇 년 동안의 작업이 투쟁에서 관계와 공유에 관한 것이었기 때문입니다.

2010년부터 2017년까지 이곳에 있었던 Catherine Christie(고애린)도 언급해야겠습니다. 시대는 이제 달라졌고, 다른 방식의 동반관계를 요구했지만, 그것은 여전히 관계에 대한 전부였습니다. 제가 가는 곳마다 사람들은 캐서린을 기억하는 것 같습니다.

성찰

올해를 마지막으로 저의 4년간의 사역을 마무리하면서 캐나다연합교회와 기장과의 관계에 대해 느낀 점을 나누고 싶습니다.

제가 한국에서 하는 일을 가장 잘 설명할 수 있는 것은 제가 캐나다연합교회와 한국기독교장로회의 관계를 구체화하기 위해 '선교동역자'로 와 있다는 것입니다. 저는 어떤 일보다 제가 여기 있는 것 자체만으로도 역할을 할 수 있었다고 생각합니다. 역사를 돌이켜보면 1898년 이후 이곳에서 봉사한 모든 캐나다 선교사들이 그랬다는 것을 깨닫게 됩니다. 지난 124년 동안 선교사의 역할에 대한 모든 변화, 교단에서의 모든 변화, 그들의 다른 모든 업적과 잘못에 대해서, 한국에서 사역한 선교사들이 한국에 와 있었다는 것만으로도 캐나다 교회와 한국교회의 관계를 공고히 했습니다.

William McKenzie는 명성황후가 암살된 같은 해인 1895년에 사망했습니다. McKenzie의 죽음은 한국과의 관계에 대한 캐나다교회의 헌신을 굳힌 촉매제였습니다. 명성황후의 죽음은 조선의 붕괴와 일본 제국으로의 편입의 시작이었습니다.

그 후 수십 년 동안 한국은 일제강점기(전쟁에 강제노역), 해방과 분단, 한국전쟁, 군사 독재 및 민주화 투쟁에 이르기까지 어려움에 직면했습니다. 캐나다 교회는 이런 과정 가운데서 한국과의 관계가 점점 더 깊어 지었습니다. 그리고 조금씩, 캐나다인들은 한국교회와의 관계가 점점 더 깊어지면서, 투쟁 속에서 (심지어 그들의 의지에 반하기도 했습니다), 한국 사람들로부터 복음의 진정한 의미를 조금씩 배우면서, 그들 자신도 변화했습니다. 저는 가끔 한국인들이 캐나다인들로부터 배운 것보다 캐나다인들이 한국인들로부터 배운 것보다 더 많은 것을 배웠다고 생각합니다.

제가 처음 2018년 9월에 한국에 왔을 때와는 사뭇 분위기가 달라졌습니다. 문재인 대통령과 김정은 위원장은 여러 차례 성공적인 회담을 했고, 마침내 한반도 평화를 향한 진전이 있을 것으로 보입니다. 수십 년의 투쟁 끝에 평화와 화해를 향한 실질적인 움직임이 있을 수 있다는 것, 한국의 고통의 세기가 끝나가고 있다는 전망, 이것이 얼마나 좋은 소식입니까! 하지만 역사는 결코 이렇게 정돈되지 않습니다. 아직도 할 일이 너무 많이 있습니다.

저는 캐나다교회와 한국교회의 관계에서 세 단계를 설명했습니다. 관계에서 각 단계는 다른 형태의 동반관계를 요구했습니다. 다음 단계는 어떤 모습일까요? 우리가 미래를 내다볼 때, 파트너십을 유지하는 것은 태평양의 양쪽에 있는 사람들에게 달려 있을 것입니다.

과거처럼 여기 현장에 있는 선교사 동료들의 존재를 통해 굳어지는 것은 아닐지 모르지만, 파트너십을 맺을 수 있는 다른 방법들이 있습니다. 파트너십의 역사에서 분명히 나타난 것처럼 우리는 여전히 서로에게 배울 것이 많습니다. 즉, 캐나다교회는 여전히 한국에서 에큐메니컬 선교에 기여할 것이 많습니다.

존 에거 박사(Dr. John A. Egger) 발제문 논찬과 질문

한강희[1]

　　오늘 존 에거 박사님의 발제에 대해 논찬을 맡게 되어 감사하게 생각합니다. 발표해 주신 에거 박사님과 논찬 기회를 주신 한국 에큐메니컬 미션 연구회 김지은 목사님께 감사드립니다. 캐나다 교회의 한국선교에 대한 기여와 평가를 캐나다연합교회 선교동역자이신 존 에거 박사님으로부터 직접 듣게 되어 매우 특별하게 생각합니다. 저 역시 캐나다연합교회와 파트너 교단인 기장에서 국제 협력 관계 실무를 담당했고 또 지금은 캐나다 선교사들의 사역을 연구하고 가르치고 있는데, 오늘 발표를 통해서 양교회를 통한 초국가적 선교와 연대 그리고 에큐메니컬 협력을 배우게 되어 더욱 의미가 깊었습니다.

　　에거 박사님의 발제는 1898년 본격적으로 한국선교에 참여했던 캐나다 선교사들과 한국과의 만남의 역사를 조명하고 있습니다. 본 발제에서는 캐나다연합교회와 기장 교단 사이의 관계와 협력에 대한 역사적 흔적을 추적하면서 캐나다 선교사들이 미친 영향을 다양한 측면에서 밝혀내고 있습니다. 1884년 미국 북장로교 소속 의료 선교사 호레이스 알렌(Horace N. Allen)으로부터 개시한 개신교 선교의 큰 흐름 속에서 그리고 미국장로교와 감리교 선교부의 주류 선교 과정 중에서, 캐나다 선교사들이 이행한 선교 사업과 정책 그리고 한국인과의 관계가 매우 독특하게 나타났음을 보게 됩니다.

---

[1]　한신대학교 선교학 겸임교수

저는 한국 교회의 시각 특히, 기장 구성원의 시각에서 본 발제에 대해서 논평하고 질문을 드리고자 합니다. 에거 박사님은 한국에 대한 캐나다 선교의 역사적 흐름을 세 단계로 구분해서 살펴봅니다. 저 역시 이러한 구분을 따라가며 논평을 추가하도록 하겠습니다.

1. 첫 번째 단계는 1898년 공식적인 캐나다 선교사들이 처음 도착했을 때부터 1945년 식민지 한국이 일본으로부터 해방했을 때까지입니다. 저는 이 시기를 "도전과 협력의 시기"라고 표현하고 싶습니다. 1898년 캐나다장로교회 파송 한국선교 삼총사 로버트 그리어슨(Robert Grierson) 윌리엄 푸트(William Rufus Foote), 던칸 맥래(Duncan McRae)를 포함하는 제1세대 캐나다 선교사들은 선교지 분할협정에 따라 함경도 지역을 중심으로 선교지부를 설립하고 사역했습니다. 이미 캐나다 선교사들이 내한할 당시에는 주류 선교 세력인 미국장로교 선교부와 감리교 선교부가 열정적인 복음전도와 선교 사업을 통해서 한국인 개종자들을 얻고 있었습니다. 여기서 저는 매우 흥미로운 점을 발견하게 됩니다. 그것은 바로 이미 캐나다 선교사들과 한국인들 사이에 파트너십 관계가 형성되기 시작했다는 평가입니다. 에거 박사님은 독립 선교사로 이미 한국에서 활동하신 윌리엄 맥킨지 선교사가 보여준 동화적이고 성육신적 태도를 지적하시고 여기서 파트너십 선교의 초기 형태를 말씀하십니다.

이와 함께 일본 식민지 현실에서 한국인들의 독립에 대한 민족주의적 열망에 응답하는 선교사들의 태도를 엿볼 수 있습니다. 물론, 선교사들이 100% 한국의 민족주의적 상황을 공감하고 실천으로 옮기는 것은 불가능합니다. 이미 미국장로교 선교부의 총무인 아서 브라운(Arthur J. Brown) 등 선교 지도부는 국가와 교회의 관계에 있어서 선교사들이 불간섭주의를 고수할 것을 권장했습니다. 이는 캐나다 선교사들도 크게 벗어나지 않았을 것입니다. 하지만, 우리가 익히 알듯이 1919년 삼일 독립운동이라는 정치적 사안에 대해서 캐나다 선교사들은 일본 식민주의 권력의 잔인함에 대해서 고발하고 한국인들의 민족적 자결권을 함께 옹호해 주었습니다. 이는 캐나다 선교사들이 일본의 식민지 체제에 억압당한 한국인들의 삶의 자리를 공감하고 신앙을 정치사회 영역 속에서 표현해냈습니다. 이는 중요한 기여점 중 하나입니다.

2. 두 번째 단계는 1945년 한국의 해방 이후부터 1970년 초 독재 정권에 따른 민주화 운동이 일어나기 직전입니다. 저는 이 시기를 "캐나다 교회와 한국교회 사이 에큐메니컬 협력의 심화 시기"로 부르고자 합니다. 이 시기는 한국전쟁으로 인한 교회와 사회 재건의 시기였습니다. 하지만 김재준과 박형룡이라는 한국판 "근본주의-근대주의 신학 논쟁"과 새로운 개신교 진보 교단으로 기장이 탄생하는 역사적 특징을 보이고 있습니다. 무엇보다 당시 보수적 성향을 띄고 있던 그리고 복음주의 선교정책을 고수하던 미국장로교 선교부와는 달리 캐나다 선교부는 기장의 진보적 신앙과 역사 참여적 흐름을 지지하며 기장과의 관계를 더욱 심화시켰습니다. 에거 박사님이 언급한 것처럼 캐나다 선교부는 복음 전도 사업보다는 조선신학교, 이화여대, 세브란스병원, NCCK 등 개신교 진보 그룹의 활동에 더 집중하게 됩니다.

특히 1955년은 캐나다연합교회와 기장의 관계가 새로운 파트너십 협약으로 한 단계 도약하는 시기였습니다. 그리고 캐나다연합교회는 윌리엄 스코트를 포함하여 21명의 선교사를 기장으로 파송하여 제2 단계의 성숙한 선교 시대를 열어갑니다. 그런데 1961년 제46회 기장 총회는 캐나다연합교회에 급진적인 파트너십 선교 관계를 요청합니다. 당시 총회장 조승제 목사는 "캐나다연합교회에 보내는 메시지"라는 서신에서 "기장이 교회의 자립을 위해서 캐나다연합교회로부터 선교비 보조를 청구하지 않기로 결의한다는" 내용을 전달합니다. 물론 이 서신이 캐나다연합교회와 기장 사이 관계의 단절을 의미한 것이 아니었습니다. 기장은 당시 교회의 자립에 집중했고 외부의 자금이 교회의 자립에 악영향을 미칠 것으로 판단했던 것입니다. 한편, 이 총회의 결의에 대해서 캐나다연합교회의 후원을 받고 있던 기독교 농촌 개발원과 소속 노회가 재정적 불안정성과 사업 중단 위험을 이유로 반대의견을 내기도 했습니다. 하지만 이러한 논란에도 캐나다연합교회는 이 시기 기장 교단 형성을 위한 사업(여신도 교육, 신학교육 등)을 지속했고 선교 인력 자원을 파송했습니다.

3. 마지막 단계는 1974년 군사 독재 정부와 민주주의 투쟁이라는 역사적 현실 속에서 시작하고 맺어지는 캐나다연합교회와 기장의 관계입니다. 당시 한국의 대형교회는 미국 교회 성장운동과 로잔 복음주의 운동의 노선을 따랐습니다. 또한, 정치적인 공모 속에서 때로는 군사 정권에 순응하는 태도를

택했습니다. 대부분의 주류 교단에서는 교회 배가 운동을 통해서 교회의 성장 정책을 추진했습니다. 하지만 기장은 교단 정책적으로 교회 성장운동이 아닌 사회적 정의를 세우는 하나님 나라 운동을 전개했습니다. 기장의 정체성은 역사참여 신학, 인간화와 JPIC 선교를 강조하고 있었기에 민주화 운동과 평화 통일 운동 또 생태 환경 운동을 간과하지 않았습니다. 이러한 운동에는 캐나다연합교회 선교사들의 지지와 연대가 동행했습니다.

에거 박사님은 대표적인 캐나다 선교사들의 이름을 환기합니다. 이들은 민주화 운동, 평화 통일 운동, 도시 산업선교, 인권 운동 등 다방면의 사회 선교영역에서 활동하십니다. 가령 윌라 커넌(Willa Kernen), 매리언 포프(Marion Pope), 월터 비참(Walter Beecham), 레노어 비참(Lenore Beecham), 메리 콜린스(Mary Collins), 캐서린 크리스티(Catherine Christie) 등 입니다. 이와 함께 우리는 캐나다 내 이주한 한인 그리스도인 공동체와 캐나다연합교회와의 연대도 생각해 볼 수 있습니다. 특히 1970년대 이상철 목사와 김재준 목사 등 기장 출신의 신앙인들은 북미지역에서 민주화 운동을 전개하였습니다. 이러한 한인 디아스포라 공동체를 통해서 초국가적인 선교적 상호 관계가 형성되었고, 이는 향후 한국과 캐나다 교회 간 새로운 선교적 과제와 전망을 제시할 것으로 보입니다.

이러한 논평과 함께 두 가지 질문을 드립니다.

1. 캐나다장로교회 혹은 연합교회가 다른 미국, 호주 장로교에 비해서 보다 진보적이고 사회 참여적으로 된 요인은 무엇일까요? 캐나다 선교사들의 진보적 성향은 다른 주류 장로교회 선교사들의 보수적 신학 차이뿐만 아니라, 국내 선교정책과 실천(특별히 기구주의적 선교)에 있어서 큰 차이를 만들어 냈습니다.

2. 오늘 발표해 주신 에거 박사님은 캐나다연합교회가 파송하는 마지막 선교동역자가 될 것입니다. 내년 초 캐나다로 복귀할 것으로 들었습니다. 지난 124년 동안 캐나다 교회는 인적자원을 한국에 파송해 사역을 실행해 왔습니다. 그렇다면 인적자원 철수가 양 교회에 미치는 영향은 무엇일까요? 에거 박

사님께서 캐나다연합교회와 기장의 파트너 관계를 세 단계로 표현하셨는데, 이제 네 번째 선교 단계의 시기로 접어든다면 어떠한 방식으로 양 교단의 파트너십이 존속할 수 있을까요?

다양한 횡단의 파트너십을 위하여
- '한국 에큐메니칼 선교에 대한 캐나다인(교회)의 기여' 발제문을 읽고

이문숙[1]

1. 한국 근대의 손님들

천연두는 인류 역사에서 최장기간 최대 인명피해를 남긴 전염병으로 알려져 있다. 지금은 사라졌다고 하지만, 6·25전쟁 중이던 1951년에만 이 생명을 위협하는 이 역병 환자가 4만여 명이었다. 한국 민중들은 이 천연두를 서병으로 파악했고, 호환(호랑이 질환), 집집마다 찾아다니며 앓게 하는 신이라고 해서 호구별성라고도 했고, 잘 모셔서 내보내야 한다고 생각해서 손님 또는 손님 '마마' (媽媽, 왕이나 그 가족에 대한 호칭)로 높여 불렀다.

황석영의 <손님>이라는 제목의 소설은, 한국전쟁 당시 이북의 황해도 신천에서 일어난 민간인 대학살을 다룬 작품이다. 이 작품에서는 학살 현장에서 죽은 이들와 생존자들이 화자로 등장해 자기가 어떻게 그 사건에 연루되었는지, 각각 이야기를 풀어놓는다. 미군 짓이다, 기독교인들의 난동이다. 공산당의 행패다 등, 누구의 탓인지에 대한 주장이 엇갈리는 이 참사의 실체를 다양한 각도에서 재현하고 있다. 신천의 참상은 기독교와 마르크시즘에 어이없이 휩쓸린 마을 사람들 사이에서 일어난 극한적 좌우대립의 결과였다. 황 작가는 한국의 근대 개화기에 외부에서 들이닥친 타자인, 이 두 사상을 천연두와 같은 '손님'으로 규정하고 있다. 조선 민중들이 천연두를 치유 혹은 퇴치하기 위

---

[1]   아시아교회여성연합회(Asian Church Women's Conference) 전 총무

해 무당굿인 '손님굿'을 행한 것에 착안해 이 소설을 굿의 형식으로 구성하기도 했다.

19세기 말 마르크시즘과 나란히 이 땅에 들어온 기독교라는 손님은 오늘에 이르기까지 우리 역사와 함께 호흡해 왔다. 이 손님은 기독교뿐 아니라 기독교 선교사들을 가리킬 수도 있다. 서두가 다소 심각한 듯하지만, 나는 UCC 선교(사)는 어떤 손님이었나를, 내 얕은 선교 역사 지식과 적은 경험을 토대로 나누려고 한다. 존 에거 박사의 발제가 상기시키는 한국의 근대, 기독교 선교, 국가, 젠더 등 다양한 쟁점들이 있지만, 오늘은 이야기할 계제가 아니다.

2. 주체가 된 객(손님), 한국 근대의 규범

존은 UCC의 한국선교 역사를 세 단계로 나눠 돌아보면서, 이에 앞서, 감리교, 장로교, 회중교회가 UCC로 연합해간 과정과, 97년 동안 UCC가 캐나다 교회와 사회에서 공헌한 역사, 그리고 원주민 아이들을 캐나다 사회에 동화시키기 위해 그들의 문화와 언어를 말살하는 정부 정책에 가담해서, UCC가 원주민 아이들의 기숙학교(1925-1969)를 운영해온 일과 이에 대한 사죄(1998) 표명의 역사를 요약해주었다. 이 되새김은, 이 발제의 매우 적절하고 의미심장한 출발로 보인다. 바로 이런 역사에 비춰 존 박사가, 한국인에게 손님이었던 선교사들의 자기 인식에 대해, 성찰적 질문을 던지고 있기 때문이다.

존이 인용한, 캐나다 최초의 선교사 윌리엄 존 메켄지 목사가 밴쿠버를 떠나면서 쓴 일기에 따르면, 그는 한국에서 희생이 아니라 '머무는 것'을 원했다. 머무는 사람은 곧 손님이다. 그러니까 그의 선교사로서의 자기 인식은 '손님'이었던 것처럼 보인다. 하지만 '양자의 땅', '승리의 나팔소리가 들릴 때까지 그들의 먼지와 함께 뒹굴 것'이라는 말에서는 애초의 손님의 자세가 느껴지지 않는다. 과연 그는 한국인처럼 살고 먹고 입으면서 한국 사람과 동화했다.

소래 마을의 조소경 교인이 캐나다 교회에 보낸 편지에 대해 존이 이해한 대로, 그는 희생하지 않고 머물겠다는 각오와 달리 매우 기본적인 목회적 자기 돌봄 없이 자신을 소진하기에 이르렀고, 자기희생 선교의 본보기가 되고 말았다. 그 편지 속에서 조 씨는 선교사인 맥켄지의 삶을 이상화하고, 기독교 선교 이전의 소래 마을은 악마화하고 있는데, 이것이 선교의 영향이 아니라고 할 수는 없을 것 같다. 이는 맥켄지 같은 초기 캐나다 선교사들과 한국인이, 여느 많은 선교 활동에서처럼, 동화 혹은 동일시와 이상화-악마화로 표출되는 온정주의와 이분법을 기조로 한 불균형한 관계에 있었음을 암시한다. 그때 손님 기독교/선교사는 한국 사회를 계몽하는 선생 그리고 한국 근대의 주체요 표준이요 규범이 되고 있었다.

3. 고유한 에큐메니칼 협력의 길을 닦다

그런데도 한국에 온 캐나다 선교사들은 한국 사회의 변화에 적응하면서, 정의로운 관계를 바탕으로 한 온전한 에큐메니칼 선교의 역사를 개척해 왔음이 분명하다. 자국에서 인간관계의 정의, 사회적 변혁, 창조물의 보전을 증진하는 데 헌신해온 UCC의 영성과 진보적 가치관은 한국 선교사역에 반영되어 왔고, 이는 양측 교회 간의 신뢰를 쌓았다.

UCC의 선교 역사에서 특히 주목할 것은, 존이 기술했듯이, 한국전쟁 당시 신학적 갈등으로 장로교회가 분열되고 기장이 설립되었을 때 UCC는 기장과 연합한 유일한 해외 교회였다는 점이다. 이러한 두 교회의 파트너십은 특히 한국의 민주화운동에서 기장과 KNCC가 적극적인 역할을 할 때 빛을 발했고, 이를 통해 UCC의 한국교회와의 에큐메니칼 연대는 강화해갔다.

UCC 선교사들은 기장과 UCC 여신도, 여교역자 간의 교류 다리가 되었고, 한국교회 여성 에큐메니칼 기구들의 여성지도력 개발 등 다양한 젠더 이슈에 대한 활동과 평화운동에 대한 UCC의 연대에도 촉매제 역할을 했다.

내가 캐나다 선교동역자들과 직접 접촉해 함께 일하며 친교를 나누기 시작한 것은 1990년대 말이다. 로리 크로커, 메리 콜린스, 캐서린 크리스티 등이 내가 가깝게 지낸 분들이다. 안타깝게도, 여기 우리와 함께 있는 존 에거와는 이분들만큼 친교를 쌓지 못했다. 이 글을 쓰다 보니 문득 옛 친구들이 그리워져, 한 분 한 분에 대한 기억을 짧게라도 남기고 싶다.

로리 크로커는 내가 NCCK에서 일할 때 만났다. 로리와는 젠더 문제에 관한 관심을 많이 나누었다. 함께 점심을 먹을 때면 늘 매운 김치찌개나 순두부를 주문했지만, 점심 식사 후 그 식당 옆 던킨 도너츠 가게는 도저히 그냥 지나치지 못했다.

Mary Collins(고애신) 주로 네이비 블루 바지에 흰색 셔츠를 입는 매우 단정한 분이었는데 이와 대조적으로 수다와 농담을 정말 즐겼다. 언젠가 늘 쓰던 안경테에 문제가 있어 새안경을 해야 했는데, 참 맘에 드는 안경이 있지만, 매우 비싸다고 사기를 망설였다. 내가 당신은 그걸 살 자격이 충분히 있다고 하니까, 내게 왜 자기가 그 안경을 사도 되는지 더 설득해달라고 했다. 큰길보다 사람 냄새 나는 뒷골목 걷기를 좋아하며 자기 행동이(특히 선행이) 다른 사람에게 보이는 걸 질색했다. 메리에게 은퇴의 가장 큰 기쁨은 더 이상 이력서를 쓰지 않아도 되는 것이었다.

캐더린 크리스티는 한국 사람처럼 먹지는 않았지만 어디서든 누구와도 잘 어울렸다. 그는 수많은 이슈의 현장을 찾아다니며 소신껏 적극적으로 자기 목소리를 높였다. 존이 가는 곳마다 사람들이 캐서린을 기억하는 것 같다고 말하는 것은 이상할 게 없다.

나는 존이 거론한 분들 가운데 Willa Kernen(구미혜), Marion Pope(방매륜), 그리고 명단에는 없는 Marion Current(구애련) 선교사님을 만난 적은 있지만, 그분들을 그다지 잘 알지 못했다. 그래도, 내가 임마누엘 신학교 방문연구원으로 가 있을 때 은퇴해 토론토에 살고 계셨던 구애련 선생님과 때때로 즐거운 시간을 함께 보낼 수 있었던 것은 행운이었다. 전적으로 그분 특유의 섬세함과 다정함 덕분이었지만.

구애련 선생은 새로운 사람을 만날 때마다 자기는 '달걀'이라고 소개한다. 겉은 하얀색인 캐나다인이고 속은 노란 한국 사람이라는 뜻이다. 은퇴 후에도 2년에 한 번 한국을 방문해 한국 제자와 친구들을 만날 정도로 정이 많고, 80대에도 무거운 카메라를 들고 다니며 사진을 찍을 정도로 에너지가 넘쳤다.

캐나다 선교사가 한국에 찾아온 어떤 종류의 손님이었는지를 살펴보겠다고 했지만 내가 만난 선교동역자들은 모두 손님이 아니었습니다. 그들은 이 땅에 와서 살고 일하다가 고향으로 돌아갔다. 그들은 자신을 희생하지도, 한국인과 자신을 동일시하거나 동화하지도, 한국 사회의 규범과 기준이 되지도 않았다. 그들은 한국교회에는 함께 일하는 동료였고 내게는 일상을 공유하는 친구들이었다. 나는 그들이 한국에서 살고 일하는 방식이 좋았고, 좋다. 그들이 UCC의 어떤 선교정책에 따라 왔든지 간에, 혹은 달걀 같은 사람으로 혹은 자기만의 식습관을 유지하는 사람으로, 때로는 사람 냄새 나는 소박한 뒷골목에서 때로는 거리집회에서, 자신의 정체성을 그대로 지니고, 캐나다-한국의 에큐메니칼 선교 여정을 이어갔다.

4. 확대된 전망으로 더 다양한 횡단 파트너십을

파트너십 발전을 위한 다음 단계는 무엇일까? 이 질문에 대한 한 가지 대답을 위해 해 나는 또 다른 질문을 던지고 싶다. 많은 선교동역자는 상호 나눔과 배움을 선교의 미덕으로 꼽는다. 그렇다면, UCC는 식민, 전쟁, 독재 상황에 있던 한국교회와 연대해 기도와 다양한 지원 등의 나눔을 펴면서 그 가운데 무엇을 배웠을까?

사실 나는 UCC 선교동역자들이 한국에서 배웠다고 하는 말은 많이 들었지만, 그게 구체적으로 무엇인지는 잘 잡히지 않는다. 기장과 NCCK는 어려움 속에서 UCC의 연대에 힘입었는데, UCC가 직면한 도전들에 대해선 얼마나 알고 있으며 그것을 위해 기도하고 필요한 자원을 나누어 왔는가. 나는 두 교회가 일방적 나눔과 배움의 관계에 있지 않았기를 바란다.

우리는 지금 세상 곳곳에서 폭력, 자연재해, 제국적 자본 등 반갑지 않은 다양한 손님마마들을 맞고 있다. 한국과 캐나다 교회는 그간의 연대 역사를 살려 지구적 손님마마로 인해 무고한 생명이 희생되거나 십자가를 져야 하는 일이 없도록 태평양을 가로질러, 지역, 성별 등 더 다양한 횡적 네트워크를 개척하고, 손님굿이 아닌 화해와 상생의 하나님 나라 항해의 드라마를 써갔으면 한다. 확대된 전망으로 에큐메니칼 동역을 발전시키기 위해, 동등하다는 것에 걸맞은 상호 배움과 나눔의 돛을 더 활짝 폈으면 좋겠다.

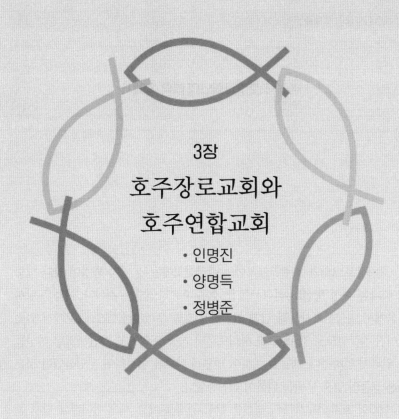

3장

호주장로교회와
호주연합교회

- 인명진
- 양명득
- 정병준

격려사: 호주교회와의 협력 속에서

인명진[1)]

  호주장로교회와 호주연합교회의 한국선교에는 몇 가지 특징이 있다. 그중에 하나는 여성 평신도 선교사들을 주로 파송하였다는 것이다. 이들은 당시 서울에서 미국선교사들과 함께 안전하게 일할 수 있었음에도 그곳에서 멀리 떨어진 경상남도로 갔고, 그곳 사회로부터 가장 소외되고 가난하였던 여성들을 위하여 일하였다. 그들을 위하여 병원과 학교를 설립하여 운영하였던 것은 물론 그들의 영혼 구원을 위하여 헌신하였다.

  이러한 호주선교사들의 정신은 한국 전쟁 후에도 계속 이어졌다. 당시 한국은 빠르게 산업화하고 있었고, 시골의 젊은이들이 기회를 찾아 수도권의 공장 근처로 몰리고 있었다. 영등포 지역에도 많은 공장이 세워졌고, 수많은 젊은 노동자들이 일하고 있었다.

  한국교회는 이때 전도의 기회를 찾아 산업 전도를 시작하였고, 호주교회는 1964년 리차드 우튼 선교사를 산업전도회로 파송하며 합류하였다. 가난하고 소외된 자를 위한 그들의 선교 정신을 이제는 서울 영등포에까지 이어나가게 된 것이다.

  1970년대 초, 호주장로교회 세계선교부 책임자인 존 브라운 목사가 상호 합의한 기준으로 선교사를 선발하여 파송하면, 실무자로 있던 필자가 그들을 받아 훈련하고 지원하여 산업선교에 동참하게 하였다. 그뿐만 아니라 호주교

---

1) 한호기독교선교회 이사장, 전 영등포산업선교회 총무

회는 필자의 봉급을 12년 동안이나 지원하였고, 영등포산업선교회의 산업선교와 노동운동을 호주와 세계교회에 널리 알리며 연대하였다. 호주교회의 이러한 지원과 연대가 없었다면 영등포산업선교회는 군사정권의 탄압을 견디어내기 힘들었을 것이다.

그 후에도 호주교회와 영등포산업선교회와의 관계는 계속되어 지금까지 9명의 선교사가 함께 일하였고 현재도 함께하고 있다. 한국교회 안의 한 선교단체가 해외교회 총회와 이러한 파트너십 모델로 선교관계를 지속하고 있는 경우는 매우 드물다고 하겠다.

한국교회 역사에 있어서 영등포산업선교회가 이룬 노동운동, 민주화운동, 인권운동은 호주교회와의 협력 속에서 이룩한 성과였다. 한국의 현대사와 한국교회사 속에서 영등포산업선교회의 공헌이 있다고 한다면 그 공은 마땅히 호주교회와 함께 나누어야 할 것이다.

그런데 문제는 이것이다. 이러한 내용을 한국교회도 모르고 호주교회도 모른다는 것이다. 한국교회사에 호주선교의 내용이 미미하고, 호주교회도 자신의 선교사가 한국에서 어떤 공헌을 하였는지 잘 알지 못한다.

다행히 정병준 교수와 양명득 박사가 꾸준히 논문을 쓰고 책을 출판하여 이제는 호주선교 활동에 대한 자료를 적지 않게 찾아볼 수 있다. 앞으로 더 많은 후학이 나와 한호선교의 전통을 이어가고, 동시에 역사를 좀 더 깊이 연구하여 한국교회사와 호주교회사에 호주선교회의 활동과 그 공헌이 분명하고 공정하게 기록되기를 바란다.

호주장로교선교회의 한국선교 역사와 그 공헌(1889년~1942년)

양명득[1]

들어가는 말

2024년은 해외교회의 한국선교 140주년이 되는 해이다. 미국장로교 선교사 호레스 알렌이 한국 땅을 밟은 1884년을 한국교회는 일반적으로 개신교 선교의 원년으로 삼고 있다. 그 후 5년이 지난 1889년, 호주장로교회도 한국선교에 동참하였다. 미국교회와 호주교회 그리고 1898년 선교 활동에 동참한 캐나다장로교회는 때로 협력하며 때로 경쟁하며 초기 한국교회의 초석을 놓았다.

---

1)   호주연합교회 총회 한국선교사, 현 영등포산업선교회 선교동역자

그런데도 한국교회사에 호주선교회의 활동 기록은 미미하다. 신학교에서도 호주선교역사에 관한 과목이나 그 주제로 연구하는 학생의 수도 상대적으로 적은 것이 사실이다. 호주선교회는 한국교회 역사 초기부터 지금까지 미국과 캐나다선교회와 더불어 이 땅의 복음화를 위하여 눈물겨운 수고를 하며 함께하였는바 이에 걸맞은 평가가 이루어져야 하겠다.

본 발제는 호주장로교선교회(이하 호주선교회)의 역사와 그 공헌을 개괄적으로 기술하므로 한국선교 140주년을 맞아 그 의의와 내용을 조명하려는데 그 목적이 있다.

1. 한국선교의 배경

한국 땅에서의 호주교회 선교는 우연한 기회에 시작되었다. 호주장로교회 총회의 계획하에 치밀하게 개시된 것은 아니다. 호주장로교회는 당시 저명한 존 페이튼 선교사의 영향을 받아 남태평양 특히 지금은 바누아투로 알려진 뉴 헤브리데스에 선교역량을 집중하고 있었고, 다른 한편으로는 호주 국내의 원주민 중심으로 선교 활동을 하고 있었다.

호주인들에게 극동에 위치한 조선, 즉 한국은 거의 알려지지 않은 미지의 땅이었고, 중국에서 활동하던 영국계 선교사 등을 통하여 간혹 그 나라의 존재 사실 정도만 인식하고 있던 시기였다.

당시 호주 멜버른에는 헨리 데이비스라는 청년이 있었다. 그는 인도선교사로 일하다가 건강이 악화되어 의사의 권고대로 호주 빅토리아주로 돌아와 코필드 그래머 스쿨이라는 학교를 운영하고 있었다. 그러나 그에게는 인도로 다시 돌아가려는 열정이 마음에서 떠나지 않았다. 마침내 성장하는 학교도 넘겨주고 인도로 떠나려고 준비하던 차에 멜버른의 한 교회를 찾았다. 그곳 목사의 자문을 얻기 위해서였다. 그리고 그는 그곳에서 조선이란 나라에서 선교사를 찾는다는 선교 소식을 접하였다. 그곳의 기후는 또한 인도보다 온화하고 말라리아 걱정도 없고, 또 적은 수의 미국선교사만 있다는 사실도 알았다. 그의 건강을 염려하던 가족도 그가 인도보다는 조선을 선택하기 원하였다.

헨리 데이비스는 장로교회의 시험을 통과하고, 목사 안수와 더불어 마침내 한국으로 파송을 받게 되었다. 그는 누나인 메리와 함께 자신의 학교 학생들의 배웅을 받으며 호주를 떠났다. 그런데 문제가 있었다. 총회가 파송은 하였지만, 재정적 지원은 못 하였다. 총회 안의 청년친교연합회가 그 책임을 맡았던 것이다. 총회는 조선이라는 미지의 나라에 선교사를 파송할 준비가 되어있지 않았고, 그로 인하여 데이비스는 보험 등 좀 더 책임 있는 지원을 받지 못하였다. 그중 하나가 나중에 문제가 될 천연두 백신이었다. 당시 막 접종하던 천연두 백신을 필수적으로 맞도록 총회가 권고했다면 한국에 도착한 지 6개월만에 운명하지 않았을 수도 있었고, 후에 호주교회는 그에 대한 죄의식을 갖지 않았을 것이다.

『첫 호주인선교사 헨리 데이비스와 그의 조카들』이란 제목의 책을 쓴 존 톰슨-그레이는 이 사실 자체가 호주문화에서는 데이비스를 영웅으로 만든다고 하였다. 총회의 권위를 빌리지 않고 평신도 단체의 지원을 받아 조선 반도의 가장 끝자락인 부산에서 순교하였다는 사실은 장차 호주선교회의 선교 특성과 활동 내용을 암시한다는 주장이다.[2]

결국, 호주장로교회는 강한 소명 속에 데이비스가 운명한 지역인 경상남도 복음화를 위한 책임을 공식적으로 받아들였다. 그리고 1891년, 5명의 호주 선교사(부부 한 쌍과 미혼의 여성 세 명)가 한국에 입국하였다. 그들을 후원하는 단체는 여전히 빅토리아청년친교연합회와 새로 조직된 빅토리아여선교연합회였고, 이번에도 총회가 주관하고 파송하였다.

호주장로교회는 이후 선교사들이 일제에 의하여 추방되는 1942년까지 총 24명의 남성 선교사와 54명의 여성 선교사를 한국에 파송하였다. 그리고 이들 대부분 서울에서 가장 멀리 떨어져 소외되고 가난한 곳인 부산, 진주, 마산, 통영, 거창에 선교거점을 두고 그곳의 사람들과 더불어 생활하며 활동하였다.

---

2)   톰슨-그레이, 58.

2. 선교정책

호주선교회나 선교사 중에 당시 확신하고 있는 것이 하나 있었다. 한국이 그들의 세대에 복음화될 것이고, 그 한국이 아시아 선교를 위한 기지가 될 것이라는 믿음이었다. 1908년 휴 커를 선교사는 '세상의 이방인 국가 중 (한국이) 제일 먼저 기독교 국가가 될 수도 있다'라고 말하였다. 호주교회가 당시 한국선교에 어떤 열정과 확신이 있었는지 잘 말해주고 있는 대목이다. 물론 '이런 확신과 믿음이 어디에서 나왔는가?'라는 것은 흥미로운 질문이다. 당시 에든버러대회가 규정한 '기회의 때'와 또 한국에서 일어나고 있는 '대부흥 운동'이 이들에게는 하나의 징표가 되었을 것이다.

호주에서 한국선교를 설계하며 지원하였던 지도자는 호주장로교회 총회 해외선교부 총무 프랭크 페이튼이었다. 그는 1907년부터 1924년까지 총무로 재직하며 한국선교를 지휘하던 인물이며, 후에 그의 후임들도 그의 선교정책을 충실히 이행할 정도로 그의 영향은 오래 지속하였다.

페이튼은 1910년 열린 에든버러 세계선교대회에 참석한 후 호주대표단과 함께 한국에 입국하였다. 그는 호주선교회의 활동 지역을 방문한 후, 호주선교사의 연례 모임에 참석하여 앞으로의 선교정책을 논의하였다. 이것은 후에 '전진 정책(Forward Policy)[3]'으로 알려졌고, 1911년 그는 '우리의 한국선교 정책'이라는 제목의 글에 그 내용을 주제별로 설명하였다.

그 내용을 요약하면 다음과 같다; (1) 전도: 전도사역과 교회 일꾼 양성을 위하여 더 많은 목사 선교사가 필요하다. 이것은 성장하는 지역 교회를 감독하기 위하여, 그리고 목회자 양성을 위하여서이다. 또한, 거창에 새 선교부 설립도 필요하다. (2) 의료: 의료 선교는 기념병원이 세워진 진주에 집중하기로 하다. (3) 교육: 각 선교부에 여자 초등학교와 기숙사 설립, 중등학교는 남녀 각 한 개씩 설립, 유치원 사역은 교육 사역과 연계되어 실행하기로 하다. (4) 신학: 신학교는 타 교단과 협력하기로 하다. (5) 재정: 이 운동의 배경에는 하나님의 위

---

[3] 1910년 중순, 호주장로교회 대표단은 스코틀랜드 에든버러에서 열린 세계선교대회에 참석하고, 11월 자신들의 선교지인 한국을 방문하였다. 그리고 1911년 1월 호주선교회 모임에서 한국 선교사들과 함께 '전진 정책'을 발전시켰고, 후에 호주교회에 보고하여 총회의 인준 받았다.

대한 목표가 있는바, 비용이 무서워 우리가 포기한다면 한국을 복음화하는 특권을 가질 수 없다고 선언하였다.[4]

호주선교회의 '전진 정책' 기조는 거점 선교부를 중심으로 소외되고 낮은 계층의 시골 어린이와 특히 여성에게 나아가 교육, 의료, 복지 제공을 통하여 그리스도의 사랑을 나눈다는 것이었다. 이 정책은 큰 도시에서 양반 계급을 우선으로 대학 교육을 통한 지도자 양성을 기조로 하고 있던 미국선교회와는 대비되는 정책이었다.

이 전진 정책은 일·이차 세계대전과 경제공황으로 호주교회가 어려울 때마다 조금씩 다른 형태로 반복하여 등장하였다. 첫 전진 정책이 발표된 10년 후인 1920년, 페이튼은 다시 한번 한국을 방문하였다. 그리고 그는 10년 전에 보지 못한 여러 현상을 한국 땅에서 보았다. 일본 식민정책은 더욱 강화되어 경제적 착취와 반문명적 탄압이 심화하고 있었던 것이다.

또한, 그 당시 진행되었던 '토지조사사업'을 통하여 많은 농민이 토지를 강탈당하고 있었고, 국토의 절반가량이 일본인의 손에 넘어갔다. 특히 경상남도에서 토지를 잃은 많은 농민이 만주로 이주하여 교회에 큰 피해를 주었다. 그리고 한 해 전인 1919년에는 3.1운동이 있었다. 곧 복음화되리라고 기대했던 땅이 점점 혼란 속으로 빠져드는 장면을 페이튼은 목도하였다.

이때 마산포에서 열린 연례 선교사 모임에 페이튼이 참석하였고, 새로운 선교 방향과 정책이 논의되었다. 전도, 교육, 의료, 복지 등의 분야가 각각 토론되었다. 10년 전의 선교정책과 비교하면 교육 사업과 사회선교를 더 강조하고 있고, 전도와 목회 분야가 약화하고 있는 모습이다.

이제 호주선교회의 '전진 정책'이 구체적으로 어떻게 시행되어 한국교회와 사회에 무슨 영향을 끼치었는지 살펴보도록 한다.

---

4)   페이튼, 101-104.

3. 에큐메니칼 협력

호주선교회의 선교 활동은 타 교단의 선교사들과 협력하는 에큐메니칼 특성을 가지고 있다. 그리고 그것을 알기 위해서는 파송한 주체인 호주교회와 그들이 파송한 호주선교사들의 신학적 배경 이해가 선행되어야 한다.

『호주장로회 선교사들의 신학사상과 한국선교 1889-1942』라는 책에 정병준은 앞서 언급한 페이튼의 선교전략을 이해하려면 국제적 관점이 필요하다고 서술하였다. 왜냐하면, 그의 선교계획은 '하나의 세계 선교운동'에 바탕을 둔 에큐메니칼적 성격이 강하기 때문이었다. 페이튼은 '세계 복음화라는 전략적 지평 위에 자기의 선교계획을 수립하려 하였고, 그 전략에 따라 호주교회가 선교적 몫을 감당해야 한다고 생각하였다.'[5] 한국선교는 호주교회만이 독립적으로 할 수 있는 것이 아니었고, 세계 복음화라는 지평 위에 협력해야 할 성격이었다.

호주선교회의 에큐메니칼 성격의 더욱 중요한 요소는 여기에 있다. 호주선교사 중에 기독학생운동 출신이 적지 않았다는 사실이다. 이 단체는 초국가적이고 초교파적인 단체로 북미와 북유럽 등에서 활발하게 연합활동을 하고 있었다. 또한, 같은 국가들에서 학생자원운동도 일어나고 있었는바, 학생 때부터 선교사가 되기를 자원하는 운동이었다.

적지 않은 수의 호주선교사는 호주에 이민 오기 전부터 해외선교사로 나가기로 '자원자 서약'을 하였던 학생이었고, 호주에서 타 교파와 협력하는 연합운동에 경험이 있던 남녀청년들이었다. 해방 전까지 온 호주선교사 78명 중에 SCM 출신이 20명 그리고 SVM 출신이 16명(20.8%)이다.

호주선교사를 파송한 호주 빅토리아장로교회의 신학적 특징을 정병준은 다음과 같이 요약하고 있다. "부활하신 주님을 향한 깊은 헌신에 기초를 둔 복음주의-에큐메니칼 형태의 기독교"[6] 다시 말하면 복음주의와 에큐메니칼 협력이 호주선교사들의 특징이었고, 그들이 한국 땅에 와 실천한 선교 활동의 주요 단어이기도 하다. 그렇다면 이들의 에큐메니칼운동은 한국 땅에서 어떤

---

5)   정병준, 208.
6)   정병준, 145.

모습으로 나타났을까.

1913년 미국선교회와 호주선교회 간의 경상남북도 지역분할협정이 완성되었다. 물론 이 협정은 선교회 사이에 불필요한 경쟁을 피하고 한정된 자원을 효과적으로 사용하기 위한 목적으로 긍정적인 면이 적지 않다. 그러나 선교회 간의 분할협정은 아이러니하게도 지역에서 교파 간 협력은 발전시키지 못하였다.

호주선교회는 그러나 해외선교사공의회 모임에 적극적으로 참여하였고, 전국적인 에큐메니칼 활동에 성의를 다하여 공헌하였다. 신학교, 병원, 성서번역, 찬송가 편찬, 사회사업 등에서 미국과 캐나다선교회 등과 함께 일하였다. 조금 더 구체적으로 그 단체를 언급한다면 평양신학교, 세브란스병원, 성서공의회, 찬송가협회 등인바 당시 주요 연합기관에 인적자원과 재정을 지원하므로 '하나의 보편적인 교회'의 책임에 충실하였다.

에큐메니칼 운동에 적극적이었던 호주선교사가 적지 않지만, 그중에 한 명만 꼽으라면 겔슨 엥겔이 있다. 한국 이름 왕길지로 더 잘 알려진 그는 경남 노회에서 노회장을 수차례 하였고, 조선예수교장로회 제2대 총회장이었고, 평양신학교에서 미국과 캐나다 교수들과 함께 오랜 기간 구약교수로 활동하였다. 그뿐만 아니라 한국에서 태어난 그의 아들 프랭크 엥겔은 후에 호주에서 저명한 교회연합운동 지도자가 되는데 호주교회협의회(NCCA)의 총무로 오랫동안 일하므로, 부친은 한국에서 아들은 호주에서 교회연합운동에 공헌하였다.

4. 부산경남의 근대화

평신도 호주선교사들은 한국에 입국할 때 자신들의 전문직업을 가지고 있었다. 의사, 간호사, 유아보건사, 학교 교사, 복지사 등이 그것이었다. 그들은 자연스럽게 자신들의 전문직을 활용하여 부산과 경남지역에서 활동하였는바, 병원 설립과 의술 활동, 학교 설립과 교수 활동, 유치원 설립과 계몽 활동, 복지관 운영 등이었다.

그들은 호주나 영국에서 공부하고 자격증을 받은 전문가들이었고, 이들에 의하여 서양식 의술이나 교육이 도입되어 당시 한국인들에게 소개되고 있던 시기였다. 그 새로운 문물은 경남지역에서 때로는 큰 환영을 받으며, 또 때로는 강한 배척을 받으며 뿌리를 내리어 오늘에 이르고 있다. 본 발제문에서는 그 내용을 크게 의료, 학교 교육, 유치원 교육, 그리고 복지로 나누었다.

1. 병원: 호주선교회는 각 지부에 병원이나 최소한 보건소를 세워 운영하는 정책이 있었다. 다만 병원을 설립하는 것은 막대한 인적, 물적 자원이 소요되기에 진주에 병원을 세웠고, 부산, 마산, 진주, 거창에는 보건소를 운영하였다. 진주의 배돈기념병원은 경남 서부권에 최초로 서양 의료를 소개하였다는 의미와 함께, 적지 않은 수의 근대식 간호사를 훈련하고 배출하여 여러 지역에서 일하게 하였다는 데 그 중요성이 있다.

진주를 제외한 타 지부에서 운영된 모자보건소는 젊은 엄마와 유아를 돌보기 위한 선교 활동이었다. 당시 높았던 영유아 사망률은 보통 무지와 불결한 환경에서 비롯되었으므로, 호주선교사들은 계몽과 보건 활동을 통하여 젊은 가정을 도왔다. 특히 소외된 지역인 거창에서 운영되던 유아보건소는 호주선교회가 특별한 관심을 가졌던 의료 활동이었다.

호주 의사와 간호사들은 경남지역에서 토착 한의사의 처방과 미신적 치료법 등으로 인하여 어려움을 겪었지만, 점차로 서양 약이나 치료법이 신뢰를 얻음으로 지역민들의 사랑을 받았다.

2. 학교: 한국에서의 유교 제도는 점차로 철폐되고 있었지만, 낮은 계층과 시골 지역에서는 여전히 유교 사상을 고취시키는 서당이 운영되고 있었다. 근대식 학교가 서울에 세워지고 있었지만, 교사의 부족으로 극히 소수의 학생만 현대식 교육을 받는 형편이었다.

경남의 호주선교회는 교회 안의 아이들을 우선 교육하기 위한 목적으로 학교를 시작하였다. 그러면서 각 지부에 초등학교를 세워 운영하였고, 부산과 마산에는 중등학교를 설립하여 운영하였다. 경남의 첫 학교인 일신여학교를 설립 운영한 벨레 멘지스 선교사는 "국가가 발전하기 위해서는 아내와 어머니가 교육받아야 한다"[7]며 여학생 교육의 중요성을 특히 강조하였다.

3. 유치원: 호주선교회가 특별히 관심을 가졌던 교육 중에 유치원을 통한 유아 교육이 있었다. 각 지부에 유치원을 설립하여 운영하였고, 그뿐만 아니라 유치원 교사를 양성하는 교육반도 시행하였다. 한국에서의 유치원 교육 시발

---

7) 커와 앤더슨, 80.

점이었다. 또한, 연례적으로 경남의 유치원 교사들이 모여 교육도 받고 수련회도 하였다. 통영에서 유치원을 운영하던 에이미 스키너 선교사는 유치원 교사들과 한산도에 가 수련회를 가지는 유쾌한 내용을 자신의 편지에 남기고 있다.

4. 복지: 호주선교회는 당시 소외되고 버려진 여성들을 구제하고 재활하는 산업반을 설립하여 운영하였다. 그중 통영에서 운영되다 후에 부산에 세워진 동래실수학교가 있다. 이 학교를 책임 맡았던 에디스 커 선교사는 '그리스도와 노동의 능력으로'라는 신조를 지니고 소녀와 여성들이 노동을 통하여 스스로 운명을 개척해 나가도록 수예를 가르치고 농장을 운영하였다. 이 여성들이 만든 수예품은 호주 멜버른에서 판매되었고, 그 수익금은 한국으로 되돌아와 그들의 복지를 위하여 쓰였다. 동래실수학교는 후에 부산 YWCA에 무상으로 인도되었다.

5. 평등정신

1) 여성과 남성의 평등

1800년대 말과 1900년대 초, 호주교회와 한국의 호주선교사는 남녀평등에 관한 내부 갈등을 겪었다. 여성 교인의 증가와 그 영향력으로 교회 안의 남성 지배구조에 도전하였고, 여성 선교사도 남성 선교사의 통제를 받으려 하지 않았다. 그 갈등이 당시 한국에서는 초량의 앤드류 아담슨과 부산진의 여선교사들 간의 불화로 드러났고, 호주에서는 빅토리아여선교연합회와 총회 위원회 사이의 권한 문제로 나타났다.

대부분의 독신 호주 여선교사는 디커니스 훈련을 받으며 '여성을 위한 여성의 사역'이란 의식을 가졌고, 자신들의 전문 분야에 더하여 기초적인 신학과 목회 실천을 겸비하였다. 이들은 한국에서 남녀 호주선교사의 평등한 활동뿐만 아니라, 선교 대상인 한국 여성들의 지위와 평등을 위하여 노력하였던 것은 이러한 배경을 가지고 있다.

한 예로 시원여학교 교장이었던 넬리 스콜스는 자신의 보고서에 다음과 같이 적고 있다.

"우리는 그녀가 우리의 야간반에 곧 들어올 것을 기대하고 있다. 남편들은 자신의 아내가 저녁반에 참석하여 '배우고 생각하게' 될까 염려한다. 우리는 그 목적으로 반을 열고 운영하는데 말이다."[8]

한국 남성들은 당시 자신의 아내나 딸이 학교에 출석하여 '배우고 생각하게' 될까 두려워하였고, 호주선교사들은 여성들이 바로 그렇게 되도록 돕기 위하여 교육한다는 견해였다.

호주선교회는 5개의 지부마다 소년·소녀를 위한 초등학교를 운영한 것은 물론, 중등학교도 두 곳 운영하였다. 선교 학교를 졸업한 수천 명의 학생은 경남지역에서 기독교 가정을 꾸리며, 교회 일꾼으로 섬기며, 사회에 봉사하였다. 그중에는 정치인, 독립운동가, 교육가, 의료인, 목회자 등이 포함된다. 호주선교회가 경남에서 촉발하였던 공창폐지운동과 부녀자 구제사역도 남녀 평등운동의 일환이었다. 정병준은 앞서 언급한 책에 다음과 같이 적고 있다.

"구제사역과 공창철폐운동은 호주장로회로부터 시작되어 개신교 에큐메니칼운동으로 발전되었다. 1923년 공창철폐운동은 평양과 감리교회로 확대되었다. 공창철폐위원회가 11월에 조직되었다. 호주장로회는 최초로 '연합갱생원'이 필요하다고 복음주의선교연합공의회에 제안했다… 장로교총회는 1926년에 이 운동을 지원하기로 결의했다."[9]

호주선교회는 당시 가부장적 한국사회의 사회악을 직시하고, 그 근본적인 해결책을 가져오려 하였다. 특히 찰스 맥라렌 의사는 이 문제에 관하여 큰 관심을 가졌는바, 개신교선교연합공의회 사회봉사위원회 위원장으로 이 문제의 해결책을 가져오려 힘썼고, 영적인 구원뿐만 아니라 육적인 회복을 함께 주장하였다.

2) 어린이와 어른의 평등

통영에서 유치원을 운영한 에이미 스키너는 "아이들은 보여주기 위함이나 박수받기 위한 존재 이상이라는 것"이라고 주장하였다.[10] 유교 사상을 근간으

---

8)   양명득, 158.
9)   정병준, 386.
10)   코리언 미션 필드, 246-248.

로 하는 개화기 이전의 조선에는 어린이 존재의 개별성과 정체성이 거의 없었던 시기였다. 장유유서의 생활 속에 그저 착하고 복종하는 아이 그리고 시키는대로 일 잘하는 부모의 소유물이었을 뿐이다.

호주선교사가 각 지부에 유치원을 운영한 것은 유치원을 통하여 부모에게 접근해 효과적으로 전도하려는 의도도 물론 있었지만, 어린이 자신의 양육과 교육을 위한 목적이 분명하였다. 그뿐만 아니라 유아보건소도 운영하여 그들의 육신적인 성장에도 관심을 두었는바, 영과 육의 양육을 이분법적으로 구분하지 않고 통전적으로 이해하고 도왔다는 사실이다.

3) 백정과 양반의 평등

양반과 천민의 갈등은 1900년대 초부터 진주에서 표출되었다. 진주는 당시 경남의 도청소재지로 보수적인 성읍이었다. 진주교회(옥봉리)는 1905년 진주 성읍 안에 시작되었고 그곳에 자리를 잡아가며 다양한 계층의 교인들이 들어왔다. 그러다가 백정 가정이 예배에 참석하면서 신분 계층의 갈등이 표출되었다. 특히 양반과 부자들이 백정과 함께 앉아 예배를 드리는 것을 거부하였다.

호주선교사들은 백정도 함께 예배를 드릴 수 있다는 입장을 취하자 양반들의 가족은 급기야 교회를 떠나 따로 예배를 드리기 시작하였다. 진주교회에 큰 위기가 닥친 것이지만, 이것은 당시 사회 곳곳에 내재하고 있던 신분 차별과 갈등의 한 단면이었다.

진주교회의 대부분 교인은 선교사들을 설득하려 하였다. 부자들이 교회를 떠나면 교회가 어떻게 되겠냐는 것이었다. 백정들은 좀 더 후에 예배에 나와도 좋지 않겠냐는 의견이었고, 실제로 백정들은 자신들이 기꺼이 양보하겠다고 하였다. 그러나 선교사들은 단호하였다. 그들도 지금 예배에 나와 구원의 기쁨을 함께 누려야 한다고 설득하였다.

호주선교사들은 실제로 이 시험은 교회에 필요한 것이라고 생각하였다. 하나님을 믿지만, 생활은 다르게 하는 일부 교인들의 부족함이 보이는 기회라고 여겼다. 이 신분 차별 의식은 그들의 가르침을 통해서도 드러나지 않던 모습이었던 것이다. 당시 적지 않은 교인은 교회가 재미있고, 서양인이 있고, 피아노 소리가 듣기 좋아 나오지만, 이 문제는 그들의 생각 깊은 곳, 즉 신앙의 본질을 일깨운 사건이었다.

한국이 당시 근대화되는 과정에 있었지만, 신분 계급을 근간으로 한 봉건적 생활문화는 여전히 강하였다. 그런데 왜 평등을 외치는 형평운동이 진주에서 일어났을까? '형평운동의 발상지가 왜 진주인가?'하는 질문은 흥미롭다. 1900년 초부터 백정들은 차별관습을 없애 달라고 진주 관찰사에 탄원하였고, 1909년에는 진주교회에서 백정 동석예배 사건이 있었고, 1910년 백정들이 도축조합을 결성하려다가 수구세력의 반대로 실패하였고, 그리고 1919년 독립 만세 의거가 진주에서 대규모로 거행되었다. 그리고 1923년 인간 평등을 주창하는 형평운동이 본격적으로 전개되었다.[11]

진주교회의 백정동석예배 사건은 어떻게 끝났을까. 다음은 당시의 호주선교사 넬리 스콜스의 말이다.

"8월 1일, 우리가 휴가로 진주를 떠나기 전 주일, 진실하고 신실한 교인들, 그리고 약하여 죄에 빠졌던 교인들이 백정을 무시하였던 죄를 자복하였다. 모두 함께 모여 평화롭고 감사함으로 마음을 다해 하나님을 예배하였다. 이제 다시 하나의 교회이고 하나의 가족이다."[12]

진주교회에서의 백정동석예배 사건 즉 하나님 아래 모든 사람은 평등하다는 사상이 진주의 형평운동을 직접적으로 촉발했다고 할 수는 없지만, 훗날 조선의 형평운동에 가치 있는 성공적인 경험이었음에는 분명하다. 이 이야기는 후에 박경리의 대하소설 '토지'에 생생하게 기술되고 있다.[13]

4) 인종 간의 평등과 독립운동

1788년 호주에 도착한 영국계 백인들은 그 땅의 토착민인 원주민을 몰아내고 확고히 백인 중심 사회로 자리를 잡아갔다. 1800년대 중반에 있었던 골드러시로 인하여 중국인 등이 호주에 입국하여 정착하고 있었지만, 당시 호주는 백인의 호주를 추구하는 주의인 '백호주의 정책'을 발전시키고 있었다. 그런

---

11)   조헌국, 116-117.
12)   양명득, 153.
13)   박경리, 토지, 5, 제3부 1권 제1편 11장, 1980.

과정에서 당시 호주교회의 역할이 무엇이었는지는 흥미로운 연구의 대상이다.

다만 오늘 우리의 관심은 그러한 분위기 속에서 성장한 호주선교사들이 한국인에 관하여 어떤 태도를 보였는가 하는 질문이다. 호주선교사의 초기 보고서를 보면 한국인을 이교도인, 원주민 혹은 토착민으로 적시하였다. 그러다가 1910년 열린 에든버러대회의 추천에 맞추어 모든 보고서와 회의록에 '이교도인(heathen) 혹은 미개인'을 '비기독교인(non-Christian)'으로, '원주민 혹은 토착인(native)'을 '한국인(Korean)'이란 단어로 대체하였다.

호주선교사들은 사실 부산에 입항하는 날부터 큰 문화충격을 경험하였다. 아시아문화를 거의 접하지 못하였던 그들은 자신들이 가지고 있던 우월감이나 선입견과 싸워야 하였다. 엘스베스 에드거 선교사는 진주에서 일 년을 활동한 후 다음과 같이 고백하고 있다.

"지난 한 해를 돌아보면 주로 나에게는 관찰하고 배우는 한해였다. 이곳 병원과 생활의 환경에 적응하려고 노력했고, 때로는 처음 이곳에 도착했을 때 빠르게 형성한 나의 편견을 통째로 다 던져버려야 했다. 나의 시야가 넓어지면서 당면한 어려움을 극복할 수 있어 감사한 마음이 든다."[14]

호주선교사들이 자신의 내적인 인종 편견과 싸우면서 동시에 한국인들이 외국인인 자신들을 배척 없이 대해주기를 원하였다. 어떤 한국인은 호주 여선교사들이 길거리를 지날 때 '저것들'(those things)이라고 지칭하였는데, 일본인을 포함한 외국인에 대한 다문화 경험을 한국 사회가 본격적으로 시작하고 있던 시기였다.

한국의 독립과 한국인의 자주를 지지하던 호주선교사들은 한 인종이 다른 인종을 억압하고 차별할 수 없다는 그들의 인종 평등정신에서 기인한다고 할 수 있다. 그리고 그들 중 찰스 맥라렌 같은 선교사는 후에 호주로 돌아가 '백호주의'를 반대하는 운동에 앞장서기도 하였다.

---

14) 빅토리아여선교연합회, 3.

6. 교회 설립과 조직 교회 양육

호주선교회가 학교나 병원을 세워 운영하던 궁극적인 목적은 물론 그곳을 이용하는 한국인이 예수 그리스도를 알고 구원을 받게 하는데 있었다. 그러므로 한국인들이 예배를 드리며 신앙을 배울 수 있는 교회를 설립하고 양육하는 일은 호주선교회에 매우 중요한 과제였다.

현재 부산과 경남 지방에 '교회백주년클럽'이란 단체가 있는데, 일백 년 이상 된 교회들의 친교 모임이다. 약 150 교회가 회원으로 되어있는바, 그중 많은 교회가 호주선교회가 설립하였거나 설립을 도운 교회이다. 그중 몇 교회를 꼽으라면 부산에 부산진교회, 마산에 문창교회, 진주에 진주교회, 통영에 충무교회 그리고 거창에 거창교회가 지금도 지역 사회에서 활발히 그 역할을 다하고 있다.

후에 호주로 돌아가 총회장이 된 조지 앤더슨 선교사는 자신의 글에 후대 세대에게 특별히 전하고 싶은 내용이 있다고 하였다. 다름 아닌 호주선교회가 운영하던 성경학원 이야기이다. 앞서 언급한 것처럼 호주선교회가 신학교나 대학교를 설립하고 운영하는 것은 그들의 정책이 아니었다. 그런데도 시골의 교회 지도자들이 공부할 수 있도록 문턱을 낮추어 성경반을 운영하는 것은 중요한 활동이었다. 성경학원은 남녀를 위하여 각 지부에서 운영하였고, 그곳에서 공부를 수료한 학생들은 부산진성경학원, 후에는 경남성경학원에 입학하였다. 이 학원은 매년 두 달 동안 열리는 5년 과정의 학교였다.[15]

이 학교를 통하여 전도부인이나 조사 혹은 매서인 등이 많이 배출되었는데, 교회의 여성과 남성 지도자들을 배양하는 것이 그 목표였다. 한 선교사는 "높은 수준의 교육을 받은 여학생들은 훈련된 지도자들이며, 장차 한국의 희망이다."라고 자랑스럽게 말하고 있다.[16]

호주선교회에서 봉급을 받으며 일하던 한국인 조사나 매서인 등은 필수적으로 이 과정에 참여해야 했다. 그리고 그중에 후에 평양신학교에 입학하여 공부하고 졸업한 목사들이 호주선교사들과 경상노회를 구성하여 교계 지도

---

15) 커와 앤더슨, 257-270.
16) 양명득, 310.

자 역할을 감당하였다.

여성을 위한 성경학원은 거의 30년 동안 운영되었다. 처음에는 나이 많은 여성들이 주로 출석하였지만 점차로 젊은 여성들이 학생이 되었다. 1936년 한 해에만 79명이 졸업하였고, 평균 나이 25살이었다. 이 학교를 졸업한 그들은 전도부인이 되거나 교회의 집사 혹은 교사가 되어 당시 교회의 튼튼한 일꾼이 되었다. 첫 졸업식은 1917년 6월 27일 부산진교회당에서 열렸는데, 노회 대표들이 참석하여 크게 축하해 주었다. 한 가지 아쉬운 것은 당시 졸업한 다섯 명의 이름이 호주선교사의 보고서에 기록되지 않다는 것이다.

이것은 당시 교회 여성지도자에 관한 한 단면인바, 많은 전도부인과 여성 일꾼의 이름이 노회록이나 교회사에 누락되어 있다는 사실이다. 이들의 이야기는 앞으로 더 발굴되어 알려져야 하겠다.

7. 신사참배 반대운동

정치 참여에 관한 호주선교회의 입장은 초기부터 정교분리 원칙이었다. 정치적인 목적을 가지고 교회에 들어오는 사람들을 막고, 교회의 순수성을 보호하기 위한 목적이었다. 호주선교회가 일제의 비인간적인 박해를 비판하였지만, 한국의 독립운동에 직접적으로 참여하지 않은 이유이기도 하다. 그러나 신사참배 문제는 달랐다. 그것은 호주선교사의 신학과 신앙에 직결된 사안이었기 때문이다.

'신사는 종교가 아니다'라는 일본의 주장과 강요에 따라 한국교회는 결국 굴복하였고, 훗날 한국 장로교회의 분열을 일으키는 씨앗이 되었다. 천주교, 감리교, 안식교, 성결교, 구세군, 성공회 등이 참배에 응하기 시작하였고, 장로교총회도 1938년 '신사참배 결의 성명'을 발표하였다. 그 후 캐나다선교회도 참배를 허용하였다.

호주선교회는 두 차례에 걸쳐 '신사참배에 관한 입장'을 결의하였다. 1936년 마산에서 그리고 1939년 진주에서 신사참배 거부의 견해를 확실히 밝혔다. '신사에 절하는 행위는 하나님의 진리 즉 그리스도를 증거해야 하는 기본적인 의무에 위반되는 것'임을 천명한 것이다. 학교를 책임 맡은 선교사들은 학교의 폐교를 막기 위하여 신사 앞에서 '침묵으로 기도'하기를 원하였지만, 호주선교회 전체 분위기는 그것조차 반대하였고, 호주의 교회도 선교회의 결정을 지지하였다.

흥미로운 사실은 호주선교회가 주재하고 있던 경상남도에서 신사불참배운동이 강하게 일어났고, 남녀순교자들도 많이 나왔다는 것이다. 경남노회는 1931년 처음으로 신사불참배 안을 통과시켰는바, 그 발의자가 바로 주기철 목사였다. 그로부터 7년 후인 1938년 중반 또다시 압도적인 다수로 신사참배 반대가 결의되었다. 그러나 같은 해 후반, 강화된 일제의 박해와 통제 속에 노회는 신사참배를 가결하였고, 노회 석상에서 호주선교사들과 크게 충돌하였다.

호주선교사는 신사참배가 단순한 우상숭배를 넘어 신도주의의 이면에 있는 천황 이데올로기의 본질을 보았다. 그러므로 그들에게 있어서 이 문제에는 '중도'가 없었다. 정병준은 다음과 같이 호주선교사들의 신학적 배경을 설명하고 있다.

"매크라렌과 볼란드와 같은 호주선교사들은 신사참배가 종교, 통치, 전쟁 이데올로기인 것을 분명하게 이해하고 있었다. 그들의 개혁전통의 하나님 주권 사상과 국가의 간섭으로부터 교회의 영적 자유를 강조하는 스코틀랜드장로교 전통에 기초해서 정교분리 이분법의 한계를 극복했다… 호주장로회는 이렇게 보수와 자유주의 이분법, 정교분리 이분법의 영역을 신학적으로 극복함을 통해 신사참배문제를 이해하는데 새로운 전망을 제공했다."[17]

8. 호주 국내교회에 끼친 영향

오늘 발제 제목이 '호주선교회의 한국선교 역사와 그 공헌'이지만, 그들의 한국선교가 역으로 호주에도 큰 영향을 미쳤다. 이것은 국내선교와 해외선교가 어떤 관계에 있는지에 대한 오래된 선교학적 질문을 포함한다. 특히 호주의 한국선교는 호주 국내 선교와 밀접한 관계 속에 있었고, 상호 간에 끼친 영향 또한 적지 않다.

---

17) 정병준, 351.

먼저 호주의 한국선교가 정점이었던 1889년부터 1942년까지 50여 년 동안의 호주 국내 상황을 먼저 간략하게나마 살펴보자. 당시 선교사를 주도적으로 파송하던 발라렛은 멜버른 근교에 있는 소도시로 금광이 발견되어 당시 일인당 소득이 가장 높았던 곳이었다. 그 여파로 빅토리아주는 경제적 부흥을 누렸고, 도시마다 큰 교회당이 세워졌다. 그러나 얼마 안 있어 세계 1, 2차대전이 순차적으로 발발하였고, 그 결과 자원과 남성 인력이 고갈되어 경제 대공황도 겪었다. 호주는 이러한 소용돌이 속에 사회적인 불안과 불확실 그리고 경제적인 어려움을 경험하였다.

호주교회는 그러한 여건 속에서도 세계 선교의 한 부분을 자신들의 몫으로 여기고, 빅토리아주 구석구석에 있는 개교회를 독려하여 해외 선교를 지원하게 하였다. 당시 '전진 정책'의 설계자 프랭크 페이튼은 다음과 같이 말하고 있다.

"이 (세계 선교) 과제를 용감하게 받아들이고 신실하게 성취한다면 우리 교회 안에도 새로운 능력이 솟을 것이다."[18]

한국선교에 적극적으로 동참하는 것이 곧 자신들의 국내교회를 새롭게 하는 것이요, 새로운 부흥의 기회를 가져오는 것으로 여겼다. 호주교회는 그것을 성취하기 위하여 다양한 방법을 채택하였는바, 각 교회나 지역에 여선교회 지부를 확대 강화하였고, 교회 청소년들도 선교동아리에 참가하게 하였고, 선교 정신을 고취하는 선교 학습운동을 벌였고, 다양한 활동을 통하여 모금하였다. 그 결과 교인들의 헌신과 헌금이 증가하였고, 그것을 바탕으로 선교사를 계속 파송할 수 있었다. 호주교회를 선교 지향적인 교회로 재조직하였고, 그것은 국내교회 신앙의 열정과 부흥으로 이어졌다.

현재 호주교회는 세속주의와 물질주의 영향으로 그 규모나 영향력이 현저히 감소하고 있다. 그 결과 해외 선교는 점차로 줄어들었고 국내 선교에 우선하여 재정을 집중하고 있다. 해외 선교가 이제 국내로 돌아왔다는 'Mission Comes Home'이란 구호가 그 상황을 잘 말해주고 있다.

그런데 여기에서 제기되는 질문이 있다. 국내 선교와 해외 선교를 서로 다른 사역처럼 이분법적으로 구별할 수 있을까? 국내 선교에 집중하기 위하여

---

18) 페이튼, 104.

해외 선교를 줄이는 것이 정말 도움이 될까? 해외 선교와 국내교회의 부흥은 서로 어떤 상호관계가 있을까? 여기에 관한 대답은 물론 오늘 우리의 과제는 아니다. 다만 호주선교사들의 한국선교가 당시 호주 국내교회에 끼친 영향을 이 시간 우리는 주목할 뿐이다.

9. 호주선교회의 아쉬운 점

1889년부터 1942년까지 50여 년 동안 호주선교회의 후원으로 호주를 방문한 한국인은 많지 않다. 김호열, 양한나, 이삼남, 홍옥순, 이영복, 박중철 등 소수에 불과하다. 그뿐만 아니라 호주에서 신학으로 학위를 받은 사람은 없고, 모두 교육이나 의료 분야 연수였다. 당시 호주의 백호주의로 인하여 비자 받기 어려웠던 것을 고려하더라도, 미국선교부를 통하여 미국의 신학교에 가 공부하고 돌아와 한국교회 지도자가 된 사람에 비하면 초라한 숫자이다.

더 나아가 한국전쟁 후 지금까지 호주에 가 신학 공부를 하고 학위를 받은 사람의 수도 극히 드물다.[19] 유럽이나 미국과 비견하여 호주의 신학대학이 잘 알려지지 않았고, 또 호주교회의 한국인 학생 후원도 미미하였던 것도 사실이다.

나가는 말

1942년 마지막으로 남은 호주선교사 5인이 일제에 의하여 강제 출국당하였다. 그러나 선교사 대부분은 다시 한국으로 돌아올 수 있을 것을 확신하였다. 다만 그때가 언제일 것인가 하는 질문만 그들의 마음속에 있었다. 선교회 소속 재산은 물론 개인의 물건까지 그 지역 친구나 교회 혹은 노회에 맡기고 출국하였다.

---

19) 장신대의 고 김이태 교수가 호주에서 조직신학 학위를 그리고 고신대의 이상규 교수와 서울 장신대의 정병준 교수가 호주선교역사를 주제로 박사학위를 받았다.

그러나 그 후 한국 선교지로의 복귀는 그들 마음대로 되지 않았다. 해방 후에 몇 명이 다시 비자를 받아 한국에 입국하여 선교부 복구를 준비하였지만, 이번에는 한국전쟁이 터졌다. 그 과정에서 많은 선교사가 한국 입국을 포기하였고, 호주에서 타 사역지를 찾거나 은퇴하였다.

1950년 초 한국전쟁이 끝나면서 호주교회의 해외 선교 우선이 더는 한국이 아니었다. 그들의 재정과 인력이 다른 나라로 분산되고 있었고, 한국선교는 이제 다양한 선교지 중의 하나가 되었다.

당시 열정적으로 일하였던 호주선교사들이 지금의 한국교회를 보면 어떤 생각을 할까 필자는 고민해 보았다. 하나의 교회를 세우기 위하여 에큐메니칼 정신으로 한국교회의 초석을 놓았지만, 지금 한국에는 장로교회 총회가 100개가 넘는다. 교회와 사회 안에 하나님의 자녀로서 평등정신을 가르쳤지만, 오늘날 한국교회의 목회자와 평신도, 남성과 여성, 장년과 청년, 다문화 교인 사이에 평등정신이 있다고 말할 수 있을까.

한국교회가 자랑하는 대형 교회와 도시와 시골에 솟아있는 무수한 십자가를 호주선교사들이 보면 어쩌면 놀라고 감동하겠지만, 가슴이 무거워지지는 않을까. 한국교회가 세상의 땅끝까지 많은 선교사를 파송하는 모습을 볼 때 자랑스러워하고 또 감사하겠지만, 또 다른 성찰은 무엇일까.

한 가지 확실한 것은 존 브라운 선교사가 언젠가 언급하였던 것처럼, 호주선교사들은 자신들이 한국에 베푼 것보다는 자신들이 한국에서 받은 것이 더 많았다고, 자신들은 다만 하나님의 '은혜의 증인'이었을 뿐이라고 겸손하게 말할 것이다.

<참고도서>

빅토리아여선교연합회, 「더 크로니클」, 멜버른, 1934년 11월.

양명득, 『호주선교사 휴 커를, 넬리 스콜스, 캐서린 레잉』, 나눔사, 2023.

이상규, 『부산지방에서의 초기 기독교』, 한국교회와 역사연구소, 2019.

정병준, 『호주장로회 선교사들의 신학사상과 한국선교 1889-1942』, 한국기독교역사
    연구소, 2007.

조헌국, 『진주에 뿌려진 복음』, 진주교회, 2021.

존 톰슨-그레이 저, 양명득 역, 『첫 호주인 선교사 헨리 데이비스와 그의 조카들』, 동연,
    2020.

페이튼과 캠벨 저, 양명득 편역, 『호주장로교 한국선교 설계자들』, 동연, 2020.

커와 앤더슨 저, 양명득 편역, 『한국장로교 한국선교역사 1889-1942』, 동연, 2017.

해방 이후 호주선교회의 한국 선교의 역사와 특징

정병준[1]

I. 머리말

호주선교회의 한국 사역에 관한 연구는 대부분 해방 이전의 시기에 집중되어 있다.[2] 2차 세계 대전 이후 호주 교회의 해외선교 역량이 매우 감소했고, 종합적인 선교 정책이 없었기 때문에 연구할 만한 자료가 크게 축적되지 못했기 때문이다.

해방 이전의 호주선교회의 특징은 복음주의적이면서 에큐메니칼한 통전적 선교의 특징이 강했다. 특히 불행하고 가난한 여성과 어린이, 소외된 나환자, 사회정의에 우선순위를 두었다.[3] 해방 이후 호주선교회는 주로 일신병원, 신학교육, 산업선교, 장애인 재활사업 등 특수 선교에 집중하면서 해방 이전의 선교적 특징을 유지했다.

이 연구는 해방 이후 호주 선교사들의 재내한 과정과 선교사들의 사역을 특징을 분석하는 데 목적이 있다. 해방 후 호주장로회 선교사 개인들의 활동

---

1) 서울장신대학교 교회사 교수

2) 대표적인 학술 연구로는 이상규, 『부산지방 기독교 전래사』(서울: 글마당, 2001). Sang-gyoo, Lee, "A Study of the Australian Presbyterian Mission Work in Korea, 1889-1941," (Th. D. diss., Australian College of Theology, 1997). 정병준, 『호주장로회선교사들의 신학사상과 한국선교 1889-1942』(서울: 한국기독교역사연구소, 2007)이 있다. 선교사 개인들에 대한 많은 연구는 생략한다.

3) 그 근거에 대해서는 정병준, 『호주장로회선교사들의 신학사상과 한국선교 1889-1942』의 결론을 참조하라.

에 관한 연구는 존 브라운과 양명득에 의해 진행되었고,[4] 호주장로회의 사역에 관한 종합적 활동에 관해서는 이상규의 짧은 글이 있다.[5] 그러나 아직까지 해방 이후 호주선교회의 사역을 종합적으로 평가하고 분석한 연구는 이루어지지 않았다. 이 영역에 대한 연구가 부족하기 때문에 이 연구는 시론적(試論的) 특징을 지닌다.

이 연구가 다루는 범위는 해방 이후 호주선교회가 한국선교를 재건하는 과정의 어려움을 기술하고, 북장로회와 호주선교회의 선교사들의 한국 입국과 선교회 재건을 고찰한다. 그리고 1946년부터 한국 전쟁까지 호주선교사들의 활동을 살핀 후 1950년대는 일본에서의 한인교회 사역 및 여선교사들의 순회전도사역을 분석하고, 호주선교사들이 인력과 재정의 취약성을 극복하기 위해 택했던 선교방법들을 검토한다. 끝으로 1960년 이후 호주선교회의 특징을 잘 드러내는 사회참여적인 활동들을 검토한다.

이 연구를 위해 사용한 1차 자료는 호주장로교 "해외선교위원회 회의록 1945-1964," "한국선교소위원회의 회의록 1945-1951," 빅토리아장로교여선교회연합회(PWMU) 기관지 「미셔너리 크로니클」 1945-1977, 빅토리아장로교회 총회의사록, 1943-1958, 미북장로회(연합장로교회)의 "장로교공의회 회의록 1956-1968," 1944-1948년 사이 북장로회 해외선교위원회의 공문과 선교사 개인편지 등이다.

II. 미북장로회의 한국선교 재건(1943-1948)

북장로회는 해방 이후 다른 선교회들이 한국선교를 재건할 수 있는 길을 열었다. 북장로회는 미군정 통치 아래 있는 한국으로 돌아가기 위해 가장 빠르게 준비했고, 다른 나라의 선교부들은 북장로교 선교부의 정보에 관심을 기

---

4) 존 브라운, 『은혜의 증인들』, 정병준 옮김, (서울: 한국장로교출판사, 2009). 양명득, 『호주 선교사 열전- 진주와 통영』(동연, 2019), 『호주 선교사 열전- 부산과 서울』(동연, 2021), 『호주 선교사 열전- 마산과 거창』(나눔사, 2023), 『호주 선교사과 배돈 기념병원』(동연, 2021), 『호주 선교사 존 브라운』(한장사, 2013).

5) 이상규, "호주 장로교회와 한국교회," 『한국교회와 호주교회 이야기』, 대한예수교장로회총회편, (서울: 한국장로교출판사, 2012), 49-60.

울이고 있었다. 1943년 11월 미·영·중 수뇌들은 「카이로 선언」에서 "적당한 시기에 조선을 자주 독립시킨다"라고 결의했다. 북장로교회 선교부는 1943년부터 한국, 중국, 태국에서 물러난 선교사들의 복귀를 준비했다. 그리고 「카이로 선언」 이후 1944년 9월 20-22일 한국선교사협의회를 개최하여 한국 상황에 대해 필요한 정보를 수집했다.[6] 1945년 초 북장로회 선교부 총무 후퍼(J. L. Hooper)는 한국 선교사 아담스(Edward Adams, 안두화)를 뉴욕 본부로 불러 한국선교를 재개하기 위한 준비과정을 논의했다.[7] 아담스는 한국 선교사들과 연락을 취하며 필요한 선교 분야와 필요한 재정을 파악했다. 아담스는 1945년 봄 한국선교 재건을 위해 노력하는 15명의 "그룹 A"를 조직했다.[8]

북장로교 선교위원회는 1945년 봄, 한국선교를 회복하기 위해 선교사 "그룹 A"를 준비팀으로 파견하고 이어서 선교위원회 대표단, 특별임무를 "그룹 B," 마지막으로 "그룹 C"를 순차적으로 파견하기로 했다. 후퍼는 1945년 8-12월 미군이 유럽에서 아시아로 이동하고, 1946년 4월경 전쟁이 종결되고, 1948년경 선교사들이 한국에 돌아갈 수 있을 것으로 예상했다.[9] 그러나 한달 후 1945년 7월 「포츠담 선언」에서 제시한 항복 조건을 일본 군부가 거절하자 미국은 원자폭탄을 사용하여 전쟁의 종결을 앞당겼다.

1945년 10월 15일 미국의 초교파적 해외선교협의회는 정부와 협상하여 10명의 선교사를 한국에 파견하도록 허락을 받았다. 그러나 맥아더 군정부는 한국의 정치적 상황(좌우 대립)을 근거로 이들의 입국을 불허했다. 한국의 교계 지도자들, 미국 선교관계자들, 한국에 입국한 군목들은 미국 선교사들의 내한을 강력하게 요구했고, 대표단은 1946년 4월 배를 탈 수 있었다. 이들 중 미

---

6) J. L. Hooper, "To the Missionaries on Furlough from Korea (Jun. 15, 1944)" in Korea Materials 1944, Moffett Korea Collection, PDF page 59. (이후 *MKC*)

7) J. L. Hooper, "To the Missionaries on Furlough from Korea (Mar. 8, 1945)" in Korea Materials 1945, 1 of 2, *MKC*, 16.

8) Rev. Edward Adams (1921-1963), Dr. John D. Bigger (1911-1951), Dr. William N. Blair (1901-1940), Rev. Allen D. Clark (1933-1973), Rev. Roscoe C. Coen (1918-1948), Dr. Archibald G, Fletcher (1909-1956), Rev. Harold H. Henderson (1918-1941), Rev. Clarence S, Hoffman (1910-1941), Miss Olga C. Johnson (1921-1959), Dr. Henry W, Lampe (1908-1948), Mrs. Frederick S, Miller (1892-1936), Miss Edith G. Myers (1932-1954), Dr. H. A. Rhodes (1908-1945), Dr. Stacy L, Roberts (1907-1946), Dr. Horace H. Underwood (1917-1951), Rev. Harold Voelkel (1929-1967) 괄호는 한국 선교사 복무 기간.

9) J. L. Hooper, "To the Korea Mission (Jun. 29, 1945)"in Korea Materials 1945, 1 of 2, *MKC*, 1-2.

북장로회 대표는 코엔(Rev. Roscoe C. Cohen)과 아치발드 플레처(Dr. Archibald G. Fletcher)였다. 또한 북장로교선교부 한국위원회의 요청으로 미국무성과 군 당국은 1946년 4월에 4명 그리고 6월에 3명의 한국입국을 허락했다.

> 4월 입국자 : Rev. Edward Adams, Rev. William N. Blair, D.D., Rev. Harold
> Voelkel, Rev. Harold H. Henderson
> 6월 입국자 : Rev. Clarence S. Hoffman, Dr. H. A. Rhodes, D.D., Dr. Henry W.
> Lampe, D.D.

이들은 모두 "그룹 A"에 속했던 선교사들이다. 또한 감리교회 5명, 남장로교회 4명, 캐나다연합교회 1명, 동양선교회 1명, 안식교회 2명의 선교사들도 함께 입국했다.[10] 미선교사들의 한국 복귀는 미군정 책임자 하지(John Reed Hodge) 장군이 한국인과 미군정 사이의 관계를 원활하게 중재할 수 있는 경험 있는 선교사들의 도움을 절실히 필요로했기 때문에 신속하게 이루어질 수 있었다.[11] 그러나 여성선교사의 입국은 허용되지 않았다.

1947년 7월 북미해외선교협의회의 공동대표단이 한국을 방문하여 한국교회와 선교회 사이의 협력을 논의했다. 그 결과 선교의 주도적인 책임과 역할은 현지 교회가 감당하고 선교회는 그것에 협조한다는 "Ground Control Approach"가 결정되었다.[12] 이것은 신생교회와 서구교회가 선교의 동반자 관계를 갖는다는 휘트비 국제선교협의회(IMC, 1947년 7월 5-24일)의 결정과 맥을 같이 하는 것이었다. 1947년 10월 20-21일 북장로교 한국방문대표단은 한국선교 재건을 위한 종합제안서를 선교위원회에 제출했다. 그 안에는 의료선교,

---

10) Hooper, "To the Korea Missionaries (Jun. 14, 1946)" 1 in Korea Materials 1946, 2 of 4, *MKC*, 41. 감리회: Rev. L. H. Snyder, Rev. Charles A. Sauer, Rev. Charles C. Amendt, Rev. Leonard P. Anderson, Rev. C. Brannon, 남장로회: Rev. J.V.N. Talmage D.D., Rev. J. Curtis Crane D.D., Rev. Josep Hopper D.D., Dr. Lloyd Boggs, 캐나다연합: William C. Scott D.D., 동양선교회: Rev. Paul E. Haincs, 안식교: Dr. George N, Rue, Dr. James H. Lee.

11) Edward Adams, "Report on Korea" (Jan. 15, 1946), 4 in Korea Materials 1946, 1 of 4, *MKC*, 32.

12) Peter E. Emmons, "Signs for Our Times," *Outreach* (Dec. 1947), 291 in Korea Materials 1947, 2 of 3, *MKC*, 8, 또한 "Report of the Joint Deputation to Korea" (Jan. 9, 1948), in Korea Materials 1948, *MKC*, 31-63을 참조.

교육선교(대학과 중고등학교), 조선신학교, 성경학교, 복음전도, 농촌선교, 여성사역, 라디오방송사역, 만주선교, 대구 나환자병원에 대한 계획과 선교지부(서울, 청주, 대구, 안동)에 배치할 선교사들의 숫자와 분야를 포괄적으로 담았고 모든 전도프로그램은 선교사들과 협력하여 총회 혹은 노회가 결정한다는 원리를 제시했다.[13] 북장로교 한국선교회는 이 제안서를 받아들여 철저한 현장 조사를 거쳐 22페이지에 달하는 한국교회 상황에 대한 분석과 선교정책을 담은 종합보고서를 발표했다.[14] 그리고 1948년 1월 1일 한국선교회를 공식적으로 재설립했다.

선교사들의 숫자와 파송기관(1949년 1월)[15]

호주장로교회	5	영국성서공회	2	그리스도교회	4
성공회	3	감리교회	47	북장로교회	41
정통장로교회	3	장로교독립선교회	6	남장로회	30
구세군	7	안식교	15	캐나다연합교회	8
YMCA	2	YWCA	1		

III. 호주장로회의 한국선교 재건

해방 이전 1889년부터 1942년까지 78명의 호주 선교사들이 부산(1891), 진주(1905), 마산(1911). 통영(1913), 거창(1913)에 선교지부를 개척하고 사역했다. 그러나 한국을 떠난 호주선교사들은 해방 이후 한국으로 돌아오는 것이 쉽지 않았다. 미국선교회의 경우 선교 인력과 물적 지원이 튼튼했고 미군정의 협조가 있어서 비교적 빠르게 한국선교회를 복구할 수 있었다. 그러나 일제 말까지 한국에 남아 있던 선교사들은 대부분 후배 선교사들과 교체없이 오랫동안 사역한 베테랑들이었기 때문에 그들의 연령과 건강조건 상 한국 현장

---

13) Presbyterian Deputation in Korea, "Recommendation to the Board of Foreign Missions of the Presbyterian Church in the USA (Oct. 20, 1947)" in Korea Materials 1947, 1 of 3, *MKC*, 25-32.

14) Korea Mission of Presbyterian Church USA, "Survey 1947," in Korea Materials 1947, 1 of 3, *MKC*, 2-24.

15) "Directory Missionary in Korea (Jan.1, 1949)"

으로 복귀하는 것이 어려웠다.

다른 한편, 호주로 돌아간 선교사들 중 비교적 젊은 인력들은 새로운 선교지와 교회로 재배치되었기 때문에, 기존의 사역을 중단하고 한국으로 복귀하는 것이 어려웠다. 호주는 영국과 함께 2차 세계대전에 참여하면서 많은 젊은 이들을 잃었고 그로 인해 국가적으로 큰 경제적 어려움에 직면했다. 또한 전후세대는 해외선교에 대해 관심이 없었다. 이런 상황에서 호주선교부는 선교 인력과 재정을 확보하는 것이 어려웠다. 그렇지만 한국을 떠난 호주선교사들은 기회가 되면 한국선교지로 돌아간다는 의지와 희망을 가지고 있었다. 호주 빅토리아 장로교 총회는 미국과 캐나다의 선교부와 교류하면서 때가 되면 한국선교재건에 협조하기로 협의했다.[16]

호주장로회 해외선교위원회 한국소위원회는 1945년 9월 25일 첫모임을 시작했다. 한국소위원회는 한국 선교사들과 해외선교위원회 총무와 빅토리아 여선교연합회(PWMU)의 임원으로 구성되었다. 그들은 5명의 선교사 팀을 한국에 파송하기로 결정하고, 호주 정부, 미국과 캐나다의 선교부, 국제선교협의회(IMC), 일본의 맥아더 사령부와 접촉했으나 한국에 입국이 허용되지 않는다는 것을 알게 되었다.

1946년 4월 선교부 총무 조지 앤더슨(Rev. G. Anderson)과 헤럴드 레인(Rev. H. W. Lane)이 맥아더 사령부의 허락을 받고 10월 11일 부산에 도착했다. 그들의 임무는 "한국상황을 점검하고, 한국교회와 재연결을 시작하고, 호주선교회를 재건"하는 것이었다.[17] 앤더슨은 한국교회 지도자들 및 미국 선교회 대표들과 만나 선교 재건을 논의했다. 미군정은 경험있는 선교사들의 재내한을 원하고 있었고, 환률 인상과 인플레이션으로 인해 선교부 건물의 재건과 개선이 쉽지 않았다.[18] 1947년 1월 앤더슨은 호주로 돌아갔고, 레인은 한국에 홀로 남아 호주선교부 재산의 소유권을 되찾고자 노력했다. 동래와 진주의 선교부 토지에는 무단 거주자들이 건물을 짓고 살고 있었기 때문에 토지 매매가 어려운 상황이었다.

---

16) *The Proceedings of Presbyterian Church in Victoria* (May 1945), 68.

17) 존브라운, 『은혜의 증인들』, 168.

18) *The Proceedings of Presbyterian Church in Victoria* (Nov. 1947), 171.

1946년 6월 진주에서 사역했던 프랭크 커닝햄(Rev. F. W. Cunningham)이 입국했다. 조선신학교는 송창근과 친분이 두터웠던 커밍햄을 조선신학교의 교수로 초빙했고[19] 도서관을 위한 경제적 지원을 요청했으나 호주선교회는 그럴여력이 없었다. 커닝햄은 부산에 남아 문서 사역에 매진했다. 레인과 커닝햄은 1947년 7월 서울에서 개최된 "교회-선교 공동협의회"에 참석하여 "현지교회 중심 선교방법"을 확인했다. 빅토리아 장로교선교위원회와 한국소위원회는 1947년 6월 20일에 한국선교원칙을 확정했다. 목사 선교사와 여성 선교사는 각각 현지 노회와 소속 당회의 지도를 받으며 사역하고, 부산에 선교지부를 두고 향후 두 개 이상의 선교지부를 갖지 않기로 결정했다.[20]

1947년 8월 경남노회 교육위원회는 심문태 목사를 통해 호주선교회의 재산을 기독교 교육을 위해 양도해 달라고 요청했다. 그들이 요구한 것은 마산의 호신학교, 의신여학교와 유치원의 자산 전체, 진주 시원여학교의 토지와 건물, 진주 성경학교 자산, 동래 농장학교와 관련된 김해의 토지였다. 한국선교소위원회는 선교사들이 거주하는 땅과 건물을 제외하고 한국교회에 유익한 자산은 한국교회가 사용하게 하고, 사용할 수 없거나 관리할 수 없는 자산은 매각하기로 결정했다.[21] 선교회의 자산 중 마산의 남학교의 재산은 노회로 귀속했고 불우한 여성을 보살피는 동래 농장학교의 사용권을 부산 YWCA(대표 양한나)에게 주었다.[22]

1947년 8월 12일 호주장로교여선교연합회(PWMU) 소속 디커니스 선교사 위더스(M. S. Withers), 던(E. Dunn), 레가트(D. F. Leggatt)가 멜본을 떠나 일본을 거쳐 9월 7일 부산에 도착했다.[23] 위더스는 과거 일신여학교의 교장이었고 부산진교회 유치원 교육의 책임자였다. 그는 부산진 유치원 원장을 맡으면서 경남과 전국에서 찾아오는 유치원 교사들을 훈련하는데 많은 시간을 할애 했고

---

19) 송창근이 산정현교회를 사임했을 때 커닝햄을 그를 부산으로 초청했고 송창근은 1936년 4월 빈민지역 아동 교육을 위한 성빈학사(聖貧學舍)를 세웠고 호주여선교회연합회가 지원했다. 정병준, 『호주장로회선교사들의 신학사상과 한국선교 1889-1942』, 273-274

20) *Minute Book Korea and Other Sub-Committee* (June 20, 1947). 전문은 *Minute Foreign Missions Committee, Feb. 1945 to Apr. 1951*, 588-590.

21) *The Proceedings of Presbyterian Church in Victoria* (Nov. 1949), 185.

22) *The Proceedings of Presbyterian Church in Victoria* (Nov. 1948), 164.

23) 던의 한국에서의 활동은 양명득, 『호주 선교사 열전- 마산과 거창』, 244-249.

1947년부터 부산교도소에서 여성 죄수들에게 성경을 가르쳤다.[24] 던은 부산, 진주, 거창지역을 광범위하게 순회전도했다.

테이트(M.G. Tait 태매시)는 호주로 돌아간 후 선교사직을 사임하고, 1947년 미정통장로교회(OPC) 독립선교부의 선교사로 자원하여 한국에 왔다. 그리고 신사참배 반대운동을 함께했던 최덕지의 재건교회에 고문(1949.5.16.~1950.6.)으로 활동했다. 그러나 6.25전쟁 직후 "그리스도 은총 외 구원이 없는데 재건교회는 충성이 구원의 토대가 된다고 하니 물러간다"는 입장을 밝히고 재건교회를 떠나 독자적으로 활동하다가 1956년 호주로 돌아갔다.[25]

한국선교 유경험자로 해방 이후 한국에 온 호주선교사는 모두 9명이었다.

한국전쟁 이전
Rev. H. W. Lane (1946-52)   Rev. F. W. Cunningham (1947-50)
Miss M. S. Withers (1947-54)   Miss E. Dunn (1947-57)

Miss D. F. Leggatt (1947-50)   Miss M. G. Tait (1947-56)

한국전쟁 이후
Rev. G. Anderson (1952-54)   Rev. J. Stuckey (1958-59)
Miss R. Watkins (1918-41, 1952-56)

해방 후 돌아온 호주선교사들의 활동 기간은 매우 짧았다. 존 앤더슨과 짐 스터키의 경우 호주장로교 해외선교위원회의 총무로 사역하다가 한국 선교지에 목사 선교사가 없을 때 자원하여 2-3년을 사역했다.

호주선교사들이 입국하기 전, 미정통장로교의 독립선교부 소속 브루스 헌트(Bruce Hunt, 한부선)는 1945년 10월부터 부산에서 활동하고 있었다. 한상동은 헌트와 박윤선과 함께 1946년 9월 고려신학교를 일신여학교 건물에서 개교했다. 이상규는 호주선교회와 고려신학교 지도부의 관계가 단절된 이유를

---

24) 양명득, 『호주 선교사 열전- 부산과 서울』, 207-216.
25) 양명득, 『호주 선교사 열전- 마산과 거창』, 178-179, 김정일, 『한국기독교 재건교회사 II』 (여울목, 2018),

두 가지로 지적했다. 첫째, "교회 쇄신론자들은 고려신학교를 근거지로 정통장로교회(OPC) 만을 교류의 대상으로 고집"했고 내한한 호주선교사들과의 만남을 꺼렸다. 둘째, 한상동은 한국을 방문한 조지 앤더슨이 고려신학교를 배척하고 일신여학교 건물에서 내보냈다고 비난하는 편지를 귀국하는 앤더슨 편에 호주의 데이지 호킹(Daisy Hocking) 선교사에게 보냈다. 편지 내용을 알게된 앤더슨은 크게 실망했고 이러한 비난이 사실이 아님을 밝히고 한상동을 불신하게 되었다.[26] 호주선교회는 이약신 목사의 사위 이봉은 의사, 조민하(29세 신학대학원), 허중수(39세 정치학과 영문학)가 호주에서 유학할 수 있도록 초청했다. 이봉은과 조민하는 1950년 3월 한국을 떠났다. 한국소위원회는 또한 이순필 장로(59세 소아과 공중보건)를 초청하려 했으나 "교회문제와 교육문제" 때문에 호주에 올 수 없었다.[27] 이약신 목사와 이순필 장로는 동서 사이로 고신 측의 중요한 지도자들이었기 때문에 호주선교사들이 이들과의 관계를 발전시키려고 노력했던 것으로 보인다. 1952년 귀국한 조민하는 부산대 사학과 교수를 지냈고 허중수는 부산대교수, 경희대 정경대학장, 문교부 차관을 역임했다. 또 다른 유학생 간호사 홍 S.Y는 세인트 앤드류 병원에서 2년간 훈련을 받고 귀국했다.

IV. 호주선교부의 사역 (1950-현재)

1. 1950년대

한국전쟁 직후 부산은 임시 수도가 되었고 피난민이 몰려들었다. 구호물자는 부산항으로 들어왔다. 그 와중에 부산 경남지역에서 장로교회의 분열이 격렬하게 나타났다. 재건파, 고신파, 기장과 예장, 예장 내부의 통합과 합동의 분열로 인한 갈등과 상처가 크게 드러났다. 그러나 호주선교회는 이러한 교회분열을 중재할 수 있는 능력이 없었다. 호주선교부는 1950년대에 19명의 선교사를 한국에 파송했다.[28]

---

26) 이상규, 호주 장로교회와 한국교회," 『한국교회와 호주교회 이야기』, 50-55.
27) *Minute Book Korea and Other Sub Committee* (Oct, 5, 1949).
28) 존 브라운, 『은혜의 증인들』, 181.

1) 피난지 일본에서 한국인 사역

6.25전쟁이 발발하자 대부분의 선교사들은 급히 일본으로 철수했다. 던과 위더스, 전쟁 직전에 입국한 아그네스 맥납(Agnes McNabb, 1950-1968), 1951년에 파송받은 와킨스(R. Watkins) 등 4명의 여선교사들은 1952년 8월까지 일본에서 사역했다. 한국소위원회는 일본에서의 사역은 일시적인 것으로 규정하고, 선교사들은 일본 내 한인교회들과 협력하고, 일본교회와 협력하거나 영어 사역을 하지 말라고 지시했다.[29]

던과 위더스는 김보라(바울 김)를 유급조력자로 두고 동경과 요코하마 사이에 있는 한국인들을 심방하고 전도하였다. 던은 요코하마에서 섬겼던 교인들 개개인의 고향과 신상을 「더 크로니클」에서 상세히 설명했는데, 그들과 한국어로 깊은 대화를 한 것으로 보인다.[30]

위더스는 도쿄의 동부 에도가와(江戸川区)의 한인공동체에서 두 명의 한인교사와 함께 폐쇄되었던 한국어 주일학교를 시작했다. 1950년말 47명의 일본 어린이와 7명의 한국인 어린이들이 참석하였다. 그 지역은 한인들 사이에 공산주의 활동이 강한 곳이었고 75개의 한국인 가정 중 3개 가정이 기독교인들이었다. 위더스는 또한 카나가와(神奈川)의 한인들을 방문했다. 교회가 없어서 예배드리기 어려운 교인들은 전도부인의 방문을 원하고 있었다.[31] 그녀는 동경 한인교회와 협력하여 조후시(調布市)의 한인들을 심방했는데, 특히 1950년 11월에는 50-60 가정이 모여사는 게이오타마가와(京王多摩川)와 가미이시와라(上石原)를 방문하여 주일학교와 성경공부반을 발전시켰다. 1951년 8월에는 그곳에 100개 가정의 한국인이 살고 있었고 21명이 규칙적으로 예배를 드리게 되었다.[32]

2) 전쟁 후 감옥, 순회 전도, 구제 사역

1952년 8월 11일 위더스, 와킨스, 맥납은 부산으로 돌아왔다. 위더스는 유

---

29) *Minute Book of Korea Sub-Committee* (July 27, 1950); *Minute Foreign Mission Committee* (Jul. 11, 1950)." 721.

30) E. Dunn, "Korean Christian in Japan: Meet Some members of the Yokohama Congregation," in *The Missioanry Chrinicle* (Feb. 1951), 4-5.

31) M. Withers, "Koreans in Japan," in *The Missionary Chrinicle* (Dec. 1950), 2.

32) M. Withers, "News from Tokyo," in *The Missioanry Chrinicle* (Oct. 1951), 11.

치원 교사들을 위한 교육과정을 다시 운영했다. 호주선교회의 유치원 사역은 일제 강점기부터 지속된 것으로 장기적인 영향력을 남겼다. 위더스는 매주 부산교도소의 여성 죄수들을 방문했다. 그리고 교도소에서 출소한 여성전과자들(사상범)들에게 기술을 가르치며 재활을 돕기 위해 부산시로부터 부지를 지원받아 갱생 시설 "희망의 집"을 설립하고 교회 여전도회 회장들을 중심으로 후원위원회를 조직했다. 이 사역은 호주선교회와 무관하게 위더스가 독자적으로 시작했고, 호주교회는 재봉틀 3대를 기증했다. 이 사역은 후에 유엔의 지원을 받았고 지역 교회위원회가 운영을 맡았다.[33)]

1953년 10월 던과 와킨스는 마산으로 이전하여 선교지부를 열었고 지역 교회와 YMCA의 환영을 받았다. 던은 마산교도소의 여성 죄수들을 위한 주간 학급을 운영했고 설교를 하고 직업훈련을 도왔다. 그들의 대부분은 사상범이거나 부역 혐의로 구속된 여성들이었다. 1952년 12월 던은 법무부 장관을부터 감사장을 받았다. 던은 시골 교회들을 방문했고, 결핵요양소, 양로원, 농아학교를 방문했다. 그녀는 마산노회의 관할 외에도 거창과 진주 지역을 광범위하게 순회했다.

아그네스 맥납은 부산에 남아 매주 나환자 요양소를 방문했고 통영과 거제의 교회들을 방문했다. 그리고 가난하고 불행한 환경에 처한 여성들을 돌보는 동래농장학교에서 강의했다. 또한 장애인, 나환자, 과부, 농촌의 빈민에게 구제 사역을 했다. 맥납은 던과 와킨스가 은퇴한 후 1958년 마산의 책임자로 이전한 후에도 거제, 고성, 통영을 방문했고, 1960년대에 마산, 거제, 고성, 통영 지역의 교인들을 위한 성경통신과정을 운영했다.

호주에서 보내는 구호품은 주로 경남노회와 선교사들에 의해 경남 지역에 배포되었다. 전쟁 당시 레인은 구호품을 전달하는 과정에서 "총회와 관계를 단절한 교회들"(재건파로 추정)이 구호품을 받지 않겠다고 말하는 것을 경험했다. 호주선교부는 구호품의 분배는 필요로 하는 곳에 주어져야 하며 어떠한 차별과 조건도 없다는 교회간 원조의 원칙을 재확인했다.[34)]

---

33) M. Withers, "The House of Hope," in *The Missionary Chronicle* (Nov. 1953), 2

34) *Minute Foreign Missions Committee* (Aug. 13, 1951), 782-783.

3) 일신부인병원 사역

해방 이후 호주선교회의 사역 중 가장 두드러진 공헌은 일신 부인병원을 설립하고, 가난한 사람에게 봉사하고, 의료발전과 교육에 기여한 것이다. 부산 상애원에서 나환자 선교를 했던 맥켄지(James N. Maceknzie)의 장녀 헬렌(Dr. Helen,1952-1976)과 차녀 케서린(Catherine R.N., 1952-1978)은 평양에서 외국인학교를 다니다가 멜본에서 산부인과 전문의와 간호사가 되었다. 1940년 한국으로 돌아가려고 했던 그들의 계획은 전쟁으로 인해 실패했고, 그 대신 1946년 중국 운남성에서 의료선교 사역을 시작했다. 그들은 중국이 공산화되자 1950년에 한국선교사를 자원했고, 1951년 7월 일본에 도착하여 한국어를 공부했다. 그들은 의료요원이었기 때문에 1952년 2월에 한국 입국을 허락받았다. 당시 14명의 개신교 여성선교사들 중 13명이 의료 인력이었다.[35]

헬렌과 케서린은 부산에서 가장 절실한 의료사역이 무엇인지 광범위하게 조사했다. 당시 100만 인구가 밀집된 부산에 12개 병상을 가진 한 개의 산과병원이 있었다. 헬렌은 호주선교부의 책임성에 대해 사람들의 상처와 의심이 깊은 상황에서 그들의 육체적 영적 곤경에 대해 지속적인 관심과 염려를 보여주는 길은 산부인과를 병원을 세우는 것이라고 확신했다.[36] 그러나 인플레이션과 환률의 변동으로 병원 건물을 구입하는 것이 어려웠다. 당시 한국군은 전쟁기간 중 선교회의 2개 건물과 부산진 유치원을 병원으로 사용하고 있었다. 헬렌은 국방부 장관, 군의관, 미군과 협의하여 유치원 건물을 돌려받아 1952년 9월 17일 일신부인병원을 개원했다. 이렇게 빠른 속도로 병원을 개원할 수 있었던 것은 전국의 간호사와 조산사의 1/3이 행방불명이 된 상황에서 정부는 조산사 양성정책을 가지고 있었고, 세계보건기구/유엔한국지원단(WHO/UNCRA)도 간호-조산사가 복지의 중추가 된다고 판단하고 있었기 때문이다.[37] 헬렌과 케서린은 총 83,000 호주파운드의 예산을 세우고 1956년 병원 본관을 건축했다. 호주교회 측에서 20,000파운드를 지원했고, 나머지는 한국정부와 유엔군에서 감당했다.[38] 병원 건축은 미군대한원조(AFAK)의 사

---

35) H. Mackenzie, "The Strange Korea of Today," in *The Missionary Cronicle* (Jun. 1952), 9

36) "From Dr. Helen and Sister Cath Mackenzie," in *The Missionary Cronicle* (Aug. 1952), 2.

37) 이임하, "피난지 부산에서의 조산사 양성 - 일신부인병원을 중심으로," 「항도부산」 43 (2022.2), 2, 7-9.

38) "F.M.C Notes," in *The Missionary Chronicle* (May 1954), 11.

업계획으로 미군 503공병대가 후원했다.

1972년 헬렌과 캐서린은 병원개원 20주년을 맞이하여 한국인 의사를 병원장에 임명함으로써 모든 권한을 이양했다. 캐서린은 1,034명의 조산 간호사를 훈련시켰다. 조산교육은 이론과 임상이 병행되어야 했는데 일신병원에서는 1인이 20명 이상의 산모를 관리하고 출산을 관찰하도록 설계되었다. 1950년대 우리 나라에서 유일하게 조산교육을 한 곳은 일신부인병원이었다.[39] 그들은 피난민 여성들과 어린 아이들의 고통에 민감한 관심을 가지고 있었다.

시드니에서 한국인 기독청년연합회 활동을 하며 한국의 민주화를 지원하는 한국연구소(Korea Resource Centre)를 설립했던 김진엽 치과 의사는 예장 총회의 초대를 받고 1989년 일신병원의 의료선교사로 파송받았다. 그는 입국하던 해 임수경의 북한방문에 도움을 주었기 때문에 국가보안법 위반으로 체포되어 18개월의 형을 살았고 1991년 호주로 추방되었다. 김진엽의 구속은 호주의 많은 사람들에게 한국의 정치, 인권 상황에 대한 인식을 높였다.

4) 호주선교회의 인적 경제적 어려움과 선교적 지원방식의 통합

호주선교회는 초기부터 인력과 재정이 부족하다는 약점을 인식하고 있었다. 빅토리아장로교 한국소위원회는 1947-1948년 경 함경도로 돌아갈 수 없게 된 캐나다선교회에게 부산에서 함께 사역하지고 제안했다. 그렇지만 캐나다 선교사들은 함경도에서 월남한 교인들과 관계를 유지하기 위해 서울에 남기로 결정했다.[40] 전쟁 기간 중, 북장로회와 감리회, YMCA가 부산 에서 구제 활동을 하면서 선교지역 구분은 이미 무너졌다. 1951년 초, 호주선교사들은 북장로회와 남장로회, 캐나다선교회와 협력 사역을 위한 논의가 필요하다고 해외선교위원회에 보고했다.[41]

1953년 찰스 케년(Rev. Charles Kenyon, 1953-1964)은 레인과 커닝햄이 떠난 목사 선교사의 빈자리를 채웠다. 그는 동래에서 지내며 농촌교회와 성경구락부를 위해 사역했고. 1960년대에는 서울에서 성서공회의 부총무를 지냈다.

---

39) 이임하, "피난지 부산에서의 조산사 양성, – 일신부인병원을 중심으로," 27.

40) *The Proceedings of Presbyterian Church in Victoria* (Nov. 1948), 165.

41) *Minute Foreign Missions Committee* (Jun. 12, 1951), 773.

에슬리 콜빈(Mr. Ashley Colvin, 1954-1958)은 4년 동안 선교회의 재산을 관리하고 일신병원의 행정업무를 담당했다.

1955년 호주선교회는 부산과 마산 외에 진주에 선교 인력을 투입하기 위해 최소 남녀 각각 7명의 인력을 확보하기 위해 노력했으나 성공하지 못했다. 1957년 제임스 스터키, 제임스 헤젤딘(Rev. James S. Hazeldine, 1957-1968), 알란 스투어트(Rev. Alan Stuart, 1957-1968), 제임스 크로프트(Rev. James A. Croft, 1958-1963)를 파송했다. 그리고 동래의 농장학교의 건물과 재산은 YWCA에게 양도했다.[42] 헤젤딘은 1960년 진주선교부를 재건하였고 1962년에 데스몬스 닐(Rev. Desmond Neil, 1960-1989)이 진주에 합류하였다. 알란 스투어트는 1959년 말 통합과 합동의 분열시기에 선교사 화해위원으로 노회들을 방문했고, 1960년 부산에서 부산신학교와 고등성경학원에서 성경을 가르쳤으며, 1964년도 부산신학교 교장으로 선출되었다. 그는 1968년 멜번으로 귀국하여 1973년 멜본한인교회를 설립하는데 중요한 역할을 했고 초대 담임목사를 지냈다.

1958년 9월 스터키는 장로교공의회 모임에서 북장로회의 인력과 재정을 다른 선교회 지역에서 사용할 수 있게 하고 선교회 지역경계를 지워가자고 발언했다.[43] 당시 진주노회와 마산노회는 호주선교회가 다른 선교회에 비해 인력과 재정이 약해서 현지교회를 제대로 지원하지 못한다고 불만을 표하였다. 1959년 9월 장로교공의회에서 스터키, 헤젤딘, 터비(Rev. Fred Turvey, 1955-1961)는 제2차 세계대전 이후에 호주의 모국교회가 선교에 필요한 인력과 재정을 지원할 능력이 없다고 밝혔다. 그리고 경남의 한국교회가 재정 지원을 증가해 달라고 요구하지만 그것은 기본 선교정책에 부합하지 않는다고 설명했다. 이러한 선교 사역의 지역적 불균형을 해결하려기 위해 총회-선교회 사이에 '선교사업 통일안'이 등장했다. 1959년 교단분열 이후 선교사들은 권위를 잃은 총회에 힘을 실어주기 위해 총회를 통해 선교회의 재정지원을 하도록 정책을 변경했다. 한국교회 지도자들과 선교사들은 깊은 연구를 통해 지역 노회들이 요구하는 중점 사업이 성경학교, 구제, 전도운동 세 부분이라는 것을 발견했다. 따라서 연합장로회(북장로회), 남장로회, 호주장로회는 세 분야에 지원

---

42) *The Proceedings of Presbyterian Church in Victoria* (Oct. 1958), 157.

43) "Presbyterian Council Minutes (Sep. 2-5, 1958)," in Korea Files-Presbyterian Council, *MKC*, 72.

하는 재정을 일원화하고 총회를 통해 전국 차원에서 집행되도록 하는 중앙협력위원회(Central Cooperating Committee)를 조직했다.[44] 1962년 킨슬러(F. Kinsler)는 교회-협력관계의 원칙을 제시했고 "중앙협동사업부"와 그 산하에 3개 소위원회를 두어 재정이 전국에서 공평하게 사용될 수 있도록 하는 제도를 고안했다.[45] 이것은 1963년 총회에서 승인되었다.

2. 1960년대 이후

이 시기 호주선교회의 사역은 한국교회의 지도와 감독 아래 통합되었다. 전도 선교사들은 지역 노회로 연합기관 선교사들은 총회로 소속되었다. 한국교회가 크게 성장하면서 선교사들의 역할은 감소되었지만 경남지역은 여전히 선교인력이 필요했다. 1964년 4월 한국에는 17명의 호주선교사들이 있었는데[46] 그후 5명의 선교인력이 더 보강되어 1964년은 해방 이후 호주 선교인력이 가장 많은 해였다.

부산	헬렌과 캐서린/일신병원, 메슬리 (M. Mesley 단기 봉사자)/ 간호사
	조이스 앤더슨(Joyce Anderson, 1959-1985)/ 병원원목 및 행정,
	도로시 왓슨(Dorothy Watson, 1960-2004)/ 부산장로회신학교, 교회음악
	바바라 마틴(Dr. Babara Martin, 1964-1996)/ 의사
	윌리엄 포드(William Ford, 1964-1969) 부부/ 재정 및 행정
마산	맥납, 크로프트 목사 부부, 존 브라운(Rev. John Brown, 1962-1972) 목사 부부,
진주	헤젤딘 목사 부부; 닐 목사 부부;
	조안 잉글랜드(Joan England, 1960-1972)/ 기독교교육
서울	리차드 우튼(Rev. Richard Wooten, 1964-1969) 목사 부부/ 영등포산업선교회

44) "Presbyterian Council Minutes (Sep. 20, 1961)," in Korea Files-Presbyterian Council, *MKC*, 20-21.

45) "Minutes of the Study Conference of the Presbyterian Council- Taejon, Korea, Jan. 12, 1962," Korea Files-Presbyterian Council, *MKC*, 15-16.

46) *The Missionary Chronicle* (Apr. 1964), iv.

1964년 호주장로교 해외선교부 총무 제임스 스터키는 온양에서 개최된 협동사업부 협의회(5월 20-23일)에 참석했다. 협동사업부는 기존의 교회-선교 관계에 큰 변화를 가져왔다. 미연합장로회, 남장로회, 호주장로회는 독자적 사역을 중단하고 총회 산하 '협동사업부'에 통합되었고, 협동사업부는 선교사 대표들과 동수의 한국인으로 구성되었다. 기존의 선교구역은 폐지되었고 총회 협동사업부 산하에 지역 협동사업부가 조직되었다.[47] 전도 사업은 농촌, 학생, 군, 산업, 교도소, 청년, 특수로 구분하였는데, 호주선교부는 그 중 산업전도와 특수전도에 기여하게 된다.

1960년 이후 30명의 호주 선교사들이 파송을 받았다.[48] 1977년 호주에서 장로교회, 감리교회, 회중교회가 연합교회(Uniting Church in Australia)를 형성했다. 한국 선교사들은 예외 없이 연합을 지지했다. 1977년 당시 호주 선교동역자들은 12명이었다.

부산	캐서린 맥켄지, 조이스 앤더슨, 바바라 마틴
	레이몬드 스터만(Raymond Skerma, 1972-1977)/ 행정
	엘리자베스 니콜슨(Dr. Elizabeth Nicholson, 1975-1980)/ 의사
서울	스티븐 라벤더(Stephen Lavender, 1976-1978)/ 영등포산업선교회
	도로시 왓슨/ 이대 성악교수
울산	배리 로 목사 부부(Rev. Barry Rowe, 1965-1977)/ 노회 및 양지기술학원
대전	닐 목사 부부/ 대전신학교 강의 및 총회 영어 업무
전주	도로시 나이트(Dorotht Knight, R.N., 1968-1982)/ 공중위생 및 동체 건강 프로그램 운영

1980-2000년까지 호주연합교회선교회 사역은 일신병원의 치료와 의료인력 훈련, 영등포산업선교회, 여성과 장애인의 재활교육, 신학교육에 집중되었다.[49]

---

47) "진일보한 선교정책," 「기독공보」(1964년 5월 30일), 1.
48) 존 브라운, 『은혜의 증인들』, 214.
49) 존 브라운, "주한 호주선교회 약사-1977년부터 현재," 『한국교회와 호주교회 이야기』, 82.

1) 영등포 산업선교회

예장 총회는 1957년 전도부 산하 산업전도위원회를 조직했고 이듬해 영등포지구산업전도위원회가 창립되었다. 1963년 조지송 목사가 영등포에 부임하면서 산업전도가 활성화되었고 1968년 산업선교로 성격을 전환했다. 그리고 1973년 인명진 목사가 부임하면서 유신정권 시기의 영등포산업선교가 확장되었다.

리차드 우튼은 언어 과정을 마친 후 1966년 영등포지구위원회로 배치되었다. 이것은 영등포산업선교회와 호주선교회 사이의 57년간 협력의 출발이었다. 인명진 목사는 존 브라운의 영향으로 산업선교활동을 하게 되었다. 존 브라운은 한국선교를 마친 후 호주장로교회의 "에큐메니칼 선교와 국제관계부 총무"(1972-1977)와 호주연합교회의 "선교위원회"의 총무(1977-1992)로 일하면서 영등포산업선교회를 지원하며 선교동역자를 파송했다. 호주선교부는 인명진의 정치적 망명 시기 그가 호주에 정착할 수 있도록 지원했다. 영등포에 근무했던 호주선교동역자는 스티븐 라벤더(1976-1978), 앤서니 도슨(Anthony Dawson, 1981-1985), 임경란(Kelly Yim, 1986-1991), 데브라 카슨(Debra Carstens, 1990-1993), 엘렌 그린버그(Ellen Greenberg, 1994-1997), 로한 잉글랜드(Rohan England, 2000-2006), 양명득(2010-)이다.

2) 장애우 재활 선교 : 양지재활센터

1965년에 입국한 배리 로 목사는 한국어 공부를 한 후 새로운 산업 단지 울산에 산업선교사로 배치받았다. 그는 지역교회 목회자들과 협조하면서 도시화와 산업화에 대응하는 적절한 목회의 필요성을 강조했다. 그리고 신인균과 함께 장애우 자립훈련 프로그램을 개발했다. 그 결과 "양지기술학원"이 설립되었다. 이곳에서 청년들은 시계 수리, 라디오 및 전자세품 수리, 금은 세공, 자개상감제도, 기타 기술을 배웠다. 그들은 그 기술로 직업을 구하거나 작은 전파상을 차렸고 경제적으로 자립하였다. 그들의 공동체는 자연스럽게 신앙 공동체가 되었다. 이 프로그램은 신익균의 지도아래 40년간 지속되었고 양지재활센터로 발전되었다. 호주로 돌아간 로 목사는 포도밭과 과수원을 경작하면서 목회하는 "노동 목회자"의 길을 갔다.

3) 여성 재활 선교 : 은혜의 집

리차드 우튼의 부인 베티(Mrs. Betty Wooten)는 1964년 한국에 도착하여 다른 선교회의 선교사들과 한국의 여성기독교인들과 함께 매춘에 빠진 어린 여성들을 구제하는 "은혜의 집"에서 사역했다. 은혜의 집은 1961년 연세대학교 교사와 학생들 그리고 두명의 미국 여선교사들이 협력하여 매춘지역에서 빠져나온 15명의 소녀들을 보살피면서 시작되었다. 은혜의 집은 6개월간 기초교육, 직업교육, 신앙교육을 제공했는데, 간호사였던 베티는 간호, 위생, 유아돌봄에 대해 가르쳤다. 1966년 120명의 졸업생 중 50명이 서울에 취직했고 20명은 귀향했지만 25명은 매춘사업으로 되돌아갔다. 그들 중 66명이 15세 이하였다. 또한 시골에서 올라온 소녀들을 노리는 포주들로부터 여성을 보호하고 한달간 숙식을 제공하며 자활의 기회를 주는 서울의 "희망의 집" 사역이 있었고, 미군기지 여성들에게 기술을 가르쳐 사회 복귀를 시키는 "믿음의 집"이 운영되었다. 전체 프로그램의 회계를 맡았던 베티는 세브란스 병원에 '선물가게' 개설을 도와 소녀들이 만들 수공예품과 호주, 캐나다, 미국의 여성들이 기증한 물건을 판매했고, 그 수입으로 프로그램 비용의 절반 이상을 담당했다.[50] 베티는 또한 연합장로회의 로빈슨 의사(Dr. Court Robinson)과 함께 세 기관에서 오는 여성들의 건강을 돌보았다. 이들은 영양실조, 결핵, 기생충, 성병으로 고통을 받고 있었고 일부는 학대로 인한 상처와 흔적을 지니고 있었다.[51] 1969년 베티가 한국을 떠난 후 존 브라운 목사의 부인 노마 브라운은 은혜의 집을 지원하고 여성구제 프로그램을 지원했다.

4) 가축 경영

존 브라운은 언어 훈련을 마치고 7년간 거제도, 창원, 김해에서 교회를 보살폈고, 창신학교에서 교육에도 참여했다. 그는 한국 농촌의 가난과 굶주림을 목격하면서 가난을 극복하기 위한 대안을 고민했다. 1966년 호주에서 한국으로 돌아올 때 가축 개량을 위해 샤넨염소 5마리와 흰돼지 5마리를 배에 싣고 오면서 6주 동안 가축들을 먹이고 배설물을 치웠다. 호주 흰돼지는 고기가

---

50) Martha Huntley. "Home of Grace Austrailian Mission Story," in *The Missionary Chronicle* (Nov. 1966), 12-13.

51) 존 브라운, 『은혜의 증인들』, 233.

많고 샤센염소는 젖이 풍부한 가축이었다. 그는 권오성의 도움을 받아 창원에 품질 개량원을 운영하면서 거제와 마산 지역에 시범적으로 염소와 돼지를 보급했다. 그는 67가구가 사는 거제 섬의 한 마을을 선정하여 염소를 분양하는 프로젝트를 실시했다. 염소를 무료로 분양하지만 그 조건은 우유는 팔지말고 가족이 마실 것, 각 가정이 당번을 정해 염소의 풀을 먹이고 운동시켜 협동할 것, 새끼를 낳으면 암컷 한 마리를 다른 마을에 분양하는 것이었다. 그러나 돼지와 염소를 분양받은 농가의 관리 부실로 가축이 죽기도 하고 채무 이자가 쌓여 가축을 빼앗기는 가정도 많았다. 이 운동은 크게 성공하지 못했으나 정신적 교훈을 크게 남겼다.[52]

5) 신학교육 사역

해방 이후에는 호주선교사로 장시간 신학 교육을 감당한 사람은 없다. 알란 스투아트가 부산신학교에서 8년간 사역했음을 앞에서 언급했다. 존 브라운은 1964년부터 서울의 장로회신학대학에서 히브리어와 구약을 강의했고 1969-1972년까지 전임교수로 사역했다. 1966년의 발언에서 한국의 신학적 태도에 대한 그의 입장은 비판적이었다. "불행하게도 한국에서는 새로운 진리에 대해 부정적인 신학적 태도를 가지고 있다. 한국 신학은 새로운 아이디어가 제시될 때 이단 시비와 합리적 사고의 무능으로 시달린다."[53] 존 브라운은 크리스찬 모스테트(Rev. Christian Mostert, 1982-1986)를 장로회신학대학교에 파송했다. 그는 훗날 멜본신학대학원의 조직신학 교수가 되었다.

6) 호주선교회의 에큐메니칼 특성

호주 선교사들은 복음주의적이면서도 에큐메니칼한 특성이 강했고 사회 정의와 여성 문제에 대한 인식이 강했다. 1954년 기독교 장로회가 설립되었을 때 호주장로회 해외선교부는 한국장로교 세가지의 성격을 극단적 근본주의(고려), 근본주의(총회), 진보적 보수주의(한신)라고 구분하였다.[54] 이것은 호주장

---

52) Norma R. Brown, "Masan Livestock Project," in *The Missionary Chronicle* (July 1968), 16.
53) "John Brown's address in Annual Meeting 1966" in *The Missionary Chronicle* (Dec. 1966), 10.
54) *Minute Foreign Mission Committee* (Aug. 10, 1955), 947.

로교회의 신학적 관점을 보여주는 대목이다.

1960년 9월 20일 서울에서 모인 장로교공의회에서 호주선교사들은 공의회 정관에서 두가지를 변경하자고 제안해서 그것을 관철시켰다. 첫째, 회원자격, "선교회들의 모든 남성회원(all male members of the Mission Bodies)"에서 "남성" 대신 "안수받은"으로 대체하였다. 그 결과 1962년 장로교공의회에 여성선교사들이 회원으로 참여하게 되었다. 둘째 공의회 명칭을 "한국장로교회(PCK) 안에서 섬기는 장로교선교사들의 공의회(The Council of the Presbyterian Missionaries serving in the Presbyterian Church in Korea)"라고 한 것을 "고신파와 한신파 선교사들을 포함하는 공의회"로 변경했다.[55] 그 결과 1961년 장로교공의회는 캐나다 선교사들과 고려파 선교사들에게 교회 분열을 치료하기 위해 장로교공의회에 참석할 것을 제안했다. 1962년 1월 모임에는 고신의 헌트가 공의회에 참석하여 화해의 조건에 대한 자신의 신학적 입장을 개진했다. 9월 모임에는 캐나다 선교부의 베커(Baker)가 기장과 캐나다 선교부의 협력관계에 대해 발표했다.

이상에서 호주선교회는 성차별에 민감했고, 에큐메니칼 의식을 가지고 선교협력 정신을 확대하려고 했던 것을 알 수 있다.

V. 결론

미국북장로교선교부의 주도적인 노력에 힘입어 선교사들은 1946년 선교사들은 재내한했다. 북장로회는 1947년 선교정책을 담은 종합보고서를 발표했고 1948년 1월 1일 공식적으로 한국선교회를 재건했다. 호주선교회는 1947년 여선교사들이 입국하면서 본격적으로 선교회 활동이 시작되었다. 1949년에 5명의 선교사가 있었고, 1950년대에 19명 1960년 이후로 30명의 선교사를 파송했다.

호주선교회는 2차세계대전 이후 과거의 선교역량을 회복하지 못했고, 특

---

55) "Minute of Presbyterian Council, Sep. 1960, United Presbyterian Mission, Seoul," in Korea Files-Presbyterian Council, *MKC*, 23.

수한 분야에 집중하는 선교를 했다. 한국전쟁 이전 호주선교회는 조선신학교를 지원할 능력이 없었고, 부산경남지역에서 고려신학교 측 지도자들과 관계가 단절되었다. 전쟁 과정에서 일본으로 피신한 여선교사들은 동경과 요코하마 사이에 사는 한국인 지역에서 주일학교와 성경공부, 예배인도를 하였다. 전후에 부산과 마산을 중심으로 여선교사들은 유치원사역, 여성 죄수 방문 교육 및 그들을 위한 재활시설 운영, 통영, 거제, 거창, 진주 지역에 대한 광범위한 순회전도를 하였다. 1952년 설립된 일신부인병원은 전쟁의 참화 중 부산 지역에서 가난하고 소외된 여성과 어린이를 돌보고, 의사와 조산사를 훈련시키는데 가장 큰 공헌을 했다. 1956년 일신부인병원은 호주교회, 정부, 미군, 유엔의 지원으로 병원 본관을 신축했다. 1953년 마산 선교지부를 재건했고 1960년 진주 선교지부를 재건하는 방식으로 꾸준히 선교활동을 넓혔다.

호주선교회는 선교회들이 담당한 지역에서 인력과 재정의 불균형을 극복하는 방식으로 선교구역 경계를 없애자고 제안했다. 이것은 "현지교회 중심 선교방법"과 맥을 함께하면서 1964년 장로교 통합 측 협동사업부의 설립으로 완결되었다. 1960년대 이후 호주선교회의 일신부인병원 사업은 지속적으로 규모와 인력이 확대되었고 1972년 한국인에게 경영권을 넘겼다. 호주선교회는 영등포산업선교회와 민주화운동을 지원했고, 장애우 재활을 위한 양지기술학교 운영, 소외된 여성을 보호하고 보살피는 여성 재활선교를 지원했으며, 신학교육에서 일정한 공헌을 했다. 존 브라운은 농촌 경제를 돕기위해 가축 경영 사업을 시도했다. 호주선교회는 소외된 약자와 여성, 사회정의에 대해 일차적 관심을 가지고 있었고, 신학적으로는 복음전도를 강조하면서도 에큐메니칼한 특성을 강조하였다.

참고문헌

"진일보한 선교정책." 「기독공보」. 1964년 5월 30일wk.

Brown John. 『은혜의 증인들』. 정병준 옮김. 서울: 한국장로교출판사, 2009.

김정일. 『한국기독교 재건교회사 II』. 서울: 여울목, 2018.

대한예수교장로회총회편. 『한국교회와 호주교회 이야기』. 서울: 한국장로교출판사, 2012.

양명득. 『호주 선교사 열전- 진주와 통영』. 서울: 동연, 2019.

_____. 『호주 선교사 열전- 마산과 거창』. 서울: 나눔사, 2023.

_____. 『호주 선교사 열전- 부산과 서울』. 서울: 동연, 2021.

_____. 『호주 선교사 존 브라운』. 서울: 한장사, 2013.

이임하. "피난지 부산에서의 조산사 양성 – 일신부인병원을 중심으로," 「항도부산」 43 (2022.2).

정병순. 『호주상보회선교사들의 신학사상과 한국선교 1889-1942』. 서울: 한국기독교 역사연구소, 2007.

The Missionary Chronicle

"F.M.C Notes." (May 1954)

"From Dr. Helen and Sister Cath Mackenzie." (Aug. 1952)

"John Brown's address in Annual Meeting 1966." (Dec. 1966)

Brown, Norma R. "Masan Livestock Project." (July 1968)

Dunn, E. "Korean Christian in Japan: Meet Some members of the Yokohama Congregation." (Feb. 1951)

Huntley, Martha. "Home of Grace Australlian Mission Story." (Nov. 1966)

Mackenzie, Helen. "The Strange Korea of Today." (Jun. 1952).

Withers, M. "Koreans in Japan." (Dec. 1950)

_____. "News from Tokyo." (Oct. 1951)

_____. "The House of Hope." (Nov. 1953)

Moffett Korea Collection

"Minute of Presbyterian Council, Sep. 1960, United Presbyterian Mission, Seoul." Korea Files-Presbyterian Council.

"Minutes of the Study Conference of the Presbyterian Council Taejon, Korea, Jan. 12, 1962." Korea Files-Presbyterian Council.

"Presbyterian Council Minutes, Sep. 20, 1961." Korea Files-Presbyterian Council

"Presbyterian Council Minutes, Sep. 2-5, 1958." Korea Files-Presbyterian Council

"Report of the Joint Deputation to Korea (Jan. 9, 1948)." Korea Materials 1948.

Adams. Edward. "Report on Korea (Jan. 15, 1946)." Korea Materials 1946, 1 of 4.

Emmons, Peter E. "Signs for Our Times," *Outreach*. (Dec. 1947), Korea Materials 1947, 2 of 3.

Hooper, J. L. "To the Korea Mission (Jun. 29, 1945)." Korea Materials 1945, 1 of 2.

_____. "To the Korea Missionaries (Jun. 14, 1946)." Korea Materials 1946, 2 of 4.

_____. "To the Missionaries on Furlough from Korea (Jun. 15, 1944)." Korea Materials 1944

_____. "To the Missionaries on Furlough from Korea (Mar. 8, 1945)." Korea Materials -1945, 1 of 2.

Korea Mission of Presbyterian Church USA. "Survey 1947." Korea Materials 1947, 1 of 3.

Presbyterian Deputation in Korea. "Recommendation to the Board of Foreign Missions of the Presbyterian Church in the USA (Oct. 20, 1947)." Korea Materials 1947, 1 of 3.

Archive of the Presbyterian Church of Australia in Melbourne

"Directory Missionary in Korea (Jan.1, 1949)"

Minute Book Korea and Other Sub Committees, Sep. 25, 1945-Oct.5, 1951

Minutes Foreign Missions Committee, Feb .2, 1945-July 1964.

The Proceedings of Presbyterian Church in Victoria 1945-1958

*출처: 한국기독교와 역사 제59호(2023년 9월)

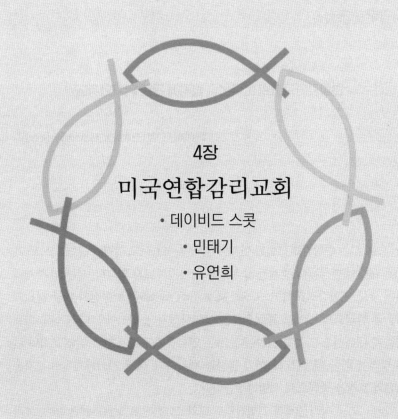

4장
미국연합감리교회
· 데이비드 스콧
· 민태기
· 유연희

연합감리교회의 한국선교 협력에 관한 역사와 개요

데이비드 W. 스콧(Dr. David W. Scott)[1]

　　오늘 저는 연합감리교회의 아시아 지역에서의 선교 협력에 관한 역사와 개요에 대해서 한국과의 관계를 중심으로 이야기하고자 합니다. 저는 이 주제에 대해 주로 연합감리교회(The United Methodist Church)와 그 이전의 미국 감리교회들과 한국과의 관계를 중심으로 이야기하겠지만, 아시아의 다른 선교 파트너들에 대해서도 언급할 것입니다. 저는 연합감리교회와 한국 감리교회의 관계 발전에 대한 연합감리교회의 관점을 제시하되, 한국 사회관계에서 가져온 비유와 호칭을 중심으로 설명하겠습니다.

　　저는 오늘 여러분에게 연합감리교회와 그 전신교회들(1968년 이전), 그리고 한국감리교회와 관계의 역사는 한편으로는 부모와 자식 관계로 시작되었지만, 그 이후 더 큰 독립과 평등을 향해 변화해 온 관계의 이야기라고 제안하고 싶습니다. 저는 그 관계의 역사를 시기별로 한국 문화에서 가져온 다양한 관계 비유를 사용하여 약 45년씩 대략 동일한 세 시기로 나누어 이야기하겠습니다. 먼저 미국 교회가 한국 교회에 어머니(Mother)와 같은 존재였던 관계의 초기 시기를 설명하겠습니다. 다음으로 한국 감리교회가 자립한 이후 감리교회와 연합감리교회가 한국 감리교회에 언니(Sister)와 같았던 시기에 관해 이야기하겠습니다. 마지막으로 1970년대 중반 이후 연합감리교회와 한국감리교회는 서로에게 친구와 같은 존재였다는 것을 말씀드리겠습니다.

---

1)　　Director, Mission Theology and Strategic Planning, Global Ministries, UMC

초기 시대

19세기 중반부터 미국 감리교인들은 해외에 감리교인을 제자로 삼고 감리교회를 설립하기 위해 전 세계로 나가기 시작했습니다. 미국 밖 최초의 미국 감리교 선교는 1833년 라이베리아에서 이루어졌고, 곧이어 1836년 아르헨티나로 이어졌습니다. 아시아에 대한 최초의 미국 감리교 선교는 1847년 북감리교회가 중국을 방문한 것이었고, 이듬해에는 남감리교회가 중국에서 활동을 시작했습니다. 이러한 활동을 시작으로 감리교는 아시아와 전 세계로 계속 퍼져 나갔습니다. 아시아에서는 인도(현 파키스탄 포함), 일본, 미얀마(구 버마), 싱가포르와 말레이시아, 한국, 필리핀, 인도네시아에서도 미감리교회의 사역이 시작되었습니다.

그 당시 미감리교회는, 북감리교회(Methodist Episcopal Church) 남감리교회 (Methodist Episcopal Church, South), 감리교 개신교회(Methodist Protestant Church, 복음주의 교회(Evangelical Church), 연합형제교회(United Brethren in Christ) 등 나중에 연합감리교회를 구성하게 될 다양한 교단들이 아시아에 복음을 전하고 교회를 세우기 위해 미국이나 캐나다 또는 영국의 감리교회에서 선교사들을 파송했습니다. 물론 하나님의 선교라는 현재의 신학적 관점에서 볼 때, 하나님께서 이미 이러한 각 환경에서도 일하시며 사람들이 복음을 받아들일 수 있도록 준비시키고 계셨음을 알지만, 그럼에도 불구하고 초기 선교사들의 사역은 매우 중요했습니다.

여기 모인 분들에게 스크랜턴 박사와 스크랜턴(Dr. William Scranton and Mrs. Loulie Scranton) 부인, 헨리 아펜젤러 목사와 엘라 아펜젤러 부인(Rev. Henry G. and Mrs. Ella Appenzeller), 메리 스크랜턴 여사(Ms. Mary F. Scranton), 남감리교회의 클라렌스 리드 목사(Rev. Clarence Reid) 등 초기 감리교 선교사들의 한국에서의 사역을 길게 언급할 필요는 없을 것 같습니다. 그러나 초기 선교사들은 최초의 교회를 시작하고 최초의 개종자들에게 세례를 베풀었을 뿐만 아니라 한국에서 감리교가 성장하는 모델을 제시했다는 점을 강조하는 것이 중요합니다. 그 모델은 의학, 교육, 출판, 전도를 매우 강조하는 선교 사업이었습니다. 스크랜턴 박사는 고종의 인정을 받아 제중원(시병원)을 설립했고, 2년 후 메타 하워드(Dr. Meta Howard) 박사와 이후 많은 선교사가 입국하면서 의료 선교에 대한 강조는 계속되었습니다. 교육 분야에서는 메리 스크랜턴이 이화학당을 설립하고 헨리 아펜젤러 목사가 최초의 남학교인 배재학당을 설립한 것으로 유명합니다.

이후에도 북감리교와 남감리교 선교사들은 계속해서 많은 학교를 설립했습니다. 출판 분야에서는 북감리교의 프랭클린 올링거 (Rev. Franklin Ohlinger)목사가 1890년 삼문출판사를 설립했습니다. 그리고 전도부흥의 시대에는 1904년 한국 전도운동의 시작에 중요한 역할을 한 남감리교 선교부의 하디(Robert. A. Hardie) 목사가 있었습니다. 교회 안팎의 다양한 한국인들의 협력과 협력이 없었다면 이 모든 일은 이루어질 수 없었을 것이지만(특히 윤치호 남작은 한국 남감리교 선교부의 창립자의 역할을 특별히 인정받아야 합니다), 그럼에도 불구하고 이들 초기 선교사들은 한국 감리교회의 기원에 중요한 인물로서 감리교에 대한 이해에서 비롯된 신앙적 DNA를 한국 감리교인들에게 전승해 주었습니다.

미국 감리교 교단은 자신들이 세계 다른 지역에서 교회를 시작하거나 낳았다고 생각했기 때문에 한국, 아시아 및 전 세계에서 자신들이 시작한 새로운 교회의 어머니라고 생각했습니다. 실제로 '어머니 교회'와 '딸 교회'라는 용어는 19세기와 20세기 초 서구 선교사들이 선교사를 파송한 서구 교회와 세계 곳곳에 새로 설립된 선교사를 받아들이는 교회 사이의 관계를 설명하기 위해 흔히 사용했던 용어입니다. 이 용어는 감리교에서 유래한 것이 아니며 감리교에만 국한된 것도 아닙니다. 오히려 이 시기에는 어머니 교회와 딸 교회라는 용어가 일반적으로 사용되었습니다.

어머니로서 서구 교단들은 특정한 역할과 책임이 있었습니다. 그들은 초기 선교사들이 그들의 노력과 리더십, 선교부의 재정 지원을 통해 그랬던 것처럼 딸 교회를 양육하고, 돌보고, 부양하고, 그들을 지도하고 인도하고, 성장하고 발전할 수 있도록 도와야 했습니다. 동시에 딸 교회들도 이 관계에서 책임이 있었습니다. 그들은 어머니를 공경하고, 어머니가 정한 규칙을 따르고, 가족의 유산을 이어가고, 결국 신앙의 가정을 경영하는 방법을 배워야 했습니다.

미국 내 모 교회들의 애정 어린 지원으로 한국 감리교회는 북감리교회와 남감리교회 두 가지 형태로 성장하고 발전할 수 있었습니다. 선교 시작 3년 후인 1888년에 최초의 한국인 현지인 설교자들이 북감리교회에서 목사안수를 받았습니다. 최초의 한국인 성직자인 김창식과 김기범은 1901년에 목사안수를 받았습니다. 북감리교회 선교부는 1905년에 한국선교연회로 인준하였습니다. 이듬해 감리교신학대학의 전신인 성서학원이 설립되어 북감리교회와 남감리교회 선교부가 공동으로 사업을 수행하게 되었습니다. 1908년에는 한국 선교연회가 한국연회로 바뀌었고, 김창식과 현순은 한국 최초의 감리교 목사로 정식 인준을 받았습니다. 이 무렵 한국연회에는 선교사보다 더 많은 한국인이 안수를 받고 있었습니다. 감리교 선교의 발전은 비슷한 방향을 따라갔고, 한국 감리교회의 자치 직전인 1929년에는 감리교 한국연회에는 거의 모든 한국인 목사가 있었고, 감리사 중 절반이 한국인이었으며, 한국인들이 상당한 헌금을 교회에 지원하여 운영하고 있었습니다. 이 이야기는 한국 교회의 성장이 수적인 성장뿐 아니라 자치 역량과 리더십의 성장을 보여줍니다.

한국 교회는 이 시기에도 선교의 첫발을 내디디며 어머니를 닮아 성장했습니다. 한반도를 넘어선 한국인의 선교는 이 시기 한인 디아스포라 선교에서 시작되었는데, 이 선교는 대부분 '모 선교회', 즉 여선교회를 포함한 북감리회와 남감리회의 선교 조직을 통해 또는 적어도 이들과의 협의로 이루어졌습니다. 한국 감리교 선교의 첫 발걸음은 부모의 손을 잡고 내디뎠던 셈으로 보일 수 있습니다.

디아스포라 한인들을 대상으로 한 최초의 한국 선교사역은 미주 지역에서 이루어졌습니다. 한국인 목사들은 1902년 한국인 이민자들과 함께 하와이로 건너가 미감리교 소속으로 그곳에서 활동했습니다. 한인 이민자들은 곧 미국 본토로 건너갔고, 미 감리회와 선교부의 감독 아래 한국인 전도사와 목회자들이 배치되어 이민자들의 영적 필요를 돌보았습니다.

이 기간에 한국 감리교인들이 한인 디아스포라 선교를 위해 손을 뻗은 또 다른 지역은 동아시아, 특히 만주 지역이었다. 1908년 만주에 거주하는 한인 이주민들을 위한 사역을 위해 두 명의 한국인 전도자를(colporteur) 선교부가 파송했습니다. 만주 한인 이주민을 대상으로 한 북감리교회 사역은 얼마 지나지 않아 시작되었습니다. 만주에서 시작된 이 사역은 중국과 시베리아에서도 일부 전파되었습니다. 하와이와 미국 본토의 한인 이민자 선교와 마찬가지로, 이 사역도 처음에는 북감리교회와 남감리교회의 선교부가 협력하여 수행하였습니다. 그러나 1918년 한국인들은 자체적으로 선교위원회를 결성했고, 만주에서의 선교 사업을 지원하는 것이 선교위원회의 초기 주요 초점이었습니다. 만주와 시베리아와 중국에서의 사역은 결국 그 지역의 정치 세력에 의해 희생되기는 했지만, 이 지역에서의 사역을 지원하기 위해 미국인이 아닌 한국인 선교 기관이 시작된 것은 한국 감리교회의 성장에 있어 중요한 단계였으며, 선교사들이 세운 노선을 따라 성장했지만, 점점 더 한국인 스스로의 영감에 따라 주도하고 따르는 방식으로 성장하게 되었습니다. 이러한 한국 감리교회의 역량 강화는 자치 교회 설립을 위한 중요한 발걸음을 내딛는 계기가 되었는데, 이에 대해서는 이 글의 다음 부분에서 이야기하겠습니다.

우선 한국 감리교회의 자주성에 대한 주제로 넘어가기 전에, 이 시기에 일어난 끔찍한 일제 강점기에 대해 말하지 않고는 이 시기를 떠날 수 없습니다. 일제 강점기는 다양한 배경을 가진 한국인들에게 큰 불행이었으며, 그로 인한 영향은 여러 가지 방식으로 나타났습니다. 일본 치하에서 기독교인들에게 특별한 어려움을 안겨주었습니다. 감리교인을 포함한 기독교인들에 대한 일제의 박해가 있었습니다. 1911년 '500인 사건'의 일환으로 일본 관리들은 500명을 체포했고, 그 결과 남감리교 선교부 설립자 중 한 명인 윤치호를 비롯한 일부 기독교인들이 4년간 투옥되었습니다. 1919년 3.1운동 이후에도 기독교인을 포함한 많은 박해가 있었습니다.

감리교 선교사들은 학교를 선교의 중심지로 삼아 많은 투자를 해왔기 때문에 일제의 학교 통제는 감리교 선교에 큰 도전이었습니다. 일제는 학교에서 학생들에게 일본 천황을 숭배할 것을 요구했고, 이는 기독교인들 사이에서 큰 논란을 일으켰습니다. 천황을 숭배하는 이 과정이 우상숭배의 한 형태였을까, 아니면 단순히 정치적 의례였을까?

외국 선교사들과 한국 감리교 지도자들은 이 어려운 시기에 어떻게 하면 한국 국민, 특히 한국 감리교인을 가장 잘 지원할 수 있을지, 동시에 일본 정부의 분노를 피할 수 있을지 고민해야 했습니다. 이 문제로 인해 한국 감리교인들 사이, 선교사들 사이, 그리고 선교사들과 한국 감리교인들 사이에 많은 논쟁과 분열이 일어났습니다. 이러한 어려운 상황에서 미국 선교사들은 항상 한국 감리교인이 원하는 대로, 또는 현재의 관점에서 볼 때 우리가 원하는 대로 행동하지는 않았습니다. 특히 일본과 한국의 교회를 감독했던 메리만 해리스 (Bishop Merriman C. Harris) 감독은 매우 친일적인 시각을 가지고 있었습니다. 1920년 감리교 총회에서 일제의 한국인에 대한 처우를 규탄하는 성명을 발표하는 등 미국 감리교인이 한국인의 권리를 위해 일어선 사례도 있지만, 미국

교회가 이 시기에 한국인 딸을 보호하고 지원하는 어머니로서 할 수 있는 일을 다 하지 못했고, 어려운 시기에 최선의 방법이 무엇인지 항상 명확하지 않았던 것도 인정하여야 합니다. 원숭이도 나무에서 떨어질 수 있다면, 이 시기 미감리교회의 실수는 사랑의 부족이 아니라 판단의 실패에서 비롯된 것임을 이해하여야 할 것입니다.

초기 자율성

1930년, 조선감리교회(현 기독교대한감리회)는 이전의 '어머니' 교회로부터 독립한 자치 교단이 되었지만, 곧 하나의 감리교회로 통합될 북감리교회 및 남감리교회와 여전히 긴밀하게 연결되어 있었습니다. 한국 교회가 자립하기로 한 결정은 위에서 설명한 교회의 성장과 한국 상황에서 분리하는 것이 합리적이지 않은 미국 감리교의 두 흐름, 즉 북감리와 남감리를 통합하고자 하는 한국 감리교인들의 열망을 반영한 것이었습니다. 감리교 선교 역사가인 트레메인 코플스톤(J. Tremayne Copplestone)은 자치에 대해 이렇게 썼습니다:

> 이로써 양주삼 감독은 정회원 2만2천 명과 추가 등록 교인 3만9천 명으로 구성된 교회의 지도자가 되었으며, 350명의 목회 책임자 아래 조직되어 900개의 교회 건물에서 예배를 드리고 150명의 연회 목회자들이 이끌었습니다. 천 개의 교회 주일학교에는 4만6천 명의 학생이 있었습니다. 교단의 기관 중에는 200개의 초등학교와 유치원, 12개의 고등학교와 대학, 10개의 병원이 있었습니다. 세 개의 연회는 한국의 약 3분의 1을 커버했으며, 인구 600만 명이 거주하는 지역이었습니다. (코플스톤, 1181)

이 수치는 한국 감리교가 처음에는 선교사들의 주도로 성장했지만, 점차 한국 감리교 지도자 스스로의 노력으로 성장한 정도를 보여줍니다.

한국 감리교회는 이 운명적인 자치 결정을 통해 미국 감리교와의 관계를 재정립하는 발걸음을 내디뎠습니다. 이 시기에 미국 감리교와 한국 감리교회는 어머니와 딸의 관계라기보다는 언니와 여동생의 관계가 되었다고 할 수 있습니다. 실제로 한국 감리교회가 자립할 무렵 국제 선교계와 에큐메니칼 진영에서는 '어머니 교회'와 '딸 교회'라는 언어에서 '언니 교회'와 '동생 교회'라는 언어로의 전환이 일반화됐습니다. 선교사와 국제 에큐메니스트 사이에서 일어난 이러한 언어의 변화는 감리교뿐만 아니라 서구 밖의 교회들도 한국 감리교회처럼 많은 경우 독립적이고 자율적으로 성장하고 발전했으며, 서구 교회들이 더는 자신들이 시작한 교회에 대해 용어를 지시할 수 없다는 인식에서 비롯된 것이었다. '오래된 교회'와 '젊은 교회'라는 용어는 서로 다른 발전 단계를 인정하고 위계 의식을 유지하면서 둘 다 그 자체로 교회라는 평등 의식을 전달하기 위한 것이었습니다.

따라서 이 단계에서 미국 감리교회는 한국 감리교회에 언니와 같은 존재였다. 더 이상 어머니처럼 규칙을 정하지는 않았지만, 한국 감리교회에 대한 연결고리와 일정한 역할과 의무를 유지했습니다. 이러한 역할과 의무에는 한국 교회를 돌보고, 한국 교회를 위해 특정한 것들을 제공하고, 젊은 교회가 세상 속에서 나아갈 때 조언과 지도를 제공하고, 여러 가지 면에서 스타일을 정하는 것이 포함되었습니다. 한국 감리교회는 후배 교회로서, 따라서 동생으로서 감리교회를 존중하고, 지원에 감사를 표하고, 조언을 진지하게 받아들임으로써 그들의 언니들을 존중했습니다.

젊은 한국 교회에 대한 미국의 조언이 끼친 영향은 허버트 웰치 (Bishop Herbert Welch) 감독을 통해 확인할 수 있습니다. 웰치 감독은 1928년까지 조선의 감독을 지냈고, 자치 협상에 깊이 관여였으며, 자치권을 선포하는 회의를 주재했습니다. 웰치 감독은 선교에 대한 깊은 열정을 가진 지도자였으며, 훗날 오늘날 연합감리교회 구제위원회(United Methodist Committee on Relief)의 전신인 감리교 해외구호위원회를 설립하게 됩니다. 웰치 감독은 또한 새로운 교회가 채택한 한국사회신경의 주요 집필자이기도 했습니다. 웰치 감독을 통해 감리교 해외선교부와 해외선교위원회는 새 교회의 자립 과정과 신학에 대한 조언을 제공했고, 한국 감리교회는 이를 수용했지만 여전히 지시보다는 조언을 하는 언니 역할을 했다고 보여집니다.

한국 감리교와 미국 감리교 사이의 이러한 연결은 자치 이후에도 계속되었습니다. 한국 감리교회와 미국 감리교회를 조율하기 위한 중앙협의회 (Central Committee)가 있었다. 중앙협의회는 회원 16명, 선교사 16명, 그리고 한국감리교회, 북감리회, 남감리회에서 각각 1명씩의 감독으로 구성됐습니다. 한국감리교회와 선교사 대표의 수를 동일하게 한 것은 평등함을 표현하기 위한 것이었지만, 언니로서 북감리교회와 남감리교회가 계속해서 한국감리교회에 선교기금을 제공하고 선교사 형태로 지원을 제공했기 때문에 협의회가 필요했습니다. 실제로 한국감리교회가 자치권을 갖게 된 후 처음 열린 1932년 북감리교회 총회에서 한국 교회는 자치권 이전보다 더 많은 선교사를 한국에 파송해 달라고 요청하였습니다. 한국감리교회가 설립된 지 37년 후이자 연합감리교회가 설립되기 1년 전인 1967년에도 한국에 파송된 감리교회 선교사는 90명이었습니다.

전쟁은 한국감리교회 자치 이후 수십 년 동안 미감리교회의 선교사 지원을 여러 차례 중단시켰습니다. 1940년 미국이 일본과 제2차 세계대전에 참전하기 전 대부분의 감리교회 선교사들은 한국에서 철수했습니다. 선교사들은 일본과의 전쟁이 끝난 후 귀환했고, 이는 일본의 한국 점령도 끝나는 계기가 되었습니다. 선교사들은 광복 후 한국의 극심한 빈곤을 해결하고 국가 재건을 도왔습니다. 선교사들에 대한 미국 정부의 제한으로 인해 그 일이 복잡해지기도 했고, 특히 감리교신학교를 두고 선교사들과 한국감리교회 지도자들 사이에 갈등이 있었지만, 선교사들은 일제 강점기와 전쟁의 파괴로부터 회복하는 동생 교회를 돕기 위해 노력했습니다.

그리고 얼마 지나지 않아 한국전쟁이 발발하면서 선교사들은 다시 피난을 떠나야 했습니다. 선교사들의 철수는 1950년에 시작되었지만 모든 선교사가 즉시 철수한 것은 아니었습니다. 6명이 북한군에 체포되어 3년 가까이 수감되었습니다. 체포된 선교사 중에는 미국의 크리스티안 젠슨(Kristian Jensen), 넬리 다이어(Nellie Dyer), 헬렌 로서(Helen Rosser), 버사 스미스(Bertha Smith), 로렌스 젤러스, (Lawrence Zeller)와 오스트리아의 에른스트 키쉬 (Dr. Ernst Kisch)박사가 포함되었습니다. 키쉬는 포로 생활 중 사망했지만, 나머지 5명은 결국 석방되었습니다.

전쟁이 끝난 후에도 미국 감리교인들은 다시 한번 한국에 돌아와 기금과 선교사들을 지원했습니다. 1954년 6월 대천수양관에서 열린 회의는 한국에 대한 지원과 관련해 미국과 한국 감리교회의 조율에 도움을 주었습니다. 전쟁으로 폐허가 된 한반도를 재건하기 위한 재정적 지원은 MCOR, 여성부, 세계선교부

등을 통해 이루어졌다. 미국 감리교회는 '증언과 결단의 땅'이라는 특별 모금 캠페인을 벌여 한국 교회 재건과 함께 다른 목표도 함께 추진했습니다.

1972년 통과된 유신헌법으로 한국인의 시민적 자유를 제한한 박정희 정권의 어려운 시기에도 연합감리교회 선교사들은 한국 감리교회의 편에 섰습니다. 1974년 세계선교부는 신헌법에 따라 체포된 한국 교회 지도자들을 지지하고 한국 정부에 계엄령 철폐와 미국 정부에 한국 내 인권 보호를 촉구하는 결의안을 통과시켰다. (하만, 209) 당시 한국에서 사역하던 많은 선교사는 양떼를 돌보느라 어려운 선택에 직면한 한국인 동료와 친구들을 지원하기 위해 노력했습니다.

물론 감리교회와 이후 연합감리교회가 한국 감리교회에 항상 완벽한 협력자였던 것은 아니었음을 우리는 잘 알고 있습니다. 한국에서 사역한 많은 미국 감리교 선교사들은 한국 감리교회의 삶으로 완전히 들어가지 않고 선교사 촌에서 한국 사람들과 격리된 채 지냈다. 선교사 세대 간에도 갈등이 있었는데, 나이가 많은 선교사들은 한국인에게 책임을 넘기는 데 어려움을 겪기도 했지만, 여선교회는 한국 여성 조직(여선교회)에 업무의 상당 부분을 넘겨주었다. 또한, 자금, 재산, 진행 중인 공동 선교 프로그램의 관리를 둘러싸고 한국인과 미국인 사이에 갈등이 있었습니다. 1968년 온양 협의회 이후 세계선교부는 자금, 재산, 프로그램에 관해 한국감리교회가 제안한 일련의 결의안을 채택했지만, 그 후 그 결의안을 이행하지 못했습니다. 더욱이 우리는 지속적인 언니/동생 관계가 하나님께서 우리를 부르시는 그리스도인 간의 평등을 반영하지 못한다는 것을 인식합니다.

한국인들이 감리교회의 선교사를 받아들였을 뿐만 아니라 스스로 더 많은 선교사를 파송하는데 더욱 적극적으로 나서게 되면서 이러한 평등은 더욱 절실해졌습니다. 재일동포를 포함한 한인 디아스포라에 대한 선교는 자치 이후에도 계속되었습니다. 그러나 이 시기의 가장 중요한 발전은 한국전쟁 이후 비한인들을 대상으로 한 한국선교의 시작이었습니다. 한국 세계선교의 초기 단계에서는 대부분의 선교사역이 아시아의 다른 나라에 집중되었습니다. 1961년 이화여대가 파키스탄에 여성 선교사를 파송하면서 한국 감리교 여성들이 선교를 주도했습니다. 3년 후인 1964년, 연회와 개체교회가 파송한 최초의 해외 선교사가 파송되었습니다. 중부연회와 정동제일감리교회가 공동으로 말레이시아 사라왁에 선교사 한 명을 파송한 것이다. 이후에도 정동교회는 사라왁에 더 많은 선교사를 파송했습니다. 남부연회는 1967년 베트남에 선교사를 파송하며 한국 감리교회의 선교를 더욱 확장했습니다. 세계선교부는 한국감리교회가 한국인 선교사들을 위한 훈련기관을 세우는 데 약간의 도움을 주었지만, 이러한 선교 계획은 한국감리교회가 계획하고 주도하고 실행함으로써 미국 감리교로부터 자율적일 뿐만 아니라 점점 더 독립적이었음을 보여주었습니다.

최근 시대

여기 역설이 있습니다. 미국의 감리교는 한국의 감리교보다 훨씬 역사가 오래되었습니다. 감리교는 1760년대 초에 미국에 처음 들어왔지만, 한국에는 1885년에야 들어왔습니다. 동시에 한국 감리교회는 연합감리교회보다 더 오래된 교회입니다. 한국감리교회는 1930년에 결성되었고, 연합감리교회는 1968년에야 결성되었습니다. 미국 감리교가 한국 감리교보다 더 오래됐는데, 한국감리교회가 연합감리교회보다 더 오래됐다면 과연 어느 쪽이 더 언니일까요? 이 질문에 답하기는 어렵지만, "오래된 교회"와 "젊은 교회"에 대한 생각에는 여러 가지가 있다는 것을 보여주기 위해 이 질문을 던집니다. 사실 연합감리교회는 한국감리교회를 언니로 보지 않았지만, 1970년대와 80년대에 들어서면서 점점 더 한국감리교회도 연합감리교회를 언니로 보지 않게 되었습니다. 대신 두 교회는 친구처럼 동등한 관계가 되었습니다. 때로는 친한 친구나 하나님의 선교를 위한 동역자가 되기도 했습니다. 때로는 서로를 알지만 긴밀하게 교류하지 않는 학교 동급생처럼 지내기도 했습니다. 자율성과는 달리 이러한 관계의 변화가 언제 일어났는지 한 날짜나 한 가지 방법으로 결정할 수 있는 것은 아닙니다. 갑작스럽기보다는 점진적이었고, 구조의 변화보다는 패턴의 변화와 더 관련이 있었습니다.

한국 감리교회가 선교사를 받는 교회가 아닌 선교사를 파송하는 교회로 거듭난 것도 이 분열의 한 단면입니다. 송희섭은 그의 논문 '한국 감리교회의 선교 역사'에서 한국 세계선교 발전의 분수령을 1970년으로 보고 있습니다. 그는 "1970년 이전에는 선교사역에 대한 비전을 뒷받침할 전반적인 선교 정책과 적절한 지원이 모두 부족했다"[2]고 말한다. 하지만 송 목사는 한국감리교회 세계선교 발전에 있어 몇 가지 다른 중요한 날짜도 제시한다. 그는 국내 선교뿐만 아니라 해외 선교 전략 개발의 시작으로서 1976년 한국감리교회 선교대회의 중요성을 언급한다.[3] 이 대회에서 채택된 선교 선언문은 송 목사의 표현을 빌리자면 "해외선교사역에 대한 구체적인 결의의 표현"으로, "교회가 받는 교회에서 주는 교회로 발전하면서 경제적 자립을 바탕으로 해외선교 사역의 확대를 추구하고 세계선교 운동에 적극적으로 참여할 것을 다짐했다"[4]고 할 수 있습니다. 그러나 1980년대에도 중요한 발전은 계속됐습니다. 송 선교사는 "1980년 이후 한국감리교회는 선교사 훈련의 필요성을 인식하고 선교 전략과 일관된 선교 신학을 개발하기 시작했다"[5]고 말한다. 1986년부터 한국감리교회 내에 새로운 선교 단체들이 설립됐습니다. 한국감리교회 해외선교는 1990년대에도 계속해서 급속도로 확장되었습니다. 1990년과 1995년 사이에 한국감리교회 해외 선교사 수는 세 배 이상 증가했습니다(노래, 286). 한국감리교회 웹사이트에 따르면, 2020년 현재 64명의 한국감리교회 선교사가 여러 대륙 42개국 214개 교회를 섬기고 있습니다.

조선그리스도교련맹과 연합감리교회의 관계 변화를 살펴보는 또 다른 방법은 조선그리스도교련맹과 연합감리교회, 특히 연합감리교회를 대표하는 세계선교부의 선교협의회의 역사를 살펴보는 것입니다. 저는 이미 1968년 실패한 온양 회담을 언급했습니다. 1983년과 1991년에 추가 회담이 있었습니다. 1991년 뉴욕 스토니 포인트에서 열린 협의회에서는 한국과 미국, 그리고 전세계선교 사업을 위한 연합감리교회와 한국감리교회 간의 언약 협정이 맺어졌습니다. 스토니 포인트 협정은 또한 공동 위원회의 설립으로 이어졌지만, 이 위원회는 실질적인 권한이 부족하고 위원들의 잦은 이직으로 어려움을 겪다가 결국 해산되었습니다.

이 일련의 협의는 새로운 관계의 시대를 공식화하는 것 이상으로, 한국감리교회와 연합감리교회가 서로 독립적으로 운영될 수 있고 또 그렇게 될 것

---

2) 송희섭, 297.
3) 같은 책, 298.
4) 같은 책, 298~299.
5) 같은 책, 297.

을 증명했습니다. 두 교회가 하나님의 선교를 추구하는 데 더 많은 협력과 도움이 되었음이 분명하지만, 협의를 통해 한국감리교회는 더 이상 언니로서 연합감리교회의 지도를 기다리지 않고, 연합감리교회는 그 역할의 모든 의무를 이행하는 데 더는 집중하지 않는다는 것을 보여주었습니다. 2004년에 로버트 하먼(Robert Harmon)은 두 교단의 관계를 이렇게 표현했습니다:

> 세계 감리교회의 가장 큰 두 교회, 즉 연합감리교회와 한국감리교회는 강한 가족적 친밀감을 형성하고 있지만, 사역을 위한 전략이나 자원을 공유하기 위한 공식적인 언약을 체결하려는 시도에는 크게 성공하지 못했습니다. 한국감리교회는 전 세계 교회 성장과 선교사 확장에 초점을 맞춘 강력한 영적 방향의 혜택을 받고 있지만, 이를 유지하기 위한 조직 구조는 아직 완성하지 못했습니다. 선교의 대부분은 개교회와 목회자들에 의해 개발되고 있으며, 조직화된 교회가 지휘할 수 있는 역량을 넘어서는 영역에 머물러 있습니다. 반면에 연합감리교회의 선교 열정은 조직적 능력에 따라 밀물과 썰물을 반복합니다. 연결주의는 교회의 증거를 북미의 새로운 국가와 전 세계의 다른 국가로 확장하는 데 적합한 선교 구조로 고안되었습니다. 한국 감리교회의 경우, 선교헌금 없이 선교 자원을 동원하고 전국 교회 조직에 그 실행을 위임하지 않고도 결정을 내릴 수 있는 연합감리교회의 연결주의 구조는 존경스럽지만, 한편으로는 우려스럽기도 합니다. 연합감리교회는 한국감리교회의 열정에 감탄하지만, 대표적 교회 구조를 통한 책임성 부재에 의문을 제기하기도 합니다. 한국감리교회는 모교회의 방대한 자원에 감탄하지만 느리게 움직이는 조직적 의사 결정 과정에서 문제의 긴급성이 사라질 때 종종 그 진정성에 의문을 제기합니다. (하먼, 213)

하먼은 여기서 서로 의존하지 않는 각 교파의 강점과 서로에 대한 존경심, 그러나 두 교파 사이의 거리를 포착합니다. 하먼은 '모교회'라는 용어를 사용하지만, 실제로 두 교회는 최근 수십 년 동안 친구의 역할을 더 많이 해왔습니다. 하지만 하먼의 인용문에서 알 수 있듯이 두 사람은 가까운 친구(good friends)가 아닌 학교 친구(school mate)에 불과한 경우가 많았습니다.

두 교단 간의 이해를 증진할 기회를 놓치기도 했지만, 지난 수십 년 동안 한국감리교회와 연합감리교회 간에는 특정 프로젝트를 중심으로 광범위한 협력이 있었습니다. 역사적으로나 오늘날에도 여전히 중요한 협력 분야 중 하나는 한반도 평화를 위한 공동 사역입니다. 이러한 작업은 적어도 1980년대까지 거슬러 올라갑니다. 우리는 제임스 레이니(James Laney) 전 대사가 이러한 사역에서 중요한 역사적 역할을 한 공로를 인정받아야 하며, 그는 2019년 세계감리교 평화상을 수상했습니다. 몇몇 세계선교부 선교사들은 선교사로서 한국 감리교인들과 연합감리교회 선교사들 간의 지속적인 쌍방향 교류의 일환으로 한반도 평화와 관련된 문제들을 위해 계속 일하고 있습니다.

연합감리교회와 한국감리교회는 지난 30년 동안 러시아와 발트해 연안 국가들에서도 중요한 방식으로 협력해 왔습니다. 에스토니아의 발트해 선교센터 건립은 그러한 협력을 반영합니다. 발트선교센터 건립 캠페인은 한국 광림감리교회의 김선도 목사가 주도하여 100만 달러를 모금하는 데 도움을 주었다. 하지만 에스토니아 연합감리교회, 세계선교부, 전 세계 연합감리교회도 이 캠페인의 주요 파트너였다. 결국, 발트해선교센터는 한국감리교회와 연합감리교회의 공동 노력으로 건축됐습니다.

러시아에서 감리교회의 재부상도 마찬가지입니다. 그곳에 세워진 교회는 한국감리교회와 연합감리교회의 공동 노력으로 세워졌습니다. 소비에트 이후 러시아 감리교회의 초기 선교사역은 한인 디아스포라들과 함께 이루어졌다. 역시 감리교회가 이곳을 이끌었고, 소련 한인 감리교 선교협회도 한국감리교회와 한인 연합감리교회가 모두 참여한 소련 한인 감리교 선교협회를 이끌었다. 따라서 이것은 한국감리교회-연합감리교회 협력의 사례였다. 뉴욕연회의 조영철 목사는 소련 한인감리교선교회의 파송을 받아 러시아로 파송되었다가 세계선교부에 의해 선교사로 입양됐습니다. 같은 시기에 러시아 민족들 사이에서도 감리교 선교가 별도로 시작되었는데, 연합감리교회 루이지애나 연회의 드와이트 램지 목사와 리디아 이스토미나가 주도한 선교와 에스토니아에서 연합감리교로 개종한 블라디슬로프 스페크테로프가 주도한 선교가 그것이다. 러시아에서의 전체 사역은 연합감리교회의 일부가 되었지만, 연합감리교회와 한국감리교회 모두의 기여에 의존했습니다.

캄보디아는 새로운 나라에 하나의 교회가 세워지는 것을 돕기 위해 한국감리교회와 연합감리교회가 선교 헌금을 모아 지원한 또 다른 사례입니다. 한국 감리교, 캄보디아-미국 연합감리교, 스위스와 프랑스의 캄보디아 연합감리교, 싱가포르 감리교는 모두 1990년대 초에 독립적으로 선교사역을 시작했습니다. 그러나 이 다양한 단체들은 서로를 인식하게 되었고, 1996년과 1997년에 처음 만나 협력하기로 합의했습니다. 그 모임에서 캄보디아 감리교 선교 조정위원회가 만들어졌고, 중국 감리교회 세계 연맹도 이 조정위원회에 참여하게 되었습니다. 이 조정위원회는 캄보디아에서 하나의 통일된 감리교회의 발전을 촉진하는 데 도움을 주었습니다. 협력의 과정에는 때때로 어려움이 있었지만, 네 개(또는 다섯 개)의 개별적인 노력으로 가능했던 것보다 더 강력한 캄보디아 감리교회를 만들어냈습니다. 캄보디아 감리교회는 이제 독립적이고 자율적인 감리교단으로 거듭나기 위해 순조롭게 나아가고 있습니다.

이러한 선교 협력은 연합감리교회와 한국 감리교회 사이의 다른 연결, 특히 세계감리교협의회와 그 관련 위원회, 세계감리교대회를 통한 다른 연결에 추가되고 지원되었습니다. 옥스퍼드 감리교신학연구소, 세계교회협의회 및 기타 다양한 종류의 에큐메니칼 기구들도 이 두 진구가 서로 만날 수 있는 장이 되어 주었습니다.

물론 협력과 협업에 실패한 사례도 있었습니다. 예를 들어, 두 교단은 세네갈에서의 선교 활동에서 협력하지 못했습니다. 미국, 필리핀 등지에서 연합감리교회 교회와 한국감리교회 교회 간에는 때때로 갈등이 있었습니다. 필리핀은 한국감리교회의 주요 선교 초점이었습니다. 때때로 이러한 선교 지원은 필리핀의 연합감리교회에 큰 도움이 되었습니다. 송 선교사에 따르면, 1994년 필리핀에 있는 연합감리교회 교회 중 20%가 한국감리교회 선교사들에 의해 시작됐습니다.[6] 현재 필리핀에도 한국감리교회 교회가 있으며, 두 단체는 여전히 서로 어떻게 관계를 맺을지 고민하고 있습니다.

가정에서는 적절한 역할이 무엇인지 쉽게 알 수 있습니다. 우리는 누가 어머니인지 아버지인지, 언니인지 여동생인지 정확히 말할 수 있습니다. 그러나 궁극적으로 교회는 인간 가족의 구성원이 아닙니다. 우리는 이러한 비유를 사용할 수 있지만, 교회는 사람이 아닙니다. 따라서 이 프레젠테이션에서 설명한 것처럼 교회의 여러 지파 간의 관계는 시간이 지남에 따라 변화합니다. 미국 감리교와 한국 감리교의 관계는 어머니와 딸에서 언니와 동생, 친누나와 절친

---

6)   송희섭, 293.

으로 변화해 왔습니다. 그리고 우리는 두 교단이 때때로 친구로서 서로 관계를 맺는 데 어려움을 겪어온 것을 보았습니다. 교회 간의 관계는 지속적인 노력이 필요합니다. 하지만 시작이 반이라는 말이 있듯이 말입니다. 저는 여러분과 협력의 역사에 대해 공유했지만, 궁극적으로 우리는 과거에 관해 이야기하기 위해 이 자리에 모인 것이 아닙니다. 우리는 미래에 우리의 관계가 어떻게 될 수 있을지 함께 고민하기 위해 이 자리에 모였습니다. 그리고 함께 들어 올리면 비록 종이 한 장을 들어 올리는 것이라도 더 좋습니다. 현재 진행 중인 하나님의 선교사역에 함께합시다.

참고서적

웨이드 크로포드 바클레이, 『미감리교회, 1845-1939. 3권: 넓어지는 호리슨, 1845-1895』, 감리교 선교의 역사 시리즈. 뉴욕: 감리교 선교위원회, 1957.

J. 트레메인 코플레스톤, 『미감리교회, 1896-39. 4권: 20세기 지속성』, 감리교 선교의 역사 시리즈, 뉴욕: 연합감리교회 세계선교부, 1973.

린다 게슬링, 『거울과 등대: 감리교회 선교의 역사, 1939-1968』, 뉴욕: 연합감리교회 세계선교부 총회, 2005.

로버트 하먼, 『선교에서 선교로: 연합감리교회 선교의 역사, 1968-2000』, 뉴욕: 연합감리교회 세계선교부 총회, 2005.

S. T. Kimbrough, Jr. 『우리는 그들에게 그리스도를 제공합니다: 증인들이 직접 들려주는 새로운 선교 이야기』, 연합감리교회 세계선교부 총회, 2004.

한국 감리 교회. 「세계 한인 교회」, 번역: 구글 번역. https://한국감리교회mission-or-kr. translate.goog/board/bbs/show.php?id=1211&p_cate_id=46& category_id=51&group_code=bbs&pageID&m_id=80&_x_tr_sl=ko&_x_tr_tl=en&_x_tr_hl=en&_x_tr_pto=wapp

로버트 W. 슬레지, 「5달러와 나 자신, 미남감리교회 선교의 역사, 1845-1939 」, 뉴욕: 연합감리교회 세계선교부 총회, 2005.

송희섭. 「한국 메토디스트 교회의 선교 역사」, D.Miss. 논문, 풀러신학교, 1997.

(2022년 8월 16일 미국 애틀란타에서 열린 한미감리교 선교정책협의회에서 발표된 논문을 번역, 정리함)

윤치호 일기로 본 감리교 선교와 한국 과학의 태동

민태기[1]

　　개화 지식인 윤치호는 당시 치열하게 전개되던 정치적 격동기를 영어로 일기에 남겼다. 다양하고 솔직한 그의 기록들은 그 시대를 조명하는데 귀중한 사료일 뿐 아니라 놓치기 쉬운 사실들에 대한 소중한 역사이기도 하다. 특히 그가 근대 과학 기술 발전에 중요한 마중물 역할을 했다는 사실은 잘 알려지지 않았는데, 이번 글에서는 이 부분에 대해 조명해 보고자 한다.

젊은 시절의 윤치호[2]

---

1)　서울대학교 공학박사, 에스엔에이치 연구소장, 『조선이 만난 아인슈타인』 저자
2)　개화파로서 갑신정변에 적극 가담하지는 않았지만, 정변이 실패하자 상하이로 망명한다. 여기서 감리교 학원이던 중서서원에서 수학하며 기독교로 개종한다. 그리고 남감리교 주선으로 미국 유학길에 올라 밴더빌트 대학과 에모리 대학을 졸업했다. 사진은 에모리 대학 시절의 사진. 졸업 후 중국에 잠시 체류하던 중 김옥균의 암살을 경험하고, 1895년 귀국했다. (사진 출처: 위키피디아)

19세기 말 조선은 무기력했다. 윤치호는 미국 유학을 마치며 들른 시카고 만국박람회에서 조선 전시관의 초라한 모습에 충격에 빠지고 분노하고 또 안타까워했다. 1893년 9월 28일 일기는 이렇게 쓰였다. "아침 식사 후 박람회에 갔다. 건물마다 거의 모든 나라의 국기가 펄럭였는데 어떤 건물에도 조선의 국기가 없어 모욕감을 느끼었다. 아! 조선의 처지가 이처럼 낮고 조선의 부끄러움이 이처럼 널리 퍼져있다는 사실을 나는 지금까지 까마득히 모르고 있었다. (중략). 오전 11시 조선관으로 가 오후 5시까지 그곳에 있었다. 왜? 무엇 때문에? 나는 설명할 수가 없다. 단지 나는 그곳을, 아주 보잘것없는 전시관을 떠날 수가 없었다." 윤치호가 조선의 과학 발전을 위해 노력한 것은 아마도 이 시점이 그 시작일 것이다.

1896년 1월 독일 과학자 뢴트겐이 공개한 손가락뼈 사진이 세계를 놀라게 했다. 그리고 불과 몇 달 뒤 베를린 박람회에 엑스레이가 등장한다. 보불전쟁에서 독일에 패한 프랑스가 1889년 파리 박람회에서 에펠탑으로 재기하자, 독일은 1896년 베를린 박람회에 엑스레이로 맞선 것이다. 서구 열강은 박람회를 통해 과학으로 경쟁하고 있었다. 놀랍게도 윤치호가 이 베를린 박람회에서 엑스레이 사진을 본 이야기를 일기에 남겼다. 윤치호가 베를린에 갔던 것은 1896년 8월 20일. 민영환과 함께 러시아 황제 대관식에 갔다가, 귀국하며 베를린을 거쳐서 프랑스에 가던 중이었다. 그날 오전 6시에 베를린에 도착해 오전 11시 30분 기차를 타기까지 5시간 30분이 있었고, 윤치호는 그 짧은 순간 베를린 박람회에 갔다. 뢴트겐의 유명한 "손 사진"이 세상에 알려진 불과 몇 달 뒤 뢴트겐은 베를린 박람회에 이를 전시했고, 마침 그 순간 베를린을 경유하던 윤치호가 이 사진을 본 것이다. 이것이 우리 민족이 X-ray를 알게 된 최초의 기록이다. 이처럼 윤치호는 서구 문명을 마주한 생생한 이야기를 일기에 남겼다. 이런 경험들로 성리학적 세계관과 결별한 윤치호는 우리 과학 여명기에 중요한 마중물 역할을 하게 된다.

1896년 러시아 니콜라이 2세 대관식에 참석한
민영환(앞줄 가운데)과 윤치호(민영환의 왼쪽)[3]

1897년 1월 귀국한 윤치호는 서재필을 만난다. 갑신정변으로 미국에 망명했던 서재필이 다시 조선에 돌아온 것은 1895년 12월 25일. 명성황후가 시해된 직후였다. 서재필이 조선에 도착했다는 소식에 윤치호는 그냥 덤덤했다. 1893년 에모리 대학을 졸업하고 들른 워싱턴에서 의사가 된 서재필을 찾아갔다가 차가운 대접을 받은 적이 있었기 때문이다. 그랬던 서재필은 서울에 오자마자 윤치호에게 여러 차례 도움을 청했다. 당시만 해도 윤치호는 서재필을 그렇게 신뢰하지 않았다. 그리고 대중 계몽을 목적으로 추진한 한글 신문을 다소 무모하다고 보았다. 하지만 1896년 4월 순한글 신문 <독립신문>이 성공하자, 영어로 일기를 쓰던 윤치호는 한글에 관심을 보이며 조금씩 바뀌었다. 윤치호는 독립협회도 처음에는 이상한 조직이라고 생각했다. 이완용이 회장인 데다, 왕실 측근과 대원권 지지세력, 여기에 친일파와 친러파 등 온갖 정파가 뒤

---

3) 러시아와 조선 관리들의 복장이 대조적인데, 우리는 모두 모자를 쓰고 있다. 황제 외에는 모자를 벗어야 했지만, 민영환은 조선의 전통을 고집했고, 결국 조선 사절단은 대관식장에 들어가지 못했다. 을사늑약 직후 민영환이 자결하자 윤치호는 "민영환 대감의 조용한 용기에 경의를 표하라. 그의 애국심에 경의를 표하라. 그의 영웅적인 죽음에 경의를 표하라."라고 일기에 남겼다. (사진 출처: 조선일보)

섞여 있었기 때문이다. 윤치호가 일기에 남긴 표현으로는 '웃음거리'였다. 서재필은 의욕적이었고, 윤치호는 회의적이었다.

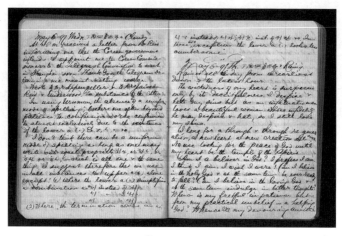

1897년 5월 5일 윤치호 일기[4]

그러던 윤치호가 완전히 생각을 바꾸게 되는 계기가 1897년 7월 8일 배재학당의 졸업식이다. 각국 외교관이 참관한 이 행사에서 학생 이승만이 '영어'로 조선의 독립을 강조하는 연설을 했다. 윤치호는 깜짝 놀랐다. 더 놀라운 이벤트는 그다음이었다. 학생들이 양쪽으로 나뉘어 공개 토론을 진행한 것이다. 윤치호 역시 에모리 대학 시절 학생 토론팀으로 활약하며 뛰어난 토론자에게 주어지는 메달을 받기도 했기에 토론 수업의 중요성을 알고 있었다. 하지만 조선에서 이를 구현하는 것이 가능한지는 의문이었다. 서재필은 배재학당에서 연설과 토론을 가르쳤다. 상대방을 설득하기 위해 논리를 펼치고 동의를 구하는 방식에 학생들은 빠져들었다. 서재필의 강의에 자극받은 학생들이 토론회를 만들었는데, 이것이 '협성회'로 이승만, 주시경, 오긍선이 이끌었다. 특히 서

---

4) 서재필에게 한글 맞춤법으로 아래아(.)를 'ㅏ'로 대체할 것을 제안했다는 내용이다. 윤치호는 아래아를 'lower a', 'ㅏ'는 'upper a'로 표기했다. 처음에 윤치호는 서재필이 벌이는 독립신문이 무모하다고 보았다. 하지만 순한글 신문이 성공하자, 영어로 일기를 쓰던 그는 이렇게 한글에 관심을 보이며 서재필에 대한 생각이 조금씩 바뀌었다.(사진 출처: 미국 에모리대학 도서관)

재필이 롤모델이던 오긍선은 나중에 미국에서 의사가 되어 귀국해 우리나라 서양 의학 발전에 큰 공헌을 하게 된다. 불과 귀국 1년 만에 서재필이 이렇게 미래세대를 키워내자, 감동한 윤치호는 진심으로 서재필을 존경하고 독립협회에 적극 가담한다. 한편, 협성회라는 테스트 베드를 통해 공개 토론회가 이슈를 환기하는 가장 효과적인 수단임을 확신한 독립협회는 이를 주요 활동으로 삼고, 이렇게 만민공동회가 탄생한다.

1897년 12월 13일 윤치호 일기에 등장하는 자전거는 의미가 크다. "자전거 타는 연습을 하면서 오후 시간을 보냈다. 자전거 타는 것이 몹시 어려워서 거의 의욕을 잃었다." 지금에야 흔한 일상이지만, 당시 조선 전체를 통틀어 자전거 타는 조선인은 서재필과 윤치호 단 두 명이었다. 1890년대 미국과 유럽은 자전거 대유행의 시대였다. 몇 가지 기술 진보 때문이다. 페달과 체인에다가 1888년 영국 의사 던롭이 발명한 공기 타이어가 결정적 역할을 했다. 특히 1895년은 '자전거붐'이라고 할 정도로 회사가 난립했다. 자전거가 널리 퍼진 것은 고무 타이어가 개발되면서 시작된 1895년의 '자전거 붐'부터였으므로, 당시 서구에서도 자전거는 최신 과학이었다. 서재필은 조선인 최초로 자전거를 탄 사람이다. 그가 서울 도심을 빠른 속도로 이동하는 모습에 사람들은 놀랐고, 윤치호는 그렇게 자전거를 배웠다. 자전거는 과학의 힘을 보여주는 상징이었다. 두 사람이 독립협회 활동을 하면서 타고 다닌 자전거가 대립하던 보부상들에게 위협이었다는 기록도 있다. 현실에서 보여주는 과학은 관념에 사로잡힌 지배 권력에 대한 도전이었다.

윤치호가 열심히 자전거를 배우던 이 무렵 서재필의 발언은 과격해지기 시작한다. 특히 1897년 11월 30일 "자신의 권리를 지키기 위해서 임금이나 아버지를 죽일 수 있다"라는 연설은 파장이 컸다. 결국 조선 정부는 독립협회를 통제하려 들고, 여기에 러시아의 견제가 더해지며 서재필이 물러난다. 1898년 5월 14일 서재필은 독립신문과 독립협회를 윤치호에게 맡기고 미국으로 돌아간다. 이날의 모습을 윤치호는 이렇게 일기에 기록했다. "오전 10시에 서재필 박사를 배웅하기 위해 용산에 갔다. 30명이 넘는 독립협회 회원들이 참석했다. 다들 눈물을 흘렸다. 서재필 박사에게는 참으로 영광스러운 변화이다. 1884

년, 서재필 박사는 각계각층의 증오와 저주를 받으며 조선을 떠났다. 그 뒤 박사를 개처럼 죽이는 조선인은 누구라도 왕국에서 가장 충실한 신하로 간주되었을 것이다. 하지만 오늘 서재필 박사는 서울을 떠난다. 부패한 지배 세력은 박사를 증오하지만, 국민들은 그와 함께 있다. 국민들은 박사를 존경하고 사랑한다. 많은 이들이 박사를 죽이려고 하는 대신 필요하다면 기꺼이 박사에게 목숨까지 바칠 것이다(적어도 그들은 그렇게 말하고 있다)." 서재필의 두 번째 망명이었다.

이후 반국가 단체로 몰린 독립협회는 해산된다. 서재필을 대신해 독립협회를 이끌던 윤치호는 위기였다. 독립협회 인물들에 대한 대대적인 체포가 이뤄지는 가운데 윤치호는 부인의 기지로 가까스로 피할 수 있었다. 1899년 1월 30일 독립협회 사건으로 투옥된 이승만이 협성회 동료 주시경이 건넨 권총으로 탈옥하다 붙잡히자, 상황은 급박해졌다. 법부대신이던 아버지 영향으로 원산부윤으로 임명되지만, 동료들이 잡혀가는 상황에 사직서를 내며 갈등한다. 아버지는 원산으로 가는척하며 해외 도피를 고려해 보라고 할 정도였다. 윤치호는 만민공동회를 같이 이끌던 고영근을 만나 사태 수습을 의논했다. 피신 중이던 고영근은 윤치호가 아버지의 비호를 받고 있다고 비난했고, 윤치호는 고영근을 엄상궁의 내연남(paramour)으로 기록했다. 결국 고영근은 일본으로 망명하고 1903년 명성황후 시해에 가담했던 우범선을 암살한다.

이런 급박한 상황에 윤치호는 조선의 과학 발전에 결정적 역할을 하는 학교를 세운다. 1899년 2월 1일 윤치호는 일기에 송도(개성)에 '산업학교(industrial school)'를 만들기 위해 감리교 재단에 기부한다고 적었다. 윤치호는 조선의 양반들이 스스로 할 줄 아는 것도 없이, 노동하지 않고 입으로만 떠드는 것을 혐오했다. 그래서 이공계 학교를 세우겠다고 결심한다. 그래서 미션 스쿨을 원했던 감리교와 달리 "우리가 학교를 갖기를 원한다면, 그것은 한국 청년들이 노동이 불명예가 아니며, 한국의 미래가 노동에 달려 있다고 배울 수 있는 실업학교여야 합니다"라고 고집했다. 상황이 어찌 될지 몰라 윤치호는 다음날 바로 땅문서를 감리교에 이전하고 원산으로 떠났다.

1899년 2월 1일 윤치호 일기[5]

　　이후 함경도와 충청도, 전라도 지방 외직을 전전하면서도 산업학교 구상을 구체화하였고 1904년 외부협판이 되어 서울에 돌아왔다. 어려운 상황에도 대한제국 정부는 하와이와 멕시코 이주민 실태를 살피러 윤치호를 보냈다. 아직 그들은 한국민이었다. 무려 한 달간 하와이 섬들을 오가며 모든 농장을 돌아본 윤치호는 한순간도 쉬지 않았다. 그러다 어느 농장에서 반가운 얼굴을 만났다. 1905년 9월 11일 윤치호 일기. "현제창의 아들 현순이 조선인들의 목사였다!" 현제창은 얼마 전까지 윤치호와 독립협회 간부를 맡던 인물이다. 1902년 시작된 이민으로 하와이에는 수천의 한국인들이 정착하고 있었고, 교회를 중심으로 커뮤니티를 형성하고 있었다. 하와이 사탕수수 노동자들의 열악한 환경에 안타까워하던 윤치호는 독립협회의 아들 현순 목사가 리더로 성장한

5)　송도(개성)에 '산업학교(industrial school)'를 만들기 위해 감리교 재단에 기부한다는 내용이다(사진 맨 아래 줄). 윤치호는 조선의 양반들이 스스로 할 줄 아는 것도 없이, 노동하지 않고 입으로만 떠드는 것을 혐오했다. 그래서 이공계 학교를 세우겠다고 결심한다. 이 무렵 그는 코너에 몰려 있었다. 사진 위쪽에 보이듯 이승만이 탈옥하다 붙잡혔고, 독립협회 인물들에 대한 대대적인 체포가 이뤄지고 있었다. 법부대신이던 아버지 영향으로 원산 부윤으로 임명되지만, 동료들이 잡혀가는 상황에 사직서를 내며 갈등한다. 아버지는 원산으로 가는척하며 해외 도피를 고려해 보라고 할 정도였다. 그 와중에 학교 설립을 위해 재산을 기부한 것이다. 상황이 어찌 될지 몰라 윤치호는 다음날 바로 토지 등기 이전을 했다. 이렇게 1906년 만들어진 학교가 '한영서원'이다. 을사늑약 이후 모든 공직에서 사퇴한 윤치호는 한영서원 교장이 되었다. (사진 출처: 미국 에모리대학 도서관)

모습에 대견해했다. 1905년의 답답한 현실에 매일 세상에 대한 저주와 울분에 고뇌하던 그는 모처럼 하와이에서 미래세대의 희망을 보았다. 그래서인지 이어지는 문장은 이렇게 썼다. "아담스 씨(농장 관리자) 정원에서 꽃이 피는 모든 단계마다 동시에 열매를 맺는 하와이 라임나무를 봤다. 작은 싹과 활짝 핀 꽃, 꽃의 자궁 밖으로 막 나온 작은 과일, 초록색 라임과일과 노랗게 익은 과일. 하와이의 토착 역사의 한 상징이다."

하지만 1905년 이미 망국의 길에 들어선 대한제국은 더 이상 회복이 불가능했고, 윤치호의 일기는 분노와 울분으로 가득 찼다. 을사늑약이 체결되는 당일, 일본의 외교 고문 스티븐스에게 이렇게 말했다. "누구든 그 조약에 서명하는 사람은 일본이 내세우는 무의미한 약속을 믿고 자신의 나라를 팔아버리는 자가 될 것입니다. 제정신을 가진 사람이라면 누구도 서명하지 않을 것입니다." 하지만 강압 속에 조약이 체결되자, "내게는 수치스럽고 우리 동포에게 역겨운 일을 제외하면 아무것도 남아 있지 않습니다. 내가 왜 동포에게 맹렬히 비난받는 자리에 올라야 합니까?"라며 사직한다. 11월 30일 윤치호는 민영환의 자결 소식에 이렇게 자신의 심경을 일기에 남겼다.

"오늘 아침 6시쯤 무관 민영환 대감이 자결했다. 죽기를 결심했다면 차라리 싸우다가 죽는 편이 좋았을 텐데. 민영환 대감의 조용한 용기에 경의를 표하라. 그의 애국심에 경의를 표하라. 그의 영웅적인 죽음에 경의를 표하라. 그의 죽음은 그의 삶보다 더 많은 기여를 할 것이다. 오후에 수많은 청년들이 종로에서 군중들에게 애국적인 연설을 하거나, 하려고 시도했다. 일본 헌병과 군인들이 그들을 해산시켰다. 실랑이가 뒤따르면서 일본 헌병과 경찰이 그들을 겨냥한 돌에 부상당했다. 일본인은 100명 이상을 체포했다. 구경꾼들은 그 장면을 보고 정확하게 1898년 종로에서 발생했던 유사한 사태를 떠올렸다. (중략) 오늘 아침 영국인 목사 N. Jordan 경과 Mc L. Brown 씨가 영원히 서울을 떠났다. 미국인 목사 모건 씨는 일주일 정도 뒤 떠날 것이다. 서울에 체류하고 있는 다른 공사들도 차례차례 그 뒤를 따를 것이다. (중략) 그리하여 한국이 존엄이나 봉사를 위해 아까워할 만한 사람들은 모두 역겨움(disgust)을 가진 채 우리를 떠나는 반면, 일반적인 세계(the world in general), 특히 한국이 영원한 지옥에서 지글거리는 것을 보고 기뻐할 바알세불(Beelzebub)과 그의 악마들은 악행의 열매를 시원하게 즐기고 있다. 이것이 과연 하나님의 정의인가?"

　　모든 공직에서 물러난 윤치호는 그토록 오래 계획했던 산업학교 설립을 본격적으로 추진한다. 이렇게 1906년 개교한 학교가 바로 '한영서원(나중에 송도고등보통학교)'이다. 윤치호는 이념에 빠진 조선을 뿌리부터 바꿀 방법은 과학 교육이라고 생각하고 송도고등보통학교를 세웠다. 이공계 인력 양성을 꿈꾸었던 윤치호의 포부는 원대했다. 학교 부지는 개성의 고려 궁궐터 옆에 6만 6천 평 규모로 조성했다. 서양식 화강암 건물은 당시로는 드문 스팀 난방이었고, 과학 교육을 위해 이화학관(理化學館)을 별관으로 지었다. 이 건물은 120명을 수용하는 계단식 강의실에 발전기까지 설치해 최신 전자기 실험을 할 수 있었고, 물리실험실과 화학실험실도 따로 갖췄다. 또 다른 별관에 지어진 박물관은 프린스턴 대학 등 해외 유수의 기관과 교류를 하던 세계적 수준이었다. 그 외에도 실내 체육관, 과학관, 박물관, 수영장, 육상 트랙을 갖춘 운동장 및 기숙사 등을 갖춘 대학 캠퍼스 규모였다. 심지어 정구장은 16개의 코트를 가지고 있어 당시 송도고보의 시설은 와세다 대학보다 낫다는 평가를 받았다. 그리고 이곳에서 우리 과학의 초기 역사가 만들어졌다.

　　윤치호의 아들과 절친이 된 개성의 가난한 소년은 친구 아버지 학교인 한영서원에 입학해서 야구에 소질을 드러낸다. 연희전문에 진학해서도 대학야구스타로 이름을 날렸다. 그가 바로 최규남으로, 윤치호의 후원으로 미국에 유학해서 1932년 우리나라 최초의 물리학 박사가 되었다. 한영서원은 송도고등보통학교가 되었다. 미국 오하이오 주립대에서 수학을 전공하고 서울대 최초의 한국인 총장이 된 이춘호, 한국인 첫 번째 물리학 박사로 한국물리학회를 창립한 최규남, 나비 박사로 유명한 석주명, 한국의 슈바이처로 불리는 의사 장기려 박사가 모두 송도고보 출신이다. 교사진도 화려했다. 이춘호, 최규남, 석주명이 모두 모교에서 교편을 잡았고, 도상록이 송도교보 교사 신분으로 1930년대 한국인 최초로 양자역학 논문을 발표할 수 있었던 것도 이 학교의 환경 덕분이다. 홋카이도 제국대학 물리학과를 졸업한 권영대 역시 송도고보에서 물리를 가르쳤다. 최규남은 1952년 한국전쟁 중 부산에서 연희전문 후배 박철재와 함께 '한국물리학회'를 창립했고, 월북한 도상록은 북한 핵물리학을 이끌었다. 이쯤 되면 한국의 초기 과학사는 감리교와 윤치호로부터 시작되었다고 해도 과언이 아니다.

1931년 송도고보 박물관 앞에서 스승 원홍구(왼쪽)와 석주명(오른쪽).
(사진 출처: 석주명 전기 『나비박사 석주명의 아름다운 날』)

우리나라 근대 과학사에서 송도고보의 위상은 석주명의 이야기에서도 알 수 있다. 1908년 평양에서 태어난 석주명은 1921년 숭실학교에 입학했다. 여기서 안익태를 선배로 만난 그는 음악에 심취해 같이 음악극을 만들어 순회공연을 떠나기도 했다. 숭실학교에 동맹휴학 사태가 벌어진 1922년 어머니는 그를 개성의 송도고등보통학교로 전학시켰다. 당시 송도고보는 최고의 과학교육을 자랑했고, 특히 박물관이 훌륭했다. 여기서 박물학(博物學)을 담당하던 조류학자 원홍구를 만나며 석주명의 운명이 바뀐다. 영어로 'Natural History(자연사)'라고 불리는 박물학은 자연에 따른 생물 종의 변화, 여기에 영향을 미치는 지리와 광물, 더 나아가 지역학을 포함하는 학문으로, 잘 알려진 박물학자로는 찰스 다윈이 있다. 석주명은 자연사에 빠져들었다.

석주명은 1926년 원홍구의 모교 일본 가고시마 고등농림학교로 진학했다. 이 학교에서 일본 곤충학회 회장을 지낸 오카지마 교수를 만난다. 석주명의 재능을 눈여겨 본 그는 나비는 아직 미개척 분야라며 10년만 집중하면 세계적인 학자가 될 것이라고 조언했다. 1929년 일본 유학을 마친 석주명은 함흥 영생고등보통학교 박물교사를 거쳐 1931년 모교 송도고보에서 스승 원홍구를 이어 박물학을 맡았다. 본격적인 나비 연구가 시작되었다. 당시 일본 학계는 조선의 나비 품종이 921개라고 했지만, 석주명은 그 중 무려 844개가 동종이명(synonym), 즉 같은 종인데 이름만 다르게 붙여진 것을 알아냈다. 새로운 종으로 보고해 업적을 쌓으려는 욕심이 만든 결과였다. 석주명은 수십만 마리의 나비를 채집해 일일이 크기를 측정하며 과학적인 통계 분석으로 조선 나비를 250여 종으로 정리하며 한글 이름을 붙였다.

교사 월급으로는 어림없는 연구였지만 이를 가능하게 한 일이 있었다. 고비사막 탐험을 마치고 일본으로 가던 미국 학자가 도착역을 잘못 듣고 경성이 아닌 개성에 내린 적이 있다. 당황한 그는 미국 선교사가 있던 송도고등보통학교에 들렀다가 이 학교 박물관을 보고 깜짝 놀란다. 영화 <인디아나 존스>의 실제 모델로 유명한 로이 채프먼 앤드루스의 탐험대 소속이던 그는 송도고보의 전시물을 미국 박물관과 교환할 것을 제안한다. 이를 계기로 석주명의 희귀 표본들이 미국에 전시되며 비용을 충당할 수 있었다. 석주명은 한술 더 떠 연구비가 필요하다며 재정 지원도 요청했다. 하버드 대학을 시작으로 스미스소니언 등 여러 박물관이 연이어 후원했다. 세계 유력 기관으로부터 지원을 받아 내자 석주명의 이름이 세계에 알려지기 시작했다.

1937년 3월 27일 조선일보에 "과학 조선의 낭보 영국왕립협회 기관지에 조선산 나비류 소개"라는 기사가 실렸다. 여기서 영국왕립학회는 왕립아시아학회(Royal Asiatic Society, RSA)를 말하는 것으로 1824년 설립된 유서 깊은 학회이다. 석주명의 명성이 높아지자, RSA가 영문 집필을 요청한 것이다. 이 책이 1940년 뉴욕에서 출판된 <A Synonymic List of Butterflies of Korea(조선 나비 목

록)>이다. 컬러 사진까지 삽입된 이 책은 한국인이 쓴 최초의 영문 과학 서적이고, 현재 프랑스 자연사 박물관과 여러 기관이 보유하고 있는 세계적인 저작이다. 석주명은 우리가 과학에서 뒤떨어졌다고 생각하지 않았다. "우리나라가 아무리 후진국이라 할지라도 우리 땅의 자료를 계통 세우면 그것으로 선진국을 가르칠 수가 있다"라고 언론에 자신 있게 말했다. 나중에 서울대 물리학과 교수가 된 권영대는 후학들의 분발을 촉구하며 이렇게 회상했다. "내가 개성에 있는 송도고보에 있을 때 같이 지내던 석주명 선생에게서도 같은 사례를 보았다. 10년간 나비를 주무르다 보니까 세계적으로 이름이 알려진 나비 박사가 되었다. 10년이면 강산도 변한다고 하지만 10년이면 확실히 큰일 하나 할 수 있다는 사실을 여기서도 볼 수 있다." 윤치호가 산업학교로 설립한 송도고보는 그런 곳이었고, 이렇게 우리나라 과학의 요람이 되었다.

고등교육기관에서의 과학교육에도 감리교의 역할이 컸다. 연희전문 수물과(수학+물리학)는 감리교 선교사 아서 베커(Arthur L. Becker)가 만들었다. 한국인 최초 이학박사 이원철(천문학), 교토제국대학 물리학 박사를 받고 원자력연구소를 설립한 박철재가 여기 출신. 최규남이 연희전문 수물과에 재학 중이던 1924년 같은과 후배로 이희승이 입학한다. 하지만 곧 수물과 커리큘럼에 절망한 그는 경성제국대학 문학부로 옮겨 한글학자가 되었다. 나중에 이극로와 조선어학회 사건으로 체포되어 해방되는 날까지 감옥에 있던 몇 사람 중 하나였다. 경성여자의학전문학교(현 고려대 의대)를 설립한 감리교 선교사 로제타 홀 여사도 우리나라 근대과학에 중요한 역할을 한 분이다. 이 학교는 광복 며칠 뒤 도상록의 주도로 물리학자들이 경성대학 강의를 어떻게 할 것인지 논의하던 곳이다. 현실 참여와 헌신의 감리교 역사를 알 수 있다.

나중에 윤치호는 친일파로 변절했지만, 일본에 대한 의심을 거두지는 않았다. 그에게 새로운 문명을 보여준 박람회가 1929년 조선에서 열렸을 때 "일본인의, 일본인에 의한, 일본인을 위한" 행사일 뿐이라며 "박람회가 끝나자마자 곧 가을철 세금 징수가 들이닥치고 일본인 토지 수탈자와 고리대금업자들은 몸이 터지도록 살이 찔 것"이라고 비난했다. 1932년, 1935년, 1938년, 1940년 여러 차례 조선에서 열린 박람회 모두를 조선인의 고혈을 짜기 위한 전시행정이라며 일관되게 비판했다. 철저히 과거와 결별해야 했던 그는 미래세대가 말뿐이 아닌 현실에서 답을 찾길 바랐다. 관념론적인 구질서를 극복하려면 과학이 필요했고, 이렇게 우리 과학의 역사가 시작되었다.

이번 글에서는 윤치호 일기를 통해 감리교의 선교활동이 개화기의 조선이 과학을 받아들이는 데 어떤 영향을 미쳤는지 살펴보았다. 을사늑약에 대한 그의 일기를 통해서도, 하와이 이민자들을 조사하는 과정에서도 윤치호 사상의 밑바탕에는 조선 민중에 대한 애증이 깔려 있다. 이를 위해 그는 늘 과학에 대한 관심을 잃지 않았고. 특히 한국의 근대 과학을 태동한 송도 '산업학교(industrial school)'의 여러 면모를 살펴보면 윤치호의 일기에 드러난 그의 미래에 대한 비전이 투영되어 있음을 알 수 있다. 이런 기회를 통해 우리는 조선에서 대한민국으로 이어지는 근대화 과정이 단절이 아니라 끊임없이 새로움을 잉태하는 연속된 과정임을 볼 수 있다.

윤치호가 회장을 맡은 '과학지식보급회'가 추진한 1935년 4월 19일 제2회 과학 데이[6]

[6] 찰스 다윈의 기일을 '과학 데이(과학의 날)'로 선언한 이들은 수십 대의 자동차에 현수막을 내걸고 시내를 누볐다. 이날 행진에 합세한 군악대는 시인 김억이 작사하고 홍난파가 작곡한 〈과학의 노래〉를 연주했고, 토론과 강연, 활동사진 상영이 이어졌다. 이들이 외친 "한 개의 시험관은 전 세계를 뒤집는다"라는 구호가 전국을 뒤덮었다. 과학을 누구나 알게 하면 사람들이 바뀌고, 세상이 바뀌면 독립도 가능하다고 믿었다. (사진출처: 조선일보)

조선 여성을 더 나은 조선 여성으로:

미국 감리교회 해외여선교회의 한국 선교

유연희[1]

들어가며

역사에 문외한인 내가 최근에 우리 재단(미감리교회 대한부인선교부 유지재단, 1924년 설립)의 백년사를 간단히 쓴 적이 있다. 그때 한국교회사 학자들에 대해 다시 생각하게 되었다. 내가 성서 전공자로서 성서 해석을 할 때 느낀 감정과 백년사를 쓰며 느낀 감정이 달랐기 때문이다. 성서를 여성 시각에서 해석할 때 깊이 침잠하다 보면 여성 인물이 성서 밖으로 뚜벅뚜벅 걸어 나와 함께 대화하는 것처럼 느낄 때가 있었다. 그러나 백년사를 쓸 때처럼 역사 속 사람들과 함께 울고 웃고 하진 않았고, 가슴이 아프거나 너무도 고마워서 글을 멈추고 눈물을 훔치진 않았다. 내가 이러할진대 한국교회사 학자들은 더욱 더 감정적이 되었을 것임을 깨달았다. 무력한 정치인들이 대한제국을 일제에 빼앗길 때, 일제가 잔혹하게 조선인과 조선 땅을 짓밟을 때, 선교사들이 척박한 조선에 와서 갖은 고생을 하며 선교할 때, 첫 조선 교인들이 박해를 겪으며 복음을 받아들이고 기독교인의 삶을 살아갈 때.... 그러한 사건과 장면에 머물러 성찰하게 되며 분노, 슬픔, 감동과 감사, 놀라움과 긍지 등의 감정을 느꼈을 것이다.

그리고 특히 선교사들을 보며 "나라면 어땠을까?"라는 질문을 하게 되었을 것이다. 나라면 "가난과 질병의 나라"에 선교사로 가서 평생을 바치겠는가? 결혼하지 않겠다는 서약을 5년에 한번 작성하며 헌신하겠는가? 일제 순사가

---

[1]   스크랜턴여성리더십센터 근무 Program Manager, 뉴욕 Union Theological Seminary 졸업(Ph.D.)

내 교인을 무참히 때리는 것을 보고 순사를 공격하며 국제문제를 기꺼이 일으키겠는가? 한국에서 배우자나 자녀를 질병으로 잃고서도 다시 내한해 선교를 이어가겠는가? 은퇴 후 연금의 일부를 한국에 계속 보내도록 하겠는가? ...

이 글은 너무 짧아서 미국 감리교회(남, 북) 해외여선교회의 한국 선교에 대해 정당하게 재현하지 못할 것이다. 그리고 아무리 길게 쓴다 해도 미국 선교부와 교인들, 그리고 한국 선교사들과 초기 교인들의 헌신을 다 담아내지 못할 것이다. 그럼에도 미국 감리교회 해외여선교회의 한국 선교를 기술하며 그들의 사랑을 조금이나마 기억하고자 한다.

미국 감리교회 해외여선교회의 한국 선교 시작

미국 감리교회 여성들은 처음에는 미감리교회(북, The Methodist Episcopal Church, MEC)와 남감리교회(The Methodist Episcopal Church, South, MECS)로 나뉘어 한국 선교를 시작했다. 메리 스크랜턴(Mary F. Scranton, 1885년)과 조세핀 캠벨(Josephine Campbell, 1897)이 각 교단에서 처음 파송한 선교사였다. 미감리교회 해외여선교회는 남감리교회보다 약 10년 일찍 조직했고, 한국 선교도 약 12년 일찍 시작했다(당시에는 둘 다 같은 명칭, Women's Foreign Missionary Society, WFMS). 그 후 두 교단은 1930년에 기독교조선감리회로 통합되어 선교를 이어갔다(미국에서는 1939년에 통합).

한국 선교는 WFMS 총실행위(집행본부)가 시작한 것이 아니라 오하이오주의 한 여성이 시작했다고 볼 수 있다. 1883년 오하이오 레베나(Ravenna)에서 열린 지방회에서 루실 볼드윈(Lucille B. Baldwin) 부인은 "약간의 돈"을 한국의 여성 선교를 위해 써달라고 헌금했다.[2] "*Christian Advocate*"(미감리교회 기관지)에 실린 한국에 대한 기사를 읽고 감동을 받아 지정헌금을 한 것이었다. 마침 존 가우처(John G. Goucher) 목사도 한국 선교를 촉구하며 미리 선교부에 헌금을 했다. 선교부는 윌리엄 스크랜턴(William B. Scranton) 의사선교사와 헨리 아펜젤러(Henry G. Appenzeller) 목사를 한국 선교사로 파송하게 되었다. WFMS는 스

---

2)   M. F. Scranton, "Woman's Work in Korea," *Korean Repository* (January 1896): 2.

크랜턴 의사의 어머니인 메리 스크랜턴(Mary F. Scranton, 대부인)을 WFMS의 선교사로 파송했다. 한국 선교헌금도, 선교사 파송도 선교부보다 여성들이 한발씩 빠르긴 했다.

스크랜턴 대부인은 미국 여성의 기대수명이 약 50세였던 때에 52세의 나이로 선교사로 오게 되었다. 여생을 한국에 줄 결심이 엿보이는 대목이다. 대부인이 한국에 가는 것에 대해 주변 사람들이 염려하자 대부인은 한국에서의 선교를 "희생이 아니라 특권으로" 여긴다고 말했다.[3] 스크랜턴 대부인은 이런 태도와 더불어 "조선 여성을 더 나은 조선 여성이 되게" 하려는 선교철학을 가졌다.[4] (대부인은 1909년에 별세해 자신이 귀하게 여긴 교인들을 일제가 짓밟는 꼴을 보지 않아도 되었다.) 그 후 총 420여 명의 여성 선교사들이 한국에 와서 섬겼다.

목회자로서의 여성 선교사들

여성 선교사들은 여성 교인들의 목회자로서 한국 선교에 꼭 필요한 존재였다. 선교 초기에 한국의 한 지성인이 어떤 선교사에게 말해주었다. "한국을 얻으려면, 여성들을 얻으려면, 어머니들을 얻어야 합니다. 그러면 한국인 전체가 기독교인이 될 것입니다."[5] 남녀의 도리, 역할, 공간 등을 철저히 구별하는 조선의 내외법 때문에 여성만이 여성 사역을 맡을 수 있었다. 그래서 여성 선교사들은 여성 교인들의 목회자였다. 미감리교회 해외여선교회 선교사는 미감리교회 선교부의 규정에 따라 부부 선교사의 파송지에서 동역자로서 여성 사역을 담당하게 되어 있었다.[6] 그럼에도 미감리교회 해외여선교회 선교사들

---

3)   M. F. Scranton, "New England Branch," *Heathen Woman's Friend* (1884): 188-189.

4)   실제로는 아들 스크랜턴 의사가 적은 글 속에 나온다. 그러나 대부인과 이 생각을 공유했을 것으로 추측할 수 있다. 참조. W. B. Scranton, "Notes from Korea," *Gospel in All Lands* (1888), 373.

5)   Frances J. Baker, *The Story of the Woman's Foreign Missionary Society of the Methodist Episcopal Church 1869-1895* (Revised Ed.; New York: Eaton & Mains, 1898), 342.

6)   미감리교회 해외여선교회는 선교사의 파송, 소환, 보수, 사역지, 선교지 예산 등에 대해 미감리교회 총회 해외선교부 매니저부(the Board of Managers)의 지도 감독을 받게 되어 있었다. Woman's Foreign Missionary Society, *Manual for Missionaries and Missionary Candidates* (Boston: Woman's Foreign Missionary Society of the Methodist Episcopal Church, 1913), 5.

은 상당히 독자적인 선교사업을 펼쳤다.

선교 개시 14년 후인 1899년에 미감리교회 해외여선교회 선교사들은 "미감리교회 조선부인회"(The Woman's Conference of the Methodist Episcopal Church in Korea)를 만들었다.[7] 미감리교회 부인회는 연례적으로 모여 임원 선출, 지역 및 부문별 선교활동 보고, 결의사항 등을 다루었다. 선교사들이 기독교조선감리회로 합쳐지기까지(1930) 남긴 연례보고서(Korea Woman's Conference, 1899-1931)에는 한국 선교에서의 고생과 보람이 고스란히 담겨있다(스크랜턴센터가 전권 번역본을 2025년 출간 예정).

감리교회의 선교 구역은 북으로 평북 영변부터 남으로 충남 강경까지였다. 서구 개신교 교파들은 비슷한 시기에 한국에서 선교를 시작했기 때문에 효과적인 선교사역을 위해 서로 선교구역협정을 맺었다. 인구가 많은 서울, 평양 등 도시에서는 교파가 겹쳐 선교할 수 있었지만 나머지 지역은 교파별로 나누어 선교하기로 했다. 감리교의 경우, 미감리교회는 서울, 인천, 수원, 공주, 평양, 평북 영변, 해주를 중심으로 선교했고, 남감리교회는 서울, 개성, 원산, 춘천, 철원을 중심으로 선교했다. 이들은 대표 도시였을 뿐 실제 지리적 범위는 주변의 시골 전역을 포함했다. 예를 들어 이 시기의 "공주"는 천안, 태안, 충주, 강경까지 포함했다.

여성 선교사들은 거점 도시에서 소녀 매일학교들, 부인병원, 사회복지관을 설립했다. 초기에는 교회에서 남녀가 따로 앉고, 부인병원, 여학교가 따로 있었지만 복음의 도입과 여성 교육 덕에 조금씩 벽이 허물어졌다. 한국전쟁(1950-1953)과 남북 분단 때문에 남감리교회 선교지인 북쪽의 개성과 원산, 미감리교회 선교지인 영변, 평양, 해주에 교회, 학교, 병원 등 많은 선교유산이 남겨지게 되었다. 연례보고서 속에서 여성 선교사들이 이들 지역에서 선교한 모습을 접할 때마다 한편으로는 마음이 짠해지면서 다른 한편으로는 3.8선 같은 장

---

7) 한국어 명칭에 일관성이 없었다. 「조선예수교감리회 년회일기」(1912)에는 "부인선교회원들(여성 선교사들)"(3쪽), "부인선교부"(24쪽)라는 명칭이 나온다. 「북감리회 제6회 년회일기」(1913)에는 "부인회"(3쪽)라는 명칭으로 나온다. 영어 명칭도 처음에는 the Woman's Conference of the Methodist Episcopal Church in Korea(1899)와 the Korea Woman's Missionary Conference of the Methodist Episcopal Church(1901)이 쓰여 일관성이 없었다. 1903년부터 the Korea Woman's Conference of the Methodist Episcopal Church라는 명칭이 계속 쓰였다.

벽 없이 남북을 누비며 선교했던 모습이 부러워진다.

140년 역사의 격랑 속 선교활동

미감리교회 여선교회가 한국에서 선교한 140년 역사를 간단히 정리해보고자 한다. 스크랜턴 대부인이 선교를 시작한(1885) 이래 한국 역사는 참으로 극적이었다. 그것은 마치 해외여선교회 선교사들이 선교사역 때 사용한 교통수단이 변천한 것과도 같았다. 처음엔 가마, 마차, 말을 탔고, 도서지역에서는 배를 탔고 그 후 자동차와 기차를 탔다. 이제 비행기를 타는 시대에 선교사들의 활동을 돌아보면 그들은 그 어떤 위기 상황에서도 최대한 선교를 지속하려고 애썼음을 알 수 있다.

서구 개신교가 처음 들어왔을 때 한반도는 조선왕조(1392년 건국)의 쇠약한 말기였다. 러시아, 청나라, 미국, 프랑스, 일본은 한국의 개방을 요구했고 특히 일본의 침략이 두드러지는 상황이었다. 고종은 기독교가 유입되는 것은 매우 경계했지만 의료와 교육 사업은 허락했기 때문에 선교가 조금씩 틈을 넓혀갈 수 있었다.

결국 한반도는 일본의 손에 넘어가 36년(1910-1945)간 처참한 대우를 겪게 되었다. 일제의 정책은 식민지 수탈정책과 한국민족 말살정책으로 요약될 수 있다. 일제는 한국인의 토지를 토지조사사업 등의 명목으로 불법 탈취를 자행했다. 1925년에 이르러서는 토지의 75%가 일본인 소유가 되었다. 수많은 한국 농민은 소작농이 되어 일본인의 고리대에 시달리게 되었고 생계유지를 위해 화전민이 되거나 연해주, 일본 등지로 이주해야 했다.[8] 교회는 헌금과 교인의 감소를 겪었다. 선교사들은 적은 선교비로 한국인의 삶을 조금이라도 낫게 하는 사업을 수행해야 했다. 그래서 교단과 신학교에 농촌사업과가 설치되었고 지방에서는 농촌계몽운동, 농사강습회, 협동조합과 매점 설립, 토지의 공동 매수와 공동경작 등의 프로그램을 진행했다.

---

8) 양주삼의 보고에도 나온다. "요즘 한국인은 극도로 가난하고 그래서 살기 위해 많은 이들이 만주, 시베리아로 이주한다." J. S. Ryang, "Report of the Conference Board of Missions," *The Minutes of the Annual Meeting of the Korea Mission* (1927): 53.

일제는 선교사와 교인을 통제하고 억압했다. 기독교인은 일찍 근대 교육을 받기 시작했으므로 독립운동과 사회운동에서 지도자로 활동했기 때문이다. 일제의 교회탄압은 1930년대 이래 더욱 거세졌다. 특히 일제는 중일전쟁(1937-1945)과 태평양전쟁(1939-1945)을 도발하면서 한국에서 군수물자를 공급하기 위해 각종 규제와 운동을 동원하여 자원수탈을 심화했다. 태평양전쟁 기간에만 한국인 약 600만 명이 일본, 중국, 동남아시아, 사할린 등지로 강제로 끌려갔다(당시 인구 약 2,500만 명).[9] 교회는 신사참배를 강요당했고, 교회 종을 녹여 무기를 만들고 교회 재산을 팔아 군용 비행기를 사도록 일제에 바쳐야 했다. 감리교회는 신학교 폐교(1940), 연회 해산(1941년 3월), 일본감리교회와의 통합(1943년 10월)을 겪었고, 결국 모든 개신교 교파가 일본 기독교 조선교단으로 통합되었다(1945년 8월 1일). 게다가 미국과 영국 등 개신교파의 모든 재산은 "적산"이라 하여 몰수했고 선교사들을 간첩으로 몰아 한국 밖으로 내쫓았다(1940-1941).

1945년 8월 15일 일본이 패망했고, 선교사들은 다시 내한해 해방 후 혼돈 속에서 선교를 겨우 재개했다. 그러나 1950년 6월 25일 한국전쟁이 일어나 선교가 또다시 중단되었다. 전쟁으로 한국군과 유엔군 115만 명이 사망했고, 민간인 100만 명이 사망했고, 전재민 1,000만 명이 발생했고, 시설 및 건물 61만 동이 파괴되었다.[10] 국민의 약 10%가 희생되고 국토의 3분의 1이 초토화된 것이다. 415개 감리교회 중 전소된 교회당이 79개, 반파된 교회당이 145개로 절반 이상이 파괴되었다.[11]

이 모든 역사의 격랑 속에서도 선교사들은 활동을 멈추지 않았다. 일제가 많은 기독교 학교를 폐쇄하고 의료선교를 억압했을 때도 선교가 이어졌다. 선교사들은 일제에 쫓겨났다가 해방 후 돌아왔고, 전쟁 때문에 떠나 있다가 전쟁이 끝나기도 전에 돌아왔다. 심지어 북한군에 납치되어 "죽음의 행군" 후 살아남아 다시 내한한 선교사들도 있었다(여성은 Helen Rosser). 전쟁 후에는 복구작업에 몰두했고, 그 후 독재시대에는 인권운동을 지지한 선교사(George Ogle)가 추방된 일도 있었지만 선교를 이어갔다.

---

9)   박경식 지음, 박경옥 옮김, 『조선인 강제연행의 기록』(고즈윈, 2008), 17.
10) 국방군사연구소, 「한국전쟁피해통계집」(국방군사연구소, 1996), 28-29.
11) 유동식, 『한국감리교회의 역사 1884-1992, II』(기독교대한감리회, 1994), 733.

1967년 9월 미감리교회 세계선교부는 새로운 선교 정책을 결의했다. 그 내용은 각국 감리교회의 자주적 결의권을 인정하며, 선교지 교단과 기관에 재산과 재정권을 이양한다는 것이었다. 이것은 미국 감리교회가 변화된 선교신학을 실천하고 선교지 교회와 새로운 관계, 동반자 관계를 수립하려는 것이었다. 그 후 선교사 파송은 점차 줄었고 1980년대 이후로 2000년대 초까지 한국으로 파송된 여성 선교사 약 20명 중 한국계가 거의 절반이었다. 한국은 이제 해외로 선교사를 가장 많이 파송하는 나라가 되었다. 현재는 미감리교회 조선부인회가 1924년 설립한 미감리교회 대한부인선교부 유지재단이 스크랜턴여성리더십센터를 열고 선교를 이어가고 있다.

아래에서는 미국 감리교회 여성 선교사들이 펼친 네 가지 선교 분야, 즉 교육, 의료, 전도, 사회사업을 소개하고자 한다.

미국 감리교회 해외여선교회의 교육, 의료, 전도, 사회사업

여성 선교사들은 여학교, 부인병원, 여자관(사회복지관)을 설립해 운영하면서 동시에 교회 여성의 전도와 교육에 힘썼다. 선교사들은 소속을 무론하고 교육, 의료, 사회사업의 궁극적인 목적이 복음전도라는 것을 잘 알고 있었다. 그래서 "모든 사업이 교육이었고, 모든 교육이 전도"였다.[12] 학교, 병원, 사회관에는 복음전도를 담당하는 전도부인들이 있었다. 그래서 병원과 같은 기관의 보고에는 한 해 동안 몇 명을 전도했는지 종종 나온다. 예를 들어, 광혜녀원(미감리교회 해외여선교회가 평양에 설립한 여성 병원)은 1926년에 1,000명 이상의 개종자를 냈다.[13]

---

12) *The Annual Report of the Woman's Foreign Missionary Society of the Methodist Episcopal Church* (1931), 78.

13) A. G. Anderson, "Pyengyang Union Christian Hospital," *The Minutes of the Annual Meeting of the Korea Annual Conference of the Methodist Episcopal Church* (1926): 247.

교육사업

선교 초기에 교육이란 상류층 아들들의 전유물이었지만 여성 선교사들은 모든 연령과 계급의 여성을 대상으로 교육사업을 펼쳤다. 그들은 인적, 물적 자원의 부족함을 늘 느꼈지만 주일학교, 사경반, 기숙학교, 예비학교(저학년), 매일학교(초등학교), 순회학교, 성경학원(신학교), 특수학교, 간호원양성학교, 여자의학강습소, 야학 등 각종 학교를 열었고 창의적으로 교육 과정과 프로그램을 열었다.

스크랜턴 대부인은 가장 먼저 서울에서 이화학당을 열었다. 그리고 선교사들은 주요 교회를 중심으로 이화의 지교로 소녀 매일학교들을 설립, 운영했다. 교회는 공간, 인력, 조직이 있는 곳이어서 쉽게 학교로 쓸 수 있었다. 선교가 확대되면서 여성 선교사들은 지방에서도 소녀 매일학교들을 열고 운영을 지원했다. 이화학당, 배재학당의 졸업생들이 전국 매일학교에서 교사로 일했다. 스크랜턴 대부인과 선교관, 교육관을 공유했을 윌리엄 스크랜턴 의사선교사가 말했다. "이 땅의 여성들이 이 땅의 여성들을 가르쳐야 한다. 지금 우리가 그 일을 하고 있다."[14]

이화학당은 미감리교회 해외여선교회의 주력 교육기관이라 많은 투자를 했다. 일제 말 재정의 어려움으로(1942) 의료사업인 부인병원을 매각해 학교를 지원할 정도였다.[15] (병원은 그 후 이화학당 유지재단이 도로 샀다.) 그러나 현재에 이르러 이화학당은 유치원부터 모든 과정의 학교를 비롯해 전 세계에서 가장 큰 여자대학을 갖게 되었다.

남감리교회의 조세핀 캠벨은 1898년 남송현(남대문)에서 소년, 소녀 5명으로 매일학교(배화학당)를 시작하고 여자사경반(Bible Class)을 만들어 전도부인 양성을 꾀했다.[16] 남감리교회도 가능한 한 많은 매일학교를 설립해 운영했다. 배화학당도 일제강점기에 학교 폐쇄의 위협을 겪었지만 현재 배화여중고, 배

---

14) Wm. B. Scranton, "Report of the Superintendent," *The Minutes of the Annual Meeting of the Korea Mission of the Methodist Episcopal Church* (1896): 23.

15) 강익하, 황은순에게 매각된 동대문부인병원을 1943년에 인가받은 "이화학당 유지재단"이 1945년에 되샀다.

16) J. P. Campbell, "Woman's Work," *The Minutes of the Annual Meeting of the Korea Mission of the Methodist Episcopal Church, South* (1898): 21-22.

화여자대학교로 발전했다.

선교 개시 약 20년 후에도 기독교 인구는 여전히 적었고 많은 사람들은 여전히 여성 교육에 뜻이 없었다. 그럼에도 틈이 조금씩 벌어지고 있었는데 아래와 같은 일화를 보면 여성 선교사들과 한국 여성들의 열정을 엿볼 수 있다.

> [평양 근처] 진남포여학교의 고학년 학생들은 한학을 배우기 위해 남자 옷을 입고 날마다 남학교 수업에 갈 정도로 열심이었다(1906).[17]

> "(힐만 선교사는) 야학으로 데려오고, 젊은 며느리들이 한글을 배울 수 있도록 시어머니 허락을 받느라 애썼다"(1915년 원주).[18]

기독교 여학교들은 일제의 한국인 교육 억압정책에도 많이 살아남았다. 한국인의 여고보 취학률은 일제강점기 내내 1%를 넘지 못한 반면, 한국 내 일본 여성의 취학률은 1930년대 후반에 약 50%였다.[19] 그러나 감리교 여성 선교사들은 일제강점기동안 유아교육을 도입하며 유치원교사를 양성했을 뿐 아니라 학교들이 최대한 보통학교와 고등과 인가를 받게 하려고 노력했다.

한국전쟁과 빈곤을 딛고서 현재 한국의 교육열은 매우 높은 것으로 유명하다. 특히 2021년 현재 여학생의 높은 대학진학률(81.6%, 남학생보다 4.8% 높음)은 위와 같은 역사 배경과 무관하지 않을 것이다.[20]

아래 도표는 두 교단의 해외선교회가 선교 초기에 설립하여 근대까지 존재했거나 현재까지 이어지는 대표 교육기관이다.

---

17) Mattie W. Noble, "Report of Evangelistic Work, Bible Institutes and Three Day Schools, Pyeng Yang," *The Annual Report of Korea Woman's Conference* (1907): 46.

18) 루이즈 모리스, "원주·강릉지방," 기독교대한감리회 여선교회전국연합회 편, 『빛의 50년』(굿올드북스, 2021), 225. 원제 Anna B. Chaffin, ed., *Fifty Years of Light* (The Korea Woman's Conference, 1938).

19) 박철희, 「식민지기 한국 중등교육 연구」(서울대 박사학위논문, 2002). 예지숙, "일제강점기 경성지역 여학생의 운동과 생활," 서울역사편찬원, 『일제강점기 경성지역 여학생의 운동과 생활』(서울역사 중점연구 7; 서울책방, 2020), 9에서 인용.

20) https://ytn.co.kr/_ln/0103_202107221401515271(2024년 9월 10일 접속).

미국 감리교회 해외여선교회가 설립한 대표 교육기관

지역	학교(설립연도)	설립 선교사(소속)	약사
서울	이화학당 (1886)	메리 스크랜턴(MEC)	현재 2개의 학교법인 및 유치원부터 대학까지 약 10개의 학교로 발전
	배화학당 (1892)	조세핀 캠벨(MECS)	현재 배화여중고, 배화여대로 발전
	부인성서학원 (1894)	메리 스크랜턴(MEC)	1908년부터 MECS와 함께 운영, 1931년 남자 협성신학교와 통합; 현재 감리교신학대학교로 발전
	간호원양성소 (1903)	마가렛 에드먼즈(MEC)	보구녀관에서 시작해 1933년 폐교를 거쳐 1947년 재개; 현재 이화여대 간호대학으로 발전
	의료보조훈련반 (1891)	로제타 홀(MEC)	1913년 의학강습반 후 홀이 1928년 한국인의 경성여자의학강습소 설립을 촉진하여 현재 고려대 의과대학으로 발전
인천	영화학당 (1892)	마거릿 벤젤(MEC)	현재 영화초교, 영화여자상업고교, 영화국제관광고교로 발전
수원	삼일여학교 (1902)	메리 스크랜턴(MEC)	1941년 수원여자매향학교로 개칭; 현재 매향여자정보고교로 발전
이천	양정여학교 (1907)	(MEC)	신사참배 거부로 1938년 폐교당한 후 1943년 재설립; 현재 양정여중고로 발전
공주	명선여학당 (1905)	앨리스 해먼드 샤프(MEC)	1942년 일제의 강제 폐교 후 1949년 재개; 현재 영명고등학교로 발전
평양	정의(정진)여학교 (1896)	매티 노블 부인(MEC)	숭의여학교로 장로교와 공동운영(1905~1919) 후 독립해 1923년 정의여고보로 발전, 분단 후 미상
	평양맹아학교 (1894)	로제타 홀(MEC)	초등, 고등과가 있었고, 광복 때까지 존재, 분단 후 미상
	여자성경학원 (1899년)	노블 부인과 폴웰 부인(MEC)	1939년 총독부 인가, 1946년 남녀공학 "성화신학교"가 되었고 1949년 공산정권이 교수들을 납치한 후 폐교.
영변	숭덕학교(1906), 숭덕중학교(1909)	에델 에스티 (Ethel Estey, MEC)	1925년 인가, 1930년대 남녀공학 고등학교로 통합, 분단 후 미상
해주	의정여학교 (Lucy Scott Memorial School, 1909)	메리 힐만 (Mary R. Hillman)과 룰라 밀러 (Lula A. Miller, MEC)	초등, 고등과가 있었고, 분단 후 미상
개성	호수돈(Holston) 여학교(1899)	아레나 캐롤 (Arrena Caroll, MECS)	한국 전쟁 후 대전에 학교 건축(1956) 및 재개교, 현재 호수돈여중고
	미리흠(Mary Helm) 여학교(1906)	크램(Cram) 부인(MECS)	"성경학교"로 시작해 1922년 인가; 분단 후 미상
원산	루씨여학교 (Lucy Cunningham, 1903)	아레나 캐롤과 메리 노울즈 (Mary H. Knowles, MECS)	1925년 보통학교와 여고보 인가; 일제 말기에 총독부가 강제로 공립으로 만듦
	원산(Alice Cobb) 성경학원(1906)	메리 노울즈(MECS)	1908년 서양식 건물의 원산성경학원 ("Alice Cobb 성경학원")으로 발전; 분단 후 미상
춘천	정명여학교 (1909)	무스(Magnolia D. Moose) 부인	1930년 고등과 개설, 1937년 폐교

도표 속 주요 도시들 외에도 도처에 감리교 매일학교가 있었는데, 평양지방의 경우 1927년에 40개가 있었다.[21] 일제강점기에는 여교역자 양성을 위한 여자성경학원이 각지에서 꾸준히 늘었다(해주[1938], 수원, 원주, 개성, 원산, 춘천[1915], 철원). 선교사들은 간호사 양성을 위해 병원(서울 보구녀관, 평양 광혜녀원, 개성 남성병원, 해주 구세병원[1916], 원산 구세병원) 안에 간호원양성소를 설립했다. 1937년에는 애나 채핀(Anna Chaffin, MEC)이 만주(중국 동북성) 사평가에서 만주신학교(남녀공학)를 열었다.

한국전쟁 후 교육사업은 그 이전에 설립한 학교들의 재건을 돕고 계속 지원하는 방식이었다. 이즈음 새로 설립한 학교도 있었는데, 클라라 하워드(A. Clara Howard)가 보육교사 양성을 위해 대전에 연 대전보육학원(Taejion Kindergarten Training School)이었다(1955년. 현재 배재대학교 유아교육과). 그리고 베씨 올리버(Bessie Oliver, 오리부)가 피난 온 개성의 호수돈여중고를 대전에서 부지를 마련해 건축한 것은 거의 설립과 같았다(1956년).

의료사업

선교 초기에 의료 선교는 복음 전도에 대한 한국인의 거부감을 효과적으로 해소했다. 미감리교회 해외여선교회는 1886년 첫 의사선교사 메타 하워드(Meta Howard)를 시작으로 서울(보구녀관), 평양(광혜녀원), 인천(부인병원) 등지에서 의료사업을 펼쳤다.[22] 미감리교회 해외여선교회는 의사선교사를 일제강점기까지 10명, 한국전쟁 후 4명 등 총 14명 한국에 파송했다. 미감리교회 해외여선교회가 의사선교사와 간호사를 파송해 병원을 직접 설립하고 운영한 반면, 남감리교회 해외여선교회는 간호사만을 파송해 남감리교회 조선선교부가 설립한 병원에서 일하도록 했다. 간호사선교사들은 병원에서 간호원양성소와

---

21) John Z. Moore, "Report of Pyeng Yang and Yeng Byen Districts 1926-1927," *The Minutes of the Annual Meeting of the Korea Annual Conference of the Methodist Episcopal Church* (1927): 324.

22) 하워드는 한국에 머무는 2년 동안 8천 명을 진료하며 초인적으로 사역했다. 2년 후(1889년 9월) 건강이 나빠져 본국으로 돌아갔다. 참조. *The Annual Report of the Woman's Foreign Missionary Society of the Methodist Episcopal Church* (1889): 68.

유아진료소를 운영하고, 전도부인들과 함께 공공보건교육, 육아교육 등 다양한 의료 프로그램을 진행했다.

미감리교회 조선선교부는 평양 기홀병원(1897; 1920년부터 장로교와 연합기독병원으로 운영), 원산(1892; 남감리교회로 이양), 공주(1903, 자혜병원), 평북 영변(1908, 제중원), 해주(1910, 구세병원), 원주(1913, 서미감병원)에서 의료사업을 펼쳤다.

남감리교회는 1900년대 초반에 개성(1907년 남성병원[Ivey Memorial Hospital]), 원산(1905년 구세병원), 춘천(1908년 예수교병원; 1926년 재정난으로 폐쇄)에서 차례로 병원을 건축하고 의료사업을 발전시켰다.

일제강점기에 총독부는 의료관련 각종 법령을 만들어 기독교 의료사업에 지장을 주었다.[23] 미감리교회를 비롯한 여러 교파는 1913년부터 세브란스연합의학교와 세브란스병원을 함께 운영하며 한국인 의사를 양성했다.[24] 의료선교사들은 강제 추방될 때 각지의 병원을 한국인으로 구성된 이사회에 이양했다.

다음은 미감리교회(MEC) 해외여선교회가 설립한 병원이다.

미감리교회 해외여선교회가 설립한 의료기관

지역	병원(설립연도)	설립 선교사(소속)	약사
서울	보구녀관 (1889)	메타 하워드 (Meta Howard)	1913년 릴리언해리스기념병원과 통합
	볼드원진료소 (1892)	로제타 홀 (Rosetta S. Hall)	1912년 동대문에 릴리언해리스기념병원 건축하며 이전, 1930년 한국인들이 편히 부르던 이름, "동대문부인병원"으로 개칭; 현재 이대목동병원과 이대서울병원으로 발전
평양	광혜녀원 (1898)	로제타 홀 (Rosetta S. Hall)	1920년 기홀병원, 북장로교회 제중병원과 연합하여 "평양 연합기독병원"으로 운영, 분단 후 역사 미상
인천	제물포부인병원 (1921)	로제타 홀 (Rosetta S. Hall)	1952년 재설립, 현재 인천기독병원으로 발전

한국전쟁 후 미감리교회 여선교회는 다른 교파들과 함께 원주 연합기독병

---

23) 이만열, 『한국기독교의료사』(아카넷, 2003), 239.
24) 윗글, 563-572.

원 설립에 투자했다(1959년; 현재 원주세브란스기독병원).[25] 그 후 미감리교회 여선교회가 설립한 병원들은 학교와 마찬가지로 독자적인 법인을 설립해 운영하고 있다. 선교사들은 이런 기관에서 이사, 교사, 의료진으로 섬기며 기관의 필요를 살펴 선교부의 지원과 연결했다.

전도사업

선교 초기에 남성과 여성은 같은 공간에서 모일 수 없었지만 곧 중앙에 휘장을 치고 함께 예배하기 시작했다. 미감리교회는 서울 정동에서 첫 교회(정동제일교회), 시병원, 배재학당, 이화학당, 보구녀관 등으로 선교를 시작해 감리교 마을을 이루었다. 남감리교회의 선교는 고양읍교회(1897)와 남대문 "서울교회"를 시작으로 경기 북부와 강원도 전역으로 확대되었다.[26] 평양은 1907년 평양 대부흥운동을 거치며 첫 감리교회(MEC, 남산현교회)가 2년 후 교인이 2,879명으로 늘어 한국 최대 교회가 되었다.[27] 평양 남산재에는 남산현교회, 기홀병원, 광혜녀원, 광성학교, 정의여학교, 평양맹아학교, 선교사들의 사택 등 감리교 마을이 생겼다.

여성 선교사들은 전도부인들과 함께 산골 구석구석까지 다니며 전도활동을 했다. 공주 지역에서 사역한 앨리스 샤프(Alice J. Sharp) 선교사의 1912년 보고서를 통해 순회전도의 어려움을 엿볼 수 있다.

"모든 전도부인들은 이번 가을 전도여행이 특히 힘들었다. 가을에 폭우가 내렸

---

25) "Minutes of the Executive Committee," *Association of Methodist Missionaries in Korea* (June 9, 1955): 2; "Property Committee Meeting," *Association of Methodist Missionaries in Korea* (March 27; 1958); "Property Committee," *Association of Methodist Missionaries in Korea* (June 12, 1958).

26) 양주삼, "조선남감리교회소사," 양주삼 편찬, 『조선남감리교회 30주년 기념보』(조선남감리교회 전도국, 1930), 51-52; C. F. Reid, "Superintendent's Report," *Minutes of the Annual Meeting of the Korea Mission of the Methodist Episcopal Church, South* (1897): VII.

27) 이덕주, 『남산재 사람들: 독립운동의 요람』(그물, 2015), 131-136.

기 때문에 다리가 무너지고 대부분의 개천이 범람했다. 홀다의 경우, 허리까지 빠지는 물을 하루 동안 13번이나 헤치며 걸었는데, 마침내 물을 보는 것이 무섭다고 말할 정도였다. ... 나도 똑같은 경험을 했기 때문에 이해가 되었다.[28]

여성 선교사들의 헌신에 대해 한 감리사는 그 어느 남성 선교사도 이 여성 선교사들처럼 효과적이고 도움이 되는 사역을 한 것을 못 보았다고 칭송했다.[29] 그리고 1920년 천안지방에서 성경반에 출석하는 여성과 소녀의 출석률이 약 40%에 달했는데, 윌리엄스(F. E. C. Williams) 감리사는 미국 어디서도 여성 교인의 40%가 10일간의 사경회에 참석하는 경우는 없다고 놀라워했다.[30]

여성들의 여러 모임과 노력이 교회성장을 가져왔다. 보호여회(여선교회), 성경반, 가정공과, 시간의 십일조를 전도에 드리는 "십일조반"(Tithing Class, 영변의 에델 에스티가 개발) 등은 여성 교인을 양육하고 증가시켰다.

또한 여성은 아래 기사에서 볼 수 있는 바와 같이 선교비를 마련하기 위해 할 수 있는 노력을 다 했다.

"영변지방에서는 회원들이 양말을 꿰매여 회금[선교비]를 작만하고, 수원지방에서는 회원들이 점심을 한 끼식 굶고 회금을 내이며 떡 먹서리를 만드러 팔아내기도 하며, 인천지방에서는 쌀의 돌을 골나주고 삭[삯]을 밧어 내기도 하며, 또 해변에 나가 조개를 잡아 팔아서 내기도 하며, 이천지방 엇던[어떤] 산협에서는 도토리를 주어다 팔아 회금을 내기도 하얏다.[31]

교회 여성은 이렇게 모은 회비로 근교에 전도부인을 파송해 교회를 개척했고, 1922년에는 만주에 여성 선교사를 파송했다.[32] 한국 여성의 이런 모습은

28) Alice H. Sharp, "Evangelistic Work and Country Schools in Kong-Ju District," *Annual Report of Korea Woman's Conference* (1912): 58.

29) G. H. Jones, "Seoul District," *Minutes of the Annual Meeting of the Korea Annual Conference of the Methodist Episcopal Church* (1909): 34-47.

30) F. E. C. Williams, "Chunan District," *Minutes of the Annual Meeting of the Korea Annual Conference of the Methodist Episcopal Church* (1920): 38.

31) "북감리녀선교회 총회," 「기독신보」(1926년 7월 7일), 3.

32) 김세디, "나의 과거생활," 노불 부인 편저, 『승리의 생활』(조선예수교서회, 1927), 34-48.

미국에서 여선교회 회원들이 해외 선교를 위해 기울인 노력과 비슷했다. 당시 미국에서는 직장 여성이 많지 않은 상황이었지만 연합된 조직력을 바탕으로 "잃어버린 일전 모으기," "비단옷에서 무명옷으로" 운동, 바자회 등으로 선교비를 모았다. 남감리교회는 선교사 개인의 모금을 금한 반면, 미감리교회 선교사들은 교단의 헌금 및 모금과 부딪치지 않는 것을 전제로 모금을 할 수 있었다.[33] 미감리교회 여성 선교사들은 늘 편지를 쓰거나 안식년 때 미국에서 강연을 통해 선교비를 모금했다. 이런 노력 덕에 경제대공황, 전쟁 등으로 선교비가 줄긴 했지만 한국에서 여성 선교는 남성 선교보다 크게 성장했다. 1937년 총 사업비가 미감리교회 여선교회는 157,828.43달러로 미감리교회 조선 선교부(15,692.16달러)의 거의 10배였고, 남감리교회 여선교회는 88,290.00달러로 남감리교회 선교부(47,482.32달러)의 약 2배였다.[34]

1930년 미감리교회와 남감리교회가 한국에서 기독교조선감리회로 통합되면서 "기독교조선감리회 여선교회"(The Woman's Missionary Society of the Korean Methodist Church)가 창립되었다(1931).[35] 총무 케이트 쿠퍼(Kate Cooper)를 제외하고 임원 6명은 모두 한국인이었다. 감리교 여선교회는 당시 한국에서 조직, 인원, 재정 면에서 가장 큰 규모의 기관이었다.[36]

기독교조선감리회는 새로운 법에 따라 1931년 6월 연합 연회에서 최초로 여성이 목사안수를 받았다. 이때 안수를 받은 14명(미감리교회 9명, 남감리교회 5명)은 한국에서 18~25년간 일한 선교사들이었는데, 여성이 안수를 받아 연회의 정회원이 된 것은 감리교 역사상 세계 최초의 일이었다. 1956년에야 여성 안수를 허용한 미국 감리교회보다 26년 앞섰다(한국 여성의 안수는 1955년이 처음). 그리고 1934년 총회에서 전도부인은 담임목사와 협력하여 일하는 공식

---

33) Charles D. Stokes, 『미국 감리교회의 한국선교 역사: 1885~1930』. 장지철, 김흥수 옮김(서울: 한국기독교역사연구소, 2010), 267; Woman's Foreign Missionary Society, *Manual for Missionaries and Missionary Candidates*, 5-6.

34) "Minutes of the Central Council of the Korean Methodist Church, Vol. II, 1933-1938," 기독교대한감리회 백주년기념사업위원회 편, 「조선감리회년회록 14(1930-1938)」(기독교대한감리회, 1984), 130-132.

35) 지방 대표 140여 명이 참석하여 1931년 6월 3일 서울 정동교회에서 열렸다. "기독교조선감리회 여선교 제1회 대회," 「기독신보」(1931년 6월 10일), 4.

36) 이덕주, 『한국감리교 여선교회의 역사 1897-1990』(기독교대한감리회 여선교회전국연합회, 1991), 342.

목회자로 인정받았다.[37] 현재 기독교대한감리회 여선교회전국연합회는 세계에서 가장 큰 여성 단체 중 하나가 되었다.

사회사업

사회사업은 미국 감리교회 해외여선교회가 일제강점기에 본격적으로 착수한 선교사업이었다. 여성 선교사들은 높은 유아사망률과 어린이 노동, 미성년자의 음주와 흡연, 공창제, 농촌의 피폐 등 사회문제에 관심을 갖고 대응했다. 1920년대부터는 각지에 여자사회관을 건립하고 주로 여성, 청년, 아동을 대상으로 여성교육, 복음전도, 아동보건, 공중위생, 사회복지를 종합적으로 추진했다.

미감리교회와 남감리교회 여선교회는 한국 최초의 사회복지관인 태화여자관(1921년; 1933년 태화사회관으로 개칭)을 함께 운영했다(북장로교회 여선교회는 1936년까지 운영에 참여).[38] 태화여자관은 태화여학교, 공민학교를 비롯한 다양한 학교, 아동진료소, 음악반 등 수많은 프로그램을 제공하여 1930년 무렵 연인원 4천 명이 참여할 정도로 큰 인기가 있었다.[39]

남감리교회 해외여선교회는 서울에 이어 개성(1922년 고려여자관), 철원(1924년 철원여자관), 춘천(1925년 춘천여자관), 원산(1926년 보혜여자관)에 사회관을 열었다(영어로 Woman's Social-Evangelistic Center). 이런 사회관은 여러 여선교회의 연합집회 장소였고, 기혼여성 야학, 재봉과 요리, 음악교육, 유치원 사업, 소녀 초등학교 교육, 영어, 공중위생교육, 생활개선교육, 도서관, 아기진료소, 여성 성경공부반 등 다양한 프로그램을 제공했다.[40]

특히 영유아를 대상으로 한 복지사업은 매우 효과적이었다. 1920년대 한

---

37) "기독교조선감리회 제2회 총회회록(1934)," 기독교대한감리회 백주년기념사업위원회 편, 「조선감리회년회록 14(1930-1938)」기독교대한감리회, 1984), 77-78.

38) 이덕주, 최태육, 「태화 100년사」(사회복지법인 감리회 태화복지재단, 2021), 68-72.

39) 엘마 로젠버거, "서울사회복음센터[태화사회관]", 「빛의 50년」, 96-100; "서울지방 공중위생 및 아동보건사업," 102-106; 참조. "Social Evangelist Center, Seoul (Union)," *Woman's Missionary Council* (1931-1932): 222-228.

40) 참조. 구례함, "고려여자관사업," 양주삼 편찬, 「한국남감리교회삼십년기념보」, 121-122.

국인 어린이는 10살 전 사망률이 거의 50%에 달했고 가장 큰 원인은 위생문제와 영양결핍이었다.[41] 공주의 보딩 간호사선교사가 시작한 우유급식 사업으로 우유급식을 받는 유아들의 사망률이 5%로 떨어졌다. 이에 해외여선교회는 이 사업을 전국에 확대했고 후에는 두유 제조법을 가르쳤다.[42]

전쟁 후 해외여선교회는 사회사업을 확대하여 서울, 대전, 부산 등지에 사회관을 신설했다. 또한 소녀들이 도시에서 학교에 다닐 수 있도록 여러 학사를 운영했다(예를 들면 1954-2016년 운영된 명덕학사). 아래는 일제강점기와 전쟁 후 미국 감리교회(MEC, MECS) (해외)여선교회가 설립한 사회관이다.

미국 감리교회 (해외)여선교회가 설립한 사회관

지역	기관명(설립연도)	설립 선교사(소속)	약사
서울	태화사회관(1921)	매미 마이어스 (Mamie D. Myers, MECS)	초기에 두 감리교단과 장로교가 함께 운영; 현재 태화종합사회복지관으로 발전
	마포 유린관(1954)	유린 윔스 (Euline Weems)	1987년 운영 중단, 1986년부터 태화샘솟는집으로 운영
	명덕학사(1954)	클라라 하워드(Clara Howard, 미감리교회 여선교회)	2016년 운영 중단
인천	인천기독교 사회관(1949)	헬렌 보일스 (Helen Boyles 박일숙)	현재 인천기독교종합사회복지관으로 발전
대전	대전기독교 사회관(1952)	에스더 레어드 (Esther Laird)	현재 대전기독교종합사회복지관으로 발전
원주	원주기독교 사회관(1931)	에스더 레어드 (Esther Laird, MEC)	일제의 선교사 추방과 함께 중단
부산	부산기독교 사회관(1952)	말리 타운센드(Mollie Townsend)	현재 부산기독교종합사회복지관으로 발전
공주	중앙영아원(1924)	마렌 보딩 (Maren Bording, MEC)	현재 공주기독교종합사회복지관으로 발전
개성	고려여자관(1922)	(MECS)	분단 후 역사 미상
철원	철원여자관(1924)	(MECS)	분단 후 역사 미상
춘천	춘천여자관(1925)	(MECS)	분단 후 역사 미상
원산	보혜여자관(1926)	(MECS)	분단 후 역사 미상

---

41) "경성부내 유아사망률 5년 동안의 통계는 이러하다," 「동아일보」(1926년 8월 24일), 2; Elma T. Rosenberger, "Soy Bean Milk and Feeding Procedure," *Korea Mission Field* (June 1931): 133.

42) Elma T. Rosenberger, "Soy Bean Milk and Feeding Procedure," *Korea Mission Field* (June 1931): 133-134; E. Wagner, "The Center," *Korea Mission Field* (December 1930): 259.

새로운 미래를 향하여

2007년 미감리교회 여선교회(당시 명칭은 United Methodist Women, 현재는 United Women in Faith, UWF)는 한국에 있는 미감리교회 대한선교부 유지재단 (1924년 설립)에 프로그램 사무실을 설립해 해외선교활동을 재개하도록 했다. 이에 스크랜턴여성리더십센터(이하 "센터")가 설립되었다.

스크랜턴센터는 장학사업, 여성리더십 프로그램을 진행해 왔다. 스크랜턴 장학금의 수혜자는 2008년부터 2024년 현재까지 총 17개국, 61개 학교, 약 3,000명이다. 그리고 리더십 프로그램은 센터가 직접 진행하거나 파트너 기관들과 함께 인턴십 프로그램, 아시아 크리스천여성 리더십개발과 대화, 아시아 전도부인 프로그램, 기후정의 세미나, 일본 평화세미나, 유라시아 여성리더십세미나, 스크랜턴장학생리더십세미나, 아시아 젊은 여성 리더십 세미나, 글로벌 여성리더 세미나 등을 진행했다. 센터는 미국 감리교회 여성 선교사들의 유산을 새 시대 새 방식으로 이어가려 노력하고 있다.

현재의 한국은 초기 선교사들은 물론 1980년대까지 섬겼던 선교사들도 상상 못할 정도의 발전을 이루었다. 그들은 서구 선진국들보다 앞선 면이 많은 한국을 보면 매우 자랑스러워할 것이다. 최근 한국 정부는 한국에 기여한 선교사들의 공을 인정했다. 미네르바 구타펠(Minerva L. Guthapfel, 1903-1912년, 10년간 선교)은 일제강점기 때 3.1독립만세운동 소식을 듣고 미국에서 한국을 위해 활동한 공으로 건국포장을 받았다(2015).[43] 충청권에서 오래 사역하며 매일학교들을 설립한 앨리스 샤프(1900-1939년, 40년간 선교)는 국민훈장 동백장을 받았다(2020). 로제타 홀(1890-1930년, 35년간 선교)은 여성병원 설립, 여성의사 양성, 맹아학교 설립 등의 공으로 국민훈장 모란장을 받았다(2024). 일각에서는 더 많은 선교사들이 정부 훈장을 받도록 청원 운동을 벌이고 있다. 정부의 인정을 받는 일도 중요하지만 더 중요한 것은 선교사들과 초기 한국 크리스천의 헌신과 사랑에 대해 나처럼 잘 몰랐던 사람들이 배울 수 있게 하는 일이다. 그래서 우리가 이런 선교사들의 발자취를 따라 미래 세대를 위해 오늘 어떻게 헌신할지 생각하게 하는 일이 아닐까 한다.

---

43) 대한민국 상훈 https://www.sanghun.go.kr/nation/participation/sangopen/sangInfoOpen.do (2023년 12월 24일 접속).

5장
한국선교와 전도부인

- 서선영
- 김은정
- 김은하

시베리아 최초의 전도부인 오한나

서선영[1]

I. 들어가며

본 연구는 블라디보스토크에 파송되었던 한 전도부인에 관한 것이다. 지금까지 알려진 바로, 해방 전 한국장로교회(이하 "장로교회")가 시베리아로 파송한 여성선교사는 1927년에 우수리스크(소왕령)로 간 한가자 전도부인(또는 전도사)이 유일하다.[2] 1909년에 장로교회 독노회가 최관흘 선교사(이하 "최관흘")를 블라디보스토크(해삼위 또는 해심)로 파송하였으니, 여성을 위하여 여성사역자를 파송했던 당시를 생각해보면 이는 시기상으로 한참 늦은 파송이었다.

우수리스크나 블라디보스토크를 포함하는 시베리아 지역 선교는 캐나다 장로교 한국선교부(이하 "캐나다선교부")의 전도를 받고 개종한 함경도 지역 상인들에 의해서 1902년 경에 시작되었다.[3] 영국성서공회는 이보다도 앞선 1800년대 후반부터 벌써 시베리아 이주한인들에 대하여 관심을 기울이기 시작하였다. 이런 관심과 소수의 노력에도 불구하고 시베리아 선교는 좀처럼 진척되

---

1)   장로회신학대학교 객원교수
2)   "최목사 이시도임" ≪기독신보≫, 1927년 2월 2일, 3면.(장로교총회내지전도국 결의에 의하여 최흥종씨는 시베리아 전도목사의 임무를 띄고 지난 2월 15일 전도부인 한가자로 더불어 니콜리스크를 향하였더라)
3)   이곳을 단순히 '시베리아'로 부르는 것은 부정확한 표현일 수 있겠으나 한국장로교회가 노회를 설립하면서 그 이름을 '시베리아 노회'로 정한 것을 따랐다.

지 않다가 러일전쟁이 끝나고 을사늑약으로 대한제국(이하 "한국")의 국권이 본격적으로 침탈되면서 만주와 시베리아로 떠나는 한국인들이 더 많아졌고, 이들의 요청을 받아들여 마침내 1909년에 최관흘을 파송하였다.

최관흘은 블라디보스토크에서 특정한 전도부인 파송을 요청하였는데 그가 '오한나(Mrs. Hannah Oh)'이다. 오한나는 영국성서공회 한국지부(이하 "BFBS") 소속 부인권서에서 출발하여 전도부인으로 성장하여 블라디보스토크로 파송되었고, 선교사와 교회여성들의 친구로 불리우며 마리아윌슨기념여자신학교의 기숙사 사감이 되었다. 초기에 캐나다선교부의 선교사들과 함께 일했던 부인권서들은 대부분 영어 이름으로 알려져 있다. 오한나 역시 남편을 따라 오씨 성을 사용한 한나(Hannah)로 본래의 성과 이름은 밝혀지지 않았다.

필자는 오한나(?~1921)가 함경도 지역 교회의 여성사역자로 성장하는 과정을 살펴보고, 그중에서 그의 블라디보스토크 사역이 어떤 영향을 끼쳤는지 그 의미를 살펴보고자 한다.

II. 부인권서에서 선교사의 친구로

1. 부인권서

BFBS 총무 휴 밀러(Hugh Miller, 민휴, 1872-1957)는 조선에서 성경을 전파하는 방법 중 한 가지로 부인권서 활용을 든다. 부인권서에 대하여 그는 다음과 같이 설명하였다.

이 여성들은 일반적으로 여성 선교사의 지도 아래에서 일합니다. 그들은 오늘과 같은 개혁의 시대에도 자신들의 집에 고립되어 있는 여성들을 방문합니다. …… 그의 일은 여성들에게 성경을 읽어주고, 스스로 성경을 가져 읽도록 권하는 것입니다. 읽을 수 없는 여성이 있을 경우에는 기꺼이 그들을 가르치는데, 때로는 한 명을, 때로는 마을 여성들로 구성된 반에서 가르칩니다. 부인권서는 늘 나이가 든 여성이며 교사로서 매우 존경받고 존중받습니다. 그녀는 아이와 며느리 간의 문제를 해결하도록 요청 받기도 하고, 병자와 유족과 함께 기도하거나, 고집스러운 사람들을 설득해달라는 요청을 받기도 합니다. 종종 집이나 그 식구들 중 한 명을 사로잡고 있는 악한 영을 몰아내 달라는 요청을 받기도 합니다. 아니면 가족이 기독교로 전향하기로 결정했을 때, 주도적으로 나서서 그 가정의 우상을 태워달라는 요청을 받습니다. 그리고 일부 부인권서들은 진료소와 병원에서 환자들에게 성경을 읽어줍니다.[4]

위쪽 원 안이 루이즈 맥컬리, 아래 오른쪽과 왼쪽이 오한나와 그의
남편(『팔룡산 호랑이 던칸 M. 맥레 목사의 삶』310쪽에서)

　위의 설명은 부인권서의 활동 영역을 포함하는, 통칭 전도부인의 활동에 관한 것이다. 권서에 막 입문한 여성은 여성선교사의 감독을 받으면서 성경 등을 판매하는데 힘쓰고, 시간이 흐르고 점차 일에 능숙해지면서 가르치고 기도하며 영적인 일에 주도적으로 참여하는 전도부인 또는 여전도인의 활동 영역으로 들어가는 변화를 겪게 된다.
　오한나는 휴 밀러의 설명 그대로, 1902년에 BFBS 소속 권서로 고용되어 캐나다선교부 소속 선교사 루이즈 맥컬리(Louise H. McCully, 리루이시, 1864-1945, 이하 '맥컬리')의 지도를 받으며 부인권서 활동을 시작하였다.[5] BFBS의 성

---

4)　　Hugh Miller, "Scripture Distribution," *Korea Mission Field,* November 1911, 284.

5)　　옥성득, 이만열, 『대한성서공회사 자료집 제1권』(서울: 대한성서공회, 1994), 630-33.

경반포통계에 따르면 1897년에 처음 등장하는 부인권서의 통계가 258명이고 1903년에는 거의 4천 명에 육박하지만 일부의 이름만 보고서에 드물게 등장할 뿐 부인권서 대부분의 이름은 드러나지 않았다.[6] 오한나도 이름이 드러나지 않은 부인권서들 중 한 명이었다. 다만 1905년경으로 기록되어 있는 한 장의 사진을 통해 우리는 그의 신상에 관한 희미한 정보를 얻을 수 있다. 던칸 맥레이(Duncan McRae, 마구례, 1869-1949, 이하 '맥레이') 선교사 부부, 맥컬리와 함께 찍은 사진에는 그들과 함께 활동했던 조선인들도 함께 등장하는데 그중에 오 씨와 오한나가 나란히 자리를 잡고 있다. 이를 볼 때 당시에는 오한나의 남편이 생존해 있었고 이들 부부는 원산 지역에서 활동하는 교회의 지도자였을 가능성이 높다.[7]

부인권서로서 오한나와 관련된 가장 빠른 기록은 맥컬리의 1903년 선교 보고서에서 찾아볼 수 있는데, 그는 늦어도 1902년 상반기에 이미 영국성서공회의 부인권서로 고용되어 있었다. 동시에 원산 지역의 교회 여성들이 그를 재정적으로 후원했다. 맥컬리는 오한나와 다른 부인권서 리디아가 충성스럽게 일을 하고 있으며 복음을 듣지 못한 많은 가정을 방문하고, 성경, 복음서, 소책자, 입문서 등을 상당량 판매했다고 보고하였다.[8] 오한나에 관한 기록은 맥컬리의 1904년 보고서에도 등장한다. 그는 주로 원산 지역 바깥에서 활동을 하곤 했는데, 맥컬리가 전도를 위해 순회여행을 할 때면 늘 동행했다. 그는 1년 동안 1,160킬로미터를 직접 걸어다니면서 1,200명이 넘는 여성들에게 복음을 전파했다. 그가 발로 걷지 않은 경우는 병에서 회복된 후 배로 한 번, 짐 끄는 말로 한 번, 이렇게 단 두 번이었다.[9]

---

6)　류대영, 옥성득, 이만열, 『대한성서공회사 II: 번역·반포와 권서사업』(서울: 대한성서공회, 1994), 242.

7)　차재명 편, 『조선예수교장로회사기 상』(서울: 한국기독교역사연구소, 2014), 68. (참고: 원산 명석동교회 설립자들 중 오승초라는 인물이 등장한다. 조선인 지도자가 그리 많지 않았던 시기였으므로 같은 성을 사용한 오한나가 그의 부인이 아니었을까 짐작해 본다. 또한 캐나다장로교회 선교 이전에 원산에서 활동했던 미국 북장로교회 선교사 스왈른의 편지에 O Suntal이 등장하는데, 이를 오선달로 읽을 수 있고 그가 오승초와 동일 인물이라면 그는 당시 권서 활동에 적합한 식자층이었을 것이다. (참고: 오한나는 김은정의 『미국 북장로회 한국선교와 전도부인』206쪽에 등장하는 마가렛 베스트 선교사의 전도부인 박도신과 비슷한 사례로 보인다.)

8)　"Foreign Mission Report of the Presbyterian Church in Canada," in *The Acts and Proceedings of the Twenty-Ninth General Assembly of the Presbyterian Church in Canada* (1903), 143-44.

9)　"Foreign Mission Report of the Presbyterian Church in Canada," in *The Acts and Proceedings*

맥컬리는 "성서공회에서 급여를 받는 한나를 지도하는 일이 1년 동안의 사역에 있어서 적지 않은 부분을 차지"했으며 "하나님께서 그가 일할 수 있도록 상당한 영혼을 맡기신 것으로 믿는다"고 평가했다.[10] 이 평가를 볼 때 오한나는 충실한 부인권서였음에 틀림없지만 당시로서는 활동을 시작한 지 얼마 되지 않은 권서의 역할에 집중하는, 여타의 부인권서들과 차별점이 드러나지 않는 인물로 보인다.

2. 대각성을 경험한 전도부인이 시베리아로

그런데 1907년에 오한나는 대각성을 경험한다. 1월에 함흥에서 열린 부흥회에 참석하였는데 그는 거기서 처음으로 성령의 세례를 받고 그 다음 부흥회에서는 이 경험이 더욱 깊어지면서 전에 알지 못했던 능력의 진정한 비밀을 깨달았으며 완전히 하나님 앞에 항복하게 되었던 것이다. "나는 예전에 육신을 따라 일을 했습니다. 그러나 이제는 그것이 얼마나 적은 성과를 이루는지 보고 성령의 능력이 항상 필요하다는 것을 깨달았습니다."[11] 이런 놀라운 고백을 하게 된 오한나는 예전에 비하여 걸어다니는 거리는 줄어들었으나, 줄어든 거리를 상쇄하고도 남을 만큼 유능한 일꾼으로 변모했다. 그는 약한 자매들에게 복된 존재가 되었다. 그들에게 필요한 것이 무엇인지 알아 공급하고, 공감하고, 가르쳤다. 또한 426권의 복음서를 판매하고 3천 명의 여성들에게 설교하고 주일학교에서 학생들을 가르쳤다. 순회여행을 할 때면 늘 앞서가서 권서 활동을 하고 일행을 기다렸으며 기독교인을 찾아나서는 순회여행에서는 선교사인 맥컬리에게 좋은 곳을 내어주고 자신은 낯선 이들과 함께 잠을 청하기도 했다.[12]

오한나는 이제 선교사가 할 수 없는 것들을 대신 해냈다. 맥컬리는 이를 "그는 외국인의 말과 표현 방법을 이해하기 어려운 어두운 때와 여성들이 우리의 개인적인 가르침을 수용할 수 있는 때, 그 사이의 빈 공간을 아름답게 채

of the Thirtieth General Assembly of the Presbyterian Church in Canada (1904), 136.

10) 위의 글, 136.

11) Louise McCully, "Fruits of the Revivlal," Korea Mission Field, June 1907, 84.

12) Louise McCully, "Reminiscences of Early Days," Korea Mission Field, April 1939, 69.

우는 것 같습니다" 라고 표현했다.[13] 그는 예배가 시작되기 전 여성들을 모아 먼저 기도하도록 했고 선교사의 설명으로는 이해하기 힘든 진리를 단순하고 열정적인 방식으로 설명했다. 남성들조차도 오한나에게 존경을 표했고 어떤 곳에서는 남녀가 모두 모인 자리에서 기도회를 인도하기도 했다. 맥컬리는 오한나에 대하여 이렇게 말했다.

> 저의 전도부인 오한나에 대한 지난 해의 보고서를 제출하는 것은 저에게 큰 기쁨입니다. 저의 이야기는 여러 가지 면에서 이전의 것들과 다를 것이며 저는 이 이야기가 굉장한 눈길을 끌게 되리라고 확신합니다. …… 여성이 이처럼 (남녀 모두에게) 존경을 받는 것이 어떤 의미인지를 이해하기 위해서는 이 동양에서 여성에게 부여된 열등한 위치를 이해해야 합니다.[14]

한국교회는 급속히 성장하여 "선교사의 능력을 빠르게 초월했다." 부인권서들은 더 이상 책만 팔고 가르치는 단순한 권서가 아니었다.[15] 그들은 '부인권서'에서 '전도부인'으로 발전했고 지경이 점점 넓어졌다. 1900년대 후반에 오한나의 활동 영역은 구체적으로 두 가지 면에서 넓어졌다.

첫째 1909년 11월에 함흥에서 여전도회가 조직되었다. 맥컬리가 주도하여 조직한 것으로 보이는 함흥여전도회는 캐나다 교회의 여선교회(W.F.M.S)의 구조를 모델로 삼고 그곳의 조항과 내규를 가져와 번역하여 조직을 갖추었다. 기본적으로는 함흥 지역 이곳저곳에 여성 설교자를 파송하는 것을 목적으로 삼았고, 국가들의 목록을 제시하여 이 국가들을 위하여 함께 기도하도록 했다. 아프리카, 인도 등 낯선 이름의 대륙과 국가를 위하여 여전도회 회원들이 기도하기 시작함으로써 세계복음화를 위한 기도의 동역이 시작되었다. 이 함흥여전도회의 첫 회장이 맥컬리였고 그의 전도부인 오한나가 서기가 되면서 완전히 교회여성들의 조직 속으로 들어갔다.[16] 그는 몇 년 후 캐나다장로교회 여

---

13) Louise McCully, "Fruits of the Revivlal," *Korea Mission Field*, June 1907, 84.

14) 위의 글, 83-84.

15) "Foreign Mission Report of the Presbyterian Church in Canada," in *The Acts and Proceedings of the Thirty-Seventh General Assembly of the Presbyterian Church in Canada* (1911), 93, 95.

16) "The Story of Ham Heung for the Past Year," *Korea Mission Field*, Fabruary 1910, 36-37.

선교회 최초의 조선인 평생회원이 되었다.[17] 이렇게 조직된 여전도회가 훗날 함남노회 여전도회연합회로 발전하였고 여전도회전국연합회가 결성될 때 맥컬리가 첫 번째 회장으로 활동하였다.

둘째 1910년에 오한나는 국경을 넘어 러시아 블라디보스토크 여전도인으로 파송되었다. 1909년에 열린 제3회 예수교장로회대한노회는 최관흘을 블라디보스토크 선교사로 파송하였고 이어서 1910년에 한병직을 블라디보스토크 전도인으로 정하였다.[18] 최관흘은 오한나를 블라디보스토크로 보내달라고 "강력하게" 요청하였다. 오한나는 이미 유능하고 유명한 전도부인으로 활발하게 활동하고 있었기 때문에 그런 그를 러시아로 파송할 경우 그의 자리를 대신할 만한 사람도 없었고 감당해야 하는 비용도 컸다. 그럼에도 함흥과 성진 지역의 교회여성들은 헌금을 모았고, 일단 6개월 약속으로 오한나를 파송하였다.[19]

1910년 7월, 그의 도착 소식은 블라디보스토크 한인신문인 대동공보를 통해 알려졌다. "함경남북도 예수교회 부인 가운데서 전도사로 보낸 오한나씨는 오는 일요일부터 각처 부인을 모으고 일주일 동안 부인의 마땅히 행할 도리를 교*하며 매일 저녁 **재책으로 연설한다***"[20] 그는 도착한 첫 번째 주일부터 사경회를 열었다. 이 사경회에는 블라디보스토크에서 약 1백 킬로미터 떨어진 우수리스크(소왕령)에 있는 여학생 5명이 기차를 타고 와 참석하는 등 성황을 이루었다.[21] 매 저녁마다 다채로운 프로그램이 함께 진행되었는데, "월요일 저녁엔 고금현 부인의 역사로 화요일엔 위생으로 수요일 저녁엔 아령에 있는 한인을 어찌하면 구할 방책으로 문제하고 남녀교우가 각히 연설하였다."[22] 사역을 시작한 지 한 달 뒤에는 많은 이들이 교회에 모여 공식적으로 오

---

17) Louise McCully, "An Appreciation," *The Message*, April 1922, 4.

18) 『예수교장로회대한노회 제3회 회록』(1909), 23; 『예수교장로회대한노회 제4회 회록』(1910), 23

19) "Foreign Mission Report of the Presbyterian Church in Canada," in *The Acts and Proceedings of the Thirty-Seventh General Assembly of the Presbyterian Church in Canada* (1911), 93.

20) "도리를 강론", 대동공보 2권 36호 1910. 7. 14. 3면.

21) "여학도 실물" 대동공보 1910년 8월 4일 3면.

22) "교회당 연설회" 대동공보 1910년 7월 21일. 3면.

한나를 환영해주었다.[23] 오한나는 사경회에서 가르치는 것 외에도 소학회를 조직하여 남녀 학생을 양성하는 등 성공적으로 사역을 수행하였다.[24]

보고서에 따르면 그의 사역이 큰 성공을 거두어 추가로 6개월을 머무를 가능성이 있었다. 그런데 1910년 8월 22일에 일본이 한국의 국권을 강제로 빼앗으면서 일제강점기가 시작되었다. 한인신문인 대동공보가 폐간되었으며, 이어서 발간된 대양보도 온전하게 남아있지 않아 이후 상황은 정확하게 파악하기가 힘들다.[25] 다만 함경도의 교회여성들은 오한나의 추가 사역을 위하여 1년 동안 200엔(약 100달러)을 헌금했다는 기록이 남아 있다.[26]

4. 선교사와 교회여성의 친구

블라디보스토크에서 돌아온 오한나는 여전히 맥컬리와 함께 다니며 여성들을 위하여 이곳저곳에서 사경회를 진행하였다. 이즈음 캐나다선교부 연례회의에서는 함흥을 여성 사역을 위한 중심 지역으로 선택하고 여자성경학원을 개원하기로 결정하였다. 맥컬리가 이 일을 주도했는데, 그는 훗날 "매우 길고 힘든 순회에서 돌아오는 길에 조선을 복음화하기 위해서는 지금까지의 방법이 아닌 다른 특별한 방법이 필요하고, 이것이 바로 성경학원을 세우는 일이며, 이 일을 하나님께서 자신에게 맡기셨음을 강하게 느꼈다"고 회고했다.[27] 학원의 이름은 '마르다 윌슨 기념 여자성경학원'으로 맥컬리 어머니의 이름을 가져온 것이었다. 맥컬리는 선교부가 "이 새로운 모험"의 재정 문제를 해결할 수 없을 것이라고 생각하고 기도했다. 그리고 캐나다에 있는 친구들에게 개인

---

23) "전별과 환영" 대동공보 제2권 47호 1910. 8. 21. 3면.

24) 박치형, "外地敎會略史 로령 해삼항 신개척 교회(속)," ≪기독신보≫, 1917년 5월 2일, 5면.

25) ≪대동공보≫에 대하여는 박환, 『러시아지역 한인언론과 민족운동』(서울: 경인문화사,)를 참고하라.

26) "Foreign Mission Report of the Presbyterian Church in Canada," in *The Acts and Proceedings of the Thirty-Seventh General Assembly of the Presbyterian Church in Canada* (1911), 93, 95; "Foreign Mission Report of the Presbyterian Church in Canada," in *The Acts and Proceedings of the Thirty-Eighth General Assembly of the Presbyterian Church in Canada* (1912), 95. (참고: 당시 여전도회는 캐나다여선교회를 모체로 하여 만들어졌으므로 조선지회라는 표현을 사용하였다.)

27) Louise H. McCully, "My Best Work," *Korea Mission Field,* December 1918, 259.

적으로 부탁했고 이들이 적은 금액으로 돕기 시작했다.[28] 이것이 성경학원의
시작이었으므로 학원에 어머니의 이름을 붙였고 그가 직접 교장이 되어 여성
교육을 주도할 수 있었다.

학원의 기본적인 목적은 "선교부 관할 아래 있는 모든 지역을 위하여 자
격을 갖춘 조선인 교사를 최소한 1명 이상 준비시키는 것이었고, 가장 공격적
인 전도 기관 중 하나로 계획되었다."[29] 매년 3개월씩 5년 과정을 공부하는 것
으로 시작되었는데, 1910년 첫 학기에 원산, 성진과 다른 작은 지역에서 온 28
명의 학생이 등록하였고, 다음 해에는 첫 학기 학생 20명을 포함한 34명의 학
생이 등록했다. 1912년에는 간도와 블라디보스토크, 1913년에는 하얼빈에서
온 학생들이 등록했다.[30] 그리고 전도부인 오한나는 성경학원 기숙사의 사감
이 되어 학생 52명을 관리하게 되었다.[31]

> 학생은 신입생 합하야 47인이라 하며 또 츄긔브터는 내용의 츙실을 도모키 위하
> 여 종래 1개년 강습긔간 3개월이던 거슬 8개월노 하고 과뎡에 변갱을 더하야 년
> 녀자로 하여금 지식뎐 신앙심을 갈너서 완젼한 교역쟈를 만들도록 년령 18세 이
> 상 30세 내외의 년녀자로 다소간 졍도가 잇는 학생을 모집하야 교수할 본과를
> 신설할 터이라는대 쟝차 유망한 교역쟈를 양성하는 긔관이 되리라더라.[32]

1921년에는 성경학원에 본과를 신설하기로 결정하여 더욱 유망한 교역자
를 양성하는 기관으로 변모하고자 노력하였다.

활발한 활동을 이어가던 1920년에 오한나는 심한 감기를 앓았고 이에 따

---

28) "The Martha Wilson Memorial Bible Institute," *The Message,* February 1922, 7.

29) "Foreign Mission Report of the Presbyterian Church in Canada," in *The Acts and Proceedings of the Thirty-Eighth General Assembly of the Presbyterian Church in Canada* (1912), 94-95.

30) 위의 글, 94-95; "Foreign Mission Report of the Presbyterian Church in Canada," in *The Acts and Proceedings of the Thirty-Ninth General Assembly of the Presbyterian Church in Canada* (1913), 105.; "Foreign Mission Report of the Presbyterian Church in Canada," in *The Acts and Proceedings of the Fortieth General Assembly of the Presbyterian Church in Canada* (1914), 105.

31) "Foreign Mission Report of the Presbyterian Church in Canada," in *The Acts and Proceedings of the Forty-Third General Assembly of the Presbyterian Church in Canada* (1917), 105.

32) "원산항교회 여성경학원," ≪기독신보≫, 1921년 5월 25일, 2면.

른 폐렴으로 죽음의 문턱에 이르게 되었다. 김익두 목사의 부흥집회에 참석한 오한나는 성령의 충만한 임재를 다시 경험하였고 하나님께서 자신을 만져주셔서 다시 새로운 섬김의 자리로 나아갈 수 있도록 기름을 부어주셨다고 느꼈다. 1921년 5월에는 성경학원이 기숙사를 신축하여 옮기게 되었는데 오한나는 이 기숙사를 "가나안"이라고 불렀다. 그는 늘 감사한 마음으로 모든 것을 정리하고 학생들에게 맡길 일들까지 손수 처리하며 학생들의 생활에 대한 모든 책임을 맡아 일하였다. 방학 중에도 먼 곳에서 온 일부 학생들은 가을 학기 개강 때까지 계속해서 기숙사에서 머물렀기 때문에 오한나는 계속해서 일을 했다. 블라디보스토크에 갔던 맥컬리가 9월에 돌아왔을 때 오한나는 결핵에 걸려 더 이상 손을 쓸 수 없는 상황이 되었다. "사랑하는 한나"는 모두에게 곤란을 끼치지 않기 위하여 예전 기숙사로 옮겨갔고 11월 1일에 찬송가 "예수 예수 믿는 것은 받은 증거 많도다"를 들으며 세상을 떠났다.

그의 장례식은 교회에서 열렸고 절친했던 김익두 목사를 비롯하여 3명의 목사가 참여하였다. 오한나는 생전에 몇 명을 입양하여 돌보았다. 그중 두 명은 의사가 되었는데 한 명은 오한나의 장례식 중 워싱턴 회의와 관련되어 일제 당국에 체포 당했다. 다른 한 명은 북경에서 공부하고 있었고 세 번째 아들은 오한나가 블라디보스토크에 있을 당시에 주님께로 인도하여 미국에서 공부하고 있었다. 오한나를 친어머니처럼 여기는 전도부인 정다비다는 블라디보스토크 교회에서 일하고 있었다. 수백 명의 사람이 장례식에 참석하여 오한나의 죽음을 애도했다.

맥컬리는 캐나다 여선교회의 친구들에게 보내는 감사의 글을 통하여 오한나의 투병에서부터 죽음에 이르기까지의 과정을 자세하게 기술하였다. 그는 오한나에 대하여 이렇게 썼다.

11월 1일, 주님이 나의 조선 여성들 중 가장 오랜 친구이자 가장 친한 친구 중 한 분, 한나 오한나를 더 높은 섬김의 자리로 부르셨습니다. 그는 많은 캐나다 친구들에게 유명한 인물입니다. 그는 20년 동안 여성들에게 복음을 전하는 일에 함께 했으며 그 많은 기쁨과 슬픔을 함께 나눴습니다. 그는 조선 사역에 있어서 나의 둘도 없는 친구이자 조언자였으며 "마르다 월슨 기념" 성경학원의 창립 때부터 사랑과 헌신으로 일해왔습니다. 늘 그렇듯 그는 모든 일에 있어서 저의 "오른

손'이었습니다. …… 힘든 순회여행의 시간과 사역의 무게가 저를 짓눌렀던 때 저
를 위하여 그토록 아끼지 않고 힘을 쏟아부었던 사람. 그 한 사람을 섬기는 차례
가 돌아온 마지막 날들 동안 기쁨과 슬픔이 섞였습니다. 마지막에 그와 함께할
권리가 저보다 더 강한 사람이 없게 되자, 그는 정말 감사했고 제가 거기 있어서
그는 매우 만족스러워 보였습니다.[33]

오한나에 대한 맥컬리의 기억은 훗날까지도 계속되어 현직에서 은퇴한 후
에도 맥컬리는 오한나와 함께 했던 시간을 그리워하고 감사하게 생각했다.[34]
약 20년 동안 온 힘을 다해 복음을 전하고 맥컬리와 함께 동고동락했던 오한
나는 1921년에 생을 마감했고, 오랜 시간 동안 오한나를 의지했던 성경학원은
그의 도움과 조언이 없이 가을 학기 업무를 시작하는 것이 불가능한 일처럼
보이게 되었다.[35]

III. 시베리아 '최초'의 전도부인

1. 캐나다장로교회 한국선교부의 시베리아 선교

1910년 오한나의 블라디보스토크 활동이 갖는 의미는 무엇인가? 이를 위
해 먼저 한국장로교회에서 1927년에 여전도인 한가자를 파송할 때까지로 기
간을 한정하여 캐나다선교부의 활동과 총회 및 함경지역 노회의 활동을 살펴
보고자 한다. 먼저 캐나다선교부의 활동을 살펴본다.

켄뮤어는 1886년부터 마카오와 상하이의 BFBS에서 활동해 오면서 시베
리아에 다수의 한국인 이민자들이 살고 있음을 파악하였고, 이미 1901년 캐
나다선교부에 러시아의 허가를 얻어 블라디보스토크와 시베리아에서 성경

---

33)   Louise McCully, "An Appreciation," *The Message,* April 1922, 3-4.

34)   Louise McCully, "Reminiscences of Early Days," *Korea Mission Field,* April 1939, 69.

35)   "Foreign Mission Report of the Presbyterian Church in Canada," in *The Acts and Proceedings
       of the Forti-Eighth General Assembly of the Presbyterian Church in Canada* (1922), 136.

을 판매하는 제안을 한 바 있었다.[36] 당시 캐나다 선교사들은 한국에서 자리를 잡기 위해 고군분투하고 있었던지라 그들에게 국경 너머의 선교는 무리였다. 이 제안은 로버트 그리어슨(Robert Grierson, 구례선, 1868-1965, 이하 "그리어슨") 선교사에 의하여 1903년에 실현되었다. 그리어슨은 1903년에 럽(Alexander Francis Robb, 업아력, 1872-1935) 선교사, 전도인 전훈석, 홍순국, 이두섭 등의 일행과 함께 중국 동만과 노브키에프스크(연추)를 거쳐 블라디보스토크(해삼위)까지 육지로 여행을 하였다.[37] 이들은 블라디보스토크에 있는 기독교인들과 함께 예배드리는 기쁨을 누리고 일주일 정도를 머무르며 복음을 전한 후 귀환하였다.[38] 그러나 이렇게 발걸음을 내딛은 시베리아 선교는 쉽게 진전되지 않았다.

일본은 10년 간격을 두고 1894년에는 청나라와, 1904년에는 러시아와 전쟁을 치렀다. 이 두 차례의 전쟁으로 한국은 큰 피해를 입었는데, 함경도는 러일전쟁 중 큰 피해를 입었다. 함흥에서는 130채의 집들과 만세교의 일부가 불에 탔고, 고원에서는 65채의 집들이, 문천에서는 6채의 집들이 불에 탔다. 맥레이는 "우리 선교 구역 전체에서 이 지역(함흥)만큼 사람들이 기근, 전쟁, 그리고 박해의 시련을 겪은 곳은 없습니다. 그래서 저의 보고는 동학의 봉기, 러시아 군대의 파괴, 그리고 기근에 관한 긴 이야기를 포함할 것"이라면서, 이미 많은 사람이 한국을 떠나 다른 곳으로 가고 있다는 소식을 전했다.[39]

당시에는 한국으로 파송한 인력이 너무 적었기 때문에 캐나다선교부가 시

---

36) 휴 밀러(Hugh Miller, 민휴, 1872-1957)는 그리어슨과 캐나다에서부터 절친하게 지내던 사이로, 언더우드가 적절한 일꾼을 찾지 못해 고민할 때 그리어슨의 추천을 받아 휴 밀러를 서기로 고용하였다. 1901년에 켄뮤어가 안식년 휴가를 떠나게 되면서 휴 밀러가 BFBS의 임시 총무로 임명되었다. BFBS가 캐나다선교부 추천의 권서와 부인권서를 고용한 것은 이때였고, 휴가를 떠나기 전에 이들의 만남이 있었던 것으로 보인다. 1908년 8월에는 그리어슨과 휴 밀러가 함께 전도여행을 떠나기도 했다.("Foreign Mission Report of the Presbyterian Church in Canada," in *The Acts and Proceedings of the Twenty-Ninth General Assembly of the Presbyterian Church in Canada* (1902), 136-137.). 로버트 그리어슨, 『조선을 향한 머나먼 여정 로버트 그리어슨의 선교일화와 일기』, 연규홍 역 (오산: 한신대학교 출판부, 2014), 36-37.

37) 로버트 그리어슨, 『조선을 향한 머나먼 여정 로버트 그리어슨의 선교일화와 일기』, 연규홍 역 (오산: 한신대학교 출판부, 2014), 37-42; 차재명 편, 『조선예수교장로회사기 상』(서울: 한국기독교역사연구소, 2014), 390.

38) 차재명 편, 『조선예수교장로회사기 상』(서울: 한국기독교역사연구소, 2014), 390.

39) "Foreign Mission Report of the Presbyterian Church in Canada," in *The Acts and Proceedings of the Thirty-First General Assembly of the Presbyterian Church in Canada* (1905), 149.

베리아로 선교구역을 확장하기에는 현실적으로 무리가 있었다. 그러나 함경도 지역 입장에서 간도와 시베리아는 자신들의 친인척, 이웃들이 살아가는 삶의 터전이었으므로 한국교회는 이 상황을 생각하지 않을 수 없었다. 그 사이에 원산의 교인 김사겸이 전도인 김유보와 모학수를 파송하여 교회가 설립되었다.[40] 한국장로교회는 1909년에 최관흘을 블라디보스토크 선교사로 파송하였다.[41]

그리어슨의 두 번째 러시아 여행은 최관흘이 파송되었던 이 시기에 이루어졌다. 그는 "그곳에 신자가 많이 늘어남으로써 가게 된 여행"이었다고 러시아 여행의 이유를 설명하였다. 그는 남성교우들을 맡고, 부인 레나는 여성교우들을 맡아서 일주일 동안 성경공부를 진행한 뒤 돌아왔다.[42] 오한나가 블라디보스토크 행을 요청받은 것은 아마도 이들의 여행 때였을 것이다. 앞서 언급한 것처럼 최관흘의 강력한 요청으로 유명한 전도부인 오한나는 함경도 지역 교회여성들의 후원을 받고 블라디보스토크로 가게 되었다.

그런데 시베리아를 향한 선교의 문이 열린 지 얼마 지나지 않은 1912년 제1회 조선예수교장로회 총회는 블라디보스토크 선교를 중지했다. 이는 최관흘의 정교회 개종이라는 충격적인 사건과 관련되어 있었다. 그럼에도 불구하고 캐나다선교부는 계속해서 시베리아 선교를 위해 노력했다. 맥도널드(D. A. Mcdonald, 매도널, 1883-1938) 선교사는 러시아에 만주보다 더 많은 한국인이 있으므로 이주하는 한국인들에게 도달하기 위하여 러시아 영토까지 선교가 확장될 수 있다고 보고했다.[43] 영(L. L. Young, 영재형, ?-1950) 선교사는 1916년 6

---

40) 차재명 편, 『조선예수교장로회사기 상』(서울: 한국기독교역사연구소, 2014), 390.

41) 『예수교장로회대한노회 제3회 회록』(1909), 23; 박치형, 〈外地敎會略史 로령 해삼항 신개척 교회〉, ≪기독신보≫, 1917년 4월 25일, 6면 참고: 주후 1907년 11월 경에 함경도 원산 교인 김유모 씨가 상업차로 동항에 건너와서 윤덕유씨 집에 유하면서 수삭 동안 도리를 전파하여 믿는 자가 사오인이 되었는데 조선 경성으로부터 이산하여 와서 있던 교인 이경회, 김경삼, 김치삼 제씨가 이 말을 듣고 와서 인도하며 찬미책을 써서 찬미공부도 시키고 삼삭 동안 성경공부를 시키며 열심히 전도하여 교인이 수십 인에 달하였더라. 이 소문이 원산 교회에 들리매 1908년 4월에 김감찰이라는 형님이 모서명씨를 파송하여 전도케 할새 일반 교인이 교회 규칙을 고문하여 교회를 조직하고 임시로 윤선호, 채정하 양씨를 집사널리에 임무시켰더라. 동 5월에 선교사 부두일 씨가 시찰로 건너와서 두어 주일 동안 유하며 오묘한 도리와 교회의 절차를 인도하니 믿는 자가 40여인에 달하였더라.

42) 로버트 그리어슨, 『조선을 향한 머나먼 여정 로버트 그리어슨의 선교일화와 일기』, 연규홍 역 (오산: 한신대학교 출판부, 2014), 95-97.

43) "Foreign Mission Report of the Presbyterian Church in Canada," in *The Acts and Proceedings of the Forty-First General Assembly of the Presbyterian Church in Canada* (1915), 106.

월에 러시아의 한인 교회를 3주 동안 방문했는데, 그들은 "낙담한 상태"로 "목자 없는 양처럼 그들은 흩어져 있었다."[44]

마침내 1921년 7월에 열린 선교부 연례회의에서 블라디보스토크에 선교지부를 개설하기로 결정함에 따라 일찍이 그리어슨과 맥도널드가 주장한 것처럼 선교 구역의 범위를 북쪽으로 확장하였다.[45] 오한나가 결핵으로 투병하던 시기에 맥컬리는 블라디보스토크를 방문하여 사경회를 개최하고 여전도인 정다비다의 활동에 대한 감사 인사를 전해 받기도 하였다.[46] 그러나 1923년에 볼셰비키가 연해주를 완전히 점령하면서 캐나다장로교회 선교부의 선교 활동은 힘들어졌다.

2. 조선예수교장로회 총회와 함경지역 노회의 시베리아 선교

다음, 조선예수교장로회 총회와 함경지역 노회의 활동을 살펴본다. 최관흘이 블라디보스토크에 파송되었을 때 러시아의 종교 감독국은 최관흘의 선교를 못마땅하게 생각하였다. 최관흘이 천신만고 끝에 받아든 러시아 내무성 문서의 내용을 정호상은 다음과 같이 분석하였다.

> 이 내무성의 회신은 두 가지 점을 시사해 주는데 하나는 최관흘에게 러시아인은 물론이고 한국 이민자들이라고 해도 불신자에 대한 전도 활동이 엄격히 금지된다는 것이고, 또 다른 하나는 지역 경찰서에 모임의 장소나 시간을 알리고, 정교회를 비난하지 않고 질책하지 않는다는 조건으로 기존 신자에 한하여 기도 모임을 인도할 수 있다는 것이다. 또한 경찰의 감시를 받고 있다는 사실을 분명히 알려 최관흘의 활동을 제어하려는 의도를 나타내고 있다.[47]

---

44) "Foreign Mission Report of the Presbyterian Church in Canada," in *The Acts and Proceedings of the Forty-Third General Assembly of the Presbyterian Church in Canada* (1917), 108.

45) "Foreign Mission Report of the Presbyterian Church in Canada," in *The Acts and Proceedings of the Forty-Eighth General Assembly of the Presbyterian Church in Canada* (1922), 130.

46) 위의 글, 137.

47) 정호상, "최관흘의 생애와 러시아 연해주 지역 선교 연구," 미간행 석사학위논문, 장로회신학대학교 세계선교대학원 선교학과, 2004, 20.

러시아어를 사용하지 않는 한국인들임에도 불구하고 그들을 상대로 선교 활동을 펼치는 일이 만만치 않은, 러시아 경찰의 감시를 받는 상황이었다는 것이다. 1911년에 한국인들은 원래 살고 있던 개척리를 떠나 외곽으로 이주하여 신개척리, 즉 '신한촌'이라는 마을을 형성하였다. 이 상황에서 러시아정교회는 한국인들을 강제로 정교회 교인으로 만들려는 시도까지 했다. 독노회 회록에는 블라디보스토크의 어려운 선교 상황을 짐작하게 하는 보고가 들어 있었다.

> 2. 최관흘 목사 편지 중 해삼 지경을 감리교에 맡겨 일하기를 청구하는 일에 대하여는 본 전도국에서 부하다고 작정하였사오며
>
> 3. 지나간 봄에 최관흘 목사의 편지를 보온즉 재정 곤란과 전도문이 열리지 못하여 전도하기 극난하다 하오매 본 전도국에서 성진으로 나오라 하였사옵더니 최목사의 대답이 근간 해삼 형편이 변하였다 하고 나오지 아니한 일과 전도국의 지휘 없이 아라사 피득보에 갔다가 온 일과 해삼 지경을 감리교회에 부쳐 달라 한 이 세 가지 일에 대하여 본 전도국에서의 심한 염려가 없지 못한 고로 시찰위원 부두일, 양전백, 방위량 삼씨를 택하여 보내기로 작정하였사오며[48]

시베리아 교회는 예배당이 2곳, 예배처소가 13곳, 교인이 764인, 헌금이 902원 29전으로 성장을 이루고 있었으나 결국 1912년에 열린 제1회 예수교장로회총회는 블라디보스토크 선교를 멈추기로 결정하였다.[49]

> 해삼위 전도는 사세 부득이하여 정지이옵고 최관흘 목사의 사무도 고만 두었사오며 해삼위 매서로 보낸 이재순, 신윤협 양씨는 그곳에서 전도하다가 아라사 관리에게 핍박을 당하여 간히기를 한 달 동안이나 하고 이수되기를 세 번이나 하였는데 그 고상(告狀)을 다 말할 수 없습니다. …… 해삼항교회에서는 지금은 전과 같이 예배 본다는 소식이 있사오며 …… 해삼 전도를 정지한 고로 그 예산하였던 금액을 가지고 제주에 1년 동안 전도하기 위하야 ……[50]

---

48) 『예수교장로회조선노회 제5회 회록』(1911), 26-27.

49) 위의 책, 10.

50) 『예수교장로회조선총회 제1회 회록』(1912), 18-19.

총회가 시베리아 선교를 멈춘 뒤에도 1915년 함경노회에서는 한 개척교회에 세례교인 42인을 포함 50인의 교인이 있고, 욱을노남제린교회에는 50인, 소황령교회에는 21인, 왕바산재교회에는 20인 정도의 교인이 있다는 내용의 보고가 있었다.[51] 목자 없는 양처럼 흩어진 조선인 성도들을 잊을 수 없었던 함경노회는 1917년에 박치형 목사를 블라디보스토크 선교사로 정하여 파송했다.[52] 다음 해에는 김현찬 목사를 블라디보스토크로 파송하였다.[53] 1922년에는 함북노회에서 시베리아노회를 분립할 만큼 교회가 성장을 이루었으나 급속도로 공산화가 진행되면서 결국 1925년에 시베리아노회는 폐지되었다.

3. 시베리아 최초의 전도부인

오한나가 최관흘과 동시대인 1910년에 시베리아로 파송 받았던 일은 먼저 '시베리아 최초'라는 것만으로 역사적인 의미가 있다. 그동안 알려진 대로 한국장로교회가 1926년에 결의하고 1927년이 되어서야 여전도인을 파송했다면 부끄러운 일이다. 한국에 들어온 선교사들이 여성에게 복음을 전파하기 위하여 여성이 필요하다는 것을 금방 깨달았는데, 처음부터 이를 경험하여 알고 있었던 한국장로교회가 시베리아 선교에서 이를 실천하지 않았다는 것이 된다. 바꿔 말하면 한국장로교회가 복음 전파 대상으로서 여성에게 관심을 기울이지 않았다는 방증이 된다는 것이다. 지금까지 한가자 파송 자체에만 관심을 가지고 남성사역자 파송과 여성사역자 파송 사이의 시간적 간격에 대해서는 관심을 기울이지 않았다. 그러나 최관흘과 거의 동시대에 오한나가 파송되었다는 사실은 적어도 캐나다선교부와 함경도 지역의 교회여성들만은 시베리아 지역의 이주한인여성들에 대하여 지대한 관심을 가지고 있었음을 보여준다.

둘째, 오한나가 블라디보스토크에서 사역을 마치고 귀국한 후 거꾸로 블라디보스토크에서 국내로 들어와 공부하고 시베리아로 다시 파송받는 여성사역자들이 생겨났다. 이 일은 오한나가 블라디보스토크에 사역하던 때와 비

---

51) 『조선예수교장로회 함경노회 제5회 회록』(1915). 5-6.
52) 홍기진, "장로회통신 함경노회소식," ≪기독신보≫, 1916년 9월 13일, 3면.
53) 『조선예수교장로회총회 제7회 회록』(1918), 27.

숫한 때에 맥컬리가 마르다 윌슨 기념 여자성경학원을 개원했기 때문에 가능했다. 개원 두 번째 해에 간도와 블라디보스토크에서 학생들이 왔고, 세 번째 해에는 하얼빈에서 온 학생들이 등록하여 이들을 포함한 39명이 수료증(diploma)을 받았다.[54] 비록 한 명 한 명의 이름이 구체적으로 밝혀지지는 않았지만 파송을 받은 자가 전한 복음을 수동적으로 받아들이는데 그치지 않고 적극적으로 복음전도자의 삶을 살기 위하여 뛰어든 여성들이 생겨났다는 것은 블라디보스토크를 포함한 시베리아 지역에서 복음이 퍼져나갈 수 있는 상황이 마련되었음을 보여준다.

셋째, 오한나는 비록 시간적 간격이 컸지만 그의 뒤를 이어 시베리아로 파송받은 전도부인들의 선구자가 되었다. 오한나 파송 이후 10년이 지난 뒤 전도부인 정다비다(Tabitha Chong)가 블라디보스토크로 파송되었다. 그런데 캐나다 선교부 보고서에 따르면, 정다비다는 바이블 우먼(Bible woman)이 아니라 '디커니스(Deaconess)'라고 불렸다. 캐나다 선교부는 마리아 윌슨 기념 여자성경학원 졸업생들 중에서 디커니스를 정하여 그로 하여금 한 지역의 사역을 온전히 책임지도록 했다. 따라서 이들은 명실상부한 여성사역자들이었다.[55] 우리말로는 여전히 전도부인 또는 여전도인이었지만, 캐나다 선교부 소속 선교사들은 이들을 바이블 우먼과 디커니스로 나눠서 디커니스들을 더 전문적인 사역자로 인식했던 것이다. 이런 인물 중에 오한나를 친어머니로 여기는 정다비다가 있었다. 그러므로 정다비다는 같은 블라디보스토크에서 오한나의 계보를 잇는, 그러나 더욱 교회 여성지도자로 우뚝 선 디커니스였다. 세 번째로 시베리아 우수리스크(소왕령)에 간 여전도인이 한가자인데, 그는 캐나다 선교부 보고서와 신문에만 등장한 인물이 아니라 장로교 총회 내지전도국의 결의에 의하여 '공식적으로' 파송된 여전도인이었다. 그는 러시아에서 출생하여 중등학교를 마쳤고, 부모님을 따라 정교회 신앙을 가졌다가 1920년대 중반에 장로교로 개

---

54) "Foreign Mission Report of the Presbyterian Church in Canada," in *The Acts and Proceedings of the Thirty-Eighth General Assembly of the Presbyterian Church in Canada* (1912), 94-95; "Foreign Mission Report of the Presbyterian Church in Canada," in *The Acts and Proceedings of the Thirty-Ninth General Assembly of the Presbyterian Church in Canada* (1913), 105.; "Foreign Mission Report of the Presbyterian Church in Canada," in *The Acts and Proceedings of the Fortieth General Assembly of the Presbyterian Church in Canada* (1914), 105.

55) "Foreign Mission Report of the Presbyterian Church in Canada," in *The Acts and Proceedings of the Fortieth General Assembly of the Presbyterian Church in Canada* (1921), 129.

종했다. 그가 전도부인 활동을 하기까지 어떤 공부를 했는지는 알려지지 않았다. 다만 러시아어를 유창하게 구사한 것으로 보아 비교적 이른 시기에 러시아로 이주한 가족이고 러시아식으로 교육을 받았을 것이라는 짐작을 할 따름이다.

IV. 결론

오한나는 1902년부터 캐나다 파송 선교사 루이즈 맥컬리의 지도를 받으며 BFBS 소속의 부인권서로 활동을 시작했다. 언제 기독교인이 되었는지 정확히 알 수는 없으나 그는 1907년 한반도를 휩쓸었던 대각성의 시기에 성령의 역사를 충만하게 체험하게 되고 단순한 부인권서에서 전도부인으로 성장하였다. 루이즈 맥컬리와 오한나는 힘을 합하여 함흥여전도회를 조직하여 각각 회장과 서기로 섬겼다. 오한나는 캐나다 여선교회로부터 평생회원의 영예를 받기도 했다. 그러던 중 1910년에는 블라디보스토크에 있는 조선인 교회에서 복음을 전해달라는 최관흘의 강력한 요청을 받고 함흥을 비롯한 함경도 지역의 교회여성들의 지원을 받아 블라디보스토크로 향하였다. 그는 거기서 최소 6개월에서 최대 1년 동안 여성들에게 성경을 가르치고 소학회를 세워 남녀 학생들을 가르치는 등 복음을 전하며 교회를 조직화하는데 힘써 사역을 성공적으로 수행하였다. 다시 함경도로 돌아온 이후로는 전도부인의 일과 마르다 윌슨 기념 여자성경학원의 기숙사 사감직을 병행하며 계속해서 루이즈 맥컬리와 짝을 이뤄 일하였다. 1921년에 결핵에 걸려 투병 중 꿈에도 그리며 기도하던 성경학원의 새 기숙사를 '가나안'이라고 부르며 기뻐하였으나 11월 1일에 세상을 떠났다. 루이즈 맥컬리는 그를 '친구'라고 부르며 애도했고 그가 입양했던 몇 명의 의사들을 비롯하여 수많은 이들이 그의 죽음을 애도하며 기억했다.

캐나다 선교부는 간도와 시베리아로 이주한 한국인들의 실상을 파악한 뒤 그곳으로 선교의 영역을 확장하기 위하여 지속적으로 노력했다. 그들은 적은 선교인력으로 활동했지만 결국 1913년에는 용정 선교부를, 1921년에는 시베리아 선교부를 설치하였다. 시베리아 선교에 있어서 함경대리회(훗날 함경노회에서 함남노회, 함북노회로)의 공이 컸다. 총회 차원에서 시베리아 선교를 하자고 헌의했고 노회가 자체적으로 전도목사를 파견하기도 하면서 시베리아 선교에 대한 끈을 놓지 않았다. 결과적으로 조선예수교장로회 총회는 1909년 최관흘 목사 파송으로부터 시작해서 1923년에는 함북노회로부터 시베리아노회를 분립하여 단독 노회를 구성하게 된다.

캐나다 선교부와 함경도 지역의 교회여성들은 10년에 걸쳐 오한나, 정다비다를 시베리아로 파송하고 또한 그곳에서 국내로 들어오는 여성들에게 신학적인 교육을 제공하여 지도자로 양성하였다. 마지막에는 장로교 총회의 결의로 한가자를 파송하였다. 이 모든 것의 처음에 오한나가 있었다. 오한나의 블라디보스토크 파송은 시베리아 지역 한인여성들에 대하 교회의 관심이었고, 교회여성지도자 양성의 출발점이 되어 주었고, 오한나, 정다비다, 한가자로 이어지는 시베리아의 3대 전도부인들의 선구자를 세운 사건이었다. 필자는 오한나에게 '시베리아 최초의 전도부인'이 아니라 '시베리아 최초의 여성 선교사'라는 타이틀을 붙여 본다.

참고문헌

그리어슨, 로버트. 『조선을 향한 머나먼 여정 로버트 그리어슨의 선교일화와 일기』. 연규홍 역.
　　오산: 한신대학교 출판부, 2014.

류대영, 옥성득, 이만열. 『대한성서공회사 II: 번역·반포와 권서사업』. 서울: 대한성서공회,
　　1994.

맥레이, 헬렌 프레이저. 『팔룡산 호랑이 던칸 M. 맥레 목사의 삶』. 연규홍 역. 오산: 한신
　　대학교출판부, 2010.

박치형. "外地教會略史 로령 해삼항 신개척 교회." ≪기독신보≫. 1917년 4월 25일, 6면.

박치형. "外地教會略史 로령 해삼항 신개척 교회(속)." ≪기독신보≫. 1917년 5월 2일, 5면.

『예수교장로회대한노회 제3회 회록』. 1909.

『예수교장로회대한노회 제4회 회록』. 1910.

『예수교장로회조선노회 제5회 회록』. 1911.

『예수교장로회조선총회 제1회 회록』. 1912.

"원산항교회 여성경학원." ≪기독신보≫. 1921년 5월 25일, 2면.

정호상. "최관흘의 생애와 러시아 연해주 지역 선교 연구." 미간행 석사학위논문, 장로회신학
　　대학교 세계선교대학원 선교학과, 2004.

『조선예수교장로회총회 제7회 회록』. 1918.

『조선예수교장로회총회 제16회 회록』. 1927.

『조선예수교장로회 함경노회 제5회 회록』. 1915.

차재명 편. 『조선예수교장로회사기 상』. 서울: 한국기독교역사연구소, 2014).

"최목사 이시도임." ≪기독신보≫. 1927년 2월 2일, 3면.

홍기진. "장로회통신 함경노회소식." ≪기독신보≫. 1916년 9월 13일, 3면.

"Foreign Mission Report of the Presbyterian Church in Canada," in *The Acts and Proceedings of
　　the Twenty-Ninth General Assembly of the Presbyterian Church in Canada*. Toronto:
　　Murray Printing Company, 1903.

"Foreign Mission Report of the Presbyterian Church in Canada," in *The Acts and Proceedings of
　　the Thirtieth General Assembly of the Presbyterian Church in Canada*. Toronto: Murray
　　Printing Company, 1904.

"Foreign Mission Report of the Presbyterian Church in Canada," in *The Acts and Proceedings
　　of the Thirty-First General Assembly of the Presbyterian Church in Canada*. Toronto:
　　Murray Printing Company, 1905.

"Foreign Mission Report of the Presbyterian Church in Canada," in *The Acts and Proceedings of
　　the Thirty-Seventh General Assembly of the Presbyterian Church in Canada*. Toronto:

Murray Printing Company, 1911.

"Foreign Mission Report of the Presbyterian Church in Canada," in *The Acts and Proceedings of the Thirty-Eighth General Assembly of the Presbyterian Church in Canada.* Toronto: Murray Printing Company, 1912.

"Foreign Mission Report of the Presbyterian Church in Canada," in *The Acts and Proceedings of the Thirty-Ninth General Assembly of the Presbyterian Church in Canada.* Toronto: Murray Printing Company, 1913.

"Foreign Mission Report of the Presbyterian Church in Canada," in *The Acts and Proceedings of the Fortieth General Assembly of the Presbyterian Church in Canada.* Toronto: Murray Printing Company, 1914.

"Foreign Mission Report of the Presbyterian Church in Canada," in *The Acts and Proceedings of the Forty-First General Assembly of the Presbyterian Church in Canada.* Toronto: Murray Printing Company, 1915.

"Foreign Mission Report of the Presbyterian Church in Canada," in *The Acts and Proceedings of the Forty-Third General Assembly of the Presbyterian Church in Canada.* Toronto: Murray Printing Company, 1917.

"Foreign Mission Report of the Presbyterian Church in Canada," in *The Acts and Proceedings of the Forty-Eighth General Assembly of the Presbyterian Church in Canada.* Toronto: Murray Printing Company, 1922.

McCully, Louise H. "An Appreciation." *The Message.* April 1922.

_____. "Fruits of the Revivlal." *Korea Mission Field.* June 1907.

_____. "My Best Work." *Korea Mission Field.* December 1918.

_____. "Reminiscences of Early Days." *Korea Mission Field.* April 1939.

Miller, Hugh. "Scripture Distribution." *Korea Mission Field.* November 1911.

"The Martha Wilson Memorial Bible Institute." *The Message.* February 1922.

"The Story of Ham Heung for the Past Year." *Korea Mission Field.* February 1910.

미북장로회 선교와 전도부인: 초기 전도부인 양성의 역사(1887-1923)[1]

김은정[2]

1. 들어가며: 장로교의 사경회 전통과 여성

미장로교 선교동역자 이은주 목사는 돌아가신 외할머니의 말씀을 종종 떠올린다. 할머니는 미국 캘리포니아주에서 말년을 보내셨지만 본래 평양 출신으로 장대현교회 교인이었다. 이북 실향민인 할머니 친구들이 모이면 한결같이 사경회 이야기를 많이 하곤 했다. 할머니가 살아계실 때는 사경회가 뭐 그리 대단한 것이었나 하고 귀 기울이지 않았지만, 나이가 들수록 궁금해진다. 그분들에게 사경회는 무엇이었기에 그렇게 자주 생각하고 이야깃거리로 삼으셨을까? 다시 경험해보지 못할 경이로운 사건이었을까? 고향을 떠날 때 가장 소중히 기억하고 싶은 아름다운 추억이었을까? 오늘날과 같이 직제가 발달하고 제도화된 한국교회에서 선교사의 기억을 더듬는다는 것은 과거의 향수에 젖은 감상적 시간 낭비라고 치부해버릴 수 있지만, 우리 신앙적 정체성의 온전한 조각을 찾는 일이라면 더 깊이 탐구해볼 가치가 있을 것이다.

말씀을 연구하고 깊이 생각한다는 뜻의 사경회(査經會)는 초기 한국 기독교인들이 오랜 유교적 관습과 무교적 신앙의식을 벗고 일제 식민지 치하에서 예수의 가르침을 삶으로 살아내기 위한 중요한 제도이자 프로그램이었다. 성경공부와 여러 가지 문화 교양 강좌를 혼합한 사경회 전통은 수련회와 부흥회

---

1) 필자의 박사학위논문 「미국북장로회 전도부인 연구」(연세대학교 연합신학대학원 박사학위
   논문, 2021)의 내용 일부를 편집 보완한 글임을 미리 밝혀둡니다.
2) 전국여교역자연합회 사무총장, 연세대학교 강사

로 계속 이어졌는데 장로교에서는 체험적 신앙보다 말씀과 새로운 지식을 전달하는 강의 중심으로 사경회가 발달했다. 그 안에서 새벽기도는 참가자들이 자발적으로 시작했고, 성경공부가 끝난 뒤 선교사와 강사가 잠든 후에도 삼삼오오 모인 이들의 찬송과 기도가 이어졌다고 한다. 사경회는 점차 전도부인을 양성하는 성경학교로 발전했고, 대사경회에서 훈련받은 전도부인들이 소사경회의 강사가 되는 등 여성들이 성경교사와 목회자로 리더십을 키워나갈 수 있는 교회 여성교육의 근간이었다.

사경회가 유행한 시대적 배경은 우리나라의 근대계몽기라 할 수 있는데, 조선의 개항 이후 한국 사회는 반외세의 정신을 자주독립의 정신으로, 반봉건의 기치는 문명화로 방향을 틀고 중국중심적인 세계관에서 차차 벗어나는 길로 나아갔다. 개화와 자강독립의 정신은 갑신정변, 동학혁명, 갑오경장 등을 거치며 소수의 개화된 지식인에서 대중에게로 확산되었다. 갑오경장 전후로 1910년대 초반에 이르는 근대계몽기 동안 여성들은 드디어 목소리를 내고, 단체를 만들기 시작했다. 1898년 9월 서울 북촌 부인들을 중심으로 찬양회라는 최초의 여성단체가 결성된 이후, 순성회, 여우회, 한일부인회, 여성교육회 등 여성계몽과 풍속개화, 교육의 평등권을 실현하기 위한 여성운동이 일어났다. 1905년에서 1910년 사이에는 제2차 여권운동의 물결인 여학교 설립운동도 활발했다. 또 이 시기에 교사, 의사, 간호사와 같은 근대적 직업여성이 출현했으며, 여성계를 위한 잡지도 발간되었다.

동시대 한국교회는 청일전쟁 이후 기하급수적인 성장을 하게 된다.[3] 이 기간에 개신교에 대한 지식과 정보의 주된 공론장은 사경회였다. 제국주의의 각축전 속에서 사회경제적 안정을 찾거나, 세기말의 묵시적 위기를 느끼는 민중은 의지할 힘이 될 만한 것들을 찾았다. 선교사들은 지식에 대한 열망과 가난에 대한 의식으로 몰려오던 개항기의 신자들과 조금 다른 교회로의 물결을 의식했다. 그 정점은 1907년 대부흥이었다. 선교사들은 1907년에 일어난 두 번째 물결을 뒤돌아보며 "외국 기독교인과의 친밀한 연합을 통해 일본의 통치 지배로부터 자유를 얻을 수 있으리라는 희망"때문이었다고 진단한다.[4] 그러

---

3)　Sung-Deuk Oak, "Discourses on the Declines of Protestantism in Colonial Korea, 1910-1934", 「신학논단」제94집(2018, 12), 171-209.

4)　"Causes of the Revival in Korea", *The Missionary Review of the World* (Sep., 1921), 669.

나 자강과 개화의 근대를 향한 정치적 열망은 여성들에게는 일상적 차원에서 다른 의미를 가질 수 있다. 여성들은 주요 도시에서 열리는 사경회를 통해 선교사가 가져온 서양 문물과 직접 접촉할 수 있었다. 새로운 경험은 새로운 의식을 낳고 입에서 입으로 전파되었다.

여선교사의 역할도 우리 사회에 적지 않은 영향을 주었다. 개신교와 한국 여성개화의 관계에 대해 일찍이 연구한 박용옥은 여성개화에 대한 조선사회의 내적 요구가 실학운동, 동학운동 등을 통해 표출되었으나 개신교의 여선교사들이 보여준 교육과 의료, 자선 사업이 여성개화의 의지를 더욱 불타오르게 한 촉발제라고 보았다.[5] 한국 여성들의 내적 요구를 잘 대변할 수 있는 메시지와 새로운 대안을 개신교가 갖고 있었다는 뜻이다. 민란의 시대가 가고 연설과 토론의 시대가 열리면서 토론회, 신문, 잡지, 각종 출판물 등이 나타났을 때, 여선교사들이 양성한 전도부인은 근대적 미디어에 접근하지 못하는 대중 여성들에게 그 자체로 신문이자 잡지와 같이 미디어 역할을 했으며 개신교의 왕성한 전파력을 상징했다. 이들은 사경회라는 종교교육 체계를 통해 활동했다.

2. 미국 북장로회 초기 여성사역

한국에서 장로회 선교사들이 선교전략을 수립하기까지 세 번의 중요한 선교회의가 있었다. 첫 번째는 1890년, 6월 네비어스 박사 부부의 방한이었다. 마펫은 2주간 네비어스 부부와 젊은 선교사들의 만남이 훗날 한국교회의 특징이 된 사경회와 자급 원칙에 영향을 주었다고 평가했다. 이때 논의된 사항들을 바탕으로 4개의 장로회 선교사들이 모인 가운데 1893년 1월에 열린 한국장로교선교부공의회(The Council of Presbyterian Missions in Korea)에서 한국 현장에 적용하여 선교회의 규칙과 정관, 선교전략을 확정했다. 그리고 부산과 원산, 평양까지 선교지부를 확장하면서 이 전략들을 실험하고 확인하고 수정해 나갔다. 세 번째 회의는 1896년, 스피어 총무(Robert E. Speer)의 내한과 복음전

---

5)   박용옥, "기독교와 여성의 개화", 『여성, 깰지어다 일어날지어다 노래할지어다:한국기독교여성백년사』 (대한기독교출판사, 1985), 74-110.

도 요구의 긴급함에 교육 사업을 축소한 것으로 한국에서 장로교는 복음전도 사역에 가장 우선순위를 두게 되었다.[6] 북장로회 한국선교의 역사가인 해리 로즈(Harry Rhodes)는 초기에 광범위한 순회여행, 네비어스 방법 채택, 언문을 성경의 언어로 택한 세 가지를 가장 중요한 장로회 한국선교회의 전략으로 꼽 았다. 이 세 가지 전략은 여선교사들에게는 의료나 교육 사업보다 복음전도사 업에 더 치중하는 근거가 되었고, 한국 여성들에게는 개신교의 문턱을 낮추고 직접 사역으로 유인하는 기회를 열었다.

내한 여선교사들의 활동은 본국의 해외선교를 후원하는 여선교회들과 긴 밀한 관계를 가지며 "여성을 위한 여성의 일(Woman's Work for Woman)"로 표현되 었다. 여성의 일(Woman's Work)은 선교현장(전방, Frontier)과 본국(Home)에서 일어 나는 선교활동을 다 포함하였다. 본국에 있는 여선교회 회원들은 자신들의 대 표를 선교현장으로 파송하고 그들을 위해 기도하고 선교현장의 필요를 채웠 다. 전방에서는 남편 선교사와 동반한 부인 선교사가 먼저 선교지 상황을 파 악하면서 선교사역의 기초가 되는 선교사 거주지와 외교적 문제들을 해결하 고, 현지인 여성들을 탐색하고 그들의 필요를 가늠한 후 본국에 이 일을 전담 할 독신여선교사의 파송을 요청하는 방식으로 이루어졌다. 부인선교사와 독 신선교사, 본국의 후원자들 간의 긴밀한 협력 관계는 선교사들이 보내는 서신 과, 선교사의 현장보고와 기도 요청을 널리 확산시키는 정기간행물에 의해서 계속 유지될 수 있었다. 그런 의미에서 장로교회 여선교회가 연합으로 발행하 는 *Woman's Work for Woman and Our Mission Field*는 선교부에 보내는 보고서 와 지인들에게 보내는 편지들 중 선교 후방에 있는 여선교회 회원들에게 유익 할 만한 내용을 골라서 매달 서로 다른 선교지의 사역 현황을 소개했다. 그 목 적은 지역 여선교회의 작은 모임들이 이 책에 실린 내용을 읽으면서 기도하고 아이들을 가르치고 지속적인 헌금을 드려 '하나님 나라의 전진(Advance of the Kingdom of God)'에 참여하도록 하는 것이었다.

초기 개척자로서의 부인선교사의 역할은 어느 문을 두드리면 열리는지 탐 색하는 것이었다. 우리나라에 초기 선교지 탐색을 하기 위해 남편과 동행한 부

---

6) 곽안련, 『한국교회와 네비우스 선교정책』, 박용규,김춘섭 역(대한기독교서회, 1994)

인선교사는 알렌 부인(Fanny Allen)과 헤론 부인(Harriet G. Heron)으로, 둘 다 미국 동부 지역 여선교회에 소속되어 있었다. 여선교회는 이들에게 일 년에 500달러 정도의 후원금을 보냈고, 선교보고도 받았으나 직접적인 복음전파에 헌신할 책임을 요구하지 않았다. 왜냐하면 가정을 돌보고 남편을 내조하는 일이 우선하며 더 나아가 이것이 선교 활동의 일부라는 암묵적 합의가 서로 간에 있기 때문이다.[7] 이들의 임무는 "살아있는 그리스도의 편지"[8]로 살면서 기독교에 대한 저항감을 줄이고 뒤에 오는 선교사들을 위한 사역의 길을 뚫는 것이었다.

1893년 여성사역과 여학교의 관리자였던 수잔 도티(Susan A. Doty)는 매주 4~8개의 모임이 도성 내에서 이루어지고 있다고 보고한다.[9] 여학교와 여자성경반과 여성들을 위한 진료소가 이때부터 제대로 갖춰지게 되었던 것이다. 세 가지 사역의 중심은 성경반이었다. 1888년 3월에 성경반(Bible class)을 시작한 헤론 부인은 여학교의 대안적 형태로 여자성경반을 발전시켰으며, 1890년에 이르면 헤론 부인의 감독 아래 일주일 사이에 운영하는 모임은 서너 개에 이르렀다. 이런 형태의 성경공부반은 릴리어스 호튼(Lillias Horton)과 메리 헤이든(Mary Hayden), 수잔 도티(Susan Doty), 엘렌 스트롱(Ellen Strong) 등 뒤따라온 독신여선교사들에 의해 더욱 체계적으로 운영되었다. 구경꾼들이 가진 호기심을 종교적 관심으로 돌려 구도자가 되도록 하기 위해서는 기독교 전도문서를 배포하는 일과 재방문한 사람들을 정규적인 모임으로 조직하는 것을 포함했다.[10] 이런 활동을 위해서 선교회는 여성사역에 전적으로 쓸 건물들을 몇 개 확보했다.[11] 선교사들은 여학교를 중심으로 한 여성사역을 선호했는데, 여학

---

7) Dana Robert, *American Women in Mission : A Social History of Their Thought and Practice* (Macon, GA: Mercer University Press, 1996), 68-69.

8) 19th Annual Report of the Woman's Presbyterian Board of Missions of the Northeast (Chicago: C. H. Blakely & Co. Printers, 1890), 65.

9) Susan Doty, "General Report of Woman's Work, Seoul", 1893.

10) 릴리어스 호튼의 서신, 1888년 10월 13일, 옥성득·이만열 편, 『언더우드 자료집』 1권(연세대학교출판부, 2005), 120.

11) 정동에 있는 여학교 구내에 있는 건물, 관우물골에 위치한 여자성경관(Woman's Bible House)은 남성들의 시선으로부터 안전하게 여자들이 모임을 할 수 있는 공간이었다. 연못골로 이전한 선교사들은 여자관이라는 건물을 따로 마련해서 그곳에서 방문하는 여자들을 맞았다.

교는 체계적인 강의를 할 수 있으며, 기독교적인 삶의 단면이나마 직접 눈으로 볼 수 있는 곳이어서, 구경하러 온 여성들이 스스로 교육의 필요성을 깨닫고, 자신의 딸이나 며느리를 학교에 보낼 수 있는 가능성이 있었다. 그리고 자신도 그런 교육의 혜택을 받을 수 있는 교회의 여러 모임에 참여하고 싶다는 욕구를 불러일으키는 효과가 있었다.

3. 신교육에 대한 기대와 기독교

기독교가 한국인의 호감을 얻어 선교를 확장할 수 있는 기회가 활짝 열린 시기는 청일전쟁 이후였다. 1895년 과거제가 폐지되고, 고종이 소학교령을 내리자 대중 사이에 신식 교육에 대한 관심이 급증했다. 조선은 관리를 양성하는 교육에서 근대국민양성을 위한 보통교육의 시대와 계몽기로 나아가는 길목에 있었다. 1898년 찬양회의 <여권통문>을 발의한 부인들은 문명개화한 나라의 여인들이 "사나희의게 일호도 압졔를 밧지 아니허고 후대홈을 밧음은 다름 아니라 그 학문과 지식이 사나희와 못지 아니헌고로 권리도 일반이니"라 하여 우리나라 여성이 귀먹고 눈먼 병신 모양으로 천대받는 이유가 학문과 지식이 없음이라고 여기고 여학교 설립운동을 벌였다. 1880년대 박영효나 유길준과 같은 남성 개화 지식인이 여성개화를 주장했으나 여학교라는 개념은 이들에게도 다소 급진적인 것이었다. 개신교 선교사들이 운영한 여학교가 10여 년이 지난 시점에 북촌 부인들은 여학교의 눈에 띄는 성취와 교육의 효과를 실감했을 것이다. 이들은 나라의 의무로서 여성교육을 실현할 관립여학교 설립을 요구했지만 쉽게 이루어지지 않았다. 결국 민간의 노력으로 순성여학교가 세워지는 결실을 얻었다.

1905~1910년 사이 국권회복운동의 일환으로 사립학교 설립 및 교육진흥운동이 일어났을 때 여학교 설립운동이 다시 불붙었다. 이러한 사립학교 대흥기가 도래했을 때 개신교회의 부속학교나 선교학교가 그 모델이 되었다.[12] 이

---

12) 김성학, "한말 강화지역 사립보창학교의 등장과 성장-민족과 기독교, 황실의 조우", 「한국교육사학」, 제36권, 제3호(2014,9), 1-51.

동휘(1873-1935)는 강화진위대 대대장직에 부임하여 이곳에서 감리교회가 세운 잠두의숙과 여자의숙의 영향을 받아 1904년 사비로 육영학교라는 소학교를 세웠다. 1905년 3월 29일 강화 육영학교에서 대대적인 강연회가 개최되어 850명의 학생과 학부모, 국내외 방청객들이 모였다. 이 자리에서 다른 남자 연사들과 함께 이동휘의 부인 강정혜, 김우제의 부인 박씨, 김봉일의 부인 허씨가 부인연설을 맡았는데 이들은 한목소리로 여자교육이 급선무라 역설하고, 잠두교회 지도자였던 허씨 부인은 "여자가 학문이 있으면 태교부터 입학 전까지 어머니의 교훈을 받는 것이니 여학교가 매우 급하다."라고 연설했다.[13] 이렇게 전도부인들은 여자교육의 전도사로서 여자들을 접촉하거나 집회의 현장에서 자연스럽게 말할 수 있는 기회를 얻었다.

모성 교육의 중요성을 강조하고 여학교 설립운동을 선도한 개신교는 전도부인의 여성계몽 활동에 힘입은 바가 컸다.[14] 개신교가 급속한 전파력을 가지게 된 것은 전도부인과 같은 밑바닥에서부터 올라온 풀뿌리 계몽운동가들이 있었기 때문이며, 이들은 부인회뿐 아니라 사경회라는 종교교육 체계를 통해 지식과 정보를 전파했다. 미국 북장로회 선교회의 통계에 따르면, 1909년에는 600개의 시골사경회가 열려서 총 4만1천 명이 등록했고, 6개 선교기지에는 3만 2천 명이 사경회에 참석했다. 그 사경회를 인도한 사람의 80-90%는 한국인 전도자들이었으므로 그 활동하는 사역자의 규모를 짐작할 수 있다.[15] 그중 절반을 여성 참가자로 본다면 연간 3,000명에서 4,000명에 이르는 여성들이 사경회를 통해 종교적 지식을 습득하는 것 외에도 글자를 배우고, 강연을 듣고, 토론에 참여하며 학습과 체험의 기회를 가졌다는 것이다. 사경회 참석 인원수는 교회성장률과 비례해서 1910년대 초반까지 증가했다. 그 가파른 성장세는 근대계몽기의 교육열과 비례하는 것처럼 보인다. 아이들은 학교로, 어른

---

13) "심교강연", 「황성신문」, 1905년 4월 10일.

14) 근대계몽기 여성들을 연구한 홍인숙은 이들을 신여성의 전사(前史)로 파악하고 이들을 통해 신여성의 출현을 가능하게 만든 역사적 맥락을 찾고자 한 점에 있어서 신여성 연구에서 더 한 발 들어갔다고 할 수 있다. 그러나 종교단체를 통한 계몽활동은 일반 여성사의 범주 안에서 제외되곤 한다. 홍인숙, "근대계몽기 여성 계몽과 교육운동", 『근대계몽기 여성담론』 (혜안, 2009), 153-198. 리 엘렌 스트런의 전도부인 연구는 신여성의 전사(前史)로서 전도부인을 정당하게 다루었다고 할 수 있다. Lee-Ellen R. Strawn, *Korean Bible Women* 1888 to 1930(Yonsei University Ph. D Dissertation, 2010).

15) 해리 로즈, 『미국 북장로회 한국선교회사, 1884-1934』(연세대학교출판부, 2009), 251.

들은 사경회로 몰려들었던 것이다.

4. 여성을 위한 사경회

1) 연합 부인사경회

안방에서 시작된 도시의 여사경반은 지역 거점들이 많아지면서 정기적인 연합사경회로 모이기 시작했다. 여성들을 위한 연례사경회는 서울지부는 봄에, 평양지부는 도시 부인들만 따로 정초에 열고, 농촌부인들을 위해서는 봄에 열었다. 1902년 한국을 방문한 *Woman's Work for Woman*의 편집장 엘렌 파슨스는 서울 연합 부인사경회에 참석해서 자신이 방문한 나라들에 대한 강연과 담화를 나누면서 한국 기독교 부인들과 교제했다. 구리개병원의 예배당에서 만난 한국 부인들은 엘렌 파슨스가 이미 6개월간 여행하면서 본 다른 동양 여성과 달리 직설적이고 자유롭게 자신의 이야기를 사경회에서 하고 있었다. 이들은 매주 자신의 교회에서 성경공부를 하다가 한 달에 한 번 마지막 주에는 넓은 회집 장소에서 연합으로 모임을 가졌다. 이런 식의 여성 연합 집회는 1902년 3월에 열린 연례 부인사경회에서 참가자들이 정한 것이었다.[16] 서울 지역의 새문안으로 대표되는 서부, 연못골로 대표되는 동부, 구리개와 홍문섯 골로 대표되는 중앙 이렇게 세 교회의 부인들과 여선교사들이 모두 모였다. 언어 장벽은 있었지만, 엘렌 파슨스는 그들의 대화가 자유롭고 생기가 넘친다는 점을 알아챘으며, 우연히 그날의 성경본문은 언어 장벽을 넘어 소통했던 사도 베드로의 오순절 설교였다.

> 무리 중에서 눈에 띄게 바로 주의를 끄는 사람은 키가 크고, 소박하며, 골격이 큰 부인으로 깨끗한 옷을 입고 기운이 넘치는 태도를 가지고 있었다. 각자 좋아하는 성경구절이 무엇이냐고 내가 물었을 때, 드보라의 노래를 연상시키는 이 부인은 앞으로 몸을 기대며 빛나는 얼굴로 반복해서 말했다. "너희는 마음에 근

---

16) Dr. Eva H. Field, "Seoul Woman's Class," *The Korea Field* (이하 *KF*) (May 1902), 37-38.

심하지 말라. 내 아버지 집에 거할 곳이 많도다." 후에 나는 그녀의 마음이 최근에 얼마나 "근심했는지" 알게 되었다.[17]

요한복음(14:1-2)에 있는 예수의 약속을 가장 좋아한다는 이 건장한 부인은 13명의 자녀를 둔 백정 계급의 여성으로, 딸이 에바 필드 의사에게 치료받아 나은 후에 신자가 되었다. 연합사경회에는 백정의 부인에서 양반가의 부인까지 각계각층의 부인들이 한 자리에서 성경을 공통분모로 삼아 교제하고 있었다. 또한 여성의 문맹이 크게 문제되는 선교현장을 둘러보고 온 파슨스는 한국 부인들이 각자 소지한 성경에서 바로 본문을 찾아 읽으며 공부하는 모습에 놀랐다.[18] 엘렌 파슨스가 사경회에서 만난 60명의 부인 중에는 오랫동안 믿어온 부인들이 있었다. 시편 23편을 암송한 신씨 부인은 신마리아로, 성경을 사랑하고 성경이 번역되어 나오기를 간절히 기다렸던 사람이었다.

부인들 중에서 한 명이 오순절 베드로의 설교 중 한 구절의 의미를 물어보자 파슨스는 자신이 직접 이 사건이 일어난 현장 예루살렘을 방문하고 한국에 왔다는 말을 꺼냈다. 그의 이야기를 경청하던 부인들은 예루살렘이 현존하는 도시라는 사실에 놀라고, 성경 속의 유적들이 그대로 남아있는 것에 놀랐다. 그리고 예루살렘을 둘러싼 분쟁에 대한 슬픈 이야기도 들었다. 이 모든 지식과 정보의 교류는 대륙과 대륙을 이어주는 자매애의 결과로 하나님의 자녀로서의 일체감을 더욱 견고하게 했고, 부인들이 알고 있던 세상을 확장시켰다. 여성들은 최근 예루살렘을 방문하고 소식을 전해준 것에 감사를 표하며 더 나아가 자신들의 소식도 타국에 전해주길 부탁했다.

또 다른 사람, 아마 사례 없이 봉사하는 전도인인 고씨 부인이 일어났다. 그는 모든 반을 대신해서 품위를 갖추어 말했다. "당신은 한 사람으로 여기에 오셨어요. 하지만 당신이 고향으로 돌아갈 때 거기 있는 기독교인들은 당신을 볼 것이고,

---

17) Ellen C. Parsons, "A Class of Korean Women at Seoul," *Woman's Work for Woman* (이하 *WWW*)19.11 (1904), 243.

18) 1900년 단권 〈신약전서〉가 임시본이지만 처음으로 출간되었다. 1902년에는 가격을 인하해서 보급했고, 1904년에는 개정된 사본으로 찍어냈지만 오류가 많았다. 공인역 신약전서는 1906년에야 출판되었다. 류대영·옥성득·이만열, 『대한성서공회사 II: 번역·반포와 권서사업』 (서울: 대한성서공회, 1994), 54-70

그들이 우리를 본 것과 똑같을 것입니다. 그들에게 한국에 있는 자매들이 인사
한다고 전해주세요. 그들에게 우리의 안부를 전해주세요."[19]

"사례 없이 봉사하는 전도인"이라는 고씨 부인은 잔다리의 고 부인이었다.
고 부인은 거기 모인 한국 부인들을 대표해서 엘렌 파슨스를 매개로 미국 부
인들과 자매애의 인사와 교감을 나눌 수 있다고 믿는 듯이 말했다. 엘렌 파슨
스는 미국으로 돌아가서 그 해 뉴욕 유티카(Utica, New York)에서 열린 해외여선
교회 총회에서 한국 부인들의 인사를 그대로 전했다.[20] 이런 국제적 연대감은
안방에 있던 부인들에게는 새로운 경험이었고, 멀리 떨어져 있더라도 그리스
도를 통해 서로 연결되고 영향을 미친다고 믿었다.[21]
　서울 부인들의 연합사경회는 제중원이 남대문 밖으로 이전하면서 승동에
새로 자리 잡은 중앙교회로 옮겨갔다. 승동의 중앙교회는 특별히 서울지역에
서 열리는 도사경회나 연합집회를 위해 선교회에서 건축비의 절반을 보조해
서 1,000명 이상 수용할 만한 크기로 1913년에 다시 건축되었다. 그해 2월 25
일부터 열흘 동안 바로 이곳에서 열린 부인사경회에는 시골에서 올라온 부인
들을 포함해서 500여 명이 참석했고, 10개 반으로 나누어 28명의 교사가 가
르쳤다. 또 서양인과 한국인뿐 아니라 일본 기독교 여성들도 초대한 집회가 일
요일 오후 여성모임 시간에 열렸다. 서울이 다른 도시와 비교해서 가진 문화적
다양성을 이런 기독교 행사에서 경험하는 여성들은 여성단체를 통해 역할을
맡고 자신의 부족함을 다른 사람의 도움으로 보완하면서 지도력과 연대의식
을 키워나갔다. 이런 경험은 "하나님의 영이 교회를 가득 채우는" 거룩한 느낌
속에서 서로 연결된 사회에서 기독교인으로 살아가는 것의 의미를 생각하게
했다. 특별한 사회적 지위나 재산이 없는 평범한 여성들에게 기독교는 사회적
상승 욕구를 만족시켜주는 하나의 통로가 될 수 있었다.

19)　Ellen C. Parsons, "A Class of Korean Women at Seoul," 244-245.

20)　Editorial, *WWW* 18.5 (1903), 119.

21)　(Mrs. Charles H.) Bertha K. Irvin, "Fusan Encouraged,"*WWW* 19.11 (1904), 249, 하와이로
　　이민을 떠나는 한국 부인은 어빈 부인에게 "당신의 하나님은 우리 하나님이시고, 우리는 서
　　로 직접 보지 못하더라도 그리스도를 통해서 우리는 당신과 가까이 있어요."라고 말했다.

2) 농촌 순회사경회

1890년대 후반부터 독신 여선교사들은 남자선교사들이 돌보는 순회구역을 따라 광범위한 순회여행을 다니기 시작했다. 의사인 조지아나 화이팅은 서울에서 황해도에 걸친 언더우드의 순회구역 뿐 아니라 밀러(F. S. Miller)가 담당한 경기 남부 순회구역까지 여행했다.[22] 평양지부에서도 마가렛 베스트가 평안도 강서와 대동, 황해도 황주, 곡산 등지와 북쪽으로 숙천, 선천, 의주 지역까지 순회하기 시작했다.

숙천은 평양에서 북쪽으로 백 리 떨어진 곳으로 아직 교회가 아닌 예배처가 있을 뿐이었다. 1900년 베스트는 그곳에 가서 여사경회를 열면서 시골 여성들의 진지함과 열심을 느낄 수 있었다. 딸의 혼인날을 앞두고 잔치 준비로 바쁜 어느 부인은 밤새 일을 하고 와서 "공부"했다. 또 이웃 마을에서 사경회에 참석한 6명의 부인들은 모두 숙박비를 지불했다.[23] 헌트 부인(Mrs. Bertha Hunt)도 1900년 봄과 가을에 각각 사리원과 안악으로 사경회를 열기 위해 순회여행을 다녀왔다. 열흘 동안 사경회가 열린 안악집에는 집을 관리하는 사람(keeper)이 없어서 여성들이 지목한 사람이 음식을 준비하고 이런 식으로 참가비(등록비)를 면제받는 것으로 했고, 쌀을 가지고 오지 않은 사람들은 현금으로 참가비를 냈다. 80세 된 할머니는 시골에서 소문을 듣고 와서 추위도 배고픔도 잊을 정도로 읽는 법을 끈질기게 배웠다. 사리원에서는 한창 바쁜 철인데도 불구하고 여성들이 모여들었고, 팔다리가 마비되어 쓰지 못하는 어느 부인은 남편의 등에 업혀서 20km 떨어진 마을에서 왔다. 또 자신이 사는 마을에서 유일한 기독교인인 할머니는 예수교에 대해 더 알고 싶어 하는 마을 남자 두 명을 데리고 왔다.[24] 시골 여성들은 거의 다 문맹이었고, 무지함을 부끄럽게 여기며 "공부"하기를 원했다.

독신 여선교사는 일 년의 3분의 1 정도를 순회여행에 시간을 보낼 수도 있

22) 경기도 안성지역 여행에 대해서는 Georgiana E. Whiting, "Itinerating among Women of Seoul Station," *WWW* 14.8 (1899), 215-216. 황해도 순회 여행에 대해서는 Georgiana E. Whiting, "Itineration in Seoul Field, Korea," *WWW* 15.11 (1900), 309-310 참조.

23) Margaret Best, "Korean Women's Country Class," *WWW* 15.11 (1900), 313-314.

24) Mrs. Hunt, "Two Country Trips," *KF* (Oct., 1901), 1-2.

었다.[25] 본래 독신 여선교사는 여학교를 운영하는 감독자로서 선교 현장의 일차적 요구가 있었다. 하지만 한국의 경우는, 특히 북쪽 지방에서는 성경반포의 결과로 자생적으로 생겨난 작은 공동체들(groups)이 선교사들의 방문을 요청하고 있었기 때문에 독신 남성뿐 아니라 독신 여성들도 정기적인 순회여행에 꽤 많은 시간을 할애했다.[26] 선교지부의 숫자가 늘어나고 안전한 선교거점들이 확보된 1900년대에는 독신 여선교사의 역할이 부인선교사보다 더 중요해졌다. 이들은 일 년 내내 순회여행과 도시에서 여는 대사경회 사역을 번갈아 하면서 점점 여성사역을 확장시키고 다져갔다.

마가렛 베스트는 여러 지역에 흩어진 기독교 여성들을 사경회를 통해 연결하고, 연결망을 통해 지도력을 재생산해서 지속적인 여성사업의 체계를 만들어갔다. 그는 서울보다 새로운 개척지인 평양을 선택했고, 평양 주변 촌락에 있는 더 많은 여성과 접촉하길 원했기 때문에 여학교 교장직을 사임하고 순회여행을 맡았다. 베스트는 젊고 똑똑한 소녀들보다는 깨닫는 것이 둔하고 글을 못 읽는 부인들을 가르치는 것에서 더 보람을 느꼈다.[27] 베스트의 이런 생각은 평양에 도착한 지 얼마 안 되었을 때부터 나타났다. 인근 마을에서 평양까지 먼 거리를 마다하지 않고 찾아오는 농촌여성들의 요청에 그의 마음은 크게 움직였다.

평양과 견줄 만큼 기독교의 세력이 급속하게 커진 덕에 '한국의 노스필드'라는 별명을 얻은 선천에서도 여선교사와 한국인 전도부인이 짝을 이루어 주변의 시골을 돌며 사경회를 열었다. 1905년 선천 주변에서는 15번의 사경회가 열렸고, 선교사들은 10월부터 이듬해 4월까지 순회하고 있었다.[28] 이때까지만 해도 전도부인들은 참가자 관리와 글을 모르는 사람들을 지도하는 역할을 맡고 사경회에서 여선교사의 보조역할을 했다. 그런데 실상은 말이 서툰 여선교사를 위해 전도부인이 그의 말을 풀어 설명하기 위해 더 많은 말을 하곤 했

---

25) 순회여행에 들인 기간은 100일에서 7개월까지 소요되었다. "Pioneering and Progress: Kang Kai," *Woman's Work* 26.11 (1911), 249-250.

26) 초기 회중의 형태인 '그룹'에 대해서는 Norman C. Whittemore, "The Growth of a Korean "Group" or Congregation," *Woman's Work* 20.11 (1905), 257-258 참조. 미조직 교회로서 그룹은 아웃스테이션(outstation)이라고도 불렀는데 "두 명 이상의 원입교인이 있으며, 다섯 명 이상의 회원이 모여서 한 달에 한 번 이상 주일 예배를 드리는 곳이다." *KM Report* (미국북장로회 한국선교회 연례보고서) (1904), 88.

27) Margaret Best, "Diary of a Week in Whang Hai Province," *WWW* 18.11 (1903), 256.

28) "A Round of Classes," *The Korea Mission Field* (이하 *KMF*)1 (Nov. 1905), 9.

220

다.[29] 여선교사가 한 반을 다 가르칠 수 없을 때는 그 지역을 담당한 순회조사나 교회의 영수, 장로, 나중에는 전도부인이 단독으로 가르쳤다. 농촌에서 열리는 사경회 일정은 대체로 다음 <표 1>과 같았다.[30] 시골사경회는 노동에 익숙한 여성들이 공부에 대한 집중력을 잃지 않도록 공부와 휴식시간을 적절히 안배했다. 저녁 시간에는 육아, 살림, 고부관계, 부부관계, 위생법, 생리학 등을 위주로 여성들이 일상이나 신앙 때문에 겪는 실제적인 어려움 중에서 주제를 골라 강의를 듣고 토론했다. 대부흥과 백만인 구령운동 이후에는 오후 시간을 축호전도와 부흥집회로 변경하기도 했다.

표 1. 시골사경회 일정

시간	인도	프로그램
오전7:30	교회제직	아침기도
오전9:00	여선교사/조사, 전도부인	출석확인/ 공부1
오후12:00	다같이	점심 및 휴식
오후1:00	여선교사/조사	공부2/ 찬양배우기
저녁식사 전	다같이	체조, 운동, 산책
저녁	교회제직이나 조사	주제토론

순회하는 전도부인과 선교사, 조사들이 모든 시골 마을을 다 돌며 사경회를 여는 것은 아니었다. 효율적으로 가용자원을 활용하기 위해 몇 개의 중심지를 정해두고 거점 교회를 담당한 조사나 영수가 주변 마을 교회에 통지를 보내 사경회 개최를 알리고, 강사를 접대할 준비를 했다. 여선교사와 전도부인들이 미리 조를 정한 대로 소책자와 전도지, 사경회 대지요목이 적힌 강의안을 들고 거점 교회를 방문해서 짧으면 2~3일, 길면 일주일 정도의 사경회를 열었다. 대체로 농한기인 11월부터 2월 사이에 집중적으로 순회사경회가 열렸다. 한 마을에서 다음 마을로 이동할 때 아쉬운 참가자들은 순회하는 강사를 따라 다음 사경회에 참석하기도 했다.

---

29)   박형우 편역, 『에스터 L. 쉴즈 자료집 I: 1868-1911』 (연세대학교 대학출판문화원, 2016), 280-281.
30)   "A Round of Classes," 9.

3) 대사경회

대사경회는 선교지부에서 열리는 누구나 참석할 수 있는 일반사경회였으며, 점차 그 규모는 이름에 걸맞게 대형집회가 되곤 했다. 특히 봄에 열리는 여사경회는 가장 많은 인원이 참가하는 연례행사가 되었다. 대사경회는 농촌 부인들을 위한 사경회로 시작하여 그 기간 열리는 도시의 예배와 기도회에 몰리는 군중과 합류되면서 그 규모가 1,000명을 넘어가곤 했다.

1898년 봄에 처음 열린 농촌부인들을 평양으로 초대한 대사경회는 여선교사들과 평양의 기독교 부인들이 협력해서 준비한 것이었다. 정초에 열린 도시사경회에서 농촌부인들을 초대해서 평양에서 사경회를 열자는 제안이 나왔다. 평양의 기독교 부인들은 선교지부가 있는 도시에서 받는 혜택을 인근의 농촌부인들과 나누고 싶다고 했다.[31] 이를 위해 사경회 비용은 평양 부인들이 부담하기로 하고 기부금을 약정했다. 선교사들은 의주에서 황해도까지 초대장을 보내 열흘간의 부인사경회가 열린다는 소식을 알렸다. 농번기인 5월에 열리는 사경회에 농사가 주업인 여성들이 참석하기 어려울 것으로 예상했으나, 저 멀리 선천에서부터 일주일을 걸어 온 할머니와, 등에 아기를 업고 손에 걸을 수 있는 아이를 데리고 온 부인들을 본 평양 사람들은 자신들이 벌인 일의 결과를 보고 놀랄 수밖에 없었다. 평양 구역 밖에서 온 19명과 평양 구역의 40명까지 해서 모두 60여 명이 참석한 것은 본래 예상했던 인원의 열 배였다. 그뿐 아니라 넉넉하지 않은 형편에서 기부금을 낸 평양 부인들의 헌신과 환대도 성공에 기여했다. 선교사들은 선교회가 돈 한 푼 쓰지 않고도 이런 행사를 했다는 사실에 흥분했다.[32] 적어도 서북 지역은 자립의 원칙이 여성들을 교회로 모으는 데 방해가 되지 않았다. 물론 한국 여성들은 큰 희생을 치르고 참여했다. 미리 등록비를 마련하기 위한 계획을 세우고, 집안일도 미리 해두거나

---

31) Annie L. Baird, "A Great Ten Days," *WWW* 13.3 (1898), 201.

32) Dr. J. Hunter Wells, "Further Items on Woman's Class and Other Victories," *WWW* 13.8 (1898) 201. 감리교회도 1898년 11월 노블 부인이 감리교회의 첫 번째 "여자사경회"(Woman's Bible Institute)를 개최했다. 1904년부터 졸업장제도가 생기고, 사경회의 규칙과 과정이 완전히 정리되었다. 전삼덕, "내 생활의 략력", 노블 부인 편, 『승리의 생활』, 10. 김세듸, "나의 과거생활", 노블 부인 편, 앞의 책, 40. 이들은 1897년 11월에 여성경학원이 시작되었다고 기억하고 있는데 노블 부인의 일기에는 1898년 11월에 시작된 것으로 되어 있다. 조선혜, 「노블 부인의 선교생활」, 88-89.

대신 할 사람을 구해야 했다.

그해 겨울에 열린 두 번째 부인사경회에서는 원칙이 더 명확해졌다. 이번에는 참가비를 자부담으로 하거나 교회가 부담해야 한다는 조건으로 영수들을 통해 11월에 통문을 넣었다.[33] 예상보다 많은 인원이 참석해서 이번 사경회도 성공적으로 열렸다. 자비 부담으로 시간을 내서 온 사람들은 거의 모두 읽을 수 있어서 그들을 가르치는 일은 한결 쉬웠다. 하루에 세 번씩 한 시간 분량의 성경강의가 있었다. 강의는 질문과 대답으로 진행되었고, 30분씩 두 번의 노래 시간도 있었다. 이런 정규 강의 시간 외에도 세 번의 특별집회가 있었다. 12월 중순, 열흘 동안 두 번 있었던 수요일 오후 집회에서 여자들은 일어나 간증했으며, 그들이 대표하고 있는 각 교회에서 일어나는 일들을 이야기했다. 토요일에는 여학교 학생들이 준비한 공연을 참관했다. 그리고 사경회가 끝나고 난 수요일 이후에도 남아서 성탄 예배에 참석한 사람들도 많았다. 이렇게 해서 1899년에도 5월과 12월에 시골부인을 위한 사경회가 연속해서 열리고, 참가자 수와 프로그램이 일정한 틀을 갖추기 시작했다.[34] 1899년 겨울에 열린 사경회에는 이제 막 글을 뗀 12살 된 소녀들이 노래를 배우고 싶어서 참석하기도 했다.[35]

평양에서 열리는 농촌부인사경회에 참석할 수 없는 사람들을 위해서는 중심이 될 만한 지역으로 선교사들이 가서 사경회를 열었다. 선천에서는 선교지부가 아직 생기기 전인 1901년 5월, 부인사경회를 크게 열었다. 평양에서 베스트와 샤록스 부인(Mrs. Sharrocks)이 남자선교사들과 함께 가서 조사 양전백의 도움을 받아 삭주, 창성, 의주와 선천 인근에서 온 123명의 여성을 가르쳤다. 참석한 사람들의 숫자는 같은 시기 평양에서 열렸던 사경회보다 많았다.[36]

평양에서 발전한 여성사업은 주변에 새로 선교지부를 열 때 하나의 좋은 모범이 되었다. 평양은 선천지부가 생기기 전까지 서북 지역에 있는 단 하나의 선교지부였다. 1900년대 초까지 의주, 삭주, 선천, 정주, 구성, 강계 등 평안도

---

33) Margaret Best, "Letters from Korea," *WWW* 14.4 (1899), 108-109

34) Blanche W. Lee, "Letters from Korea," *WWW* 14.8 (1899), 225.

35) Lulu R. Wells, "Letters from Korea," *WWW* 15.3 (1900), 75, Margaret Best, "Letters from Korea," *WWW* 15.4 (1900), 105-106.

36) 「그리스도신문」, 1901. 08. 01.

북쪽의 도시를 관할하고 있었는데 이 도시들은 선교사가 들어가기 전부터 권서 활동으로 복음서가 반포되어 있었다. 남쪽으로는 1905년 재령지부가 개설되기 전까지 황해도의 곡산, 사리원, 안악, 황주 등을 조사와 선교사가 순회했다. 넓은 지역에 퍼져있는 수많은 시골 마을에는 선교사가 들어가기 전에 예배처소를 두고 정기적인 모임을 가지고 있는 그룹들이 있었으며, 선교사가 있는 도시로 주일 예배나 대사경회에 참석하러 올라왔다. 서북 지역에 평양 외에도 선천과 재령이 선교지부를 열고 사경회를 따로 열었을 때도 참가인원이 줄어들기는커녕 더 늘었다. 선천에서 열린 부인사경회는 평양에서 열리는 것보다 더 많은 여성들이 모여들었다. 재령에서 1908년 3월에 열린 부인사경회는 약 200명의 여자가 그들의 가정과 일터를 떠나 성경책과 찬송가를 보자기에 싸서 허리에 두르고, 혹자는 아기를 등에 업고 필요한 옷가지와 쌀 보따리를 머리에 이고 사경회를 향해 출발했다.[37] 1910년대 여성경학교가 각 지부마다 설립되었음에도 불구하고 동시에 봄철에 열리는 부인대사경회는 수많은 소녀와 부인들을 모았다. 그만큼 사경회는 농촌여성들에게 인기 있었으며, 이들의 영적인 욕구뿐 아니라 교육·문화적 욕구를 채워주었다.

대구 지역에서도 서양인을 경계하던 사람들의 보수적인 태도가 바뀌어 1905년을 전후로 많은 시골 사람들이 사경회를 원했다. 바렛(Barrett) 부부는 사람들이 가장 많이 모인다는 대구 인근 마을로 여러 번 주일 예배를 인도하러 다녀왔다. 그곳에는 무식하지만 매우 신실한 어느 노부인의 노력으로 여성들이 모이고 있었다. 그중 6명이 세례문답을 통과했는데 모두 문맹이었고, 성경책도 갖지 못한 여성들이었지만, 그들의 종교적 체험은 진실했다.[38] 1902년부터 농촌 여성들을 초대한 사경회가 열리기 시작했는데, 그때는 부인 6명과 소녀 2명이 와서 열흘간 배우고 그중 3명이 원입인이 되었다.[39] 1904년 12월 28일부터 다음 해까지 2주간 대구에서 열린 겨울 부인사경회에는 13개의 지역 교회들을 대표한 60명, 대구 시내 교회의 20명 모두 80명의 부인이 참가했다.[40] 글을 모르는 여성들을 위해 국문반을 운영하여 성경으로 쓰기 연습을 하고 신앙고백,

---

37) "Progress at Chai Ryong," *Woman's Work* 23.11 (1908), 254.

38) Elizabeth C. Barrett, "Untitled," *KMF* 2.11 (Sep.1906), 215.

39) 해리 로즈, 『미국 북장로회 한국 선교회사1』, 189

40) Mrs. J. E. Adams, "Adjuncts of Missionary Work," *KMF* (Nov. 1905), 17.

주기도문, 십계명, 중요한 성경구절을 익혔다. 그리고 매일 저녁 참가자들을 위한 특별 프로그램이 있었다. 열흘 간 열리는 사경회에 거의 매일 저녁 모여서 문화적 여흥을 즐기거나 토론을 하고, 기도회가 있는 수요일과 금요일에는 도시교회 신자들과 함께 모였다. 또 복음집회를 열어서 불신자들이 결단하는 시간을 가졌다. 환등기와 축음기, 악기 등이 동원되었고, 선교사의 집을 방문하는 시간도 있었다. 객사는 참가자 수에 비해 좁았기 때문에 여자들은 불편하게 잠을 자야 했지만 아무도 불평하는 사람이 없었다.[41] 대구에서는 1907년에야 단 한 명의 전도부인이 활동하고 있었으며, 시골 여성사업을 위한 인력이 턱없이 부족했다. 1908년에 열린 겨울대사경회에는 선천에서 제인 사무엘과 그의 전도부인이 내려와서 도와주었고,[42] 1910년 3월 봄사경회에는 청주에서 F. S. 밀러 부인(수잔 도티)이 와서 도와주었다.[43] 한국 여성들뿐 아니라 선교사들도 사경회가 크게 열리는 곳으로 이동하고, 서로 도움을 주고받았다.

사경회가 열리는 기간은 앞에서도 언급했듯이 규모에 따라 3~4일에서 2주일까지 다양했다. 기간이 길수록 여성들은 미리 계획을 짜고 참가하는 데 드는 경비를 마련하느라 짧지 않은 시간을 준비해야 했다. 파종 시기 직후의 짧은 휴식기를 이용해서 농촌여성들은 도시에서 열리는 사경회에 다녀올 기회를 잡았다. 이들은 사경회 등록비를 내기 위해서 일 년 동안 아끼고 모은 쌀이나 돈을 가져왔고, 시골교회에서는 순서를 정해서 한 사람에게 등록비를 모아서 주고 다음 해에는 그다음 차례 사람이 참석하는 방법으로 그 혜택을 공평하게 나누려고 했다.

5. 전도부인을 양성하는 평양 여성경학교 설립

1) 운영과 확장

평양 여성경학교는 서북 지역의 크고 작은 부인사경회를 계획하고 지휘하

---

41) Julia Winn Erdman, "Taiku Christians," *Woman's Work* 23.11 (1908), 251.
42) 해리 로즈, 『미국 북장로회 한국 선교회사1』, 189.
43) "Notes from Stations: Taigu," *KMF* 6.6 (1910), 138.

는 사경회 제도의 본부이자 각종 여자사경회가 열리는 독립 건물의 이름이었다. 건물은 1908년에 먼저 마련되었고, 전문적인 성경교사를 양성하기 위한 정규과정은 1910년에야 시작되었다. 그동안 크고 작은 여사경회가 이 건물에서 열렸다.

1898년부터 발전한 수준별 사경회들은 서로 유기적으로 연결되어 있었고, 중복으로 참여하는 사람들도 백 명이 넘었다. 지역사경회는 규모가 좀 큰 교회에서 주변 마을 여성들이 모여서 일주일 동안 개최했는데 아무리 지역거점에서 모여도 선교사들만으로 감당하기에는 수요가 너무 많았다. 1908년 보고서에 의하면 여선교사들이 주최한 사경회는 10개인데 비해 한국 여성들은 75개 사경회를 주최했다.[44] 이 여성들은 모두 가을에 열리는 사역자 사경회에서 가르칠 대지요목을 받고 이를 숙지한 후 두 명씩 짝지어서 계획한 대로 파송한 사람들이었다. 한 팀이 4~5개의 지역사경회를 개최하는 것이 보통이었으므로 최소한 30명 이상의 여성들이 사경회 강사로 활약한 것이다. <표 2>와 같이 일주일짜리 작은 지역거점 사경회들이 농촌에서 열리고, 평양 시내에서는 대사경회와 사역자 사경회를 포함해서 일 년에 최소한 4개의 부인사경회를 크게 운영했다.[45]

표 2. 1908년 발표한 여사경회 체계

규모	사경회 종류	개최시기(기간)	대상
대 (일반)	일반사경회 (General class)	1월/봄(열흘)	도시부인/ 농촌부인
중 (특별)	주일학교교사사경회 (Sabbath School Teachers' Training Class)	봄, 가을(2주)	주일학교 교사, 전도부인, 목회자의 조사, 사모
	사역자 사경회 (Normal Class for training Workers)	10월(2주)	사경회 강사로 자원하는 여성들
소	지역거점사경회 (district class, country class)	성탄절 전후 10월 말~ 2월 말(1주씩)	주변 마을 여성들

44) *KM Report* (1908), 46.
45) *KM Report* (1908), 46.

마가렛 베스트는 이만큼 발전하고 넓게 사역하는 여사경회 제도를 운영하는 여성사역을 위한 건물을 짓기 위한 기부금을 확보하고 여기에 평양 여성경학교(Women's Bible Institute of Pyeng Yang)라는 명칭을 부여해달라고 한국선교회에 요청했다.[46] 1910년에 진행된 백만인 구령운동으로 인해 평양에서 열리는 모든 사경회에 사람들이 이전보다 배는 더 참석했다. 또 농촌에 있는 교회에서도 사경회 강사와 전도부인을 요구하는 목소리가 여기저기서 나왔다.[47] 1910년 4월 1일에 처음으로 1년에 2달 반(10주), 전체 5년 과정의 여성경학교 정규과정을 운영하기 시작했다. 평양 여성경학교의 목적은 성경교사와 지도자로 활동할 최고의 여성들을 준비시키는 것이었다.[48] 평양의 여선교사들은 다른 학교와 마찬가지로 성경학교 운영에도 학생들이 재정적인 부담을 감수하고 매년 2달 반의 시간을 내서 공부하러 오는 자립의 원칙을 세웠다.[49] 여기에 대해 가난한 여성들은 사역에서 제외된다는 우려의 목소리가 있었다.

베스트와 버츠 등 성경학교 운영자들은 경제적 형편뿐만 아니라 성경학교에 등록하기 원하는 기독교 여성 중에서 30세 이하는 혼자서 시골에 파송할 수 없으므로 제외해야 하고, 또 중년 이상이라 하더라도 가사와 육아에서 자유로워야 하고 건강한 체력을 갖춰야 하는 등 여성이 사역하기 위해서는 다른 제약 조건도 많다고 했다. 이런 어려움에도 불구하고 평양과 선천에서는 자립의 원칙을 실행할 가능성을 보여주었으니 하지 않는 것보다는 시도하는 것이 옳다고 주장했다.[50] 이를 보완할 방안으로 교회가 전도부인의 연봉을 보장하고 1년에 두 달 반은 공부할 시간을 주고 나머지는 사역에 전력하도록 배려하는 것을 제안했다. 만약 자신이 비용을 들여 공부할 수 없다면 교회의 전임사역자가 되는 길을 터놓은 것이다. 성경학교의 일차적 목적은 교회의 '평신도'

46) Margaret Best, "Pyeng Yang Women Developing in Efficiency," WWW 23.11 (1908), 259, KM Report (1908), 46-47.

47) Miss Butts, "Notes from Stations: Pyengyang," KMF 6.6 (1910), 139.

48) NP Report (미국북장로회 해외선교부 연례보고서) (1911), 279.

49) 요구사항: 시내에서 가족과 함께 사는 사람을 제외하고 모든 여학생은 성경학교 기숙사에서 살아야 한다. 성경학교에서 사는 모든 여학생은 침구류, 수저, 식량을 가져와야 하고 부엌 연료에 대한 일정한 비용을 지불해야 한다. 학비: 한 달에 50전 또는 한 학기에 1원. Margaret Best, "Course of Study and Rules of Admission of the Pyeng Yang Presbyterian Woman's Bible Institute," KMF 6.6 (June 1910), 154.

50) Miss Butts, "Notes from Stations: Pyengyang," 141.

지도자들을 훈련하는 것이었지만 많은 이들이 이 과정을 거쳐 신학교로 진학했다.[51]

1910년 평양 여성경학교는 건물이 완공되고 교육과정도 마련하여 여사경회 체계를 흡수하여 여성사역의 중심지로 만들고자 했다.[52] 이곳에서 1912년 제1회 장로회 총회가 열렸다는 것은 장소의 적합성뿐 아니라 성경학교가 가지는 중요성을 상징하기도 했다. 교인 중에서 여성이 차지하는 비율은 1905년 이후 남성과 거의 같아졌고, 여성신자의 교육은 교회의 운영과 활력에 중요한 요인이 되었다. 남자성경학교는 1926년까지 독립된 건물이 없었다. 여성경학교 건물은 아래층에는 두 개의 교실과 사무실, 위층에는 3개의 교실이 있는 2층 건물이었다. 2층 교실은 격막을 없애면 650명이 앉을 수 있는 예배공간이 되었다.

2) 정규과정의 발전

1910년부터 시작된 평양 여성경학교 정규과정은 전도부인과 주일학교 교사, 교회의 일꾼을 양성하는 것을 목적으로 3월 말이나 4월 초에 개강해서 6월 중순에 한 학기를 마쳤다. 두 달 반, 혹은 10주 과정으로 된 학기를 다섯 번 이수하고 졸업시험을 통과하면 졸업할 수 있었다. 정규과정의 교육내용은 다음 <표 3>과 같이 초등 과정의 일반 과목과 성경 과목이 주요 교과였으며, 병자를 돌보는 데 필요한 간호법과 여성들의 가정생활을 지도할 실생활 교육, 그리고 개인전도와 선교, 성경교수법을 습득했다.[53] 고등교육으로 이어지기 위한 외국어나 인문교양교육이 결여되어 있었고, 깊이 있는 성서 해석보다는 전반적인 성경의 내용을 숙지하고 효과적으로 그 내용을 전달하는 데 필요한 교육을 받았다. 초등교육 과정과 성경교사가 되기 위한 사범과정을 혼합한 여성

---

51) Stacy L. Roberts, "Fifty Years of Christian Training in Korea," *The Fifty Anniversary Celebration of the Korea Mission of the Presbyterian Church in the U.S.A.* (Seoul: YMCA Press, 1934)(이하 *Jublilee Papers*), 109.

52) Margaret Best, "Fifty Years of Woman's Work," *Jubilee Papers,* 88.

53) Margaret Best, "Course of Study and Rules of Admission of the Pyeng Yang Presbyterian Woman's Bible Institute," *KMF* 6.6 (June 1910), 152-153 양미강, "초기 전도부인의 신앙과 활동에 관한 연구", 「한국기독교와 역사」 2(1992), 101에 있는 교과과정표의 출처와 번역에 사소한 오류가 있어서 수정한 표이다.

표 3. 평양 여성경학교 정규반 교육과정(1910년)

	1학년		2학년		3학년		4학년		5학년	
	과목	시수	과목	시수	과목	시수	과목	시수	과목	시수
전공	누가복음	5	요한복음	4	그리스도의 생애	5	로마서 갈라디아서 유다서	4	데살로니가 전후서 베드로전후서 계시록	5
			고린도 전후서	4	레위기+ 히브리서 요한1,2,3 빌레몬,디도서	5	이사야서	4	다니엘 스가랴	4
	사도행전	5	출애굽기	4	구약역사	2	구약역사	2	구약역사	2
	신약지리 (누가+ 행전)	2	구약지리 +출애굽기	1	구약역사+ 구약지리	1	성경교리 (하나님,예수, 성신)	3	성경교리 (인간,천사, 귀신,사탄)	3
선택	산수 (숫자읽기, 덧셈, 뺄셈)	3	쓰기	2	산수(복습과 큰자리 나눗셈)	2	산수 (분수)	2	생리학, 위생학	2
							생리학 위생학	2	성경교수법 (구성과 강의실습)	1
	쓰기	2	산수(곱셈 간단한 나눗셈)	2	생리학 위생학	2	성경교수법 (구성과 강의실습)	1	음식, 간병, 개인전도, 개신교선교 강의준비	2
							음식, 간병, 개인전도, 개신교선교 강의준비	2		
방학 과제	독서: 마태복음 암송: 시편과 여러 성구		독서: 창세기 암송: 시편과 여러 성구		독서: 디모데전후서 여호수아 암송:시편과 여러 성구		독서: 에베소서, 역대상하 암송:시편과 여러 성구			
이수 시간		17		17		17		20		20

경학교의 교과 과정은 문맹률이 높은 대중 여성과 근거리에서 이들을 지도하는 전도부인에게 필요한 실용적 지식과 실습을 위주로 했다. 졸업생들은 선교회가 운영하는 중등여학교의 성경교사가 되기도 했다.

이곳의 초기 졸업생들은 일반사경회와 특별사경회를 여러 번 참석해서 교육받았을 뿐 아니라 농촌에서 열리는 사경회들을 주최하고 가르치는 역할을 해온 경력자들이었다. 5년 과정으로 되어 있지만, 이들의 과거 경력을 포함해서 1910년 개교한 이래 첫 졸업식은 1912년 6월 12일에 열렸고, 다섯 명이 졸업증서를 받았다.[54] 이들이 공부한 과목들은 이제 막 완역된 신구약성경에 대한 지식이었고, 졸업생들은 교회나 선교사에게 고용되어 전도부인으로 활동하고 있는 사람들이었다. 몇 년 동안 첫 졸업생들만큼 훌륭한 반이 없었다는 평이 돌았다.[55] 이들 중에서 평양 여성경학교의 교사진에 합류한 첫 한국 여성은 여선교사의 전도부인으로 동역해왔던 박도신과 석유실 두 사람이었다. 1911년 가을, 베스트의 전도부인 박도신과 스왈른 부인의 전도부인 석유실은 주일학교 교사사경회에서 가르치고, 초가을에서 겨울까지 시골사경회를 다니느라 바빴다. 봄에는 다시 성경학교에서 공부하고 1912년에 졸업했다.[56] 1917년부터는 졸업생들의 요청에 따라 연장교육과정(Post graduate course)을 5월 한 달 동안 열기 시작했다. 1900년대 초부터 계속해서 사경회와 성경학교, 졸업 후 연장교육과정 등을 거친 전도부인들은 10년 이상의 학습과 경험과 훈련으로 다져진 성경교사이자 전도자였다. 1922년 베스트는 「신학지남」에 기고한 "예수교와 여자계의 관계"라는 글을 통해 교회 목회자와 영수, 장로들에게 여성이 가진 수많은 장점을 인식하고 이들을 교회에서 봉역하게 하라고 강력히 권고했다.[57]

한편, 여성경학교를 통해 여성들의 지도력을 키워주고 진로를 다방면으로

---

54) Miss Best, "Woman's Bible Institute, Pyeng Yang," *KMF* 8.10 (1912), 303; *NP Report* (1912), 36.

55) Margaret Best, "Personal Report & Bible Institute Report, 1917-1918." *Letters and Reports of the Korea Mission, PCUSA*(1884-1920).

56) Margaret Best, "Personal Report, 1911-1912," *Letters and Reports of the Korea Mission, PCUSA*.

57) 배귀례(배씨부인) 저술, "가정연구:예수교와 여자계의 관계,"「신학지남」4.4(1922), 106-110.

열어주려고 노력했음에도 불구하고, 1920년대에는 중등여학교 과정을 졸업한 우수한 학생들은 일본이나 미국에 있는 여자신학교 유학을 선호하는 편이었다. 현장의 요구에 따라 1922년 선교회 연례회의와 장로회 총회에서는 여자고등성경학교의 설립을 승인했다. 그리고 성경학교의 지위는 9개의 선교지부 현장을 섬기는 여성을 훈련하는 곳, 여자고등성경학교는 전체 선교회와 한국교회를 섬길 여성을 훈련하는 곳으로 규정했다.[58] 평양 여성경학교 재학생들은 성인이 된 후 기독교에 입교한 사람들로 불신자들 사이에서 사역하는 여성들이었지만, 1923년 3월 26일 개교한 평양여자고등성경학교의 첫 입학생 11명 중 6명은 미선계 중등여학교 출신이었고, 5명은 성경학교 졸업생이었다.[59] 점차 입학생의 연령이 낮아지고, 기독교 가정에서 자라난 젊은 여성들, 장로와 목사의 딸들로 채워졌다. 졸업생들은 도시교회의 '전도사' 혹은 일본, 산둥과 같은 타문화권 '선교사'로 사역했다. 초기 전도부인이 개적적인 자원활동가였다면, 이들은 지적이고 전문적인 성경교사인 편이었다.[60] 여자고등성경학교가 개교한 이후에도 여성경학교는 계속해서 시골교회와 사경회에서 여성들을 지도할 전도부인을 양성했다. 두 학교는 처음에는 같은 건물을 사용하다가 1930년 가을에 여자고등성경학교는 경창리 신축교사로 독립 이전했다.[61]

3) 여성경학교의 확산

선교사들은 급증하는 교인들을 가르치기 위해 소수의 선교사로는 감당이 되지 않았기에 주일학교와 시골교회에서 가르칠 성경교사와 교회 제직들을 체계적으로 양성하길 원했다. 1910년 가을과 겨울에 각각 방문한 윌버트 화이트(Wilbert W. White)와 아더 피어선(Arthur T. Pierson)은 성경교사를 양성하는 성경학교를 각지에 설립하려는 움직임에 구체적인 영감을 주었다.[62] 성경교육

---

58) Margaret Best, "Fifty Years of Woman's Work," *Jubilee Papers*, 89.

59) H. H. Underwood, *Modern Education in Korea* (New York: International Press, 1926), 31-32.

60) 여자고등성경학교에서는 영어와 한문 등 제2외국어를 사용한 교육과 오르간 실습과 같은 음악교육이 추가되었다. 또 성경암송에서 그치지 않고 초보적인 성서비평을 다루었다. 김린서, "여자고등성경학교방문기", 「신학지남」 13.1(1931.1), 41-45.

61) 해리 로즈, 『미국 북장로교 한국 선교회사1』, 162.

62) 윌버트 화이트는 뉴욕신학교(New York Theological Seminary)의 전신인 성경교사양성학교

과 선교를 결합한 성경학교의 계획은 서울과 평양이 추진했고, 평양 외에도 각 지부마다 성경학교들이 생겨났다. 각 선교지부는 서로 도움을 주고 받으며 성경학교를 세워나갔다. 선천의 경우, 평양과 개강일이 달라서 부족한 교사진을 조금이라도 거들기 위해 베스트가 도와주러 오곤 했다. 박미도와 김신일, 김신환 같은 유능한 전도부인들도 교사로 참여했고, 기숙사 사감을 맡았다.[63] 대구에서는 1911년 1월에 여성지도자를 위한 사경회가 열렸는데, 평양의 사역자 강습회와 같은 성격의 훈련을 받은 수료자들은 둘씩 짝지어 나가서 시골사경회를 개최했다. 1913년 여성경학교가 시작되어 56명이 참석했고, 전주에 있는 맥커첸 부인(Mrs. McCutchen)이 와서 도왔다.[64] 콜레라가 대유행이었던 1917년에는 가을 학기를 건너뛰었다.[65]

서울에서는 1914년 가을부터 남감리회와 연합하여 여자성경학교를 시작했다. 46명의 첫 학생들 중 30명이 장로교인이었다.[66] 1년에 봄 학기와 가을 학기로 나뉘어 공부했으며, 학생들은 전도부인 사역을 하고 있는 여성들로 선교사들도 잘 알고 있으며, 지적으로 준비되어 있었다.[67] 1919년까지 평균 40여 명의 학생이 공부했다고 한다. 이 학교는 1921년에 세 선교회의 연합사업으로 승동에 세워진 태화사회복지관으로 통합되어, 마리안 킨슬러(Marian Kinsler)가 연합사업이 중단될 때까지 이곳을 담당하게 되었다. 전도부인 양성을 위한 성경학교 기능은 지부의 필요를 충족시킬 만큼 만족스럽지 못해서 몇몇 전도부인들은 훈련을 받으러 평양여자고등성경학교로 가는 경우도 있었다.[68] 승동에 있었던 장감의 연합여자성경학교(Woman's Union Bible Institute)와는

(Blble Teachers' Training School)을 1900년부터 설립해서 운영하고 있었다. 조상열, 『피어선 기념성경학원』(서울: 대한기독교서회, 2011), 48-59.

63) "Report of Women's Bible Institute, Syenchun, 1917." in *Letters and Reports of the Korea Mission, PCUSA*(1884-1920).

64) 해리 로즈, 『미국 북장로교 한국 선교회사1』, 188. 미국 성경학교 출신인 맥커첸 부인은 전주에서 1910년 가을 여성경학교(Neil Woman's Bible Institute)를 시작했다. Josephine Hownsell McCutchen, "Chunju Bible Institute," *KMF* 6.3 (1910), 62-63.

65) Henry M. Bruen, *40 Years in Korea* (서울: 한국기독교역사연구소, 1998), 240.

66) 서울여자연합성경학교에 대해서는 해리 로즈, 『미국 북장로회 한국 선교회사1』, 117와 Mrs. E. H. Miller의 보고서를 참조.

67) Mrs. E. H. Miller, "Report of the Woman's Union Bible Institute, Seoul, For year 1914-1915." *Letters and Reports of the Korea Mission, PCUSA*(1884-1920).

68) 해리 로즈, 『미국 북장로회 한국 선교회사1』, 117.

별개로 북감리회 여선교사들은 스크랜턴 대부인 때부터 있었던 여성경학교를 발전시켜서 1917년에 서대문 밖 죽첨정에 독자적인 건물을 신축했다.[69] 1920년에는 남감리회가 참여하여 감리교협성여자성경학교(Union Methodist Woman's Bible Training School)라고 이름붙이고 이 학교를 통해 여전도사를 양성했다.[70]

표 4. 미국 북장로회 선교지부별 여성경학교 개설연도

선교지부	여성경학교 개설연도	부인대사경회 시작연도
평양	1907년	1898년
선천	1912년	1901년
강계	1912년	1910년
대구	1913년	1902년
서울	1914년	1898년
재령	1914년	1907년
안동	1920년	1911년
청주	1921년	1910년

청주, 강계, 안동은 후발 선교지부로 다른 곳의 사경회와 성경학교의 모델을 따랐다. 청주는 서울, 강계는 선천, 안동은 대구와 연결되어 있었다. 강계는 무척 외진 산간 지역이었음에도 여성사업이 활발했다. 1889년 언더우드 부부가 신혼여행으로 강계에 들른 후 그곳 기독교 신자들은 국경 지역으로 연결되어 신앙을 유지하고 있었다. 1902년 가을에 정주에 사는 김씨 부부가 강계와 그 길 도중에 있는 마을 여자들을 가르치는 데 2개월을 보냈고, 1910년에서야 선천에서 제인 사무엘이 강계까지 가서 단독으로 여자사경회를 처음 열었다. 여선교사들이 아직 들어오지 않았을 동안 유익도라는 전도부인이 선천에 가서 훈련을 받고 여성들을 지도했다.[71] 1912년 강계에 세워진 여성경학교는 포터기념관(Dwight E. Porter Memorial Bible Institute)이라고도 했는데 미국 캘리포니아 오클랜드 노회 부인들이 건축기금을 보내온 덕분에 남성경학교보다 훨씬 먼저 세워졌다. 그해 겨울에 그 건물에서 처음으로 여사경회가 열렸다. 청

69)   이덕주, 『태화사회복지관의 역사, 1921-1993』(서울: 태화기독교사회복지관, 1993), 96-100.
70)   H. H. Underwood, *Modern Education in Korea*, 35.
71)   Mrs. Herbert Blair, "Woman's Work in Kang Kai," *KMF* 7.11 (Nov. 1911), 317.

주에서는 사경회로 신자들을 교육하다가 1921년에서야 남녀 성경학교가 설립되었다.

베스트는 이타주의와 봉사정신을 여성의 보편적 특성으로 보았다. 기독교의 복음이 들어와서 한국 여성들에게 이타적, 헌신적 사역을 하는 재주가 있다는 것은 가까운 남자 친족들에서부터 목사까지 다 알고 있는 사실이라고 했다.[72] 그리고 기독교는 여성들의 시야를 넓혀주어 '부녀와 모친의 직무' 외에도 할 일이 많다는 것을 알게 해준다고 언급함으로써 베스트는 가정 밖의 여성 활동을 지지했다.[73] 이는 초기에 선교 목표가 기독교 가정의 주부를 양성하는 데서 진전된 변화였다. 교회와 학교에 공헌한 여성도 있으며, 언어와 풍속이 다른 외국에서도 재정과 기도를 요청하면 도움을 제공하는 여성들이 생겨난 것을 크게 평가하며 베스트는 지난 25년 동안 이런 가능성을 나타낸 여성들에게 교회와 목회자들은 알맞은 교육과 준비를 시켜서 미래에 더 큰 활동을 하도록 장려할 것을 요청했다.

여학교와 사경회를 통해 교육받은 여성들을 사회가 어떻게 활용할 수 있게 만들 것인가? 여선교사들은 선교 초기의 여성교육이 가져온 변화와 사회적 변화에 따라 기독교 여성을 양육하는 목표를 더 상향해야 한다고 판단했다. 그렇게 해서 평양여자신학교의 전신인 평양여자고등성경학교가 1923년 개교해서 여전도사의 산실이 되었다.

6. 맺음말

사람들이 많이 모이는 사경회는 신앙교육과 정보교환뿐 아니라 여러 가지 프로젝트를 홍보하고, 토론을 통해 사람들을 같은 목표를 향하도록 결집하는 기회이기도 했다. 또 학생 모집과 학교 후원을 받을 수 있는 기회였다. 특히 여성교육에 대한 편견을 가진 한국인들을 설득해서 기독교적 생활양식을 배우도록 여성들을 안방에서 끌어내는 것은 여선교사들에게 큰 과제였다. 전도부

---

72) 배귀례, "가정연구: 예수교와 여자계의 관계", 107.
73) 배귀례, "가정연구: 예수교와 여자계의 관계", 108.

인들은 여선교사의 동역자로 많은 한국여성들이 가진 교육에 대한 결핍감을 충족하는 역할을 했다. 사경회는 교육을 통해 여성들에게 자발성과 능동성을 일깨우고, 자매 여성을 위한 봉사가 곧 선교임을 가르쳤다.

여자 성경학교 체제와 여자 중등학교는 나란히 발전한 것을 볼 수 있는데 1898년부터 1909년까지 부인들은 전도보다도 학교교육에 더 많은 재정지원을 한 것으로 보인다. 1907년 평양대부흥이 지나간 후 선교사들은 부흥회에 대한 보고를 하기보다는 의학교, 간호학교, 중등학교, 성경학교 등 선교사들의 교육사역이 크게 호응을 얻고, 모양을 갖춘 학교운영 체제를 갖추어 나간다고 보고하고 있다. 한국사회의 교육 열기가 교회로 사람들을 이끌고, 자녀들에게 좋은 교육을 제공하기 위해 입교하는 경우가 적지 않았을 것이다. 기독교 학교들은 개정사립학교령(1915)으로 인해 일제 식민정부의 교육정책을 따라야 하는 고충이 있었으나, 사경회와 여성경학교는 선교회와 한국 교회의 재량에 따라 운영되었다. 이러한 비정규 교육과정을 운영하는 성경학교를 통해 여성사역은 활로를 찾고 수많은 여성이 해방과 자유의 빛을 보았던 것이다. 특히 서북 지역에서 사경회와 전도부인의 활동, 여전도회 조직이 왕성했기 때문에 평양은 그 어느 지역보다 여성사역의 중심지로서 자리매김했고, 선교사들과 한국인의 협력과 동역은 광범위한 사역에 필수적이었다.

논찬: Woman's Work for Woman

김은하[1]

김은정과 서선영의 연구는 한국 초기 교회 내 여성의 역할과 전도부인의 역사적 중요성을 다루며, 미국 북장로회 선교 활동의 맥락에서 전도부인의 역할이 한국 교회의 여성사역과 사회적 변화에 미친 영향을 논의하고 있다. 두 연구 모두 전도부인의 양성과 사역이 단순한 복음 전파를 넘어 한국 사회에서 여성의 지위와 역할 변화를 촉진하는 중요한 동력으로 작용했음을 강조한다.

먼저, 김은정의 연구는 전도부인 양성과 사경회 제도의 발전을 중심으로, 이러한 교육 프로그램이 한국 교회의 성장과 여성 지도력 형성에 어떻게 기여했는지를 분석한다. 그는 전도부인들이 성경을 가르치는 데 그치지 않고, 신학적 지식과 선교 전략을 실천적으로 적용하며 교회와 사회에서 자율성과 지도력을 확장시키는 주체로 성장했음을 강조한다. 또한 그는 사경회가 단순한 종교 교육을 넘어 한국 사회에서 여성 교육의 중요성을 고양시키는 제도로 기능했음을 설명하며, 이를 통해 전도부인들이 여성 교육과 사회적 변화를 이끌어가는 주체로 자리매김했음을 주장한다. 김은정의 연구는 특히 사경회의 제도적 발전이 한국 여성의 자율성 강화와 교회 내 여성 지도력 형성에 기여한 방식을 구체적으로 분석한다. 미국 북장로회가 한국 사회의 문화적 맥락을 이해하고, 전도부인과 같은 여성 사역자 양성에 주력한 과정은 한국 교회 여성운동의 중요한 근간을 이루었다고 평가된다. 전도부인들은 교회 내에서 복음 전파의 도구로서만 아니라, 지역사회에서 여성 교육과 계몽의 주체로 활동하면

---

1)   장로회신학대학교 객원교수

서 여성의 사회적 지위를 높이는 데 중요한 역할을 수행했다.

다음으로 서선영은 미국 북장로회 전도부인 양성의 역사적 과정을 중점적으로 다루며, 전도부인들이 선교 현장에서 어떻게 조직되고 사역했는지를 분석한다. 그는 초기 전도부인들이 단순한 보조적 역할에 머물지 않고, 독립적 사역자로서 여성의 영적, 사회적 리더십을 구축해 나가는 과정을 조명한다. 특히, 전도부인들이 성경을 가르치고 사회적 약자에게 봉사함으로써 지역사회와 자신을 변화시키는 과정을 상세히 설명하며, 그들의 활동이 교회의 복음 전파뿐만 아니라 한국 사회에서 여성의 자율성과 주체성을 키우는 데 중요한 기여를 했다고 평가한다. 서선영의 연구는 특히 시베리아로 파송된 오한나의 사례를 통해 전도부인의 사역이 어떻게 한국 교회의 여성사역 역사에서 중요한 전환점이 되었는지를 조명한다. 오한나의 부인권서에서 전도부인으로의 성장, 시베리아에서의 복음 전파와 여성 교육 활동은 전도부인들이 단순한 종교적 역할을 넘어 사회적 리더로서 활동했음을 보여준다. 오한나의 활동은 단순한 권서의 범주를 넘어섰으며, 이후 정다비다와 한가자 등 후속 전도부인들에게 큰 영향을 미쳤다. 특히 오한나와 캐나다 여선교회 맥컬리와의 돈독한 우정을 바탕으로 "마르다 윌슨 기념 여자성경학원"이 시작된 것은 매우 인상적이다. 서선영은 이러한 역사적 사례를 통해 전도부인의 활동이 한국 교회에서 여성의 지도력 형성에 중요한 역할을 했음을 입증한다.

두 연구는 공통적으로 전도부인의 사역이 교회 내 여성 리더십의 발현을 촉진했다는 점에서 일치한다. 전도부인들은 교회의 복음 전파 활동에서 중심적인 역할을 했을 뿐만 아니라, 지역사회의 여성들에게 새로운 교육적, 사회적 기회를 제공함으로써 교회와 가정, 지역사회에서 중요한 역할을 담당하게 되었다. 이는 교회의 사회적 영향력을 확대하는 데 기여했으며, 나아가 한국 교회의 여성사역 발전에 중요한 기여를 한 것으로 평가된다. 그러나 두 연구는 차이점도 분명하다. 김은정은 전도부인 양성과 사경회 제도의 발전을 중심으로 전도부인의 신학적 교육과 교회 내 여성 지도력 형성의 구조적 측면에 초점을 맞춘다. 반면, 서선영은 전도부인의 사역 현장에 대한 구체적 사례를 풍부하게 다루며, 그들의 활동이 여성주의적 관점에서 어떻게 해석될 수 있는지를 심도 있게 논의한다. 그러므로 김은정의 연구는 제도적 발전과 교육의 중요성을 강조하는 방식으로 전도부인의 역할을 분석했고, 서선영의 연구는 구체적

인물과 지역적 사례를 통해 전도부인의 활동을 조명하는 데 중점을 두고 있다.

논찬자는 두 연구가 한국 초기 기독교 여성사의 중요한 부분을 깊이 있게 조명하고 있다는 점에서 매우 가치가 높다고 평가한다. 전도부인의 역할과 사역이 한국 사회에서 여성의 지위와 자율성을 확장하는 데 기여했음을 강조한 두 연구는 한국 교회 여성사 연구에 중요한 기여를 하고 있다. 다만, 두 연구 모두 전도부인의 활동이 구체적으로 지역 사회에 어떤 사회적 변화를 가져왔는지에 대한 심층적인 분석이 보완된다면, 한국 사회 전반에 미친 영향을 더 폭넓게 이해할 수 있을 것이다.

결론적으로, 김은정과 서선영의 연구는 한국 초기 교회 내 여성사 연구에서 중요한 공헌을 하며, 전도부인의 활동이 한국 교회와 사회에 미친 영향을 다각도로 조명한다. 이러한 연구들은 한국 기독교 역사와 여성사 연구에서 깊이 있는 통찰을 제공하며, 전도부인의 역할을 보다 체계적으로 이해하는 데 중요한 기초를 제공한다.

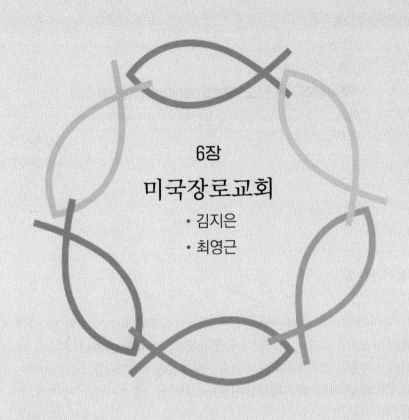

6장

미국장로교회

- 김지은
- 최영근

첫 사랑의 기억: 선교사연합공의회와 에큐메니칼 정신

김지은[1]

들어가는 말

올해는 한국선교 140주년과 한국기독교교회협의회(NCCK) 설립 100주년을 맞는 뜻깊은 해이다. 1800년대 후반 기독교가 한국에 전래된 이후, 서양 각국에서 파송된 선교사들과 한국 교회 지도자들은 에큐메니칼 정신을 바탕으로 민족의 근대화를 위한 다양한 연합과 일치의 노력을 이어왔다. '에큐메니칼 운동'은 기독교인들이 세상 속에서 함께 살아가기 위한 모든 활동을 의미한다. 한국에 온 미국의 남, 북장로회와 호주장로회, 캐나다 장로회는 다양성 속에 연합을 이끌어내며 하나의 장로교회를 세웠다. 장로교선교회들은1893년 '장로교공의회'를 통해 신학교육과 권징, 선교를 통일시켰고 한국인 지도자를 훈련시켰으며 1907년에는 독립노회를 세웠다.

장로교 선교사들은 장로교 간의 연합 뿐 아니라, 감리교와의 협력에도 힘썼다. 효율적인 선교를 위해 선교지 예양 협정(Comity Arrangement)을 체결하고 조선예수교장감연합협의회에 이어 조선예수교연합공의회를 조직하며 세계 교회사에서도 드문 일치의 모범을 보여주었다. 1924년 '조선예수교연합공의회'라는 이름으로 출범한 NCCK는 단순히 기독교 신앙을 전파하기 위한 기관을 넘어서, 기독교의 사회적 역할을 다하기 위해 격동의 한국 현대사에 이르기

---

[1]   PCUSA 선교동역자, 미국장로교회 세계선교부 동아시아지역 담당

까지 예언자적 목소리와 행동으로 함께 호흡해 왔다. 에큐메니칼 정신은 교회 간 협력과 통합을 강조하는 중요한 신학적 흐름이며, 한국 선교 역사에 깊은 뿌리가 되었다. 선교사연합공의회는 여러 교파가 협력하여 한국 교회와 사회 기관이 발전하는 데 중요한 역할을 했다. 이 연구의 목적은 초기 한국 교회의 성장과 변화에 선교적 자양분이 된 선교사연합공의회의 연합운동을 미국장로교 중심으로 살피는 것이다. 아울러 이러한 에큐메니칼 정신이 21세기 오늘날 어떻게 이어지고 이어지고 있는지, 무엇을 기억해야 할지 미국장로교 선교동역자의 관점과 경험에서 조명한다.

나의 에큐메니칼 여정

다리 놓는 사람들

나는 미국장로교 동아시아 선교 책임자(Regional Liaison for East Asia)이다. 2020년 2월 동아시아 담당으로 파송받아 현재 한국을 기반으로 사역하고 있는 세 사람 중 하나다. 우리는 동아시아 지역, 곧 대만과 일본, 중국과 한국, 홍콩과 북한 등을 각각 담당하며 동역하고 있다. 첫째, 동아시아 지역 미국장로교 선교동역자들을 지원하고 관리하는 일을 한다. 둘째, 동아시아 지역에 있는 여러 PCUSA 협력 교단 및 기관들과 함께 동북아시아의 평화와 정의를 위한 사역에 동역한다. 세 사람의 타이틀이 미국장로교 세계선교부 동아시아 책임자(Regional Liaison for East Asia)인데, 어찌보면 연락책이다. 미국장로교회와 동아시아 파트너 교회와 기관을 연결시키는 역할이다. 양쪽 간에 다리를 놓아, 서로 알아가도록 돕고, 상호 존중과 상호 이해의 깊이를 가지고 하나님의 선교에 동참하는 것이 핵심이다. 연합정신, 에큐메니칼의 마음으로 임할 수밖에 없는 부르심이다. 미국교회, 중국교회, 일본교회, 홍콩교회, 대만교회, 남북한 교회 기관들과 함께 하는 이음새 역할을 수행하려고 노력하고 있다.

샛길, 새로운 길 하나

1990년대 미국 신학교 졸업 후 우리 부부에게 첫 목회지는 중국이었다. 둘 다 생각해 보지 않았던 의외의 사역지였다. '김지은 선교사'로 불리는 계기가 되었다. 중국교회 초청, 미국장로교단 파송으로 심양의 대학에서 영어와 한국어를 가르치는 디아코니아 사역자(diaconal worker)로 일했다. 물론 그 전에 과거 19세기 서구열강에서 행했던 선교의 어두운 역사 때문에 외국인 선교사를 금지한다는 것을 배웠기 때문에 전도 활동을 하지 않았다. 중국법을 존중하고 준수하려 노력했다. 입으로 못하면 손과 발로 복음을 나누리라 생각했다. 기본적으로 우리는 "빈 손의 선교"를 명심하려 했다. 과거에는 선교사들이 두 손 가득 뭔가를 가지고 왔지만, 새로 만나는 형제자매들과 손을 맞잡고, 그들을 포옹하기 위해서는 오히려 빈 손이 필요하다는 것이었다. 나름대로 이런 빈 손의 선교를 추구했다. 그런데 실제로 학생들은 우리가 누구인지 말 안 해도 이미 다 알고 있었다. 나중에 그 학생들을 만나서 보니까 대부분 그리스도인이 되어 있었다. 굳이 전도를 하지 않았고 예수 이야기도 하지 않았지만 각자 신앙공동체에서 새로운 경험을 하는 것이 기뻤다. 성령께서 친히 역사하셔서 가능한 일이라고 믿는다. 1994년부터 1998년까지 4년 남짓 선교지에 있었지만 '선교란 무엇인가'를 성찰하는 계기가 되었다. 선교란 하나님의 선교에 동참하며 사는 인격적인 만남이고, 삶을 나누며 더불어 가꾸어가는 동반자적 관계라는 것을 체험했다. "친구를 하나 알면 길을 하나 더 아는 것이다."라는 중국 속담이 시사하는 지혜를 새삼 체득할 수 있었다.

만남: 건너편 선교회

중국에서 봉사 활동(diaconal work)을 할 때 우리 부부에게 의미있는 공동체가 자연스럽게 생겼다. 1990년대 개혁개방 정책으로 '죽의 장막(bamboo curtain)'이라 불리던 중국이 막 개방하자, 한국, 미국, 호주 등 여러 나라에서 온 여러 교단 출신의 선교동역자들을 만나게 된 것이다. 외국인이 자국민을 전도할 수 없게 한 중국정부의 정책으로 인해 대다수의 선교사들은 유학생 신분이나 회사 직원의 신분으로 중국을 찾았기 때문에 때로 '유학생' 또는 '사장님'으로 불리기도 했다. 현지인 교회에서 정규적으로 모여 어떤 선교를 할 수 있을지 화합을 모색했다. 호주장로교, 예장 통합, 합동, 고신, 미국장로교 등 다양한 교단 출신의 동역자들이 매주 모여 좋아하는 성경구절과 말씀을 나누며 찬양하고 깊은 삶의 교제를 나누었다. 그때 호주연합교회 선교동역자인 양명득 목사도 만나게 되었다. 사도행전에 나오는 '마게도냐로 건너와서 우리를 도우라 (행 16:9)'는 구절에서 영감을 받은 양 목사의 제안으로 '건너편 선교회'라

이름 짓고 현지교회와 지역사회의 요청에 동행하며 응답했다. 공식기관은 아니었지만 서로 존중하며 연합정신을 발휘하는 에큐메니칼 선교의 모습이 소중했다. 하지만 시간이 흐를수록 신학적, 선교적 입장이나 접근이 달라 선교동역자 사이에 불편함과 갈등이 생기기도 했다.

에큐메니칼 순례

미국으로 돌아가 2007년 이후 지금까지 미국장로교 총회에서 일하면서 나는 미국장로교인으로서 개인적으로 뿐 아니라 공동체 속에서 확장된 정체성을 새롭게 경험하며 발견해 나갔다. 목회자로서 부르심을 받고 돌아간 루이빌 장로교 신학교에서 신학 훈련은 변화의 여정(transformative journey)이었다. M. Div 과정을 시작하면서 나는 학문적, 관계적, 영적으로 성장하는 변혁적인 과정을 경험했다. 수업, 예배, 모임, 여행에서 동료 학생, 교수, 장로, 목사, 교단 지도자, 에큐메니칼 기독교인들을 포함하여 다채로운 사람들과 교류하며 더 깊은 성경적, 신학적, 타문화적 차원에 참여하는 은총을 받았다. 한인 장로교 여성으로서 다양한 장소와 상황에서 풍부한 문화적, 사회적 경험을 했다. 신학교 3년간 실제로 많은 여행을 할 수 있었다. 신학교에서 제공한 여행 세미나(travel seminar)를 통해 유럽, 팔레스틴과 이스라엘, 쿠바 등을 심도있게 탐구할 수 있었다. 2013년 WCC 10차 부산총회에 GETI(글로벌 에큐메니칼 신학원, Global Ecumenical Theological Institute) 미국신학생 대표로, 2017년 WCRC 종교개혁 500주년 기념 라이프치히 총회 GIT(글로벌 신학원, Global Institute of Theology)에 참가하여 나의 에큐메니칼 네트워크를 세계적으로 확장할 수 있었다. 목회적 맥락에서 표현된 내 자신의 정체성에 영향을 미친 주요 인생 사건, 관계 및 문화적 맥락을 확인하고 공유하고 논의한 뜻깊은 시간이었다.

재회: 선교사연합공의회의 밑그림

2020년 초, 미국장로교 한인교회와 백인교회 목회자로, 총회본부 직원으로 일해온 우리 부부에게 동아시아 선교지를 섬기라는 하나님의 새로운 부르심이 있었다. 그해 8월 코로나를 뚫고 동아시아 선교사역 기반인 한국에 나와 일하기 시작했을 때 반가운 만남이 기다리고 있었다. 앞서 언급한 것처럼 1990년대 중국에서 처음 만나 선교의 삶을 나누어 온 오랜 벗님 양명득 목사가 호주선교동역자로 이미 한국에서 영등포산업선교회의 파트너로 사역하고 있었던 것이다. 그는 지난 수년동안 호주 선교사에 관한 원본 기록물을 찾아 번역하고 연구하여 그 결과물을 왕성하게 출판해 왔다. 사실 호주선교회와 미국장로회는 한국선교 시작부터 의미 있는 협력 관계를 맺었었다. 1889년 한국에 도착한 호주선교사 헨리 데이비스가 미국북장로회 언더우드와 교제한 이후 당시 호주선교회와 미국 북장로회는 연합공의회를 설립하기로 합의했는데, 이는 앞으로 일어날 선교부들 사이의 에큐메니칼 운동과 협력 선교의 출발이 됐다. 헨리 데이비스는 부산에서 안타까운 죽음을 맞이했지만, 그의 순교는 한국선교에 소중한 밑거름, 밑그림이 되었다. 그 후 호주 선교사들은 부산, 경남지역에서 일하며 미국장로교 등에서 온 선교사들과도 다양한 관계를 가져왔다. 21세기 선교 지형은 달라졌다 해도 선교회의 연합과 일치 운동은 세계 선교 여정의 파트너로 어떻게 동역하며 협력해야 할지를 보여주는 중요한 단서와 귀감이 된다.

양명득 목사의 여러 출판물 중 <호주 선교사 열전: 부산과 서울>은 뜻밖에 나의 개인적인 스토리와도 닿아 있다. 1891 년 한국에 도착한 호주 선교사들은 제일 먼저 소녀들을 위한 고아원을 설립했고 점차 발전해서 부산 일신여학교가 되었다. 1918년생이신 나의 외할머니 김소염 여사가 그 일신여학교 출신이다. 외조모는 교사였던 호주 여성 선교사들의 사랑을 많이 받았고 호주 유학을 주선한 선교사도 있었다고 모친으로부터 전해들었다. 하지만 독립만세 운동으로 두 아들을 잃으셨던 증조 외할머니가 사랑하는 막내딸을 멀리 보낼 수 없다고 반대하셔서 외할머니는 결국 한국에 남으셨다. 신여성 교육과 만세 운동의 주역이었던 일신여학교에서 교육 받으신 외조모 이야기는 선교현장의 스토리 발굴과 기록이 얼마나 뜻깊은 작업인지 보여준다.

에큐메니칼선교연구회

우리 모임이 처음부터 이름을 갖고 출발한 것은 아니었다. 오랜 친구 관계였던 호주 선교동역자 양명득 목사, 미국 선교동역자 한명성 목사와 내가 이따금씩 만나며 한국교회와 선교에 대한 대화를 나누다가 2022년 여름부터 자연스럽게 선교사 친목 모임으로 시작했다. 한국 선교역사 초기부터 면면히 스며있는 에큐메니칼 정신을 주목하며 오늘날 주는 메시지를 새롭게 발견해 가려는 바람을 담아 스터디 그룹(study group)으로 만났다. 한국으로 파송 받은 몇명의 해외 선교사들이 점차 함께하게 되었다. 캐나다 선교동역자인 존 에거(John Egger) 박사가 제일 먼저 합류했다. 그해 말 임기를 마치고 캐나다로 복귀한 에거 박사는 캐나다연합교회(UCC) 마지막 해외 선교동역자여서 교제가 더욱 귀하고 감사했다. 현재 호주 선교동역자 양명득 목사, 연합감리교 미국 선교동역자 김홍덕 목사, 미국장로교 선교동역자 한명성 목사, 김지은 목사와 한국 선교동역자인 예장통합의 한경균 목사, 김은정 목사와 기독교대한감리회 박도웅 목사 등을 중심으로 연구 모임을 하고 있으며, 한국선교 140주년을 향해 일 년에 두어 번 누구나 올 수 있는 공개 세미나 자리를 마련해왔다. 세미나 초대를 위해 주최의 대표가 필요하다고 의견을 모아 첫 해는 김지은 목사가, 둘째 해는 김홍덕 목사가 돌아가며 회장을 맡았다.

2022년 말 첫 번째 세미나를 개최했다. 캐나다연합교회 선교동역자 존 에거 박사의 "한국 에큐메니칼 선교에 대한 캐나다인(교회)의 기여" 발표와 한강희 교수, 이문숙 목사의 논찬이 11월 17일 미국장로교 한국선교회 회의실에서 열렸다. 그 이듬해 2023년 4월 21일 영등포산업선교회 울림홀에서 에큐메니칼선교연구회 두 번째 세미나인 "호주선교회의 한국선교 역사와 그 공헌"을 개최했다. 호주 선교동역자 양명득 목사의 "호주장로교선교회의 한국선교와 그 공헌: 1889-1942년"과 정병준 교수의 "해방 이후 호주선교회(장로교와 연합교회)의 선교사역" 발제가 있었다. 세 번째 세미나는 2023년 11월 13일 기독교대한감리회 본부 16층 회의실에서 "연합감리교 한국선교와 계승과제" 라는 제목으로 가졌다. 민태기 박사의 "윤치호 일기로 본 감리교 선교와 한국 과학의 태동"과 연합감리교회 선교부 김홍덕 목사의 "연합감리교 한국사회선교" 발표가 있었다. 네 번째 세미나는 올 봄 2024년 3월 7일 연동교회 드보라의 방에서 "선교 140주년에 돌아보는 한국선교와 전도부인" 발표가 있었다. "캐나다장로교회 선교와 전도부인"이란 제목으로 발제한 서선영 박사는 시베리아 최초의 전도부인인 오한나를 소개했다. "정동에서 연못골로 온 선교부: 미 북장로교회 선교와 전도부인"이란 제목으로 발제한 김은정 목사는 선교사의 고용인으로 출발해 전도부인과 교사로 나중에는 기독교여성 지도자로 성장한 신마리아를 조명했다. "여성을 위한 여성의 사역(Woman's Work for Woman)"이란 제목으로 김은하 박사의 논찬이 이어졌다.

첫 사랑의 기억

2년여 전 처음 시작할 때부터 에큐메니칼선교연구회는 한국선교 140주년, NCCK 100주년을 바라보며 한 걸음씩 동행했다. 올해 개신교선교 140주년을 맞아 한국교회의 선교동반자들과 벗들, 교계 지도자들과 함께 의미있는 기념 행사를 준비했다. 2024년 10월 21일 연동교회에서 기념예배와 함께 출판기념회를 갖고 지금까지 해온 것처럼 세미나를 진행한다. 그간 함께 공부하며 발표한 글을 <성공이 아닌 섬김> 한 권의 책으로 엮은 것은 더없이 기쁘고 뜻깊은 열매, 맺음이다. 에큐메니칼선교연구회 다섯 번째 세미나로 "미국장로교 한국선교 역사와 기여 - 에큐메니칼 운동과 교육 선교를 중심으로" 마련했다. 미국 선교동역자 김지은 목사는 "첫 사랑의 기억: 선교사연합공의회와 에큐메니칼 정신"이라는 제목으로 발제를, 최영근 교수는 "미국장로교 한국선교회의 교육 선교"에 대한 연구를 각각 발표한다. 오병이어의 기적 때 소박한 도시락을 나눈 소년(마태복음 16:1-12)처럼 소소하지만 진지한 마음으로 우리가 각자 가진 것을 진솔하게 나눌 때 그 자리는 언제나 함께 배부르며 풍성해지는 생명과 공감의 축제가 되리라 믿는다. 각기 다른 교단, 기관으로 부름받아 섬기고 있지만 다름 속에 추구하는 일치를 잊지 않고 협력한 초기 한국선교의 역사는 140년간 그리스도의 한 몸을 이루려는 호흡과 활동으로 지금껏 이어져왔다. 각기 보냄 받은 곳과 부름 받은 곳이 달랐던 선교동역자들 속에서 애써 꽃 피운 상호 존중과 연합이라는 정신은 어쩌면 우리에게 아름다운 첫 사랑의 기억이다. 지금 여기, 힘찬 맥박으로 뛰어 새롭게 이어지길 바라는 마음으로 에큐메니칼 선교의 첫 출발과 전개를 이제 다시 살펴보려고 한다.

I. 한국 개신교회의 출발과 초기 연합운동 (1884-1910)

구한말 서구열강의 아시아 침탈이 시작된 후, 몰락한 조선 왕조에서 유교.불교.도교.샤머니즘 등 기존 종교들이 백성들에게 희망을 주지 못할 때, 한국인들은 기독교를 주체적으로 수용했다. 1873-1887년 스코틀랜드 장로교 선교사 존 로스(John Ros)와 존 매킨타이어(John McIntyre)는 만주에서 이응찬, 백홍준, 김진기, 서상륜과 같은 의주 상인들의 도움을 받아 신약성경을 번역하고 대영성서공회를 통해 출판했다. 이렇게 번역된 우리말 성경은 백홍준, 서상륜 등에 의해 만주와 의주, 평양, 황해도, 서울 등지로 전파되었다. 그 결과 1885년 황해도 소래에는 한국인들에 의해 최초의 토착교회가 설립되었다.

한편 일본에서는 유학생 신분의 선비 이수정이 1883년 세례를 받고 마가복음을 번역했고, 1885년 미국성서공회가 그것을 출판했다. 이수정은 동경에서 한인 유학생들을 위한 신앙공동체를 세웠고, 미국교회를 향해 선교사를 파송해 달라고 공개 편지를 보냈다. 1885년 북장로회의 언더우드(Horace Grant Underwood)와 미감리회의 아펜젤러(Henry Gerhard Appenzeller)는 이수정이 번역한 마가복음을 가지고 조선에 입국했다. 이때 국내에는 '자생적 신앙공동체'가 형성되어 세례를 기다리는 교인들이 있었다. 교파주의 교회가 한국에 들어오기 전에 한국인들은 주체적으로 신앙을 수용하여 자생적 신앙공동제를 이루고 있었으며, 이후 선교사들의 복음 전래와 만나면서 한국교회를 발전시켰다. 한국 개신교회는 이러한 복음의 수용과 전래의 연합으로 이루어졌다.[2]

1. 초기 선교사들의 에큐메니칼 운동

초기 한국에 온 선교사들은 19세기 복음주의의 영향 아래 기독학생 운동(Student Christian Movement)과 학생자원운동(Student Volunteer Movement) 출신들이 많았다. 그들은 기독학생운동의 풀(pool) 안에서 초교파적으로 성경공부, 비교

---

2)   정병준, 〈한국교회 역사 속 에큐메니칼 운동〉, 오이쿠메네, 2022. 44-45.

종교연구, 선교지 연구를 하고, 국내 선교 활동과 국제 대회에 참가하여 다양한 에큐메니칼 경험을 했다. 비록 그들은 교파 선교회의 파송을 받아 한국에 교파 교회를 설립했지만, 복음 선교를 위해서 교파를 뛰어넘어 협력할 수 있는 에큐메니칼 정신을 갖추고 있었다.

1) 성경번역과 성교서회의 설립

성경을 토착 언어로 번역하는 일은 복음을 토착화하는 작업이며,[3] 신앙의 통일성을 제공하는 점에서 에큐메니칼 특성이 있다. 언더우드와 아펜젤러가 한국에서 처음 시작한 연합활동은 성경번역이었다. 개신교 선교사들은 자국어로 '하나님의 말씀'을 접하도록 하는 것이 직접 전도에 나서는 것보다 더 중요하다는 확신이 있었다. 1887년 서울에 모여있던 선교사들은 내한 직후 '성서번역위원회'를 조직하여 번역을 시작했다. 그 위원들은 언더우드, 아펜젤러, 스크랜튼(William Benton Scranton) 이었다. 그해 여름 스코틀랜드 성서공회를 통해 <마가의 전한 복음서 언해>를 출판했다. 이것을 계기로 1893년에 초교파 '공식번역자회'가 구성되고 1895년에 '대영성서공회' 한국지부가 설립되었다. 그 결과 공식번역자회는 1906년 신약성경을 출판하고, 1911년 성경전서(구약)를 출판했다. 이후에 진행된 성경개정작업 역시 초교파적으로 이루어졌다.

그 당시 기독교 소책자를 전파하는 것이 효과적인 전도 방법이었다. 1899년 언더우드, 헤론(John W. Heron), 올링거(Franklin Ohlinger)는 문서선교의 필요성을 느끼고 '한국예수교문서회'를 조직했다. 한국예수교문서회는 특히 감옥에 성서와 기독교 서적을 보급하여 많은 회심자를 얻었다. 이 두 조직은 대한성서공회와 대한기독교서회로 발전했다. 이처럼 성경번역과 문서사업은 연합운동에서 늘 중요한 자리를 차지한다. 성경번역과 개정에는 북장로회, 남장로회, 호주장로회, 북감리회, 남감리회, 성공회의 선교사들과 한국인, 이창직 김정삼, 남궁혁, 한국인 조사들이 참여했다. 1902년에 임명된 캐나다장로회 선교사 그리어슨(R.G. Grierson)은 실제 번역에 참여하지 못했다.[4]

---

3)   Andrew F. Wallace, The Missionary Movement in Christian History (Maryknoll: Orbis Books, 1996), Chapter 3 "The Translation Principle in Christian History." 재인용, 위의 책 45.

4)   정병준, 45-46.

2) 장로교공의회와 연합신학교의 조직

한국에 도착한 북장로회, 남장로회, 캐나다장로회, 호주빅토리아장로회는 장로회정치를 사용하는 단일 장로교회를 설립하려고 노력했다. 1893년에 '장로회선교공의회'(The Council of Missions Holding the Presbyterian Form of Government)가 조직되었다. 장로교선교회들은 또한 1890년에 '네비우스 선교정책'을 함께 수용하여 자전, 자립, 자치의 선교 원칙에 따라 교회를 성장시켰다. 장로회선교공의회는 1901년부터 평양에서 시작된 신학교육을 연합으로 운영했고, 1907년 독노회를 세워 한국장로교회를 선교회로부터 독립시켰으며, 평양의 장로회신학교는 7명의 졸업생을 배출했다.[5]

3) 장로교와 감리교 선교사들 사이의 협력

1905년 9월 15일 장로교와 감리교(이후 장감) 선교사들은 '재한복음주의 선교부연합공의회'(The General Council of Evangelical Missions in Korea)를 조직했다. 이 조직의 목표는 선교사업에 서로 협력하고 한국에 단일 개신교회를 설립하는 것이었다. 선교사들은 단일교회의 명칭을 '대한예수교회'(Jesus Church)로 정하고 추가 연합신조까지 마련하는 데 합의했다. 현대 에큐메니칼 운동의 출발인 에든버러 선교대회가 1910년에 개최되었고, 캐나다연합교회가 1925년에 탄생했음을 생각할 때, 1905년 한국에서 선교사들 사이에 연합교회를 시도한 것은 시대적으로 상당히 앞선 것이었다. 그러나 이 합의안은 장감 사이의 교리 차이를 강조하는 미국 남장로교회 선교본부로부터 허락을 받지 못했고, 북장로회 선교사들 사이에서도 강력한 이견이 있어서 성공하지 못했다. 이후 장로교회는 1907년에 '독노회'를 설립했고, 북감리회는 1908년에 '한국연회'를 창설했다.[6]

4) 출판, 교육사업의 협력

선교연합공의회는 단일 개신교회를 설립하는 것은 실패했지만 1905-1910년 장감 사이의 협력을 크게 발전시켰다. 두 교회는 예배의 일치와 교회의 일

---

5) 위의 책, 46.
6) 위의 책, 47.

치를 위해 수년간 노력해서 공동으로 사용하는 <찬송가 (1908)>를 출판했다. 선교사들은 영문 잡지를 통합하여 <코리아미션 필드(Korea Mission Field, 1905.11)를 발행했다. 또한 선교 정보와 교회의 삶을 공유하기 위해 연합신문 <그리스도 신문> (1906.7)을 발행했다. 선교부 연합공의회는 1905년 주일학교 위원회를 두어 두 교단의 주일학교 교육을 위해 협조했고 1911년 '조선주일학교연합회'를 조직했다.

연합활동은 교육사업에서도 두드러졌다. 서울에서는 1905-1907 감리교의 배재학교와 장로교의 경신학교를 통합운영했고, 평양에서는 숭실전문학교(1905-1915)와 숭의학교(1907-1919)를 함께 운영했다. 또한 서울에서 세브란스병원과 의학교가 연합으로 운영되었고 1915년 연희전문도 역시 초교파적인 협력을 통해 세워졌다. 1911년 장감 선교회들은 기독교 교육을 단일체계로 연합하기 위하여 '교육이사회'를 구성하고 협력했다.

그러나 1915년 조선 총독부가 '개정사립학교법'을 발표한 후 장감의 교육협력은 깨졌다. 정부의 학력 인정을 받으려면 미션학교 내 성경교육과 예배를 폐지할 수밖에 없었는데 이에 대한 각 선교회들의 대응 방식이 서로 달랐기 때문이다.[7]

5) 선교지 예양 협정

'예를 갖추어 양보한다(禮讓)'는 뜻의 선교지 예양 협정(禮讓協定, Comity Arrangement) 혹은 선교지 분할협정은 같은 선교지 안의 선교회들 사이에서 경쟁과 중복사업을 피하기 위해 전 세계적으로 사용된 선교정책이었다. 1892년에 북장로회와 미감리회 사이에서 시작된 이 논의는 1909년에 6개의 장감 선교회들 사이에서 최종 합의되었다. 선교지 분할협정은 선교회들 사이에 상생효과를 가져왔지만 한국교회 교인들은 선교사들의 일방적인 결정으로 갑자기 타 교파의 교인이 되는 혼란이 생겼다. 실제로 1905년에 약 12,000명의 교인들에게 교파 변동이 생겼다. 이 정책의 시행을 놓고 선교사들은 한국 교인들의 반발과 혼란을 우려했으나 정책의 취지를 들은 한국 교인들은 교회와 복음을 위해 선교사들의 결정을 순수히 따라 주었다. 이것은 한국교회사 속에

---

7)   위의 책, 47-48.

나타난 놀라운 에큐메니칼 정신이었고, 선교사들은 한국 교인들의 연합정신에 경이와 극찬을 아끼지 않았다.

초기 한국교회 교인들은 교파보다도 예수 그리스도의 교회가 더 중요하다는 사실을 자연스럽게 받아들이고 있었다. 이 점은 오늘날도 마찬가지일 것이다. 에큐메니칼 운동은 평신도들 사이에서 풀뿌리 운동으로 발전하는 것이 건강하고 바람직하다. 교파주의를 통해 일부 엘리트들이 기득권을 누리는 교권은 오히려 에큐메니칼 정신에 장애가 되는 경우가 많다.[8]

2. 초기부흥운동

초기 선교사들 사이에 에큐메니칼 운동이 활발하게 나타난 시기는 한국교회 대부흥운동 시기(1903-1907)였다. 성령 대부흥운동은 교회를 연합시키는 특성이 있었다. 첫째, 대부흥운동의 발화점인 "1903년 원산부흥운동은 여성들의 초교파적인 모임에 의해 준비되고 촉발되었다." 이것은 원산이 장로교, 감리교, 침례교의 공동 선교구역이기 때문에 가능했다. 미감리회의 화이트(Mary Culler White)와 캐나다장로회의 매컬리(Louise H. McCully)가 시작한 기도회는 선교사 연합성경공부로 발전했고, 이 모임에서 하디(Robert A. Hardie)가 설교와 간증을 하던 중 참가자들이 성령을 체험하게 되었다. 1905년 8월 서울에서는 장, 감 선교사와 한인 교인들 사이에 연합기도회가 연합교회에서 일어났고, 9월 '재한복음주의선교부연합공의회'가 초교파적으로 한국교회 부흥운동을 추진하기로 결의했다. 둘째, 한국교회는 부흥운동을 통해 회개, 중생, 성결이라는 신앙의 본질적인 체험을 하게 되는데, 그 과정에서 교인과 교인 사이에, 선교사들과 교인들 사이에 서로 미워하던 감정을 용서하며 화해와 치유가 일어났다. 셋째, 부흥운동은 교회의 신앙과 한국의 토착적 문화가 만나 토착적인 신앙 형태를 뿌리 내리는 계기가 되었다. 특히 '새벽기도회'와 '성미' 같은 토착 신앙문화는 '정화수', '신주단지' 같은 토속 신앙과 관련이 있었다.

향후 부흥운동은 한국교회의 초교파 연합운동의 중요한 유형이 되었다. 일제하 부흥운동은 1910년대의 길선주, 1920년대의 김익두, 1930년대 주기

---

8) 위의 책, 48-49.

철과 이용도를 통해 일어났으며, 한국교회에 종말론적 희망을 제공해 주었다.[9]

II. 일제하 한국교회의 연합운동(1910-1930)

1. 조선예수교장감협의회

1910년 일제의 조선합병과 무단통치는 한국교회의 연합운동을 크게 위축시켰다. 일제는 지속적으로 선교사들과 교인들 사이를 분열시켰고, 교회와 민족운동을 분리시키려고 했다. 1911년 105인 사건으로 한국교회의 지도력은 크게 손상을 입었다. 이러한 탄압을 받으며 교회는 연합운동보다는 생존과 조직 강화를 더 강조하게 되었다. 1905년에 설립된 '재한복음주의선교부연합공의회(General Council)는 1911년에 'Federal Council'로 명칭을 변경했다. 단일 개신교회를 설립하려던 공의회의 목적은 사라졌고, 오직 연합 사업을 목적으로 규정했다. 그러나 장감 사이의 연합정신은 여전히 남아있었다. 두 교파는 '백만인구령운동'(1909), 동경의 제일연합교회 목회자 파송에 협조하였으며, 연합 신문 <기독신보>(1915)를 탄생시켰다. 이 신문은 두 교파의 교회 소식 외에도 구세군과 성결교회의 목회전략을 다루었고, 선교, 교육, 국제정세, 사회경제 상황, 민족독립운동까지도 폭넓게 담았다. 기독신보는 매년 15-20만부를 넘는 영향력 있는 언론지였다. 비록 단일 개신교회 운동은 실패했지만, 신문, 문서선교, 병원과 학교에서는 장감이 다시 연합하자는 분위기가 고조되어 있었고, 한국교회는 인구 20만 명의 교회로 성장했다. 이런 배경하에서 1918년 '조선예수교장감협의회'(Korean Church Federal Council)가 탄생했다. 이 협의회의 회장은 장로교의 김필수 목사이고 서기는 감리교의 오기선 목사였다. '조선예수교장감협의회'의 조직은 토착교회 지도력이 크게 성장했음을 반영한다.[10]

---

9) 위의 책, 49-51.
10) 위의 책, 51-52

2. 조선예수교연합공의회

3.1운동 이후 초기 신문명의 기수로 여겨졌던 한국교회는 지성인들로부터 현실 도피적이고 내세 지향적인 종교라는 비판을 받았고, 사회주의자들로부터는 친미 제국주의자들과 자본주의 착취계급의 종교라고 비난받았다. 1920년대 미국교회는 "현대주의-근본주의" 논쟁에 휘말리게 되고, 미장로교 선교사들은 정통교리를 지키는데 열심을 냈다. 그 과정에서 한국교회의 주류는 더 교권주의적인 입장을 취하게 되었다. 이때 다른 한편의 한국교회 지도자들은 1920년대에 고조되던 국제주의와 세계 에큐메니즘을 만나게 된다. 1921년 국제선교협의회(IMC)가 창설된 후, IMC 회장 존 모트(John Mott)는 1922년부터 아시아를 순방하며 국가교회협의회(NCC)들을 조직했다. 한국에서는 '재한복음주의선교부연합공의회'와 '조선예수교장감협의회'가 연합하여 1924년 9월 24일 '조선예수교연합공의회(Korean National Christian Council)가 탄생했다. '조선예수교연합공의회'는 1920년 대에 사회주의의 성장과 반기독교운동 신사조의 도전에 맞서고, 한국 교회 지도자들의 신학 수준 향상을 위한 일반교육과 신학교육의 질적 상승에 노력하며, 신문, 방송을 전도 출판사업, 절제운동 농촌운동에 주력했다.

조선예수교연합공의회 구성단체를 살펴보면, 한국교회 장로교는 조선예수교장로회였고, 한국교회 감리교는 조선미감리회, 조선남감리회다. 외국선교회 장로교는 미국북장로회, 미국남장로회, 오스트레일리아 장로회, 캐나다 장로회(후에 캐나다연합교회선교회)였으며 외국선교회 감리교는 미감리회, 남감리회다. 연합기관 구성단체로는 초교파 단체인 대영성서공회, 조선기독청년회(YMCA)가 있었다.

1925년에 YMCA가 농촌부를 만들어 농촌운동을 시작한 것을 필두로, 1928년에는 장로교 총회가 농촌부를, 미감리회 연회가 농촌사업부를 신설했으며, 남감리회는 1929년에 농촌부를 두었다. 이러한 배경에는 1928년 예루살렘 IMC의 영향력이 크게 작용했다. 이 모임에는 장로교의 정인과 마펫, 감리교의 양주삼과 노블, YMCA의 신흥우 총무, YWCA의 김활란이 참석했다. 이들은 귀국한 후 한국교회의 사회참여를 위해 일했다. '조선예수교연합공의회'는 1932년에 <사회신조>를 발표했는데 이 신조는 유불교육, 유물사상, 계급투쟁, 혁명 수단에 대해 반대하며 사회적 책임을 천명했다. 이러한 변화는 한국교회가 국내 사조에 도전하고, 해외 에큐메니칼 운동의 영향을 받아 사회문제에 참여하는 입장을 구체화한 것이었다.[11]

3. 만주 조선기독교의 설립

한국교회가 신사참배와 친일로 굴절된 후, 만주에는 한인 목회 활동, 선교 활동, 혹은 신사참배 거부 망명 등으로 다양한 교파 교회가 생겨났다. 또한 1941년에는 만주에 있던 장로교회, 감리교회, 성결교 회-동아기독교, 조선기독교(변성옥 중심)의 5개 교파가 합동하여 만주 조선 기독교회를 결성했다. 교파 교회로 성장한 교회들이 해외에서 단일교단을 설립한 것은 역사적으로 드문 일이었다. 특히 반교권주의를 기치로 기성 교회와 분립했던 '조선기독교'가 해외에서 기성 교회들과 연합한 것은 에큐메니칼적으로 의미가 크다.[12]

III. 기독교 사회참여 운동의 초교파적 특성

일제하 한국교회는 여러 방면에서 연합하는 모습을 보여주었다. 또한 기독교인들은 제도권 밖에서도 기독교 사회참여 운동을 통해 연합했다. 제도권 밖 기독교 민족운동은 일반적으로 선교사들의 교회지배, 교권주의, 교파주의적 분열, 개인 구원에 함몰된 종교 신학을 비판했고 신앙의 힘을 통해 사회개조에 참여하는 운동을 전개했다. 기독교인들의 사회참여는 물산장려운동, 농촌계몽운동, 금주금연운동, 민립대학설립운동 등에 초교파적으로 참여하면서 나타났다. 그러나 기독교 사회참여 운동은 수양동우회와 동지회처럼 교회 안에 지역 파벌을 강화하는 부정적인 영향도 주었다.[13]

---

11) 위의 책, 52-54
12) 위의 책, 55.
13) 위의 책, 55.

1. 독립협회운동

1896년에 일어난 독립협회운동은 민권, 자강, 자주 독립 운동을 전개해서 조선을 근대화된 상공업국가로 만들고자 했다. 이 운동의 지도부는 개혁파 관료, 기독교계 신지식층, 유교 혁신파로 구성되었으나 그 중심에는 서재필, 윤치호 등의 독립신문계가 있었다. 이들은 만민 공동회, 강연회, 독립신문 발간 등을 통해 외세 의존적인 정부의 무능을 비판했고, 국민주권주의, 천부인권사상, 만민평등사상, 공화주의론에 이르는 대중 계몽을 전개했다. 그들은 또한 기독교와 서양문명 안에서 개혁 정신을 찾으며 기독교인의 정치참여를 당연한 것으로 여겼다. 1898년 12월 25일 정부는 독립협회를 강제로 해산시키며 이상재 등 17명의 중심인물을 체포했다. 나머지 지도부는 망명과 추방의 고초를 겪었다. 선교사들은 이때부터 교회의 비정치화를 적극적으로 시도하게 되었고, 1901년 장로교공의회의 '정교분리선언'이 있었다. 독립협회가 해체된 이후 투옥된 17명의 인사들 가운데 많은 수가 옥중에서 집단적으로 개종을 경험했다. 그중 이승만, 이상재, 이원긍, 김정식, 김인, 조종만, 박승봉, 신흥우, 홍재기, 유성준, 안국선 등은 1904년 석방되어 게일(James Scarth Gale) 목사가 시무하던 연동교회에 출석했고, 일부는 묘동교회와 안국동교회로 갔다. 이상재, 윤치호, 신흥우, 김정식은 YMCA에 가입했다. 이들은 평신도 지도력으로 YMCA 연합운동에 크게 기여했다.[14]

2. 기독청년학생운동

1) 협성회와 기독교청년회(YMCA)

1896년 배재학당에서 시작된 협성회는 최초의 근대식 학생 조직으로 회의 규칙을 훈련하는 토론회 모임이었다. 당시 지도자였던 서재필과 윤치호는 서양의 학문을 익히고 돌아온 선각자들이었고, 학생들은 이승만, 이익채, 주시경, 남궁혁, 이인직, 유영석, 신흥우 등이었다. 이들 지식인들이 독립협회운동에 참여했으나 임원들의 구속으로 조직이 와해되었다. 1901년 YMCA 총무로

---

14) 위의 책, 56.

내한한 질레트(Philip L. Gillett)는 협성회 회원들을 중심으로 배재학당 안에 학생 YMCA를 조직했다. 한국 YMCA 운동은 신분 때문에 교회에 오기 어려운 상류사회의 청년들을 선교하려는 목적으로 시작되었다. 1903년 황성 YMCA가 창립된 후, YMCA는 초교파적 청년운동으로 성장했다. 1910년 이후 학생 YMCA는 하령회(여름수련회)로 전국적 지도력을 성장시켰는데, 훗날 이 조직망이 3.1운동에 크게 기여하게 된다." 그러나 일제는 105인 사건과 연관시켜 YMCA 지도부를 구속했고, 친일적인 유신회를 통해 YMCA를 장악하려고 했다. 1914년 이상재 총무가 "조선기독교청년회(YMCA)"를 조직했고 이것이 대한 YMCA의 모체가 되었다.

3.1운동 이후 학생 YMCA는 조직을 재정비하고 1921년 이대위를 간사로 맞아들였다. 1920년대 학생 YMCA는 신문화, 사회개조, 기독교사회주의, 민중화를 과제로 삼고 조직을 확대했다. 1924년 조선 YMCA-YWCA가 연합해서 세계학생기독연맹(WSCF)에 가입하면서, 일본 YMCA의 감독에서 벗어나 독자적인 국제네트워크를 구축할 수 있었다. 1920년대 학생 YMCA는 농촌사업에 주력하며 장래 교파합동을 위해 학생들 사이에 교파 관념을 없애는 일에도 집중했다. 한국기독청년학생운동은 세계 에큐메니칼 운동과 직접 접촉하면서 제도교회 조직보다 세계 에큐메니칼 운동의 사상과 변화를 더 빠르게 이해하였다.

1931년 만주사변 이후 일제가 공개적 단체 활동을 제약하자 YMCA 활동은 어려움에 직면했다. 1932년 안창호계의 동우회와 이승만계의 동지회의 갈등으로, 이대위 간사는 장로교회의 면려청년회 조선연합회 총무로 자리를 옮겼고, 1935년에는 신흥우가 중앙 YMCA 총무직을 사임하면서 YMCA 활동은 더 약화되었다. 1938년 조선 YMCA연합회는 일본 YMCA에 흡수됐고, 학생 YM-YWCA도 1941년에 사라졌다.[15]

2) 엡윗청년회와 면려청년회

YMCA가 초교파 기독청년조직인 반면 엡윗청년회(Epworth League)는 감리교 조직이었고, 면려청년회(Christian Endeavor Society)는 장로교 조직이었다.

---

15) 위의 책, 57-58.

1897년 5월 미감리회가 엡윗청년회의 중앙조직을 세운 후 청년조직이 개교회로 확대되었다. 그 창립 회원들 중 전덕기, 이승만, 남궁억, 이동휘, 이준, 이동녕, 조성환 등은 민족운동에 크게 공헌했다. 엡윗청년회는 전도와 성경공부 외에 애국하는 활동에도 적극적으로 앞장섰다. 초기 기독교인들은 교회의 충군 애국을 강조했고 엡윗청년회는 1901년 고종황제 생일 축하 행사를 주도했다. 1905년 상동교회 엡윗청년회가 주최한 을사조약 체결 반대 기도회는 수천 명의 청년들과 교인들이 초교파적으로 모여 한주간 나라를 위해 기도했다. 여기에 전덕기와 정순만은 을사오적 암살을 모의하기도 했다. 1907년 고종의 '헤이그 밀사'였던 이상설, 이준을 비롯해 김구와 주시경도 엡윗청년회 출신이었다. 엡윗청년회는 우리나라 '국학운동'과 1907년 4월 '신민회' 창립에 한 축을 담당했고 평신도 중심적이면서 민족적이었고 탈선교사적 성격을 지니고 있었다. 이들은 또한 항일 군사훈련을 시도했다. 1906년 11월 친일파 감독 해리스(M.C. Harris)는 이또 히로부미의 지령에 따라 엡윗청년회를 해산시켰다. 이후 엡윗청년회는 1920년에 복원되었지만, 비교적 온건한 활동을 했다.

장로교의 기독면려회는 1913년 새문안교회에서 최초로 조직되어 확대되었으나 3.1운동 이후 잠시 활동이 중단되었다. 1921년 앤더슨 (W. Anderson) 선교사가 면려회를 재조직한 후, 경북지방에 면려청년회가 활성화되었고 1924년 면려청년회 전국연합회가 조직되었다, 1925 년에는 기관지 <진생(眞生)>이 발간되었다. 면려청년회는 1934년에 전국 1,067개의 지회, 26개의 지방연합회, 31,394명의 회원이 있는 대규모 조직이 되었다. 면려회는 강연회, 금주금연, 물산장려 운동을 전개했고, 1930년대 초반에는 농촌계몽사업에 적극적으로 참여했다. 서북 출신으로 동우회의 핵심 지도자였던 정인과와 이대위는 면려회 운동에도 깊이 관여했다. 이 운동은 인격 개조와 교회 개조를 통해 사회를 개조한다는 목표를 가지고 있었다. 1937년 6월 일제는 '동우회 사건'을 통해 주요 간부를 검거했고 그 여파로 면려회 운동은 사실상 해체되었다.[16]

---

16) 위의 책, 58-60.

맺음말

해방 이전의 한국교회 역사와 기독교 사회참여 운동을 에큐메니칼적 관점에서 살펴보면서 다음과 같은 특징과 교훈을 얻을 수 있다. 첫째, 한국 개신교회는 토착적이고 자발적인 신앙공동체의 신앙수용과 외국 선교사들의 선교(전래)의 만남을 통해 그 초기 유형을 형성했다. 교회의 보편성(catholicity)은 그 지역성(locality)를 통해 표현되고 구현되어야 하기 때문에 신앙과 신학의 문화적 주체성과 토착화는 중요한 에큐메니칼 영역이 되어야 한다.

둘째, 초기 선교사들과 한국교인들의 에큐메니칼 정신은 성경번역 기독교 문서출판, 주일학교교육, 미션학교운영, 의료사업, 신문발건, 합동찬송가 발행, 선교지 분할협정, 대부흥운동, 백만인구령운동 등에 녹아있고 한국교회의 기초를 놓는데 크게 기여하였다.

셋째, 한국교회 에큐메니칼 운동은 공의회성(conciliarity)을 통해 발견되었다. 장로교 선교사들은 '장로교연합공의회'(1893)를 통해 신학교육과 선교사업의 통일성을 이루고 단일장로교회를 세웠다. 장감선교사들은 '재한복음주의 선교부연합공의회'(1905)를 통해 서로 협력했다. 그러나 단일교회운동이 실패하면서 공의회는 유기적 일치(organic unity)를 포기하고 협의회(federal council)적 협력을 하게 되었다. 이후 연합사업은 '조선예수교장감협의회(1918)를 통해 이루어지다가 1924년 '조선예수교 연합공의회'(NCC)를 형성했다. 에큐메니칼 운동에서 공의회적 친교를 발전시키는 일은 본질적으로 중요하다.

넷째, 사회참여운동은 에큐메니칼 운동에서 긍정적인 요소와 부정적인 요소를 다 가지고 있었다. 독립협회, 신민회, 3.1운동, 기독신우회 등은 공교회 조직이 담당하기 어려운 정치적 사회참여 과제를 초교파적으로 이끈 중요한 경험들이었다. 그러나 동우회와 동지회의 경우처럼 기독교 민족운동의 내부 갈등이 교회 분열을 더 가속화한 것은 부정적인 영향이었다.

다섯째, 에큐메니칼 운동을 깨뜨린 외부적 요인으로는 일제의 탄압 (개정

사립학교법, 신사참배 강요,민족운동 탄압)과 분열 정책, 단일 교회 거부와 같은 해외 선교본부의 입장이 있었으나 더 본질적인 것은 다음과 같은 내부적인 요인들이었다.

가장 큰 문제는 지역갈등과 패권주의였다. 서북과 기호 세력의 갈등은 공교회 조직 내부와 기독교 민족운동을 분열시켰다. 패권주의는 장로교 전용 찬송가 발행, 장로교단의 연합공의회 탈퇴, 일방적인 선교 구역 협정 파괴와 같은 행동들로 나타났다. <아빙돈 단권주석> 단죄, 김영주, 김춘배, 김재준 목사에 대한 신학적 정죄 등에서 나타나는 배타적이고 폭 좁은 신학적 이해가 분열을 낳았다. 전필순 목사의 <기독신보> 사유화와 신흥우의 적극신앙단 경우처럼, 교회의 대중적 지지를 얻지 못하는 독단적인 개혁운동은 연합에 역효과를 준다는 것이다.

여섯째, 초기 에큐메니칼 운동에서는 YMCA, YWCA, 엡윗청년회와 면려청년회 등에서 평신도, 청년, 여성들의 참여와 역할이 두드러졌다. 그러나 교권이 강화되어 에큐메니칼 운동이 약화되자 이들의 역할도 약화되었다. 따라서 교회는 평신도, 여성, 청년의 역할을 활성화할 때 에큐메니칼 운동의 건강성을 회복할 수 있게 될 것이다.[17)]

나가는 말

21세기를 살아가는 우리는 현재 기독교의 위기를 상식처럼 받아들이고 있다. 지난 140여 년 동안 한국의 개신교는 선교사들과 기독교인들의 열정적이고도 헌신적인 노력의 결과로 전 세계에서도 유례를 찾기 어려울 정도로 부흥하였다. 이러한 부흥의 이면에는 사회의 요구에 응답하는 초기 한국기독교의 유연성과 열린 자세와 포용성이 있었다. 무엇보다 다름을 넘어 일치와 연합을 추구했던 정신적 뿌리가 원동력이었다. 그러나 현재의 기독교는 초기 한국교회에 비해 에큐메니칼 정신을 잊어버리고 사회의 요구를 수렴하지 못하고 있

---

17) 위의 책, 75-77.

는 것 같다.

현재 우리의 삶을 지배하는 이슈들인 기후위기와 환경문제, 다문화와 다원주의, 사회적 양극화와 세대 간 충돌, 전쟁과 난민문제, 물질만능주의와 급속한 세속화, 디지털화와 정보사회, 극단적인 저출산과 노령화, 이단의 난립과 개교회 이기주의 등에 대해 교회는 어떤 고민을 하며 대안을 제시하고 있는가? 그뿐만 아니라 교회의 공공성 상실과 부조리를 극복할 수 있는 자정능력이 있는가에 대해서도 묻지 않을 수 없다.

이와 같은 사회문제와 공공성의 상실은 일반 사회인은 물론이고 교인들마저 교회를 등지게 한다. 미래의 한국 교회도 현재 이 상태로 나간다면 교회 소멸과 종교의 주변화라는 전통적 기독교 국가들의 길을 따르게 될 것이다.

해외선교사들과 협력관계 속에서 한국교회는 기독교의 전통을 유지해 오면서 개신교의 에큐메니칼 정체성을 이어왔다. 그러나 이는 과거의 모습이다. 교회의 위기와 개교회주의, 교단주의는 우리 자신이 풀어야 할 현재와 미래의 과제를 안겨주고 있다. 과거는 '현재와 미래의 거울'이라 할 수 있다. 이런 의미에서 조선선교사공의회나 한국교회의 연합정신이 현대적, 창조적으로 재해석되고 구체화되어야 할 것이다. 교파를 초월하여 '한국 그리스도의 교회'의 일치를 위해 연대와 동행의 모습을 가진다면 우리 사회에 울림을 줄 수 있을 것이고 이는 사회적 요구에 대해 응답하는 에큐메니칼 정신이라 할 것이다.[18]

고통을 이해하는 고통으로

끝으로 지난 9월 한국기독교교회협의회(NCCK)의 100주년 기념행사로 보낸 뜻깊은 경험을 나누려고 한다. 1924년 9월 24일 '조선예수교연합공의회'로 출발한 NCCK가 올해 창립 100주년을 맞아 국내 회원 교단과 기관 뿐 아니라 세계 곳곳에서 찾아온 에큐메니칼 동반자들과 함께 축하와 성찰과 희망의 경험을 나누었다. "생명의 하나님, 사랑으로 만물을 새롭게 하소서"라는 주제로 열린 국제 컨퍼런스는 한반도와 동아시아 평화를 향한 새로운 100년을 조명했다.

연동교회에서 드린 NCCK 100주년 에큐메니칼 감사예배는 "감사, 다시 하

---

18) 새문안, 2024. 10. Vol. 423. 15.

나됨"을 주제로 정성스럽게 기획된 예배였다. 춤과 음악과 공간미술과 시와 말씀 등이 어우러진 풍성하고도 아름다운 예배의 자리였다. 한 몸 예전인 성찬을 통해 다양한 역사와 전통을 가진 교회들이 그리스도 안에 한 몸임을 고백하며, 100주년 기념 십자가에 둘러서서 일치와 연합의 정신을 다시금 확인했다. 실로 다른 배경에서 온 수많은 예배자들이 한 자리에 모여 한국교회의 한 세기를 감사하고, 다양성 속에 하나되는 새로운 100년을 꿈꾸었다. 예배 순서마다 감동과 의미가 있었지만, 그 중 NCCK 100주년을 감사하며 각기 다른 100인의 목소리와 마음을 모은 100인 합창단의 찬양은 깊은 의미가 있었다. 100인 합창단은 류형선 작사작곡의 '모든 아픔이 나의 통증이 되어'라는 NCCK 100주년 기념곡을 노래했다. 작품자는 '타인의 아픔이 내게 통증으로 와 닿는 것, 그 통증 때문에 노래하지 않고는 견딜 수 없는 것, 그 노래가 나를 보다 나은 사람으로 만들어가는 것! 이것이 나의 예술관'이라고 밝힌다. 나 자신 100인 중 한 사람으로 노래할 수 있어서 영광스럽고 감사했다.

> 가장 낮은 곳으로 눈길을 두고 살아야 세상 모든 것들을 모두 볼 수 있어서
> 사랑은 멈추지 않아 지치지 않아 사랑으로 가는 길을 또다시 시작하네
> 더욱 아름답게 더욱 눈부시게 더욱 거룩하게 손잡고 가는 우리
>
> 세상의 모든 아픔이 나의 통증이 되어 품어지지 않으면 견딜 수 없는 우리
> 우리는 멈추지 않아 지치지 않아 약속을 굳게 믿으며 새로운 길을 가네
> 더욱 아름답게 더욱 눈부시게 더욱 거룩하게 손잡고 가는 우리

지나온 100년의 소명이 무엇인지, 앞으로 올 100년의 노정은 어떠할지, 고심하며 빚은 작품 중심에 세상의 아픔과 고통을 끌어안는 눈길과 가슴이 자리하고 있다. 질곡의 역사를 품고서도 생명과 화해의 도를 펼쳐가리라는 그리스도의 부르심과 의지가 느껴진다. 그 원동력은 사랑이다. 여전히 뒤틀리고 암울한 현실 속에서도 타인의 고통을 연민이 아닌 연대로 동행하겠다는 따뜻한 다짐이 우리를 손잡게 한다. 인간은 자신이 잘 모르는 고통에는 공감하지 못한다. 타인의 아픔을 이해하기는 불가능하다. 고통을 공감하려는 노력은 고통스럽다. 그럼에도 사랑은 멈추지 않고 지치지 않는다. 그 힘과 소망으로 우리는

하나로 연결되어 있다. 시대의 통증을 품은 사랑은 우리를 조금 덜 외롭게 이 길을 동행할 수 있게 한다. 가장 낮은 데 눈길을 두고 가보지 않은 새로운 길, 에큐메니칼 여정을 함께 떠난다. 다시 지금, 여기로부터.

"오늘은 그냥 오늘이 아니다. 140년을 걸어온 오늘이다."[19]

---

19) 홍순관. 2019. 3.1 운동 100 주년 기념 글씨 "오늘은 그냥 오늘이 아닙니다. 백년을 걸어온 오늘입니다."에서 따옴.

미국장로교 한국선교회의 교육선교 연구

최영근[1]

I. 서론

이 글은 미국 북장로회 한국선교 140주년을 맞아 남장로회를 포함하여 미국장로교 한국선교회의 교육선교를 교회사적으로 조명하는 연구이다. 교육 선교는 미국 장로회가 한국에서 추진한 핵심적 선교사업, 곧 복음전도-교육-의료의 삼각선교 가운데 한 축이었다. 미국 장로회 뿐만 아니라 재한선교회는 구한말과 일제강점기와 해방 전후 시기 동안 기독교학교를 설립하여 초등, 중등, 고등교육에 이르기까지 한국 근대교육을 주도하였고, 한국교회 발전은 물론 한국사회를 이끌어 나갈 지도자를 길러내고 시민계층을 형성하면서 한국 사회 발전에도 크게 기여하였다. 미국 북장로회와 남장로회는 교육선교를 위한 동일한 목표를 가지고 있었다. 그들은 기독교 공동체의 자녀들을 교육하여 기독교 지도자를 길러내는 것에 집중하였고, 이로써 교회발전에 기여하고자 했다. 그러나 교육의 빈곤 상태에 있었던 한국사회에서 미션스쿨은 교회와 신자들뿐만 아니라 근대적 교육을 통해 사회적 지위를 향상시키려는 열망을 가진 일반인에게도 교육의 중요한 통로가 되었다. 그러므로 미션스쿨은 교회를 넘어서 사회에 이르기까지 영향력의 파장이 컸고, 기독교적 목적과 사회적 요구가 교차되는 범위가 넓었다.

미국 북장로회와 남장로회는 교육선교의 정체성과 목표를 지켜나가면서

---

1) 장로회신학대학교 교수, 한국교회사

그들의 교육선교를 통제하고 가로막으며, 식민교육이념을 부식(扶植)하려는 조선총독부와 충돌하였다. 일제강점기 식민교육제도는 공립학교는 물론 사립학교와 미션스쿨에도 강력하게 적용되었고, 특히 1911년부터 1943년까지 네 차례에 걸쳐서 개정된 조선교육령과 각종 학교규칙에서 드러나듯이 한국에서 일제의 교육목적은 "충량(忠良)한 황국신민 육성"에 맞춰져 있었다.[2] 일제는 사립학교와 미션스쿨을 식민교육 제도 안으로 끌어들여 직접적으로 통제하거나 이를 거부하고 통제권 밖에 머무르려는 학교를 차별하여 고사(枯死)시키려는 노력을 집요하게 이어가며 식민교육을 통한 한국의 정신적, 영구적 식민주의화 작업에 걸림돌이 되는 방해요소를 제거하고자 하였다. 기독교적 교육으로 교회와 사회에 봉사하는 기독교 인재 양성이라는 미션스쿨의 교육이념은 식민교육을 통해 천황제 국가주의를 이식(移植)하는 일제의 교육이념에 배치되었고, 일제의 교육제도 아래서 학교를 운영할 수밖에 없는 선교회로서는 일제의 법적 통제를 완전히 벗어나기 어려운 근본적 한계를 가지고 있었다. 일제의 교육목표가 조선의 영구적 식민화였고, 선교회의 교육목표가 복음화였다면, 당시 한국인들에게 교육은 근대화의 통로였다. 근대화의 미명으로 조선인을 식민체제에 동화시키면서 제국주의 확장에 동원하는 기만적인 일제의 식민교육체제 아래서 선교회가 제공한 기독교적 교육은 조선인이 서구문명과 근대교육을 경험하는 서구적 근대화의 장이 되었으나, 미션스쿨은 일제의 제도적 압박과 차별로 인하여 식민교육체제와 경쟁하는데 물리적 한계가 있었다.

일제강점기 식민교육제도에 대한 미국장로회의 대응방식은 일제의 법과 제도 아래서 기독교적 정체성과 교육목적을 지키는 노력으로 나타났다. 북장로회와 남장로회 간에 일제 교육당국의 요구와 통제에 대응하는 방식의 차이가 있었지만, 기본적으로 미션스쿨이 일제의 교육제도와 통제에 따르지 않으면 존립이 어려웠다. 이러한 점에서 선교회와 미션스쿨이 교육을 통한 일제의 동화주의 식민정책의 "공범자" 또는 "협력자"였다는 비판을 제기하는 목소리도 있다.[3] 그럼에도 불구하고 북장로회와 남장로회는 기독교적 정체성과 교육내용을 지키기 위해서 식민교육제도의 직접적인 통제를 받는 정규학교로 편

---

2)   조선총독부, "칙령(勅令)," 「조선총독부관보」 제304호 (명치 44년[1911년] 9월 1일), 1.

3)   이성전, 『미국 선교사와 한국 근대교육: 미션스쿨의 설립과 일제하의 갈등』, 서정민, 가미야마 미나코 옮김 (서울: 한국기독교역사연구소, 2007), 196, 207-8.

입되기를 거부하였고, 사회적 불이익을 피하기 위해 정규학교로 전환을 요구하는 재학생들의 반발을 감수해야 했다. 불리한 여건 속에서 교육선교의 정체성을 유지하면서도 학교의 존립을 지키는 대안을 마련하는 노력을 기울였다. 1923년 이후로 시행된 지정학교제도는 선교회가 역량을 집중한 최선의 대안이었다. 미션스쿨의 정체성과 교육목표를 지키며, 동시에 일제 식민교육제도 아래 학교와 학생들의 불이익을 최소화할 수 있는 대안이었다. 북장로회는 전체 중등학교 8개를 지정학교로 추진하였고, 남장로회는 재정적 한계로 10개 중등학교 중에서 남녀학교 각각 하나씩만을 선택적으로 추진하였다.

식민교육제도의 한계 속에서 교육선교를 이어가던 북장로회와 남장로회는 1936년 이후 일제가 전면적으로 신사참배를 강요하는 상황에서 학교를 폐교하고 교육사업을 중단하였다. 남장로회는 타협을 거부하고 일사불란하게 미션스쿨을 폐교하고 교육사업에서 물러났지만, 북장로회는 내부에서 신사참배와 폐교에 대한 이견(異見)으로 갈등과 혼선을 빚었다. 남장로회는 한국선교회와 선교본부가 일치된 입장으로 일관되게 신사참배 반대와 폐교를 관철시켰지만, 북장로회는 선교회 주류와 소수의 갈등, 그리고 선교회 주류와 선교본부 간 입장 차이로 어려움을 겪었다. 이러한 점에서 남장로회는 신사참배 문제에 가장 강력하게 대응한 선교회였고, 교육선교의 목적과 정체성에 대하여 일체의 양보와 타협을 거부하였다.

해방 이후 재개된 미국 북장로회와 남장로회의 교육선교는 이전과 달리 주로 고등교육에 집중하는 형태로 진행되었다. 북장로회는 대구에 계명대학 설립과 서울에 숭실대학을 재건하는 일에 힘을 쏟았고, 연희전문과 세브란스의 재건과 합병을 통한 연세대학교 설립과 발전에 관여하였다. 또한 오랜 숙원사업이었던 장로교 여자대학인 서울여대 설립에도 주도적인 역할을 했다. 남장로회는 대전에 대전(장로회)대학(Taejon Presbyterian College)을 설립하였고, 이후 한남대학교로 발전하였다. 해방 이후 미국장로교 선교회는 한국교회의 주도성을 인정하고, 선교회가 담당하는 모든 사업의 운영과 주도권을 점차 이양하는 방식으로 나아갔다. 미국 북장로회는 1956년부터 예장총회와 사업협동 논의가 이루어져, 1957년에 선교회와 예장총회의 통합을 합의하였고, 1959년 이후 북장로회 선교회가 아닌 선교회-교회 협의체인 "협동사업부"를 통해 선교사업을 진행하였다.[4] 남장로회도 1957년에 선교회-한국교회 관계를 재정의하면서, "호남선교협의회"를 통해 한국교회의 주도권 아래 모든 선교에 협력하는 방식으로 선교를 진행하였고, 전도는 한국교회 주도 아래 참여하고, 고등교육과 의료선교는 한국교회가 리더십을 가지고 운영하기까지 선교회가 주도적으로 운영하였다.[5] 해방 이후 혼란과 한국전쟁 이후 초토화된 사회 속에서, 미국장로교 선교회들은 국가와 사회와 교회의 재건의 가장 중요한 부분이었던 고등교육기관 설립과 운영을 담당함으로써 교회와 사회에 항구적인 영향을 끼쳤다. 구한말, 일제강점기와 마찬가지로 해방 이후 기독교가 사회에 영향을 끼칠 수 있었던 가장 중요한 기여 가운데 하나는 교육선교의 차원에서 학교를 설립하고 기독교적, 근대적 교육으로 한국교회와 사회가 필요로 하는 인재를 양성한 것이라고 평가할 수 있다.

이 연구는 선교초기부터 해방 이후 시기까지 미국 북장로회와 남장로회의 교육선교를 살펴보면서 교육선교의 전개과정을 규명하고, 미국장로교 한국선교회의 교육선교의 교회사적 의미를 분석한다. 특히 일제강점기 북장로회와 남장로회의 교육선교 전개과정을 다루면서, 공통점과 차이점을 비교하고, 일제의 식민교육제도에 대한 선교회의 대응 차이를 고찰하고자 한다. 선행연구로서 일제의 식민교육과정을 교육제도와 정책의 관점에서 체계적으로 분석한 연구들[6]과 대만과 한국에서 일제의 식민교육정책을 비교 고찰한 연구들[7]은 주목할 만하다. 또한 장로교 선교회의 교육선교와 관련하여 식민교육정책 아

---

4)   Harry A. Rhodes and Archibald Campbell, eds., *History of the Korea Mission, Presbyterian Church in the U. S. A. Vol. II: 1935-1959* (New York: Commission on Ecumenical Mission and Relations, The United Presbyterian Church in the U. S. A., 1964), 216-40.

5)   George Thompson Brown, *Mission to Korea* (Board of World Missions, Presbyterian Church in the U. S., 1962), 221-23.

6)   안홍선, 『일제강점기 중등교육 정책』 (서울: 동북아역사재단, 2021); Soon-Yong Pak and Keumjoong Hwang, "Assimilation and Segregation of Imperial Subjects: 'Educating' the Colonised during the 1910-1945 Japanese Colonial Rule of Korea," *Paedagogica Historica*, vol. 47, no. 3 (June 2011), 377-97. 사료집으로는 강명숙, 이명실, 이윤미, 조문숙, 박영미 편역, 『교육정책(1): 교육칙어와 조선교육령』 (서울: 동북아역사재단, 2021)은 유용하다.

7)   E. Patricia Tsurumi, "Colonial Education in Korea and Taiwan," eds. Ramon H. Myers and Mark R. Peattie, *The Japanese Colonial Empire, 1895-1945* (Princeton, NJ: Princeton University Press, 1984), 275-311; Huan-Sheng Peng and Jo-Ying Chu, "Japan's Colonial Policies - from National Assimilation to the Kominka Movement: A Comparative Study of Primary Education in Taiwan and Korea(1937-1945)," *Paedagogica Historica*, vol. 53, no. 4 (2017), 441-59.

래서 미국 북장로회 미션스쿨의 대응을 분석한 연구와 호주장로회의 대응을 분석한 연구[8]는 남장로회 교육선교와 상호비교의 차원에서 유용하다. 또한 각 선교회를 대표하여 교육선교를 추진한 선교사를 중심으로 교육선교를 분석하는 연구도 중심인물의 신학과 활동을 통해 해당 선교회의 교육선교를 조망하는 시각을 제공한다는 측면에서 주목할 만하다.[9]

또한 이 연구는 해방 이후 전개된 북장로회와 남장로회의 교육선교를 간략하게 살피면서, 두 선교회가 고등교육 기관설립과 운영에 참여하는 방식과 전개과정을 살펴본다. 신학교육과 성경교육과 관련한 부분은 연구범위에 포함시키지 않고, 주로 일반교육의 장에서 진행된 교육선교에 초점을 맞추었다.

이 연구가 미국장로교 한국선교회의 교육선교를 조명하면서 기독교학교와 기독교대학의 기독교적 정체성과 교육의 목적을 성찰하고, 이를 현재의 교육여건에서 지속적으로 구현하기 위한 노력에 기여할 수 있기를 기대한다.

II. 북장로회와 남장로회 교육선교의 목표와 전개과정

1. 미국 북장로회의 교육선교의 목적과 전개과정

북장로회는 1891년 2월에 선교회 연례회의에서 기본정책을 제정하며, 교육선교에 대한 이념을 언급했다. 여기서 선교회의 교육사업은 "종교적, 정신적 영향을 미치는 것"이 가장 중요하며, "미션스쿨의 주목적은 조선교회의 발전과 조선인들에게 적극적으로 기독교인으로서의 사명을 다할 수 있도록 하는 지도자를 육성하는 일"이라고 말했다.[10] 한국교회 발전을 위한 지도자 양성

---

8) Yoonmi Lee, "Religion, Modernity and Politics: Colonial Education and the Australian Mission in Korea, 1910-1941," *Paedagogica Historica*, vol. 52, no. 6 (2016), 596-613.

9) 안종철, "아더 베커(Arthur L. Becker)의 교육선교활동과 '연합기독교대학' 설립," 「한국기독교와 역사」 34호 (2011년 3월), 249-74; 류대영, "윌리엄 베어드의 교육사업," 「한국기독교와 역사」 32호 (2010년 3월), 127-57; 최영근, "미국 남장로교 선교사 인돈(William A. Linton)의 교육선교," 「한국교회사학회지」 40집(2015), 125-68; 같은 저자, "일제강점기 미국 남장로회 여성선교사 유화례(Florence E. Root)의 교육선교, 1927-1937," 「대학과 선교」 53집(2022), 9-46.

10) 이성전, 『미국 선교사와 한국 근대교육』, 66-7.

이 미션스쿨의 주목적임을 분명히 했다. 1893년 북장로회 선교보고에서 빈튼 (C. C. Vinton)은 선교회 학교에서 "장래의 목회자, 교사, 사역자의 부인들이 배출되어 이들에 의해 한국교회가 설립되기를 희망한다"는 희망을 표하였다. 그는 선교회 연례회의 결의사항을 요약하면서 교육선교와 관련된 결정을 소개하였다. "어머니들이 미래 세대에 대하여 중요한 영향을 끼치기 때문에 여성의 개종과 기독교 여성의 교육을 중요한 목표"로 삼았고, "지역에 초등학교를 운영하면서 기독교적 교육이 많은 효과를 나타내도록 하고, 이를 위해 남학교에서 학생들을 잘 훈련하여 교사로 양성해야 한다"고 강조했다. "교육받은 현지인 목회자에 대한 희망도 여기에 있으니 계속 관심을 기울여야 한다"고 강조했다.[11] 1895년 연례회의에서 북장로회는 "전도사업이 모든 선교활동을 주도해야 한다"고 강조하면서도, 초등학교 설립의 필요성을 인정하였고, 이후 학교 발전의 상황에 맞춰 필요에 따라 중등학교를 설립하고, 이를 고등교육으로 발전시키는 계획을 구상하였다.[12]

북장로회 교육선교의 이념은 배위량 (William M. Baird)에 의해 구체화되었다. 그는 1897년 연례회의에서 "Our Educational Policy"(우리의 교육정책)을 발표하였다. 여기서 그는 북장로회가 채택한 교육선교의 두 가지 기본이념, 곧 "학교의 기본이념은 유용한 지식을 교수하여 학생들이 실생활 여러 부분에서 책임있는 일꾼이 되도록 한다"와 "학교가 해야 할 중요한 일은 학생들에게 종교적이고 영적인 영향력을 함양시키는 것이다"는 원칙에 더하여 세 번째 원칙, "미션스쿨의 주목적은 현지교회와 그 지도자를 성장시켜서 자기 백성들에게 적극적으로 기독교 사업을 하게 하는 것이다"를 추가하였다.[13] 그러면서 베어드는 이렇게 덧붙였다.

이상적인 학교는 우선적으로 현지 교회를 훈련시키기 위해 설립되어, 샘물이 그 기저에서 독이 되는 것을 막기 위해서 대다수의 학생이 기독교인으로 구성된 학

---

11) C. C. Vinton, "Presbyterian Mission Work in Korea," *Missionary Review of the World* 16 (September 1893), 669, 671.

12) Daniel L. Gifford, "Annual Meeting of the Presbyterian Mission, North," *The Korean Repository* (November 1895), 444.

13) [Richard H. Baird], "William M. Baird of Korea: A Profile" (미간행 자료집, California: Oakland, 1968), 116.

교이다. 이 학생들이 학교의 처음 원리들에 의해 충실히 교육받는다면 그들이 농부나, 대장장이나, 의사나, 교사나, 정부 각료가 되든지 그들 모두가 적극적인 복음 설교자들이 될 것이다. 선교사 교사들은 우선적으로 복음전도자를 양성하는 사람들이 되어야 하며, 이것에 실패한다면, 그들은 교육자로서 성공할지는 몰라도 선교사 교사로서는 실패하는 것이다.[14]

북장로회는 분명히 전도를 우위에 두고, 교육과 의료는 그 아래에 두는 정책을 사용하였다. 교육과 의료는 전도를 위한 것이며, "토착교회의 설립과 강화라는 유일한 목적"을 위해서 전도사업이 모든 선교를 주도하는 것을 원칙으로 삼았다. 교육은 교회의 자녀들을 교회 지도자로 양성하는 것이 목표였고, 교육선교를 불신자 전도의 수단으로 여기지 않았다. 교육선교 자체가 전도활동을 위축시키거나 지장을 초래해서는 안 된다는 강조점을 가지고 있었다. 배위량의 교육정책은 이러한 강조점을 명확히 하였다. 배위량의 "혁명적인" 교육정책은 "훌륭한 미션스쿨이 강력한 토착교회를 형성한다는 일반적인 견해를 뒤집고", 반대로 "강력한 토착교회가 활발한 기독교 학교와 기독교 교육의 왕성한 프로그램을 확실하게 이끌어 나가는 최선의 방법"이라는 것에 방점을 찍으며, 북장로회 교육선교의 이념을 명확히 하였다.[15] 교육선교에서도 자립의 정책을 강력하게 추진하며 초등교육은 한국교회가 맡기고, 선교회는 교사 양성과 교재개발에 노력하면서, 자연히 중등교육과 이후 고등교육에 집중하는 방향으로 나갔다.[16]

그러나 북장로회 안에는 이러한 교육정책에 반대하는 목소리도 있었다. 대표적인 것이 서울 스테이션의 언더우드 가문이었다.[17] 원한경은 아버지 언더우드의 정신을 계승하며 목회자와 교회지도자 양성을 위한 제한적 목적을 가진 "편협한" 교육보다 사회와 문화를 포괄하는 폭넓은 교육을 강조했다. 마포삼열과 배위량을 비롯하여 평양과 북장로회 주류가 한국교회 형성과 발전에 기여하는 '제한적, 집중적' 교육, 곧 '복음전파를 위한 교회에 기반한 교육'을

---

14) Ibid.
15) Ibid., 118.
16) Ibid., 121.
17) Ibid., 119.

강조하였다면, 언더우드 가문을 중심으로 서울과 북장로회 일부는 한국사회에 기독교적 가치와 영향력을 확장하는데 기여하는 '포괄적, 확장적' 교육, 곧 '기독교의 사회적 발현을 위한 교육'을 강조하였다. 전자를 교회발전과 복음전파에 집중하는 '구심력적 교육선교'라고 정의한다면, 후자는 교회와 복음으로부터 기독교적 가치와 복음의 영향력을 사회로 확장하는 '원심력적 교육선교'라고 정의할 수 있다.[18] 한국교회사의 맥락에서 전자를 복음주의적(evangelical)이라고 강조한다면, 후자를 에큐메니컬(ecumenical)이라고 구분할 수 있다. 이러한 정의는 양자의 강조점 차이에 대한 상대적 구분이므로, 후자가 복음주의적이지 않았다거나 전자가 교파연합의 자세와 태도가 부족했다고 단정해서는 안 된다. 특히 1959년-1960년 장로교(통합과 합동) 분열에서 등장하는 "복음주의", "에큐메니칼"의 구분은 평양과 서울의 교육선교의 강조점의 차이에 대한 용어구분과 맥락이 다르다. 평양 중심의 북장로회 주류의 교육목적과 언더우드 가문 및 서울 중심의 북장로회 일부의 교육목적의 차이는 숭실전문(Union Christian College)과 연희전문(Chosen Christian College)의 교육이념과 목적에 반영되었고, 연희전문이 설립되는 과정에서 북장로회 안에서 대학문제(College Question)와 관련한 논쟁과 갈등이 심화되는 단초가 되었다. 또한 이들의 차이는 일제의 교육정책에 대한 대응방식과 신사참배 문제에 대한 대응의 차이에서도 여실히 드러났다. 이러한 점에서 북장로회의 교육선교는 주류입장과 정책에 반대하는 저변의 응집된 움직임이 있었고, 교육선교의 전개과정에서 외부적 요인(일제의 교육정책과 사회적 요구)과 내부적 요인(선교본부와 선교회의 정책 결정과정)에 따른 입장 차가 선교회 안에 논쟁과 갈등으로 나타났다.

북장로회 교육선교의 개시와 전개과정은 배위량이 북장로회 선교 25주년 대회에서 발표한 "교육선교 역사"와 원한경(H. H. Underwood)의 『한국의 근대교육』(Modern Education in Korea)에 간략하게 정리되어 있다.[19] 북장로회의 교육선교

---

18) 언더우드와 마펫의 선교신학의 유사성과 차이점에 대한 연구로, 최영근, "언더우드와 마펫 비교연구," 「교회사학」 2-1 (2003년 3월), 181-206 참조.

19) William M. Baird, "History of the Educational Work," 62-90, *Quarto Centennial Papers Read Before the Korea Mission of the Presbyterian Church in the U. S. A. at the Annual Meeting in Pyeng Yang (August 27, 1909),* ed. The Korea Mission of the Presbyterian Church in the U. S. A.; H. H. Underwood, *Modern Education in Korea* (New York: International Press, 1926) 참조.

는 초등과정부터 시작했지만 초등과정은 한국교회가 전담하고, 선교회는 중등교육과 고등교육을 담당하였다. 북장로회는 서울, 평양, 대구, 선천에 각각 남녀 중등학교를 갖추어 총 8개의 중등교육기관이 있었고, 고등교육기관으로는 평양의 숭실전문과 서울의 연희전문을 다른 선교회와 연합으로 운영하였다.

북장로회 최초의 학교는 언더우드(H. G. Underwood)가 1886년에 서울 정동에 설립한 고아원 학교인 "원두우학당"이었다. 이후 1890년에 마포삼열(S. A. Moffett)이 학교를 맡으며 "예수교학당"으로 발전하였다. 이어 민로아(F. S. Miller)가 학교를 맡으며 "민노아학당"으로 칭했다. 민로아는 "성경과 한글 외에도 서양지식을 가르쳐야 한다"고 말했다. 이 학교는 복음전도의 긴박성과 인력의 부족을 이유로 들어 선교본부의 권고에 따라 1897년에 폐쇄되었다.[20] 이후 1901년에 게일(J. S. Gale)이 연못골에서 중등학교 개설의 역할을 맡아 수업을 시작하였고, "기독교적 가치로 학생들을 가르침으로써 만족할 만한 중등학교를 설립해야 한다"는 목표로 나아갔다. 이 학교는 교육선교사로 1901년에 내한한 밀의두(E. H. Miller)가 게일과 책임을 맡았고, 에비슨(O. R. Avison), 밀의두 부인을 비롯하여 네 명의 한국인 교사들이 도왔다. 수업은 성경, 한자, 지리, 산수, 과학, 역사, 음악을 포함하였다.[21] 1904년에는 북장로회 해외선교위원회에서 50년간 헌신한 John D. Wells를 기념하는 기금을 받아 1906년에 학교건물을 지었고, John D. Wells Training School for Christian Workers(경신학교 전신)로 명명하였다. 1905년에는 밀의두가 교장이 되었고, 1913년에는 쿤스(E. W. Koons)가 교장을 맡았다. 1906-1908년에는 북감리교 배재학당과 연합으로 운영되었고, 상급반으로 대학부가 운영되기도 했다.[22] 이 학교는 중등과정의 공립학교와 유사한 교과과정을 제공하였으며, 여기에 성경과목이 추가되었다. 교과과정으로는 영어, 한국사, 교회사, 천문학, 자연사, 지리, 물리, 화학, 수학, 대수, 성경이었다.[23] 서울 스테이션의 여학교(정신여학교)는 1888년에 애니 엘러즈(Annie Allers)가 정동에서 어린 소녀들을 대상으로 교육한 것이 학교로 발전하

20) 해리 로즈/ 최재건 역, 『미국 북장로교 한국선교회사, 1884-1934』 (서울: 연세대학교출판부, 2009), 117-8.

21) William M. Baird, "History of the Educational Work," 62.

22) 해리 로즈/ 최재건 역, 『미국 북장로교 한국선교회사』, 119-20.

23) H. H. Underwood, Modern Education in Korea, 54.

였고, 1895년에 연못골로 이전하였다. 1890년에 도티(Susan A. Doty)가 여학교를 맡았고, 1904년에 민로아와 결혼하여 청주로 이주하자 바렛(Barrett)과 밀의 두 부인이 맡았고, 1912년에 루이스(M. L. Lewis)가 맡았다. 1912년에 세브란스의 기부를 받아 기숙사 건물이 건립되었다.[24]

평양 스테이션은 북장로회의 전도활동의 중심지였을 뿐만 아니라 북장로회가 추구하는 교육선교의 방향성을 구현한 곳이었다. 배위량은 평양에서 교육선교를 시작하면서 교육 자체보다 교육의 정책과 방법을 세우는 것이 더욱 중요한 문제로 여겼다. 베어드는 교회학교로부터 시작해서 발전시켜 나가며, 현재와 미래의 교사를 양성하기 위한 정규반을 편성하고, 선별된 젊은이들을 대상으로 중등학교와 이후 고등교육과정에서 교육시키고, 교육에 필요한 교재를 제작하는 것을 강조했다. 교사는 오로지 기독교인만 채용하고, 수업교재로 비기독교 고전은 제외하고, 학교가 진정으로 기독교적인 기관이 되는 것에 집중하였다. 초등과정은 6년 교과과정으로 5년 중등과정의 전단계로 설정되었다.[25] 초등과정은 1898년에 시작되었고, 교사양성을 위한 정규반은 1906년에 처음 운영되었다. 1909년에 초등학교 건물이 장대현교회 부근에 설립되었다. 중등학교(숭실학교)는 1898년 배위량의 공부반에서 시작되었고, 1901년에 최초의 학교건물이 건립되었다. 1905년에는 북감리교와 연합하여 1914년까지 학교를 연합기관으로 운영하면서 교육선교사 베커(Arthur L. Becker)가 교사로 일하며, 1911-12년에 교장을 역임하였다. 북감리교는 1907년에 새로운 교육관을 건립하였다. 윤산온이 배위량과 협력하며 교육사업을 하였고, 배위량이 1916년까지 교장을 맡은 후 교육선교에서 물러나 전도활동에 전념하였다. 배위량 이후 라이너(R. O. Reiner), 마포삼열, 모우리(E. M. Mowry)가 교장을 맡았고, 이후 1928년부터 윤산온이 교장을 맡아 이끌었다.[26] 숭실학교의 대학과정은 북감리교와 연합으로 1906년에 시작되었고, 1908년에 첫 졸업자가 배출되었다. 1912년에는 숭실전문에 남장로회와 호주장로회도 참여하였으나, 1914년에 감리교가 연합에서 탈퇴하여 서울에 설립된 연희전문에 합류하였

---

24) 해리 로즈/ 최재건 역, 『미국 북장로교 한국선교회사』, 120.

25) William M. Baird, "History of the Educational Work," 64.

26) 해리 로즈/ 최재건 역, 『미국 북장로교 한국선교회사』, 165-6.

다.[27]

평양의 첫 여학교는 1897년에 설립된 초등과정 학교였다. 베스트(Margaret Best)와 그래함 리(Graham Lee) 부인이 학교를 맡았다. 교육받지 못한 기혼 여성을 위한 학교도 1898년에 웰스 부인(Lulu Wells)이 시작했고, 1901년에 Young Women's School(이후 Lulu Wells Institute)가 되었다.[28] 중등학교는 이들 여성학교가 상급과정을 운영하면서 발전하였는데, 1903년에 스누크(Velma Snook)가 여자 중등과정 학교(숭의여학교)를 시작했다. 1908년에는 북감리교 선교회와 연합으로 운영하면서 평양여자신학교(Pyengyang Seminary for Women)라고 불렀다. 이후 평양 장로회신학교와 이름이 유사하여, 연합여학교(Union Academy for Women)로 이름을 변경하였다. 1911년에 기숙사 건물을 지었고, 북감리교가 모금하여 1912년에 강의실 건물을 건립했다. 북감리교는 1919년에 이 학교운영에서 물러났다.[29]

대구 스테이션에서 초등교육은 한국교회와 선교회가 재정을 분담하여 1900년부터 본격화되었고, 여러 학교들이 설립되어 자립의 원리에 따라 한국교회가 책임을 맡아 운영하였다. 중등학교(계성학교)는 1906년에 27명의 학생으로 시작하였는데, 안의와(J. E. Adams)와 사이드보텀(R. H. Sidebotham)이 교수하였다. 학교건물은 1908년에 건립하였고, 1910년에 기숙사가 세워졌다. 안의와 이후 헨더슨(Harold H. Henderson)이 1919년 이래로 계성학교의 발전을 이끌었다.[30] 대구의 여학교는 너스(Sadie Nourse)와 선교사 부인들이 1900년-1906년에 소녀들을 가르치던 독서반이 발전하여 1910년에 북장로회 선교회에 의해 중등학교(Girls' Day and Middle School, 신명여학교)로 승인받았다. 대구를 비롯하여 부산과 밀양지역의 기독교 여성을 위한 중등학교가 필요하다는 대구 스테이션 요청에 따라 1913년에 8천 엔의 기금이 확보되었고, 학교건물이 들어

---

27) 앞의 책, 406-7.
28) Balanche I. Stevens, "Contribution to the Christian Movement of Educational Work for Young Women," *The Fiftieth Anniversary Celebration of the Korea Mission of the Presbyterian Church in the U. S. A. (June 30-July 3, 1934, Post Chapel, John D. Wells School, Seoul, Chosen)*, the Korea Mission of the Presbyterian Church in the U. S. A. (Seoul: YMCA Press, n.d.), 146-7.
29) Ibid., 148-50; 해리 로즈/ 최재건 역, 『미국 북장로교 한국선교회사』, 168.
30) 해리 로즈/ 최재건 역, 『미국 북장로교 한국선교회사』, 189-90.

섰고, 기숙사 건물은 1916년에 건립했다.[31]

평북 선천 스테이션은 1901년에 개설되었고, 그보다 앞선 1898년에 초등 과정 학교가 의주에 설립되었다. 의주와 선천에 선교회가 운영하는 중등학교를 건립하는 노력은 1906년에 시작되었다. 남자 중등학교는 1907년에 개교되었고, 위대모(N. C. Whittemore)가 교장을 맡아 이끌었다. 잠시 한국인이 책임을 맡아 경영하다가 1909년에 선교회 직영 중등학교가 되면서 오닐 부인의 기금으로 교육관을 건립하며 휴오닐아카데미(Hugh O'Neil Jr. Academy)라고 명명하였고 평양에서 선천으로 옮겨온 윤산온이 교장을 맡아 학교를 운영하였다. 위대모와 윤산온은 번갈아 교장을 역임하면서 학교 발전에 커다란 공헌을 했다. 1916년에 기숙사 건물을 비롯한 여러 학교건물이 건립되었다. 이후 새로운 기부자로부터 큰 기부금이 답지하면서 학교이름을 신성학교로 변경하였다. 특히 한국인들이 학교경영에 참여하며 많은 역할에 참여하였고, 백낙준과 박형룡과 같은 걸출한 한국교회 지도자를 배출하였다.[32] 선천의 여학교(보성여학교)는 체이스(M. L. Chase)가 맡아서 선교병원의 의사가 안식년으로 부재할 때 병동에서 5개월간 여학생 7명으로 수업을 하면서 1907년에 시작되었다. 기숙사 건물과 학교건물이 1908년에 건립되었고, 1910년에 8명의 첫 졸업생을 배출하였다. 체이스가 건강 문제로 1911년에 사임한 후 위대모 부인이 학교를 맡았고, 이후 1911년에 내한한 교육선교사 스티븐슨(B. I. Stevenson)이 1913년에 교장을 맡으며 발전하였다.[33] 성경교육과 예배를 금지하는 일제의 새로운 사립학교규칙에 반대하여 1916년에 선도적으로 학교를 폐교하였고, 삼일운동 이후 일제의 교육정책의 변화에 따라 1921년에 재개교하였다.[34]

2. 미국 남장로회의 교육선교의 목적과 전개과정

남장로회는 북장로회 교육선교의 목적과 유사하게 교육선교의 목적이 전도를 위한 것이 아니라 기독교 지도자를 양성에 있다는 것이 "변경 불가능한

---

31) Balanche I. Stevens, "Educational Work for Young Women,"151-2.
32) 해리 로즈/ 최재건 역, 『미국 북장로교 한국선교회사』, 208-10.
33) Balanche I. Stevens, "Educational Work for Young Women," 150-51.
34) 해리 로즈/ 최재건 역, 『미국 북장로교 한국선교회사』, 211.

선교회의 정책"이라고 1903년 연례회의에서 명시하였다.

> 우리는 학교의 목적이 기독교 공동체 구성원의 자녀들을 교육하는 것이라는 선
> 교회의 변경 불가능한 정책을 언제나 분명하게 인식해야 한다. 비기독교인 부모
> 들의 자녀를 조금이라도 받아들이는 것이 이 정책에 의해 금지되어 있지만, 그러
> 한 학생들이 있다면 반드시 기독교 학교의 모든 정책을 따르도록 해야 한다.[35]

이와 같은 교육선교의 목적은 그 이후로도 강력하게 유지되었다. 그렇지만 당시 한국의 상황과 학교운영에 있어서 기독교인들만 받을 수는 없었기 때문에, 학교에 입학한 소수의 비기독교인 학생들에게 기독교 정체성과 관련한 정책을 따르도록 하였다. 전도활동이 불가능했던 선교초기 조선의 상황에서 학교를 선교의 교두보로 활용하였던 북감리교의 사례와 달리 공식적인 전도활동에 문제가 없었던 시기에 선교를 시작한 남장로회는 지도자로 양육해야 할 충분한 기독교 구성원이 생기기 전까지 교육선교를 시작하지 않았다.

남장로회는 1901년 7월 전주에서 해리슨(William B. Harrison, 하위렴) 선교사가 자신의 어학선생과 함께 8명의 학생들을 가르쳤던 것을 교육선교의 시작으로 보고 있으며, 이 학교는 신흥학교로 이어졌다. 1902년 1월에 테이트(Martha S. Tate, 최마태) 선교사가 여학생 12명을 가르치면서 선교회 여학교(이후 기전여학교)가 시작되었다. 이어 군산에서도 1902년에 전킨(William M. Junkin, 전위렴) 선교사에 의하여 남학교(영명학교)가 시작되었고, 같은 해에 전킨 부부에 의해 여학교(멜볼딘여학교)가 시작되었다.[36] 전킨 선교사가 건강 문제로 군산에서 전주

---

35) Southern Presbyterian Mission in Korea, "Station Reports for 1903," 60; George Thompson Brown, "A History of the Korea Mission, Presbyterian Church, U. S. from 1892 to 1962" (Th. D. Dissertation, Union Theological Seminary, Richmond, Virginia, 1963), 221에서 재인용.

36) 영명학교와 멜볼딘여학교의 역사에 관한 설명에 대하여 브라운의 기술과 군산 스테이션의 기록이 불일치한다. 브라운은 전킨 부인에 의해 1903년에 영명학교가 시작되었다고 설명하고 있지만, 군산 스테이션은 전킨에 의해 1902년에 학교가 설립되었다고 명시하고 있다. 멜볼딘여학교에 대하여 브라운은 1904년에 시작되었다고 하였지만, 군산 스테이션은 1901년에 전킨 부부가 안식년에서 복귀한 후 1902년에 여학생들을 가르치기 시작했고, 1903년에는 인력이 부족하여 목포에 있었던 스트래퍼(Frederica E. Straeffer) 선교사가 합류하여 1904년까지 함께 가르쳤다고 한다. 이에 대하여 Brown, "A History of the Korea Mission," 222-23. 군산 스테이션 보고서는 "Yung Myung School for Boys, Kunsan, Korea" (unpublished paper, Kunsan Station, April 30, 1935)와 "Mary Baldwin School, Kunsan, Korea" (unpublished paper, Kunsan Station, April 30, 1935) 참조. 이러한 차이에 대하여

로 이임한 후에 여학교는 불(William F. Bull, 부위렴) 선교사 부인이 맡아서 운영하였다. 목포에서 남학교(영흥학교)는 유진 벨(Eugene Bell, 배유지) 선교사가 1903년에 8명의 학생으로 시작하였고, 스트래퍼 선교사가 협력하였다.[37] 목포 여학교(정명여학교)는 스트래퍼 선교사가 주간성경반(Weekly Bible Class)에서 여성들에게 성경을 우리말로 읽도록 가르치던 것이 학교로 발전하게 되었고, 스트래퍼의 안식년 이후 1903년에 "학교 설립이 기정사실"이 되었다.[38] 목포 스테이션의 보고에 따르면 남학교와 여학교가 1903년 가을 이후 운영되었고, 유진 벨, 스트래퍼, 프레스톤(J. Fairman Preston, 변요한)이 교육선교에 관여하였다.[39]

이렇게 해서 1901년부터 1904년까지 남장로회 첫 세 스테이션인 전주, 군산, 목포에 초등과정의 남학교와 여학교가 설립되었다. 당시 학교와 관련한 사안은 전도위원회(Evangelistic Committee)에서 다루어졌고, 1904년 연례회의에서 학교를 운영하는 기본원칙을 정하였다: 1) 한국교회가 운영비 절반을 낼 수 있을 때까지 초등과정 남학교를 설립하지 않는다; 2) 외부인(outsiders)은 담당 선교사가 적당하다고 생각하는 정도의 학비를 납부한다; 3) 날마다 수업은 예배로 시작한다; 4) 과목은 성경, 한자, 한글, 수학, 지리, 역사, 위생을 포함한다; 5) 그리스도를 마음과 삶에 새기도록 분명하고 강력하게 제시한다; 6) 상급 수준의 학생들은 군산 스테이션의 학교로 보낸다는 내용이었다.[40] 남장로회는 네비우스 선교정책의 원리에 따라 한국교회가 운영비의 절반을 담당할 것과 학생들이 스스로 학비를 마련하도록 했다.[41] 또한 당시 군산의 남학교는 상급과정의 학교를 설립할 계획을 가질 만큼 유망하였고, 그곳을 남장로회 중심학교로 발전시킬 계획이 있었다.[42]

그러나 1905년의 보고서에 따르면 중심학교를 어느 지역에 세울 것인가

1935년에 작성된 군산 스테이션의 기록이 신뢰할만한 일차사료라고 판단하며, 이곳에서는 브라운의 논문보다는 스테이션의 보고서에 근거한다.

37) "Personal Report of Eugene Bell," *Minutes and Reports of Committees of the Southern Presbyterian Mission in Korea, 13th Annual Meeting* (1904), 38.

38) "Personal Report of Miss F. R. Straeffer," ibid., 49.

39) C. C. Owen, "General Report of Mokpo Station," ibid., 52. 목포 스테이션 업무분장에서 남학교는 프레스톤 선교사가, 여학교는 스트래퍼 선교사가 책임자로 임명되었다. Ibid., 62.

40) "Educational Report," ibid., 66-7.

41) Brown, "A History of the Korea Mission," 221.

42) "Report of Kunsan Station," *Minutes and Reports of Committees of 13th Annual Meeting* (1904), 37

에 대하여 당분간 논의하지 않기로 결정하였다. 선교회 안에서 중심학교 위치에 대한 논란이 있었던 것으로 보인다. 군산 못지않게 전주나 목포도 학교의 중요성과 발전가능성을 인식하고 있었기 때문이다. 선교회는 선교본부에 교육선교를 전담하며 향후 중심학교를 이끌어 나갈 교육선교사의 파송을 청원하였다.[43] 이에 따라 교육선교사 베너블(William A. Venable, 위위렴)이 1908년에 내한하여 목포에서 교육선교를 시작하였고, 1910년에는 군산으로 옮겨서 영명학교 교장을 맡았다. 1906년에 선교회는 중심학교 논의를 재개하면서 전주로 정하였으나, 실제로 중심학교를 설정하지는 않고, 각 스테이션에서 학교를 발전시켜나갔다.[44]

1907년 연례회의에 제출된 전도위원회 보고서에는 "교육선교의 방법과 정책"이 제시되었다. 학교는 상급학년(중등과정)을 갖춘 하나의 학교와 서로 연결된 예비과정 학교들로 구성하고, 상급과정 학교는 전주에 두고, 나머지 학교들은 각 스테이션에 두기로 했다. 기관위원회(Institutional Committee)가 학교에 대한 전반적인 감독을 하지만, 학교운영은 학교 책임자가 맡고 선교회는 이들을 통해 학교를 감독하며, 학교의 책임자들이 선교회에 조언하도록 하였다. 학생들이 수용인원보다 많이 지원하면 크리스천을 우선적으로 선발하는 것을 원칙으로 하였다. 교육과정은 한국에서 "유용한 기독교 시민"이 되는데 적합한 과목들로 구성하며, 모든 학교에서 성경을 가르치고, 모든 학생들이 성경을 배우는 것을 원칙으로 하였다. 교육과정은 각 스테이션의 대표들로 구성된 교육과정위원회에서 마련하여 선교회가 승인하도록 하였다. 또한 가급적 각 스테이션에 실업과를 두도록 권고하였다. 교과서는 선교회가 승인한 것만을 사용하고, 미션스쿨 교사의 채용은 선교회의 승인을 받도록 하였다.[45] 학교운영은 전적으로 선교회가 자율적으로 하였고, 실업과를 두어 가난한 학생들이 자급의 원칙에 따라 스스로 학비를 마련하여 공부할 수 있도록 배려하였다. 이는 북장로회와 남장로회의 공통적인 정책이었다.

1907년 연례회의에 제출된 교육과정 위원회의 보고서에 첨부된 남장로회

---

43) "Report of the Evangelistic Committee," *Reports to the Fourteenth Annual Meeting* (1905), 90.

44) Brown, "A History of the Korea Mission," 225-26.

45) "Evangelistic Committee's Report: Educational Methods and Policy," *Minutes of Sixteenth Annual Meeting* (1907), 20-21.

학교의 교과과정은 아래 표와 같다.

〈표1〉 1907년 남장로회 쇼학교 과정[46]

일년급	성경	십계명 습독, 쥬긔도문 습독, 요절 습독
	국문	초학언문, 경경문답
	한문	초등소학 일권, 몽학쳡경 초편샹, 혹류합
	습자	
이년급	성경	산샹보훈 습독, 요절 습독
	국문	텬로지귀, 국문독본, 국문자고져
	한문	초등소학 이권, 몽학쳡경 이편샹, 심샹쇼학 일이삼권
	습자	
	산학	획자
삼년급	성경	마가복음, 요절 습독
	국문	훈아진언, 구세진전, 국문자고져
	한문	초등쇼학 삼권, 몽학쳡경 이편하, 삼자경
	디리	오쥬사양형편
	습자	작문
	산학	합, 감법
사년급	성경	마태복음, 요절 습독
	국문	복음요사, 인가귀도, 국문자고져
	한문	초등[쇼학], 회도몽학과본 슈집, 유몽천자 일권, 흑삼요록
	디리	아셔아각국산쳔, 대한디도
	습자	작문
	산학	승, 쇼분법, 굴산
오년급	성경	누가복음, 요절 습독, 사도신경
	국문	장원샹론, 예수행젹, 구셰론, 국문자고져
	한문	고등쇼학, 소박물학, 회도몽학과본 이집, 유몽천자 이권
	디리	즁디지
	습자	작문
	셔격	간식
	산학	대분, 제등법, 굴산
육년급	성경	요한복음, 요절 습독
	국문	성경도셜, 국문자고져
	한문	유몽천자 삼권, 회도몽학과본 삼집, 덕혜입문, 항심수도
	디리	대한디지, 사민필지시작
	사긔	동국력사
	습자	초셔
	작문	
	셔격	간식
	산학	긔공성수, 쇼공배수, 굴산
	격치	전례공용문답 혹 위성

---

46) "Report of Committee on Curriculum," ibid., 30.

〈표2〉1907년 남장로회 중등과정(Academy) 교과과정[47]

	예비과정	1학년	2학년	3학년
성경	마가, 누가, 사도행전	창세기, 갈라디아서	고린도전후서, 잠언, 출애굽기, 여호수아	디모데전후서, 사무엘상하, 열왕기상하
역사	한국사 1권	Sheffield's Universal Hist., 1권, 2권	Universal Hist., 1권, 2권, 3권	한국사 2권
수학	산수	산수	산수	기하 및 부기
과학	생리학 및 지리	기초심리학, 위생, 자연지리	지문학(지리특징)	자연지리
기독교도서	*Gate of Wisdom*	*Pilgrim's Progress*	*Faber's Christian Civilization*	*Martin's Evidences of Christianity*
한자와 한글고전	한자와 한글고전	한글고전	한자고전 및 한글문법	한자 및 한글고전
작문	작문	글쓰기와 비평	원작 글쓰기	창작과 비평
음악과 미술	음악과 미술	음악과 미술	음악과 미술	음악과 미술

각 스테이션에 설립된 미션스쿨은 책임자와 학교건물이 생겨나면서 본격적으로 발전해 나갔다. 목포의 영흥학교는 프레스톤 선교사가 1907년 안식년 기간 중에 사우스캐롤라이나 스팔탄버그 제일장로교회로부터 후원을 받아 1908년 11월에 학교건물을 건립하였고, 학교의 영문 이름을 담임목사의 이름을 따서 존 왓킨스 아카데미(John Watkins Academy)라고 하였다. 학교건물은 남장로회가 한국에 세운 최초의 근대식 학교건물이었다. 또한 교육선교사 베너블이 교장을 맡고, 이후 평양신학교 최초의 한국인 교수가 되는 남궁혁을 교사로 맞아 학교발전의 토대가 마련되었다.[48] 목포 정명여학교도 교장 줄리아 마틴(Julia A. Martin) 선교사가 건축비를 마련하여 1912년 1월에 학교건물을 준공하였다.[49]

전주의 신흥학교는 교육선교사 니스벳(John Samuel Nisbet, 유서백) 부부가 1907년에 내한하여 학교를 맡으면서 크게 발전했다. 처음에는 학교 건물도 없이 한국인의 집에서 가르치다가 니스벳 선교사가 사택 인근 학교부지에 사비

---

47) Ibid., 31. 영어로 된 교과과정을 우리말로 번역함. 번역은 필자의 것이다.

48) J. F. Preston, "Mokpo Station Report," *The Korea Mission Field*, vol. 5, no. 4 (April 1909), 54-5; J. F. Preston, "Personal Report of J. F. Preston to Mokpo Station," *Korea Mission Field*, vol. 5, no. 10 (October 1909), 177-8; "Rev. J. F. Preston," *The Missionary* (February 1909), 78.

49) 목포정명여자중·고등학교 100년사 편찬위원회, 『정명 100년사, 1903-2003』 (목포: 목포정명여자중·고등학교, 2003), 80-81.

로 학교로 사용할 집을 지어 신흥학교라는 이름을 붙였고, 1908년에는 미국 사업가 그래함(C. E. Graham)의 1만 달러 후원으로 1909년에 벽돌로 된 2층짜리 학교건물을 건립하였다. 1910년에는 초등과정 6년을 졸업한 14명의 졸업자가 배출되어 중등과정을 시작하였고, 1910년 말에는 183명이 재학하는 학교로 성장하였다.[50] 대한제국이 일제에 강제병합된 1910년에 니스벳 부인은 "미래의 일꾼을 길러내는 기관이면서 복음화의 직접적 수단"이라고 평가하고, "이 학교에서 길러진 학생들이 앞으로 한국의 미래에 어떠한 영향을 끼칠지 누가 알겠는가?"라고 말하면서, 학생들이 "이 나라를 이끌어 가는 지도자"가 될 것이라는 기대감을 드러냈다.[51] 교회의 일꾼을 길러내는 교육선교의 목표는 한국의 미래 지도자를 길러내는 시대적 요구와 중첩되어 있었다. 전주의 여학교는 1907년에 넬리 랭킨(Nellie B. Rankin) 선교사가 내한하여 교장을 맡으며 발전하였고, 1908년에 전킨 선교사의 사망 이후에 유족들의 후원을 받아 "기전여학교"(Junkin Memorial School for Girls)라고 명명되었다. 1909년에 2,500달러의 후원을 받아 2층 규모의 벽돌로 학교건물을 건립하였고, 초등과정에서 점차 중등과정으로 발전하였다.[52] 1914년에 기존의 5학년에 6학년이 추가되었고, 일제 당국으로부터 4년과정의 고등과로 승인을 받았다.[53]

군산의 남학교(영명학교)는 1904년에 전킨의 노력으로 500달러의 예산으로 첫 학교건물을 건립하였고, 전킨이 목포로 이동하고, 목포의 해리슨이 군산으로 와서 교장을 맡았다.[54] 해리슨은 군산의 영명학교를 "중등과정 학교로 발전시키기 위해 특별한 노력"을 기울였다.[55] 그러다가 1909년에 안식년에서

50) Anabel Major Nisbet, "Some of Korea's Future Leaders," *The Missionary* (December 1910), 603-5; Brown, "A History of the Korea Mission," 228.

51) Nisbet, "Some of Korea's Future Leaders," 605.

52) Brown, "A History of the Korea Mission," 228; 기전80년사 편찬위원회, 『기전 80년사』(전주: 기전여자중학교, 기전여자고등학교, 기전여자전문대학, 1982), 132-51.

53) 기전여학교에 중등과정(고등과)가 설치된 시기에 대한 문제가 있다. 앞의 『기전 80년사』에서는 1909년에 고등과가 설치되었고, 일제 당국으로부터 1912년에 인가를 받은 것으로 기술하고 있으나 근거사료를 제시하지 않고 있다. 그러나 선교회 자료에 따르면, 1914년에 5학년에서 6학년으로 늘어났고, 4년 과정의 고등과가 당국의 승인을 받았다고 밝히고 있다. Janet Crane, "Junkin Memorial School, Chunju, Korea," (unpublished paper, n.d.), 1.

54) "Yung Myung School for Boys" (1935), 1.

55) "General Report of the Evangelistic Committee," *Minutes and Reports of Committees of the Southern Presbyterian Mission in Korea* (1904), 61.

복귀한 후 해리슨은 목포로 이임되었고, 목포의 베너블이 군산으로 와서 학교 발전을 이끌었다. 1910년에 윌리엄 불의 주도로 학교건물 신축이 시작되어,[56] 1912년에 "궁궐같이 생긴" 서양식 본관과 기숙사와 과학관 및 체육관이 준공되었다.[57] 이 시기에 영명학교는 4년제 중등과정(고등과)과 2년제 특별과를 갖춘 중등학교로 성장하였고, 한국교회가 선교회에 운영권을 넘긴 초등과정까지 갖춘 학교가 되었다.[58] 군산의 여학교는 불 부인이 1908년에 안식년 기간 중 버지니아 렉싱턴장로교회 여선교회의 헌금으로 건축 기금을 마련하였고, 인근 스탠톤(Staunton)의 휘슨 부인(Mrs. A. M. Howison)의 노력으로 건축비용의 대부분이 충당되었다. 후원자들의 요청에 따라 스탠톤의 메리볼드윈여자대학(Mary Baldwin Seminary)의 이름을 따서 멜볼딘여학교로 정하였고, 안식년으로 미국에 머물던 포사이드 선교사의 강연 이후 메리볼드윈대학 교수와 학생들이 매년 후원금(1천 달러)을 약정하여 멜볼딘여학교에 보내며 큰 도움을 주었다.[59] 불 부인은 이 대학 출신으로 메리볼드윈대학과 군산 멜볼딘여학교 사이에 연결고리 역할을 하였다.

광주에서 교육선교는 1908년에 유진 벨 선교사 부부가 자신의 집에서 세명의 학생을 가르치면서 시작되었다. 1909년에 목포에서 광주로 내려온 프레스톤(변요한) 선교사는 광주 남학교(숭일학교) 교장을 맡았고, 1910년에 남장로회의 후원자인 켄터키의 알렉산더의 지원으로 설계와 감독을 맡으며 학교건물을 건축하였다.[60] 또한 프레스톤은 광주 여학교 건물을 건축하는 일을 도왔다.[61] 광주 여학교(수피아여학교)는 엘라 그래함(Ella Graham, 엄언라) 선교사가 교장을 맡으며 선교회 학교가 되었고,[62] 1910년에 애나 맥퀸(Anna McQueen, 구애

56) "Yung Myung School for Boys" (1935), 2.
57) W. A. Venable, "Kunsan Boy's Academy," *The Korea Mission Field,* vol. 8, no. 6 (June 1912), 166.
58) "Yung Myung School for Boys" (1935), 2.
59) "Mary Baldwin School, Kunsan, Korea" (1935), 2.
60) J. F. Preston to Father and Mother, November 12, 1910.
61) *The Minutes of Eighteenth Annual Meeting* (1909), 26; *The Minutes of Nineteenth Annual Meeting* (1910), 22.
62) "Apportionment of Work: Kwangju," *Minutes of the Seventh Annual Meeting* (1909), 36-7.

라) 선교사가 교장을 맡으며 성장하였다.[63] 1911년에는 북장로회의 스턴스 여사(Mrs. M. L. Sterns)가 여동생 제니 스피어(Jennie Speer)를 추모하여 5천 달러를 기탁함으로써 2층 회색 벽돌로 수피아홀(Speer Hall)을 신축하였고, 교명을 수피아여학교라고 정하였다.[64]

순천의 학교들은 일제강점기 남장로회 학교들 가운데 가장 늦게 개교하였다. 순천 스테이션은 프레스톤 선교사가 1911년-1912년에 안식년 기간 중 미국에서 "한국선교캠페인(The Korea Campaign)"을 벌이며 선교헌금과 신임선교사를 대거 모집하면서 1912년에 개설되었다.[65] 선교회는 1912년 제21차 연례회의에서 프레스톤의 공헌에 공식적으로 감사를 표했다.[66] 특히 듀크대학교 의과대학과 간호대학 설립에 커다란 공헌을 한 노스캐롤라이나 더램의 사업가 조지 와츠(George W. Watts)는 순천 스테이션 설립에 커다란 재정적 기여를 했다.[67] 순천의 남학교와 여학교도 조지 와츠의 후원금으로 설립되면서 영문 교명을 The Watts School(for Boys/Girls)라고 하였다. 남학교는 1913년 가을에, 여학교는 1914년에 시작되었으나, 학교건물은 여학교가 1913년에, 남학교 건물은 1914년에 선교회로부터 건축승인을 받았다.[68] 여학교 건물은 1915년에, 남학교 건물은 1916년에 완공되었다.[69] 남학교의 교장은 코이트(Robert T. Coit,

---

63) *The Minutes of Nineteenth Annual Meeting of the Southern Presbyterian Mission in Korea* (1910), 22.

64) Anna McQueen, *Jennie Speer School, Kwangju, Korea* (Executive Committee of Foreign Missions of Presbyterian Church in the U. S., Educational Department, n.d.), 6; 최영근, "일제강점기 미국 남장로회 여성선교사 유화례(Florence E. Root)의 교육선교, 1927-1937," 「대학과 선교」 53집(2022), 22.

65) 최영근, "미국남장로교 선교사 존 페어맨 프레스톤(John Fairman Preston, Sr.)의 전남지역 선교에 관한 연구," 「장신논단」 48-1(2016), 98. "한국선교캠페인(The Korea Campaign)"과 관련하여 J. F. Preston to Father, March 24, 1911; J. F. Preston to Father, April 1, 1911; "The Korea Campaign," J. F. Preston to Father and Mother, February 26, 1912; "The Korea Campaign," J. F. Preston to Father, July 3, 1912 참조.

66) *The Minutes of Twenty-first Annual Meeting* (1912), 12-3.

67) 최영근, "존 페어맨 프레스톤(John Fairman Preston, Sr.)의 전남지역 선교에 관한 연구," 98-9.

68) "Report of the Educational Committee," *The Minutes of Twenty-second Annual Meeting* (1913), 58-9; "Report of Business Committee," *The Minutes of Twenty-third Annual Meeting* (1914), 42. 한규무는 "순천매산학교," 인돈학술원 편, 「미국 남장로회 교육선교 연구」, 157-58에서 매산고등학교와 매산여자고등학교 홈페이지를 인용하여 학교의 설립을 1910년이라고 소개하였으나, 선교회 공식 기록에 따르면 여학교는 1913년, 남학교는 1914년에 설립되었다.

69) Brown, "A History of the Korea Mission," 331-32.

고라복), 크레인(John C. Crane, 구례인), 프레스톤이 맡았고, 여학교는 프레스톤 부인과 더피(Lavalette Dupuy, 두애란)이 맡았다.[70] 순천의 학교는 일제가 1911년에 사립학교규칙을 제정한 이후에 설립되었으므로, 당국에 학교인가를 신청한 후 미인가로 운영되고 있었지만, 교육과정에 종교과목 개설과 종교활동을 금지하는 사립학교규칙 개정안이 1915년 3월 24일에 공포되면서, 미인가 상태였던 순천의 선교학교는 교과과정에 종교교육을 포함시켜서 규정위반으로 당국의 명령에 따라 폐교하였다. 선교회는 사숙(私塾)의 형태로 계속 운영의 허락을 요청했지만,[71] 거부되었고, 1916년에 폐교되었다.[72] 그러나 사립학교규칙이 1920년 3월 1일에 다시 개정되면서, 순천의 미션스쿨은 1921년 4월 15일에 재개교하였다.[73]

1906년까지 남장로회는 스테이션 중 한 곳에 중심학교를 세울 계획을 가지고 있었으나 1910년에 이르면 각 스테이션에서 선교회 학교들이 중등과정까지 갖춘 미션스쿨(academy)로 발전하였다. 남장로회는 북장로회와 마찬가지로 초등과정은 한국교회에 맡기고, 중등과정을 책임지는 방향으로 나갔다. 여러 재한선교회가 운영하는 학교들은 일제의 공립학교를 제외하고 당시 한국에서 서양식 근대교육을 제공하는 유일한 교육기관이었다.[74] 학교가 부족했던 일제강점기 한국사회에서 미션스쿨은 빠르게 성장할 수밖에 없었다. 미션스쿨은 기독교 지도자 양성이라는 분명한 교육목표를 가지고 있었지만, 근대교육을 열망하는 한국사회의 열악한 교육환경에서 대안적 교육기관으로 중요한 역할을 했다. 한국에서 교육사업을 두고 일제와 선교회가 상충하여 복잡한

---

70) *The Minutes of Twenty-second Annual Meeting* (1913), 37; *The Minutes of Twenty-third Annual Meeting* (1914), 36; *The Minutes of Twenty-fourth Annual Meeting* (1915), 38.

71) "Report of the Educational Committee," *The Minutes of Twenty-fourth Annual Meeting* (1915), 60-2.

72) 최영근, "존 페어맨 프레스톤(John Fairman Preston, Sr.)의 전남지역 선교에 관한 연구," 98-9; J. F. Preston, "Southern Presbyterian Mission in Korea: Workers Needed," *The Korea Mission Field*, vol. 17, no. 4 (April 1921), 78. 한규무는 "순천매산학교," 인돈학술원 편, 『미국 남장로회 교육선교 연구』, 159에서 순천의 학교(은성학교)가 당국의 인가를 받아 정식 개교했다고 하였으나, 선교회 기록에 따르면 인가신청을 내고 미인가 상태에서 운영하다가 1915년의 개정사립학교규칙이 적용되어 폐교되었다. 이에 대하여, "Report of the Educational Committee," *The Minutes of Twenty-fourth Annual Meeting* (1915), 61-2.

73) "Report of the Educational Committee," *The Minutes of Twenty-ninth Annual Meeting* (1920), 33; Brown, "A History of the Korea Mission," 409.

74) Brown, "A History of the Korea Mission," 231-32.

관계로 얽힌 것도 이러한 맥락에서 이해되어야 한다.

1910년 일제의 식민통치가 시작되면서 선교회가 자율적으로 운영하였던 미션스쿨은 일제의 통제와 감독 아래 놓였고, 미션스쿨도 예외없이 그들의 식민교육 정책과 규정에 맞추어야 했다. 이러한 상황에서 1911년 남장로회 연례회의에서는 중등과정 미션스쿨을 선택적으로 발전시키는 안이 제출되었다. 1904년에 처음 제기된 중심학교(central academy) 정책을 발전시키며 한정된 인원과 예산으로 교육선교를 효율적으로 추진하기 위한 방안이었다. 여학교는 광주와 전주의 학교를 중등과정 학교(academy)로 발전시키고, 다른 스테이션의 학교들은 초등과정만 운영하는 방안이었다. 남학교는 전북에 한 곳, 전남에 한 곳을 중등과정 학교로 두고, 1912년 가을까지 군산과 광주를 중등과정 학교로 완성시킨다는 계획이었다. 나머지 학교들은 중등과정 2학년까지 운영하고, 그곳의 교육선교사들은 하프타임(half-time)으로만 학교에서 일하도록 했다.[75] 실제로는 남장로회 미션스쿨은 계속 성장하였고, 모든 미션스쿨이 중등과정 학교로 발전하였다. 하지만 남장로회의 "중심학교" 정책은 다른 모습으로 계속 이어졌다.

III. 제1차 조선교육령과 1915년 사립학교규칙 개정에 따른 선교회의 대응

앞선 장에서는 북장로회와 남장로회의 교육선교의 목표와 전개과정을 대략적으로 살폈다. 이들의 교육선교는 교회 지도자 양성을 위한 목표가 분명하였더라도 한국인을 대상으로 하는 교육이었기 때문에, 일제의 통제와 규제 아래서, 한국인들과 상호관계 속에서 이루어졌다.

일제는 네 차례에 걸쳐서 조선교육령을 개정하였다. 조선교육령이 개정된 시점은 일제의 식민통치의 방식이 크게 변동되었던 시기와 맞물린다. 제1차 조선교육령(1911년-1922년)은 일제가 대한제국을 강제병합 후 1911년 8월 22일

---

75) "Report of the Joint: Institutional and Evangelical Committees," *The Minutes of Twentieth Annual Meeting* (1911), 57. "Report of Institutional Committee Recommendations," ibid., 53.

에 초대총독 데라우치에 의해 칙령(제229호)으로 공포되었다. 제2차 조선교육령(1922년-1938년)은 "내지연장주의"에 입각하여 식민통치 방식을 수정하고, 사이토 총독이 부임하여 소위 "문화정치"로 전환한 후 1922년 2월 4일에 공포(칙령 제19호)되었다. 제3차 조선교육령(1938년-1943년)은 일제가 제국주의 확장 전쟁을 위한 전시체제에 들어가면서 "황민화 정책"을 학교교육에서 뒷받침하기 위해 1938년 3월 3일에 공포(칙령 제103호)되었다. 제4차 조선교육령(1943년-1945년)은 1943년 3월 8일에 공포(칙령 제113호)되었는데, 일제가 태평양전쟁을 일으키며 수세에 몰린 전황을 타계하기 위한 "전시비상조치"로서 학교교육을 국방체제로 전환하여 수업연한을 줄이고 전쟁에 필요한 인적, 물적 자원을 원활하게 동원하기 위한 기반을 만드는 것이 골자였다.[76] 이로 보건대, 일제 강점기 한국에서 교육을 지배하는 식민교육제도와 학교규칙의 근간이었던 조선교육령은 일제의 식민통치와 제국주의 확장전쟁의 정책과 연동되었고, 식민통치이념을 교육에 구현하여 조선을 일제에 동화시키고, 제국주의 시책에 동원하기 위한 목적으로 제정 및 개정되었다.[77]

제1차 조선교육령은 제2조에서 "교육은 교육에 관한 칙어의 취지에 바탕하여 충량(忠良)한 국민을 육성하는 것을 본의(本義)로 한다"고 규정하였다.[78] 그것은 1890년 교육에 관한 칙어(勅語)에 기반하여 천황에 대한 충성심을 배양하는 것을 조선에서 교육의 근본 목적이라고 표명한 것이다. 일제강점기 식민교육은 천황제 국가 이데올로기를 뒷받침하고 일제의 식민통치를 원활하게 하기 위한 방편이었다.[79] 이 법령에는 일본인과 조선인에 대한 교육을 구분하고, 한국인에 대한 교육을 차별하여 낮은 단계에 두려는 의도가 명확했다. 제3조에서 "교육은 시세와 민도에 적합하게 한다"고 규정하였고, 제4조에서 조선에서 교육은 "보통교육, 실업교육, 및 전문교육"으로 한정하였다. 수업연한도 제

---

76) 제1차에서 제4차에 이르는 조선교육령 개정의 배경과 핵심내용에 대하여, 강명숙, 이명실, 이윤미, 조문숙, 박영미 편역, 『교육정책(1): 교육칙어와 조선교육령』(서울: 동북아역사재단, 2021), 104-9.

77) Soon-Yong Pak and Keumjoong Hwang, "Assimilation and Segregation of Imperial Subjects: 'Educating' the Colonised during the 1910-1945 Japanese Colonial Rule of Korea," *Paedagogica Historia*, vol. 47, no. 3 (June 2011), 377.

78) 조선총독부, "칙령(勅令)," 「조선총독부관보」제304호 (명치 44년[1911년] 9월 1일), 1.

79) Pak and Hwang, "Assimilation and Segregation of Imperial Subjects," 382.

9조에서 보통학교(초등과정)는 4년으로, 제12조에서 고등보통학교(중등과정)는 4년, 제16조에서 여자고등보통학교는 3년으로 규정하였다.[80] 학교에 대한 명칭과 학제도, 일본은 소학교, 중학교, 고등여학교로 달랐고, 수업연한도 소학교 6년, 중학교 5년, 고등여학교 4년으로, 조선인의 보통학교 4년, 고등보통학교 4년, 여자고등보통학교 3년에 비하여 1-2년이 더 많았다.[81] 한국에서는 실업교육이 강조되었고, 무엇보다 고등교육은 전문학교로 제한되었다. 조선에서 대학교육은 1922년 제2차 조선교육령에서 대학교육에 관한 조항이 마련될 때까지 불허되었다.

조선총독부가 한국에서 실업교육을 강조한 배경은 "공리공론을 말하며 실행을 소홀히 하고, 근로를 싫어하여 안일함으로 흐르는" 것을 경계한다고 하였으나, 실상은 "시세와 민도에 적응하게 하여 선량한 효과를 거두도록 노력해야 한다"는 저의(底意)가 깔려 있었다.[82] 이러한 의도는 "금일 조선에서는 고상한 학문은 아직 서둘러야 할 정도로 나아가지 못했기 때문에, 금일은 비근한 보통교육을 실시하여 한 사람으로서 일할 수 있는 인간을 만드는 것을 주안점으로" 두어야 한다는 데라우치 총독의 강조에서 확인된다.[83] 고등교육은 사실상 접근이 어려웠고, 초등교육은 일본어 습득과 식민지인으로서 의무감을 배양하고, 중등교육은 직업교육을 통해 농업, 상업, 산업분야에서 숙련된 노동자 양성에 집중되었다. 이러한 식민교육정책은 심각한 차별이었고, 수준 높은 교육은 조선인을 숙련된 일군과 충성스러운 식민지인으로 기르려는 목적에 부적절하다는 총독부 관료들의 인식이 반영된 것이었다.[84]

일제는 조선교육령을 제정하면서 사립학교에 대한 감독과 통제를 위해 1911년 10월 20일에 "사립학교규칙"을 제정하였다. 사립학교 설립은 "조선 총독의 인가"를 받는 것으로 규정하였고 조선총독이 사립학교에 대한 감독권을 갖도록 했다. 조선 총독은 인가 취소, 학교장과 교원에 대한 해고, 사립학교의

---

80) 조선총독부, "칙령(勅令)," 「조선총독부관보」 제304호(1911), 1-2.

81) 안홍선, 『일제강점기 중등교육정책』, 42-3.

82) 데라우치 마사타케(寺內正毅), "조선교육령 공포에 관한 유고" (명치 44년[1911년] 11월 1일); 강명숙 외, 『교육정책(1): 교육칙어와 조선교육령』, 168.

83) 데라우치 마사타케(寺內正毅), "각도내무부장에 대한 훈시"; 안홍선, 『일제강점기 중등교육정책』, 41에서 재인용.

84) Pak and Hwang, "Assimilation and Segregation of Imperial Subjects," 381-2.

폐쇄의 막강한 권한을 가졌다. 사립학교 설립인가 취소에 해당하는 위반사항으로 설립자가 "성행이 불량하다고 인정되는" 조항도 포함되어 있어서 조선총독의 자의적 판단이 가능하였다. 사립학교 폐쇄명령은 "법령의 규정에 위반", "안녕과 질서를 문란하게 하거나 또는 풍속을 교란할 우려가 있을 때"로 규정하여 적용범위가 넓었다.[85]

일제가 사립학교를 통제할 수밖에 없었던 이유는 구한말 이래로 장로교와 감리교 선교회를 중심으로 미션스쿨이 조선에서 교육사업의 중요한 부분을 차지했기 때문이다. 1910년 일제가 파악한 사립학교의 수는 2,197개였고, 이 가운데 종교계 학교는 755(34.3%)개였다. 같은 시기에 관공립학교는 82개에 불과하였다.[86] 당시 일제는 학교교육에서 독점적, 지배적인 위치에 있지 못하였다. 조선에서 일제의 교육은 조선의 근대화를 앞세워 식민교육제도에 조선인을 편입시켜 식민통치를 지속가능하게 하기 위해 조선인을 이데올로기적으로, 문화적으로 지배하고 동화시키는 것이었다. 그러나 일제의 학교교육은 근대화가 수반하는 "세계관, 태도, 관습의 변혁"과는 거리가 멀었고, 오히려 유교윤리를 유사종교화한 가부장적인 천황제에 기반하는 권위주의적이고 차별적인 교육이었기 때문에 조선인들의 저항감이 심했다. 이에 반해 선교회가 설립한 미션스쿨은 선교를 목적으로 하였으나 구한말 이래 서양식 근대교육을 통해 조선인들의 근대화에 대한 욕구를 실제적으로 충족시켜주었기 때문에 일제 당국이 추구하는 문화 식민지화 작업에 걸림돌이 되었다.[87] 조선총독부는 사립학교에 대한 의견에서 "설립의 동기가 반도의 상황에 대해 분개하고 교육의 힘으로 상황을 타파하기 위해서인 학교가 매우 많다"고 우려하면서, "교육과 정치를 혼동하고 정부가 금하는 불량한 도서를 사용하고 불온한 창가를 소리 높여 부르며...사이비 애국심을 고취하는 등 교육의 본령을 잃어버린 정

---

85) 조선총독부, "朝鮮總督府令 第114號 私立學校規則," 「조선총독부관보」 호외 (명치 44년 [1911년] 10월 20일), 14-5.

86) 구마모토 시게키치(隈本繁吉), "學政に關する意見"(1910); 강명숙 외, 『교육정책(1): 교육칙어와 조선교육령』, 157-8의 비교표 참조.

87) Pak and Hwang, "Assimilation and Segregation of Imperial Subjects," 383-4 참조. 일제와 미션스쿨과 한국인들의 교육에 대한 목적과 동기에 대하여, Yoonmi Lee, "Religion, Modernity and Politics: Colonial Education and the Australian Mission in Korea, 1910-1941," *Paedagogica Historica*, vol. 52, no. 6 (2016), 596-613 참조.

도가 심하다"고 비판하였다.[88] 사립학교의 민족주의 성향을 우려하며 통제의 필요성을 강조하였던 것이다. 종교계 학교, 특히 미션스쿨에 대해서는 "학교를 유지 경영하는 자산을 가지고 교원을 자체적으로 양성하고...교과서 역시 정한 규칙에 따라서 자체 편찬한 것을 사용"하기 때문에 일반 공립학교처럼 규제하기 어려운 점이 있다고 토로하였다. 그들은 민족주의계 사학보다는 덜하지만 계속적인 지도와 감독의 필요성을 느끼고 있었다.[89] 따라서 그들의 식민교육 이념을 실현하기 위해서 일제는 기독교계 학교와 사립학교들을 식민교육제도 아래서 감독하고 통제해야 했다.

1915년 3월 24일에 조선총독부는 사립학교에 대한 통제와 감독을 강화하기 위하여 사립학교규칙을 개정하였다. 사립학교 설립과 운영 조건을 더욱 까다롭게 하고, 교원에 대한 자격 조건과 교과과정 편성 조건을 제한하여서 사립학교의 자율성을 규제하고, 교육과 종교를 분리시킴으로써 미션스쿨에 대한 통제를 강화하는 것이 핵심내용이었다. 제6조에서 사립학교의 교과과정은 이에 상응하는 학교규칙(보통학교, 고등보통학교, 여자고등보통학교, 실업학교, 전문학교 규칙)에 준하여 정한다고 규정하였다. 이전 사립학교규칙에는 없었던 교과과정 편성 규정을 명시하여 일제의 공립학교 규칙에 맞추도록 규제하면서, 각 학교규칙에서 규정한 "이외 교과과정(以外教科課程)"을 덧붙이는 것을 불허한다고 강조했다. 또한 제10조에서 2항을 신설하며 사립학교의 교원은 國語(일본어)에 통달하고 "當該學校의 程度에 應할 學力이 있는 자"로 규정하면서, 교사의 자격은 "자격시험에 합격한 자, 교원면허장이 있는 자, 조선총독이 지정한 학교를 졸업한 자"로 제한하였다. 일제의 교육제도 아래서 양성된 교사로 교원자격을 제한하여 선교회가 자체적으로 길러낸 교사들을 퇴출시키려는 의도를 드러냈다. 부칙에서 현재 인가를 받아 운영하고 있는 사립학교에 한하여 대정14년[1925년] 3월 31일까지 개정된 규정을 미적용하는 유예기간을 주었다.[90] 조선총독 데라우치(寺內正毅)는 개정안의 요지에 대하여 일제의 교육정

---

88) 구마모토 시게키치(隈本繁吉), "學政に關する意見"(1910); 강명숙 외, 『교육정책(1): 교육칙어와 조선교육령』, 158.

89) 위의 책, 162.

90) 조선총독부, "府令: 朝鮮總督府令 第24號," 「조선총독부관보」 제789호 (대정4년[1915년] 3월 24일), 325. 우리말 번역이 첨부되어 있다.

책은 "국민교육을 종교 밖에 세우는 것을 주의로 한다"고 말하며 "관공립학교는 물론 법령으로써 一般히 學科課程을 규정한 학교에 在하야는 종교상의 교육을 施하고 又는 基儀式을 행함을 不許함을 宣明히 하니라"고 선언하였다.[91] 그의 말은 천황제 국가이념 외의 종교나 이념을 원천적으로 차단하여 "국민교육의 통일"을 이루겠다는 의지를 밝힌 것이다.

조선총독부는 1915년 사립학교규칙으로 미션스쿨의 학교운영 전반에 대한 관리감독, 교과과정, 교원의 자격에 대한 규정을 강화함으로써 직접적인 규제와 통제의 법적 근거를 만들었다. 1911년 보통학교규칙(초등과정)에 따르면, 교과목은 "수신, 국어, 조선어 및 한문, 산술, 이과, 창가, 체조, 도화, 수공, 재봉 및 수예, 농업초보, 상업초보"로 정했고,[92] 고등보통학교규칙(중등과정)은 교과목을 "수신, 국어, 조선어 및 한문, 외국어, 역사, 지리, 수학, 이과, 실업 및 법제·경제, 습자, 도화, 수공, 창가, 체조, 영어"로 규정했다.[93] 1915년에 개정된 사립학교규칙에 따라 미션스쿨은 사립학교임에도 총독부의 교과과정에 따라야 하고, 이외의 과목을 추가할 수 없었다. 이러한 법조항은 재한선교회의 미션스쿨의 교육목적과 교육내용 뿐만 아니라 학교 정체성에 심각한 문제를 야기하였다. 재한선교회가 운영하는 미션스쿨은 성경교육과 채플과 예배를 금지하는 총독부의 제도적 규제로 인하여 존폐의 위기에 직면하였고, 이에 대응방법을 모색할 수밖에 없었다.

재한선교회는 일제의 조선교육령 체제 아래서 교육선교를 위한 협력과 공동대응을 강화할 필요를 느끼며, 1911년 6월 11일에 선교연합공의회(Federal Council) 안에 교육평의회(Educational Senate)를 구성한 바 있었다. 교육평의회는 각 선교회가 파송한 대표들로 구성되며 한국에서 기독교 교육에 관하여 전권을 행사하였다.[94] 교육평의회는 재한선교회의 교육제도를 지도하고, 교육의 동일한 표준을 확보하고, 총독부에 교육선교의 목적과 주장을 대변하는 역할을 했다. 북장로회 아담스(James E. Adams, 안의와)가 사무총장으로 선임되었으

---

91) 조선총독 백작 사내정의(寺內正毅), "朝鮮總督府訓令 第16號," 위의 책, 327.
92) 조선총독부, "朝鮮總督府令 第110號 普通學校規則," 「조선총독부관보」 호외 (명치 44년 [1911년] 10월 20일), 1. 제6조 참조.
93) 조선총독부, "朝鮮總督府令 第111號 高等普通學校規則," 위의 책, 4.
94) William P. Parker, "Educational Work in Korea," *The Missionary Survey*, vol. 2, no. 12 (October 1913), 919.

며, 남장로회는 베너블, 니스벳, 애나 맥퀸이 대표로 참여하였다.[95] 사립학교규칙에 따라 미션스쿨은 수업연한, 교과목, 교과과정, 교과서를 비롯하여, 학교의 기본재산과 유지방법과 기부금과 관련한 사항, 그리고 설립자, 교장, 교원의 신상에 대하여 교육당국에 보고하여 인가를 받아야 했고, 법령을 위반할 때는 조선총독이 폐쇄를 명령할 수 있었다. 재한선교회는 교육평의회를 통해 미션스쿨의 교육제도와 관련하여 공동대응하며 단일한 목소리를 내었다.

그러나 교육평의회를 통한 재한선교회의 공동대응은 지속되지 못했다. 균열의 시작은 1915년에 개정된 사립학교규칙이었다. 교육평의회는 조선총독부가 교육의 문제를 규제하는 것은 당연한 권리라고 인정하면서 모든 규정에 순응하기로 결의하였지만, 종교교육을 금하는 것에 대하여는 이의를 제기하였다. 총독부와 교섭하며 이러한 법령이 결국엔 미션스쿨의 폐교를 야기하거나 막대한 지장을 초래할 수 있다는 점을 지적하였다. 선교연합공의회는 이에 대하여 입장을 밝혔다.

> 1915년에 개정된 교육법령 제24호와 같이 총독이 다른 변화들 가운데 종교교육과 종교예식을 조선에 있는 교회와 선교회가 설립하여 운영하는 수백 개의 학교를 포함하여 모든 사립학교로부터 배제하라고 하는 것에 대하여 개신교복음주의선교연합공의회는 모국 교회의 이해관계, 이 땅에 거주하는 그 회원들의 목적, 이 학교를 유지하기 위해 헌금이 사용되는 목표들에 비추어 보았을 때 제안된 조건들이 우리 학교들을 완전히 폐교하거나 그렇지 않으면 심각한 지장을 초래할 것이라고 단언한다. 우리는 제안된 법령이 기독교 학교에서 성경교육의 자유에 대하여 정부가 확답을 주었던 사실에 어긋나며 일본의 국민교육제도가 사립학교에서 종교교육의 자유를 보장하는 사실에 어긋난다는 점에 당국자들이 주의를 기울여 줄 것을 정중히 요청한다. 그러므로 이미 설립된 학교에 부여한 10년의 유예라는 조건 아래서 기간이 만료될 때까지 어느 정도 수정이 이루어지기를 희망하며 우리는 학교를 계속 운영할 것이다.[96]

---

95) Brown, "A History of the Korea Mission," 338; "Senators for Educational Federation," *The Minutes of Twenty-first Annual Meeting* (1912), 7. 당시 애나 맥퀸 선교사는 자문위원으로서 남장로회 여학교를 대변하였다.

96) Minutes of Fourth Annual Meeting of the Federal Council of Missions (1915); Horace H. Underwood, *Modern Education in Korea*, 202에서 재인용. 번역은 필자의 것이다.

교육평의회 사무총장 아담스는 미션스쿨이 일제의 통치 아래 처음 인가를 받았을 때 당국이 종교의 자유를 보장한다는 점을 미국 영사를 통해 확약하여 학교가 운영되고 있는 상황에서 개정된 법령은 종교의 자유에 위배된다는 사실을 지적하였다. 그리고 일본에서도 정부인가를 받아 특혜를 누리는 일반학교와 종교교육을 유지하면서 인가를 받지 않고 불이익을 감수하면서 운영되는 두 종류의 학교가 있다는 점을 지적하며 이러한 내용으로 총독부와 교섭하였다는 사실을 밝혔다. 그러나 일제의 강경한 태도로 인하여 협상은 답보상태에 빠졌고, 결국 "순응하거나 아니면 폐교하거나"의 선택지만 남았다고 보았다. 이후 교육평의회는 교과과정을 일제의 법령에 맞출 수밖에 없으나 법령이 금지하는 종교교육에 대하여는 10년의 유예기간이 있으므로 그때까지는 유지하고, 그 후에도 성경교육 문제에 대하여 진전이 없으면 미션스쿨을 포기할 수밖에 없을 것이라고 전망하였다.[97] 남장로회는 일제 당국자들이 종교를 교육에서 배제하는 조치가 어리석은 일이라는 점을 깨닫고 10년 안에 문제가 해결되기를 바라면서,[98] 사립학교의 교과과정에서 성경을 가르칠 권리를 부정하는 현행 법령 아래서는 학교의 인가를 취득하지 않기로 결정하였다. 또한 10년 유예기간 동안 학교를 운영하고 그때까지 종교교육을 금하는 규정이 개정되지 않으면 폐교한다는 대응방침을 지지하였다.[99]

그러나 교육평의회 안에는 일제의 강경한 태도 앞에서 대응방식에 차이가 있었다. 현실론을 주장하는 이들은 종교교육을 고집하다가 결국엔 폐교하게 되므로 순응하는 것이 타당하다고 여겼고, 원칙론을 주장하는 그룹은 어떤 상황에서도 순응해서는 안 된다고 주장했다. 정규수업이 아닌 시간에 학생들의 자발적인 참여로 채플을 하거나 방과 후에 학생들이 자발적으로 성경공부에 참여하는 방식으로 종교교육을 이어갈 수 있다는 타협안에 대하여 결국엔 눈속임이고 일제 당국자의 눈치를 보며 그들의 손에 학교운명을 맡기는 격이라고 비판하였다. 이러한 입장차는 결국 교육평의회를 분열시켰고, 북감리

---

97) "The Educational Situation in Korea," *The Missionary Survey,* vol. 5, no. 11 (November 1915), 833-34.

98) Ibid., 833.

99) "Report of the Educational Committee," *The Minutes of Twenty-fourth Annual Meeting* (1915), 60-61.

교와 남감리교 선교회는 종교교육을 형식적으로 유지하는 것보다 학교의 존립과 교육의 효율성이 더 중요하다고 판단하면서 일제의 법령에 순응하여 인가를 추진하였다. 이들은 교육평의회가 자신들의 학교와 정부 사이에 중재를 이루어낼 수 없다고 판단하면서, 1916년에 북감리교가 제일 먼저 교육평의회를 탈퇴하고 배재학당이 고등보통학교로 인가를 받았다. 이어 남감리교 한영서원(송도학교)도 1917년에 인가를 받았고, 뒤이어 다른 학교들도 인가를 받았다. 이들 학교에서는 채플이 학교 밖 건물이나 인근 교회에서 이루어졌고 자발적 성경공부가 오후나 저녁시간에 이루어졌다.[100] 장로교 선교회 가운데 캐나다 장로회는 학교 인가를 받기로 결정하였지만, 남장로회를 필두로 북장로회와 호주장로회는 원칙을 고수하며 유예기간 동안 학교를 유지하며 일제의 교육정책이 바뀌기를 기다리는 방식을 택하였다. 결국 교육평의회는 1917년 11월 20일에 해소되었다.[101]

앞서 언급한 북장로회 선천 스테이션의 보성여학교는 조선총독부의 사립학교규칙에 반대하여 자발적으로 폐교를 단행하였다. 이와 유사하게 남장로회 순천 스테이션의 미션스쿨도 폐교를 당했다. 남장로회는 1913년에 시작한 순천의 학교에 대하여 인가를 신청하였지만, 1915년 개정된 사립학교규칙에 따라 순천의 학교가 성경교육과 예배를 정규교과로 운영하는 한 당국의 인가를 받기는 어려웠다. 남장로회 순천 스테이션은 성경교육과 예배를 교육선교의 목적과 미션스쿨의 정체성과 관련하여 타협 불가능한 문제라고 여겼기 때문에, 교육당국에 양해를 구하면서, 이것을 제외한 다른 모든 것은 총독부의 요구사항에 순응할 것임을 약속하고 학교운영의 허락을 요청하는 서신을 보냈다.

> 순천의 남학교를 운영함에 있어서 우리는 교과과정에서 성경과 종교교육을 뺄 수 없기 때문에 그것을 제외하고는 정부의 모든 요구사항에 완벽하게 순응할 것입니다. 우리가 2년 전에 인가를 요청한 이래로 앞서 말한 인가를 계속 요청해왔

---

100) Underwood, *Modern Education in Korea*, 203-4.

101) Brown, "A History of the Korea Mission," 340-41; Harry A. Rhodes, *History of the Korea Mission Presbyterian Church U.S.A.*, vol.1: 1884-1934, 최재건 역, 『미국 북장로교 한국 선교회사』 (서울: 연세대학교출판부, 2009), 405-6.

고 새로운 법령이 시행되기까지 인가를 받지 못했습니다. 우리가 새로운 법령 아래서 인가가 거부되기 때문에, 일본에서 이런 경우에 허용되는 예대로 정부의 특혜를 받지 않고 비인가 학교로 운영할 수 있도록 허락해주시기를 요망합니다. 우리는 학교에서 종교예식과 성경교육을 시행하는 것을 제외하고는 다른 모든 점에서는 우리 학교가 정부의 모든 기준과 요구사항에 따르기로 동의합니다.[102]

남장로회는 순응과 저항의 태도를 동시에 보여주었다. 다른 모든 기준과 요구사항은 일제 교육당국이 법령으로 규정하는 대로 "완벽하게 순응"하겠지만, 미션스쿨의 정체성과 목적에 해당하는 성경교육과 예배는 양보할 수 없고, 비록 불이익을 받을지라도 목적과 원칙은 포기할 수 없다는 입장이었다. 순천의 학교는 결국 총독부 명령으로 1916년에 폐교되었다. 애나 맥퀸은 남장로회가 교육선교의 원칙을 지킨 것을 이렇게 평하였다.

나는 여러분들의 선교회가 "교회가 설립한 학교에서 성경을 가르칠 권리를 포기하느니 차라리 학교를 그만 두겠습니다"라고 말하면서 하나로 단단히 결합된 채로 훌륭한 우리 장로회 선조들의 원칙을 진실하게 지키고 있는 것이 자랑스럽습니다.[103]

IV. 제2차 조선교육령과 지정학교 제도에 따른 선교회의 대응

일제의 강경한 교육정책은 삼일운동 이후에 수정되었다. 먼저 1920년 3월 1일에 개정된 사립학교규칙이 공포되면서 기존의 규제사항이 완화되었다. 제6조에서 "교과목 중 修身, 國語를 缺함을 不得함"이라고 하였다.[104] 각 학교규칙이 정한 교과과정 이외의 교과목을 추가할 수 없다는 조항을 삭제하고, 수신, 국어 과목을 반드시 포함시켜야 한다고 물러났다. 이로써 미션스쿨의 성경

---

102) "Report of the Educational Committee," *The Minutes of Twenty-fourth Annual Meeting* (1915), 61-2. 서신의 내용이 교육위원회 보고서에 첨부되어 있다. 번역과 강조는 필자의 것이다.

103) Anna McQueen, "Recognized Schools," *The Missionary Survey* (October 1923), 767.

104) 조선총독부, "朝鮮總督府令 第21號 私立學校規則,"「조선총독부관보」2263호 (대정 9년 [1920년] 3월 1일), 15.

과목 개설과 종교교육을 금지하는 독소조항이 사라졌다. 10년의 유예기간을 활용하여 교육선교의 원칙을 지키려고 했던 장로교 미션스쿨은 기사회생하였다. 폐교되었던 남장로회 순천 남학교와 여학교는 매산학교로 재개교하였고,[105] 북장로회 보성여학교도 재개교하였다.

일제의 식민교육정책의 변화는 일본 내각에서 식민통치 방식이 "내지연장주의"로 전환되고, 조선에서도 사이토 마코토(齋藤實) 총독이 "일시동인(一視同仁)"을 표방하며 문화정치를 시행하는 맥락에서 이루어졌다. 이에 따라 제2차 조선교육령이 1922년 2월 4일에 칙령 제19호로 공포되었다.[106] 조선총독 사이토는 "사범교육 및 대학교육을 더하고 보통교육, 실업교육 및 전문교육의 정도를 진전하여 내선 공통의 정신에 기초한 동일 제도 아래 실시의 완정(完整)을 기하기에 이른" 것이라고 핵심 요강에 대하여 설명하였다. 그는 "교육의 보급 철저를 기하고 민중으로 하여 한층 문명의 혜택을 받아 그 복지를 증진하게 하는 취지"라고 역설하였다.[107] 그동안 없었던 대학교육 규정(제12조)이 마련되었고, 소학교와 보통학교 교원양성을 위한 사범교육규정도 신설되었다. 그동안 일본인에 비하여 짧았던 수업연한도 조정되어 보통학교는 4년에서 6년으로, 고등보통학교는 4년에서 5년으로, 여자고등보통학교는 3년에서 4-5년으로 연장되었다.[108] 이로써 일본과 식민지 조선의 교육제도 사이에 형식상 통일을 이루었다.

그러나 "동일제도"라는 미명 아래 차별은 사라지지 않았다. 제2조와 제3조에 "국어를 상용하는 자"와 "국어를 상용하지 않는 자"를 구분하여, 일본인과 조선인을 구별하고, 각각 소학교-중학교-고등여학교의 교육제도와 보통학교-고등보통학교-여자고등보통학교의 교육제도로 구별하였다.[109] 조선인과 일본인에 대한 교육을 분리해야 한다는 차별의식과 조선인과 공학(共學)에 대한 총독

---

105) "Report of the Educational Committee," *The Minutes of Twenty-ninth Annual Meeting* (1920), 33; Brown, "A History of the Korea Mission," 409.

106) 조선총독부, "勅令 第19號 朝鮮敎育令," 「조선총독부관보」 호외(대정 11년[1922년] 2월 6일), 1-8 (일본어 원문 및 우리말 번역문).

107) 조선총독 남작 사이토 마코토(齋藤實), "諭告, 四大要綱" (대정 11년[1922년] 2월 6일); 강명숙 외, 『교육정책(1): 교육칙어와 조선교육령』, 279-80.

108) 조선총독부, "勅令 第19號 朝鮮敎育令," 5.

109) 위의 책.

부 관료들의 거부감이 반영되었다. 일제는 대만에서는 고등보통교육에서 공학을 시행하였지만 조선에서는 일본어 능력의 차이와 역사와 관습과 사상에 대한 차이, 조선인과 일본인의 민도가 달라 수업연한을 일률적으로 할 수 없다는 이유, 조선인과 일본인 모두 공학을 바라지 않는 경향 등을 들면서 공학 시행에 부정적이었다.[110] 조선총독부 학무국장은 "국어력에 차이가 있고 사상, 습속 등이 같지 않기 때문에 현실에서는 별학의 제도를 채택하는 것"이 어쩔 수 없다고 하였다. 그는 보통학교의 수학연한은 6년이지만 학교 보급 촉진을 위해서 4-5년으로 단축하는 방도를 두어야 한다고 말했다.[111]

차별은 여전했지만, 문화정치를 전면에 내세우며 교육과 기회의 평등을 선전하는 분위기 속에 조선인의 교육에 대한 열망이 분출되었다. 이러한 상황을 반영하듯이 학교의 등록률이 높아졌다. 1915년에는 도시지역이 17.7%, 농촌지역이 2.6%였지만, 1926년에는 도시지역이 33.8%, 농촌지역이 16.2%로 증가하였다.[112] 또한 조선인의 중등교육 취학규모를 보면 1915년에는 4,628명(인구 1만 명당 재학생 수 2.9명)에 불과하였으나, 1925년에는 18,694명(인구 1만 명당 10.1명), 1935년에는 39,238명(인구 1만 명당 18.5명)으로 급성장하였다.[113]

학생 수 증가는 일제가 교육여건을 개선하고 교육의 수준을 높인다는 주장을 앞세워 민족감정을 달래고, 식민교육확대를 통해 지배력을 강화하기 위해 학교보급을 촉진한 노력의 영향도 있었다. 또한 문화정치 상황에서 일본과 조선이 형식상으로는 통일된 학제로 연결되면서 교육열, 향학열로 증폭된 측면도 있었다. 이와 더불어 선교사들이 운영하는 미션스쿨에서 서구식 근대교육을 경험하면서 교육제도는 신분과 한계를 뛰어넘어 상급교육을 받거나 안정된 직업을 찾는데 필수적인 수단이라고 인식하는 한국의 필요에도 영향을 받았다. 당장 독립과 같은 정치적 해결은 어려워도 현실적으로 조선인의 사회적, 경제적 필요를 채우고, 더 나아가 민족의 힘을 기르는 현실적 대안을 교육

---

110) 추밀원 의장 공작 야마가타 아리토모, "樞密院 審査報告"(1922년 1월 15일); 강명숙 외, 『교육정책(1): 교육칙어와 조선교육령』, 256.

111) 학무국장 시바타 젠자부로(柴田善三郞), "新教育令に就て"(1922년); 강명숙 외, 『교육정책(1): 교육칙어와 조선교육령』, 285.

112) Pak and Hwang, "Assimilation and Segregation of Imperial Subjects," 386.

113) 『朝鮮總督府統計年報』; 안홍선, 『일제강점기 중등교육정책』, 87 표 참조.

에서 찾아야 한다는 주장이 거셌다.[114] 또한 삼일운동 이후에 민족의 실력을 양성하는 것이 일제의 통치를 극복하고 민족공동체를 재건하는 실제적 대안이라는 문화민족주의 계열의 실력양성론도 교육열을 강화하는 요인이 되었다.[115] 이 시기 주요 민족신문은 개인과 민족공동체 차원에서 교육에 대한 필요와 열망을 표출하였다.[116]

이러한 교육에 대한 열망은 미션스쿨에는 오히려 역작용으로 나타났다. 제2차 조선교육령은 인가받은 사립 정규학교와 미인가 사립 각종학교를 구별하고 사립 각종학교 졸업자에게 상급학교 진학과 취업의 불이익을 줌으로써 차별하였다. 북장로회와 남장로회를 비롯한 장로교계 미션스쿨은 교육선교의 목적을 지키기 위해 성경과목과 예배를 정규과목으로 편성함으로써 정규학교에 편입되기를 거부하고 "사립 각종학교"에 머무르고 있었다. 전문학교 이상의 상급학교 입학 자격과 교사 및 공무원 등의 취업의 자격은 인가 받은 정규학교 졸업생들에게만 주어졌기 때문에, 사립 각종학교 졸업자들은 불이익을 당할 수밖에 없었다. 학력을 인정받지 못하는 학생들은 정규학교 승격을 요구하며 동맹휴학을 일으켰고, 미션스쿨과 학생 사이에 갈등이 커졌다.[117]

미션스쿨이 정규 사립학교로 전환하려면 사립학교규정에 따라 인가를 받아야 하고, 교과과정과 교과목을 비롯하여 정규학교(보통학교, 고등보통학교, 여자고등보통학교)의 규칙을 따라야 했다. 그러나 인가를 받지 않고 사립 각종학교로 남아 있으면 성경교육과 예배를 비롯하여 교과과정과 교과목의 자율성은 지킬 수 있으나, 졸업자들이 학력을 인정받지 못하기 때문에 학교의 존립이 어려웠고, 유망한 학생들을 유치하기 어려웠다. 또한 기독교 지도자가 될 유능한 학생들이 교육상 불이익을 피하여 지역의 공립학교를 선택할 수밖에 없기 때문에 기독교 지도자 양성을 위한 교육선교의 실효성에 대하여 문제의식을 가

---

114) 안홍선, 『일제강점기 중등교육정책』, 55-61.

115) Pak and Hwang, "Assimilation and Segregation of Imperial Subjects," 386-7.

116) 대표적으로 동아일보가 민족공동체의 위기를 타계하는 방안을 제시하는 논설, "민족적 경륜 (1)-(5)," 『동아일보』, 1924년 1월 2일-6일; "교육상 일문제," 『조선일보』, 1926년 1월 21일 참조.

117) "문제되는 교회학교: 댱로파 미순회에 진정까지," 『동아일보』, 1922년 6월 30일; "숭의여교생 맹휴: 학교승격과 긔숙사 규측 개명등 조건을 뎨출하고 동맹휴학," 『동아일보』, 1923년 10월 18일.

질 수밖에 없었다.[118] 장로교 선교회는 교육선교의 목적과 사회적 요구 사이에, 미션스쿨의 정체성과 학생들의 필요 사이에, 교육의 원칙과 실효성 사이에서 딜레마에 빠졌다.

이러한 가운데 조선총독부가 1923년 4월부터 시행한 "전문학교입학자검정규정"은 선교회의 새로운 활로가 되었다. 이 제도는 4월 25일에 조선총독부가 "부령 제72호"로 공포한 법령이었다.[119] 제8조는 전문학교 입학에 관하여 조선총독이 "중학교나 수업연한 4년의 고등여학교 졸업자와 동등이상의 학력이 있는 자로 지정한 자"는 무시험검정을 받을 수 있다고 규정하였다. 사실 이제도는 일본에서 오래 전부터 시행하고 있는 전문학교입학자검정제도를 제2차 조선교육령 이후 조선에 도입하여 전문학교 입학자격이 없는 각종학교 졸업자와 독학자에게 제한적으로 입학기회를 주는 조치였다.[120] 이로써 정규학교가 아닌 사립 각종학교 졸업자들도 검정제도를 통하여 전문학교 입학과 취업에 불이익을 피할 수 있는 길이 열렸던 것이다.

1925년 4월 20일에 조선총독부령 제49호로 공포된 개정된 "전문학교입학자검정규정" 제11조에 따르면 무시험검정을 받을 수 있는 자는 중학교 또는 수업연한 4년의 고등여학교 졸업자와 동등 이상의 학력이 있을 때 조선총독에게 "지정(指定)"되는 자로 한정하며, "지정에 관한 규정"은 따로 정한다고 밝혔다.[121] 1928년 5월 21일에 조선총독부령 제26호로 공포된 "전문학교입학자검정규정 제11조 규정(規定)에 따른 지정(指定)에 관한 규정(規程)" 제1조는 "중학교 또는 수업연한 4년 이상의 고등여학교 졸업자와 동등이상의 학력을 가진 사람으로 하여금 조선총독의 지정을 받으려는 경우에" 학교설립자가 (지정학교) 신청을 위해 구비해야 할 준비사항을 다음과 같이 규정하였다. "1. 목적, 2. 명칭, 3. 위치, 4. 학교연혁, 5. 학칙, 6. 생도정원, 7. 교지(校地), 교사(校舍), 기숙사 등의 평면도 및 음식수(飮食水)의 정성분석표, 8. 설립자 이력(재단법인이 있다

---

118) William A. Linton, "Educational Work in Korea," *The Presbyterian Survey* (June 1925), 371.

119) 조선총독부, "朝鮮總督令 第72號 專門學校入學者檢定規程," 「조선총독부관보」 2609호 (대정 10년[1921년] 4월 25일), 301.

120) 김자중, "일제 식민지기 전문학교입학자검정제도에 관한 시론," 「교육문제연구」 71집 (2019), 59.

121) 조선총독부, "朝鮮總督府令 第49號 專門學校入學者檢定規程左ノ通改定ス," 「조선총독부관보」 3801호 (대정 14년[1925년] 4월 20일), 247.

면 기부행위), 9. 학교장 이력과 교원의 성명, 자격, 학업경력, 담임학과 및 전임 겸임의 구별, 10. 현재생도의 학년 및 학급별 인원수, 11. 졸업자의 인원수 및 졸업 후의 상황, 12. 경비 및 유지의 방법, 13. 교과서 목록, 14. 참고서와 교수용 기구, 기계, 모형 및 표본의 목록, 15. 학교의 자산목록."[122] 전문학교 입학을 위한 검정제도가 지정학교제도로 확장된 것이다. 개정된 "전문학교입학자검정규정"에 근거하여 "지정(指定)에 관한 규정(規程)"에 따라 사립각종학교가 조선총독에게 구비서류를 준비하여 신청하면 총독부가 서류를 검토한 후 학생들을 대상으로 학력검증 시험을 치르고, 종합적인 결과에 따라 지정학교로 승인을 받을 수 있었다.[123] 정규학교로 전환하지 않고 사립 각종학교로 남아 있는 장로교 미션스쿨은 지정학교 제도를 활용하여 졸업생들의 진학과 취업의 불이익을 피하고 학교의 존립과 발전을 이어갈 수 있었고, 조선총독부는 미션스쿨을 교육제도 안으로 편입시켜 통제와 관리감독을 용이하게 할 수 있었다.

1923년 이후 전문학교입학을 위한 검정규정이 비인가 사립 각종학교에 대한 지정제도로 확대되는 상황 속에서,[124] 광주여학교(수피아여학교)의 교장을 맡고 있었던 애나 맥퀸은 남장로회가 지정학교 제도를 추진하기로 결정한 배경과 과정에 대하여 이렇게 설명하였다.

> 이제 우리 미션스쿨에게 분명히 유익한 새로운 법이 공포되었습니다! 이 법에 따르면 "입학자격, 기관, 시설, 교원, 교과목, 교과과정, 학생들의 출석과 학력, 졸업생 수와 이후 기록 등을 철저하게 조사한 후에" 교과과정에서 성경을 가르치는 미션스쿨도 인가를 받아서 졸업생들이 "조선의 정규학교제도 아래서 고등교육기관에 입학할 자격을 부여받을 수" 있습니다. 그들은 공무원이 될 자격도 갖게될 것이며 정부 학교들의 졸업자들이 갖는 모든 특권을 실질적으로 받을 수 있습니다.
> 6월의 선교회 연례회의에서 전주의 남학교와 광주의 여학교를 지정학교로 추진

---

122) 조선총독부, "朝鮮總督府令 第二十六號 專門學校入學者檢定規定 第十一條ノ規定ニ依ル指定ニ關スル規程左ニ定ム," 「조선총독부관보」 416호 (소화 3년[1928년] 5월 21일), 209.

123) 권영배, "일제하 사립각종학교의 지정학교 승격에 관한 일연구," 「조선사연구」 제13집 (2004), 222-23.

124) "專門學校入學指定規則," 「동아일보」, 1923년 4월 21일.

하기로 결정했습니다. 다른 스테이션의 학교들은 서로 긴밀하게 연결되어 학생들이 예비 과정을 마치고 나면 "지정" 학교로 쉽게 입학하여 졸업 전에 마지막 몇 년을 공부할 수 있습니다...현재 학교 건물과 시설로는 모든 학교가 정부의 지정을 받는 것이 불가능합니다.[125]

1923년 6월의 남장로회 연례회의에서 교육위원회는 막대한 재정이 소요되고 자격을 갖춘 교원확보가 어려운 상황에서 10개 미션스쿨 중에서 남학교 하나와 여학교 하나를 지정학교로 인가 받는 계획을 추진하기로 결정하였고,[126] 표결로 남학교는 전주 신흥학교와 여학교는 광주 수피아여학교로 결정하였다.[127] 선교회는 지정학교로 추진하는 두 학교만 고등과정 상급반(3-4학년)을 운영하고, 나머지 학교는 고등과정 하급반(1-2학년)을 마친 학생들을 신흥과 수피아로 전학 보내어 고등과정을 마치도록 했다.

그러나 지정학교 추진과 관련하여 남장로회 내부에 갈등이 있었다. 목포의 여학교(정명여학교)와 군산의 남학교(영명학교) 역시 지정학교로 추진되기에 손색이 없었기 때문이다. 지정학교로 추진하는 중심학교 선정을 다시 해야 한다는 청원이 지역노회와 스테이션에서 올라왔고, 남장로회의 미국 선교본부도 대표(기독교교육위원회 사무총장 Dr. Henry Sweets)를 파견하여 이 문제를 중재했다. 이와 함께 지정학교 추진을 위해 많은 재정이 필요하고, 미션스쿨의 운영은 결국 한국교회가 운영에 동참해야 한다는 인식 속에서 선교회와 한국교회가 동수로 참여하여 미션스쿨을 공동으로 운영하는 연합이사회를 추진하는 방안이 모색되었다. 미국에서 스위츠 박사가 내한하여 당시 교육상황과 문제점을 종합적으로 논의하고 1925년 10월 14일에 최종결론을 담은 "교육협의회 보고서"를 채택하였다.

이 보고서의 결정사항은 크게 세 가지였다.[128] 첫째, 지정학교 추진을 위한 중심학교는 1923년에 결정한 원안대로, 남학교는 전주 신흥학교, 여학교는 광

---

125) McQueen, "Recognized Schools," 768.
126) "Report of Educational Committee," *Minutes of the Thirty Second Annual Meeting* (1923), 40-41.
127) *Minutes of the Thirty Second Annual Meeting* (1923), 20.
128) "Report of the Educational Association," *Minutes of the Thirty-fifth Annual Meeting* (1926), 65-68.

주 수피아학교로 최종 확정하였다. 두 학교는 남장로회 미션스쿨들을 긴밀하게 연결시키고 교육선교의 역량을 집중시키는 "중심학교"(central school)로 육성하기로 결정하였다. 중심학교 개념은 남장로회가 교육선교를 시작했던 초창기부터 고려한 개념이었는데, 지정학교 인가를 추진하는 배경에서 현실화되었다. 남장로회는 "한국에서 오랫동안 교육선교를 수행하면서 한국교회 지도자 양성을 위해 훨씬 더 높은 차원의 교육을 감당해야 한다"고 인식하였다. 교육선교의 중요성과 의미에 대하여 "교회를 오류로부터 보존하고, 교회의 나아갈 길을 바르게 인도하고, 근대교육을 간절하게 추구하는 다음 세대의 필요를 충족시키고, 젊은이들을 교회의 미래 지도자로 잘 훈련하고 발전시키기 위해서 선교회의 교육기관을 발전시키는 것이 시급하고 중요한 문제"라고 강조했다.[129] 지정학교 추진은 이러한 점에서 매우 중요한 과제였다.

둘째, 미션스쿨의 효율적 운영을 위해서 한국교회(지역노회)와 선교회가 협력하여 연합이사회를 구성하고, 미션스쿨을 관리 감독하고, 선교회 지역의 모든 미션스쿨과 교회운영 학교를 관할하기로 하였다. 교회운영 학교들의 교육방법, 교육이념, 교과과정을 감독하여 선교회가 설립 및 운영하는 미션스쿨과 긴밀한 상호관계를 유지하도록 하였다. 이러한 배경에서 남장로회 "미션스쿨 연합이사회 정관"이 1926년 선교회 연례회의에서 채택되었다.[130]

셋째, 남장로회 교육선교를 전담할 사무총장을 교육협의회에서 임명하여 모든 학교와 관련된 정보를 일제 당국으로부터 확보하고, 동아시아에서 이루어지고 있는 모든 남장로교 교육사업에 관한 정보를 모으고, 선교회의 모든 미션스쿨의 목적을 하나의 제도 안에서 연결하고, 한국교회와 교육선교를 위해 협력하는 위원회 의장으로 일하게 하였다. 이에 따라 교육선교 사무총장에 다니엘 커밍(D. J. Cumming, 김아각) 선교사가 임명되었다.[131]

남장로회는 한정된 예산으로 중심학교 개념을 도입하여 전주의 남학교와

---

129) Ibid., 65.

130) "Southern Presbyterian Mission School Boards of Directors Tentative Constitution," ibid., 29-30. 미션스쿨 연합이사회 정관의 자세한 내용에 대하여, 최영근, "일제강점기 미국 남장로회 교육선교에 관한 연구: 군산과 전주스테이션의 인돈(William A. Linton)을 중심으로, 19112-1940," 「대학과 선교」 제50집 (2021), 108-110.

131) "Assignment of Workers," *Minutes of the Thirty-fifth Annual Meeting* (1926), vii; "Minutes of the Called Meeting of the Southern Presbyterian Mission in Korea, October 1925," ibid., 58.

광주의 여학교만을 지정학교로 추진하였으나, 북장로회는 중등학교 유지의 필요성과 확신을 가지고 1925년 3월 선교회 연례회의에서 "중등교육 프로그램"을 결의하면서, 본부에 매년 2천 달러의 예산 증액과 시설기금으로 5년간 총 1만 5천 달러를 요청하기로 하였다. 안식년으로 귀국한 선교사들이 미국에서 적극적인 모금활동을 하였고, 미국 북장로회 해외선교본부의 지원으로 북장로회 미션스쿨 전체에 대하여 지정학교를 추진하였다. 예산확보의 어려움이 있었지만, 1923년 11월에 서울의 남학교(경신학교)를 시작으로, 1928년 5월에 평양의 남학교(숭실학교), 1930년 3월에 선천의 남학교(신성학교), 1931년 12월에 평양의 여학교(숭의여학교), 1933년 4월에 대구의 남학교(계성학교)가 지정을 받았다. 서울의 여학교(정신여학교)는 우여곡절 끝에 1935년 9월에 지정을 받았다. 선천의 여학교(보성여학교)는 1935년 5월에 지정인가를 받았다. 대구의 여학교(신명여학교)만 지정학교 신청을 마쳤으나, 일제의 신사참배 요구가 불거지는 상황에서 결국 지정인가를 받지 못했다.[132]

호주장로회는 마산의 남학교 창신학교(D. M. Lyall Memorial School)과 부산의 여학교 일신학교(J. B. Harper Memorial School)를 지정학교로 추진하기로 결의하고 많은 노력을 기울였으나 1933년에 일신여학교만 지정학교 인가를 받았다. 창신학교 학생들은 학력 인정을 받지 못하는 상태에서 지정학교가 아니라 정규학교 인가를 받을 것을 요구하며 여러 차례 동맹휴학을 일으키거나 집단으로 자퇴했다.[133] 창신학교는 지정학교 추진 중에 학교운영 상의 문제로 1925년 3월에 폐교하였다가 그해 11월에 호신학교로 재개교하였다. 그러나 끝내 지정학교로 인가를 받지 못했고, 선교회는 학교를 더 이상 운영하기 어렵다고 판단하고 1932년에 학교를 폐교하였다.[134]

남장로회의 지정학교 추진은 학교시설 확충과 조선총독부의 기준을 충족하는 교원의 확보가 관건이었다. 무엇보다 예산확보가 쉽지 않았기 때문에 미

132) 북장로회 미션스쿨 지정학교 인가에 대하여, Rhodes, 최재건 역, 『미국 북장로교 한국 선교회사』, 491-5; 이성전, 『미국 선교사와 한국 근대교육』, 216-25; 안홍선, 『일제강점기 중등교육정책』, 111-16.

133) "昇格無望으로 自進退學, 마산창신학교생도 사십삼 명," 『동아일보』, 1923년 2월 9일.

134) 호주장로회 미션스쿨 지정학교 인가와 관련하여, Yoonmi Lee, "Religion, Modernity, and Politics," 606; 정병준, 『호주장로회 선교사들의 신학사상과 한국선교, 1889-1942』 (서울: 한국기독교역사연구소, 2007), 255.

국교회의 후원을 요청하며 모금하는데 많은 노력을 기울였다. 또한 지정 인가 여부의 판단이 전적으로 조선총독부와 지방 교육당국에 있었고, 이들의 평가가 자의적이었기 때문에, 이들과 우호적인 관계를 유지하고 긴밀하게 협의하며 지정학교 인가 요건을 맞추는 일에 매달렸다. 남장로회는 전주와 광주의 중심학교에 예산을 집중적으로 투입하였고, 지정학교 추진에 대한 책임을 위해 전주에 윌리엄 린튼(William A. Linton, 인돈)을 1926년에 신흥학교에 임시교장 (1930년 이후 교장)으로 임명하였다.[135] 1928년에 플로렌스 루트(Florence E. Root, 유화례)를 수피아여학교에 투입하고, 1931년에 교장으로 임명했다.[136] 광주에서 수피아여학교 지정학교 인가를 도운 인물은 미국 아그네스스캇대학과 컬럼비아대학교에서 교육학을 전공하고 교감으로 일했던 김필례였다.

미국교회의 재정후원은 지정학교 인가를 추진하는 과정에서 큰 도움이 되었다. 수피아여학교 윈스보로홀을 건립하는데 미국 남장로교 여성조력회가 생일헌금 58,875달러를 모아 지원했다.[137] 신흥학교는 1928년에 리차드슨 부인의 후원으로 리차드슨홀을 건립하였다.[138] 이들 리차드슨 가족의 후원은 1934년에도 이어져 강당과 체육관을 건립하였다.[139]

남장로회 교육선교의 지정학교 추진을 이끌던 인돈은 지정학교 인가가 일제 교육제도 아래서 교육선교의 목적과 원칙을 지키면서도 한국에서 유능한 기독교 지도자를 양성하는 대안이라고 강조하였다. 그의 말 속에서 교육선교의 목적을 지키기 위해 타협을 거부하면서도 일제의 교육제도 아래서 존립하고 발전하기 위해 순응해야 하는 현실이 당시 여건에서는 모순이 아니라 변증법적으로 연결되어 있음을 발견한다. 먼저 순응의 논리는 이러했다. "우리가

135) "Report of the Educational Committee," *Minutes of the Thirty-fifth Annual Meeting* (1926), 26-7. 1927-28년 교육예산에 따르면 전주 남학교(신흥학교)는 12,000엔으로 다른 남학교들(7천-8천엔)의 약 2배였고, 광주여학교(수피아)는 1만 엔으로 다른 여학교들(4,500-5,500엔)의 2배였다.

136) Florence E. Root, September 27, 1928; "Report of the Apportionment Committee," *Minutes of the Thirty-Ninth Annual Meeting* (1930), 20.

137) Brown, "A History of the Korea Mission," 411-17; 수피아100년사간행위원회, 『수피아백년사, 1908-2008』(광주: 수피아여자중고등학교, 2008), 262-67.

138) "Report of the Finance Committee," *Minutes of the Thirty-Seventh Annual Meeting* (1928), 32-3.

139) Brown, "A History of the Korea Mission," 416.

일본의 교육의 목적이나 교육제도에 동의하지 않는다고 할지라도...우리가 한국에서 학교를 운영하려면 그들의 기준에 따라야 한다." 이어서 저항의 논리도 분명했다. "당국은 어떠한 조건에서도 '인가'학교에서 종교를 가르치는 것을 철저히 금한다고 말한다. 우리의 최우선 목적이 그리스도를 모든 이에게 전하는 것이므로 그러한 규칙에 동의할 수 없다." 이 둘을 아우르는 변증법은 지정학교 인가 추진에서 나온다.

> 학교가 적절한 건물과 적합한 시설을 보유하고, 교사진이 당국의 기준을 충족하고, 학생들이 인가학교 수준에 이를 때 지정학교가 될 수 있다. 지정학교는 성경과 종교를 가르칠 수 있다... 지정인가를 받지 못한다면 한국교회의 남녀학생들은 기독교교육을 받지 못하고... 한국교회는 기독교 지도자를 기르기 위해 공립학교에 의지해야 할 것이다. 한국의 교육상황은 우리에게 도전을 준다. 우리는 어떻게 응답해야 할 것인가?[140]

불리한 교육여건 속에서 교육선교의 목적과 원칙을 훼손하지 않고 학교의 발전을 도모하면서 유능한 학생들이 훌륭한 시설에서 최고의 교육을 받아 한국교회를 이끌어 나가는 지도자가 될 수 있도록 노력해야 한다는 주장이었다.

미국 경제공황의 여파 속에 선교예산이 삭감되는 상황에서도 꾸준한 노력을 기울여서 신흥학교는 마침내 1933년 4월에 총독부로부터 지정인가를 받았다.[141] 수피아여학교는 동일한 노력에도 불구하고 남장로회가 폐교를 결정한 1936년까지 지정인가를 받지 못했다. 수피아여학교가 여러 차례 지정 인가 신청을 하고, 당국자들의 긍정적인 평가와 약속에도 불구하고 지정학교 인가를 받지 못한 중요한 이유는 총독부가 요구하는 자격을 갖춘 교사를 확보하지 못했기 때문이다.[142] 똑같은 문제로 여러 차례 심사에 탈락하면서도, 미션스쿨의 정체성을 위해서 크리스천 교사만을 채용한다는 선교회의 기준을 양보

---

140) William A. Linton, "Our Educational Situation," *The Presbyterian Survey* (November 1928), 697.

141) *Minutes of the Forty-Second Annual Meeting* (1933), 3.

142) 수피아여학교 지정학교 탈락에 관하여, 최영근, "일제강점기 미국 남장로회 여성선교사 유화례(Florence E. Root)의 교육선교, 1927-1937," 「대학과 선교」 제53집 (2022), 28-31.

하지 않았다. 인돈은 남장로회 교육선교의 원리를 설명하면서 기독교인 학생들이 학교의 주류가 되는 것도 중요하고, 학교에서 성경과 기독교 과목을 가르치며 예배를 정규교과에 포함시키는 것도 중요하지만, 무엇보다 크리스천 교사가 중요한 요소라고 강조한 바 있었다.[143) 이로 보건대, 일제는 각종학교로 남아 있었던 장로교계 미션스쿨을 지정학교 제도로 유인하여 각종 기준과 조건을 내세우며 미션스쿨을 통제하였다. 남장로회는 일제 교육당국이 제시하는 기준에 맞추려고 노력하면서도, 그들이 처음부터 강조한 교육선교의 목적과 정체성을 지키려는 노력을 멈추지 않았다.

이성전은 북장로회의 지정학교화에 대하여 "미션스쿨의 식민지 교육체제에의 편입"이라고 평가하면서, "성서교육, 종교행사의 자유를 얻어내는 것에 성공했지만, 반면 성서 이외의 교과목에 관해서는 총독부의 학교와 같게 되었다"고 지적하였다. 이를 가리켜 "결과적으로 북장로교 선교부는 식민지 교육의 저류에 흐르는 동화교육의 협동자로 바뀐 것"이라고 비판하였다. 그리고 이러한 바탕에서 일제의 황민화정책의 강제가 가능하였다고 해석하였다. 동시에 그는 "끝까지 사수한 종교교육의 자유가 황민화정책 시기에 신사참배 강요에 대한 저항의 근거로 기능하였다"는 다소 상반된 평가를 내렸다.[144) 그러나 북장로회와 남장로회가 지정학교 제도를 채택한 것은 "동화교육의 협력"이 아니라 일제 교육제도의 규제와 불이익에 대응하여 미션스쿨의 교육목적과 교육적 실효를 확보하기 위한 노력이었다는 점을 간과해서는 안 된다.

V. 신사참배 강요에 따른 선교회의 대응

일제의 식민통치 방식의 변화는 미나미 지로(南次郎) 조선총독이 1936년 8월 5일에 취임하면서 본격적으로 시작되었다. 미나미 총독은 조선통치의 목표가 "참된 황국신민으로서의 본질에 철저토록 하고... 내선일체와 동아의 일을 대처하게 하는 데 있다."고 말하였다. 그는 일본정신의 배양과 신동아건설

---

143) William A. Linton, "The Place of the Industrial Department Korea Mission Boys' School," *The Presbyterian Survey* (June 1929), 361.

144) 이성전, 『미국 선교사와 한국 근대교육』, 228.

을 역설하면서 "국체명징, 내선일체, 인고단련"을 3대 교육방침으로 정하고, "국민으로서의 지조, 신념의 연성(練成)"을 강조하였다.[145] 조선의 식민통치를 위한 황민화정책의 기조와 정책방향을 제시하며, 천황숭배로 조선인들의 정신을 무장하여 제국주의 확장 전쟁에 동원하겠다는 속내를 드러냈다. 조선의 교육은 황국신민을 "연성(練成)"하기 위한 도구였다. 이러한 통치이념과 방침이 1938년 3월 3일에 칙령 제103호로 공포된 제3차 조선교육령에 담겼다. 기존에 국어를 상용하는 자와 국어를 상용하지 않는 자를 구별한 교육을 폐지하고 제2조에서 소학교, 중학교, 고등여학교로 일원화시켰다.[146] 제3차 조선교육령 개정을 위한 사전 논의에서 황국신민을 육성하기 위해서 "1. 황도주의, 2. 내선일체 즉 동화, 3. 인고단련"을 강조하고, "황국신민의 서사를 제정하여 기회가 있을 때 반복 낭송"하는 방책을 세웠다. 또한 국어(일본어)를 전용하며 조선어 시수를 점차 줄이고, 젊은이들을 군대로 징병하기 위한 단계로 청년훈련소를 확대보급하고 입소연령을 줄여서 교육을 강화하는 것을 강조하였다. 특히 "국체관념을 명료하게 하고 확고한 국민적 신념을 체득"시키는 방법으로 "신사신사(神社神祠)"를 조영하고, 기독교계 학교에 대하여 "황국신민 연성 상 유감스러운 점이 적지 않은 실정을 고려하여 그것을 공립학교 또는 확실한 사립학교로 접수시켜야 한다"고 강조하였다. 미션스쿨에 대한 신사참배 강요는 이러한 맥락 안에 진행되었다.

일제 말기 신사참배 문제로 총독부와 선교회 사이에서 갈등이 심화되기 시작한 것은 1935년 11월 14일에 평안남도 중등학교 교장회의 시작 전에 신사참배를 요구받자, 북장로회 숭실학교 교장 맥큔(George S. McCune, 윤산온)이 이를 단호하게 거부한 것이 계기가 되었다. 신사참배를 요구하는 평양지사의 계속적인 압력에도 굴하지 않자 선교회와 조선총독부 간 충돌로 비화되었다. 결국 맥큔은 12월 18일에 숭실학교 교장에서 파면당하였고, 1월 20일에 숭실전문 교장직도 파면되었다. 숭의여학교도 신사참배 거부의사를 밝혔고, 1월 22일에 교장 스누크(Velma Snook)가 파면되었다.[147] 곧이어 1936년에 일제 교육당국은 모든 미션스쿨의 교직원과 학생들에게 신사참배를 명령하면서, 신

---

145) 조선총독 미나미 지로(南次郞), "諭告,"「조선총독부관보」호외 (소화 13년[1938년] 3월 4일), 2.
146) 조선총독부, "勅令 第103號 朝鮮敎育令," 위의 책, 1.
147) 이성전, 『미국 선교사와 한국 근대교육』, 237-40.

사참배 문제는 전면적으로 확대되었다.[148]

　　평양을 중심으로 북장로회 주류는 신사참배 문제에 있어서 기독교 신앙의 차원에서 타협할 수 없는 문제로 여기고 단호한 대응을 이어갔다. 그러나 북장로회 내부에는 신사참배 문제를 개인의 양심의 문제로 두고 판단하지 말자는 입장과 신사참배를 국민의례로 수용할 수 있다는 입장도 있었다. 대표적으로 원한경은 총독부 요구에 따라 서울의 경신, 정신, 연희전문 학생들이 신사참배하여 "탈모, 경례, 배례 등 요구되는 대로...경의를 표하도록" 했다.[149] 그는 "개인의 양심과 신념에 반한다면 참배를 거부해도 되지만 내 개인의 의견으로서는 하나님의 명령을 등지지 않으면서 의식에 참석하여 경의를 표해도 된다."라고 말했다.[150] 원한경은 신사참배를 반대하여 학교가 폐교된다면 결국 기독교인들이 기독교적 교육을 받을 기회를 상실하게 될 것을 우려하였다.[151] 그럼에도 불구하고 1936년 5월 9일 북장로회는 선교회 차원에서 신사참배를 반대하고, 신사참배를 피할 수 있는 최선의 노력을 기울인 후에도 총독부로부터 계속적인 강요를 받는 경우에는 학교를 폐교하기로 입장을 정했다. 그러나 원한경은 5월 13일에 이 결정에 반대하는 서울 스테이션의 항의서를 채택하여 선교회에 제출하였다. 그러나 북장로회 한국선교회는 7월 1일에 "세속교육의 영역으로부터의 인퇴정책(引退政策)을 승인한다"는 "교육철수 권고안"을 69:16으로 통과시키고 최종적으로 확정하였다. 이 결정에 대하여 원한경과 서울 스테이션을 중심으로 하는 그룹은 고등교육(연희전문)은 "인퇴"결정에서 제외하고, 선교회가 교육사업에서 물러나더라도 창학정신을 가장 잘 유지할 수 있는 개인이나 단체에 학교운영을 넘기는 방안을 대안으로 제시하는 진정서를 제출했다. 그러나 이 역시도 북장로회 선교회 안에서 부결되어서, 사실상 평양을 중심으로 하는 다수의 입장이 관철되었다.[152] 결과적으로 북장로회는 선교회 내부의 입장 차와 이후 선교본부 간 이견(異見)으로 갈등과 혼선을 빚었고, 신사참배 대응에 있어서 강력한 단일대오를 이루지 못했다.

---

148) Brown, "A History of the Korea Mission," 502.
149) 이성전, 『미국 선교사와 한국 근대교육』, 246.
150) H. H. Underwood to McAfee, February 5, 1936; 앞의 책, 246에서 재인용.
151) 이성전, 『미국 선교사와 한국 근대교육』, 247-8.
152) 앞의 책, 249-51.

반면에 남장로회는 신사참배 문제에 대하여 일사분란하게 대응했다. 1935년 11월 5일에 임시위원회를 소집하여 미션스쿨의 신사참배 참여 문제에 대응하는 위원회를 구성하였다. 인돈, 김아각(D. J. Cumming), 변요한, 노라복(Robert Knox), 유화례가 위원으로 임명되어 남장로회 미션스쿨의 공식입장과 대응책을 모색했다.[153] 신사참배 문제에 대하여 북장로회 평양 스테이션 선교사들 못지않게 보수적인 입장을 가지고 있었던 남장로회는 신사참배 문제가 기독교 신앙의 원리에 어긋나는 행위라는 점에 있어서 일치된 의견을 가졌다. 그들은 신사참배 문제와 관련된 주변적인 요소, 예를 들어 학교의 계속 운영이나 한국교회 관계 등을 고려한 것이 아니라 신사참배 문제가 근본적으로 기독교 신앙에 어긋난다는 점에 집중했다.[154] 그러나 신사참배 문제 앞에서 미션스쿨을 어떻게 처리해야하는가에 대하여는 선교회 안에 다양한 의견이 존재하였다. 한국교회가 미션스쿨 연합이사회에 참여하였기 때문에 학교 유지를 요구하는 한국교회의 입장이 선교회에 전달되었지만, 신사참배 문제에 대한 최종입장이 수렴되고 결정되는 과정에서 남장로회는 선교회와 본부 차원에서 불협화음이 없이 이 문제를 정리했다.[155] 미국 남장로회 2대 일본선교사 출신으로 미국 해외선교본부 총무를 맡고 있었던 다비 풀턴(C. Darby Fulton)의 리더십과 중재가 결정적인 역할을 한 것도 남장로회가 일치된 의견으로 입장을 정리할 수 있었던 중요한 요인이었다.

남장로회의 입장은 1936년 11월 4일 전주에서 열린 임시위원회 회의에서 결정되었다. 이 회의에서 채택된 결의문은 "예전처럼 교육사업을 수행하는 것이 불가능한 현 상황으로 인하여 교육선교를 포기할 수밖에 없다"는 내용이었다. "매우 심각한 결정이고 매우 유감스럽게 생각하지만 다른 선택은 할 수 없다"는 단호한 의지를 표명했다. 여기에 더하여 총독부와 협의하여 교육사업을 정리하는 위원회를 구성하고, "어떤 스테이션도 이 위원회의 권위에 반하

153) "Minutes of Ad Interim Committee, Mokpo, Korea, Nov. 5-6, 1935," *Minutes of the Forty-Fifth Annual Meeting* (1936), 37.

154) C. Darby Fulton, *Star in the East* (Richmond, VA: Presbyterian Committee of Publication, 1938), 210.

155) 신사참배 문제에 대한 남장로회 한국선교회의 입장과 이해에 대하여, Brown, "A History of the Korea Mission," 512-17.

여 독자적으로 행동해서는 안 된다"고 경고까지 하였다.[156] 학교폐교를 반대
하는 학생들과 교사들, 그리고 한국교회의 강력한 요구와 비판에 직면할 것을
예상하고, 그것이 선교회에 초래할 커다란 부담과 갈등을 인지하면서, 교육선
교의 원칙이 훼손되는 모든 가능성을 사전에 차단하기 위한 조치였다. 일제당
국은 남장로회가 오랫동안 동거동락한 학생들과 교직원, 그리고 한국교회의
비판과 압박을 받아 스스로 굴복하고 일제의 시책에 복종하기를 바라고 있었
다.[157] 그러나 이 결의문은 선교회가 단일대오를 형성하여 어떠한 상황에서도
신사참배 문제에 타협하지 않겠다는 의지를 드러냈다.

　　1937년 2월 2일에 해외선교부 총무 풀턴은 한국선교회의 간곡한 요청을
받고 교육선교에 대한 입장을 최종정리하기 위해서 내한하였다. 선교회 결정
에 반대하는 전방위 압박으로 인하여 선교회가 커다란 어려움에 직면해 있었
기 때문에 선교사들은 본부가 최종적으로 이 사안의 결론을 내려주기를 원
했다. 풀턴 박사가 내한하였을 때 학생, 학부모, 동문, 한국교회 지도자들과 일
제 당국자들까지 그에게 영향력을 행사하여 선교회의 결정을 뒤집으려 시도
했다. 심지어 일본 형사가 그를 따라다니기도 했다.[158] 풀턴은 1937년 2월 24
일 전주에서 열린 남장로회 임시위원회에 참석하여, 선교회의 입장과 한국교
회 대표들의 입장을 청취했다. 이어진 임시위원회는 풀턴이 직접 작성한 "한국
의 학교에 대한 정책" 성명서를 해외선교본부 훈령으로 직접 전달받았다. 이
것이 남장로회의 선교본부와 한국선교회의 최종입장으로 정리되었다. 풀턴은
1936년 11월에 선교회가 정한 학교폐교의 입장을 공식 지지하고, 최종 승인
하였다.[159] 성명서의 핵심은 1937년 4월부터 신입생을 받지 않고, 재학생들이
졸업할 때까지 학교를 운영하겠지만, 일제 당국이 신사참배를 강요한다면 지
체 없이 폐교한다는 것이었다. 또한 폐교 이후의 학교건물이나 자산은 다른 기
관에 증여, 임대, 대여, 매각 등의 방법으로 양도하는 것을 불허함으로써 한국
교회나 제3자가 학교를 운영하는 것도 차단하였다. 동일한 상황에서는 누가

---

156) "Minutes Ad Interim Committee, Chunju, Nov. 4-5, 1936," *Minutes of the Forty-Sixth Annual Meeting* (1937), 36-7.

157) 유화례, "수피아와 나 (5)," 『전남매일신문』, 1975년 5월 12일.

158) Fulton, *Star in the East*, 189-92; Brown, "A History of the Korea Mission," 519-20.

159) "Minutes of Ad Interim Committee, Chunju, Korea, Feb. 24, 1937," *Minutes of the Forty-Sixth Annual Meeting* (1937), 39-42.

이어가든지 교육선교의 목적을 상실하고 창학정신이 훼손당할 것이므로 원래의 목적대로 학교를 운영할 수 있는 환경이 조성될 때까지 전면 중단하겠다는 의지였다.[160] 교육선교의 목적과 원칙은 본질적인 부분이므로 타협이나 양보를 하지 않겠고, 더 이상 지킬 수 없다면 중단하겠다는 자세였다. 물론 이것이 일제에 대한 항일(抗日)이나 반일(反日)의 적극적 저항과는 거리가 멀었다. 그러나 실제로는 기독교 신앙과 양심에 따라 일제가 요구하는 신사참배와 천황제 국가 우상화에 참여하지 않겠다는 단호한 반대였다. 일제의 식민교육제도와 그것의 모태인 천황제 국가주의의 우상성을 정면으로 거부하는 근본적 저항이었다.

남장로회 안에는 최종결정이 내려지기까지 폐교와 처리방안에 대한 몇 가지 입장들이 있었다. 첫째, 신사참배를 공개적으로 반대하며 당국에 의해 강제로 폐교가 될 때까지 학교를 운영하는 방안. 그러나 이런 방안은 한국인 교직원의 신상에 위협이 될 뿐만 아니라 선교회가 일제와 정면으로 충돌하는 모습을 보이기 때문에 받아들여지지 못했다. 둘째, 학교부지, 건물, 시설을 한국교회에 인계하고, 현행 법령 아래서 가능한 범위 안에서 운영하도록 하는 방안. 한국교회의 많은 지도자들이 이 방안을 선호하였고, 일부 선교사들도 긍정적으로 여겼다. 북장로회는 선교회 내부 및 본부와의 갈등 끝에 결국 이러한 방식을 따랐고, 호주장로회도 이러한 방식을 선택했다. 그러나 남장로회는 신사참배를 반대하는 것이 신앙 양심의 문제라면 한국교회가 같은 일을 하도록 학교운영권을 넘기는 것은 정의롭지 않다고 여겼다. 자신들은 안 되고 한국인들은 된다는 것은 위선적이라는 것이다. 셋째, 학교를 비기독교인에게 매각하여 한국인들을 위해 학교를 운영하도록 하는 방안. 그러나 이것 역시 사실상의 굴복이라고 여겼다. 원칙상 해서는 안 되는 일을 다른 모습으로 하는 것은 속임수라고 보았다. 넷째, 교육사업에서 완전히 철수하고 곧바로 학교를 폐교하는 방안. 이것이 그들의 원칙을 지키는 최선의 길이라고 판단하였고, 최종입장으로 결정되었다.[161] 이러한 원칙에 따라 남장로회 미션스쿨은 1937년 9월에 전면 폐교되었다.

---

160) "Policy Regarding Schools in Korea," ibid., 43-6.
161) Brown, "A History of the Korea Mission," 520-22.

재한선교회는 신사참배가 종교의식인가 국민의례인가에 대한 입장이 나뉘었다. 감리교와 캐나다 연합교회 선교회는 신사참배 문제는 한국교회가 결정할 문제라는 입장을 취하며 한발 물러섰고, 신사참배를 수용하며 학교운영을 이어갔다. 북장로회와 호주장로회는 신사참배 문제로 선교회가 내부적으로 갈등을 빚었다. 북장로회는 일부의 반대에도 불구하고 1936년 7월 1일에 교육철수권고안을 결의하였고, 이에 반대하는 서울스테이션 선교사들과 소수파는 진정서를 제출하면서 설립정신을 이어갈 수 있는 단체에 학교를 양도할 것을 주장하였다.[162) 북장로회 해외선교본부는 학교를 이어나가야 한다는 주장을 수용하였고, 폐교된 학교의 자산이 학교를 운영해온 이사회와 한국교회에 매각되거나 혹은 개인이나 단체에 매각되어 운영되었다. 이러한 문제로 북장로회는 내부적으로 심각한 혼란과 갈등을 겪었다.[163)

호주장로회는 기독교 신앙이 훼손되지 않는 범위에서 일제 당국의 요구를 가급적 수용하는 것을 원칙으로 하였고, 미션스쿨 차원에서는 참배하지 않았지만, 개인의 참여를 문제시 하지는 않았다. 그러나 1936년 2월 7일에 신사참배가 신앙의 근본 원리에 어긋나므로 신사참배를 거부하기로 결의하였다. 이에 따라 선교회 안에서 정치적인 국민의례라는 입장과 종교적인 면이 섞여 있다고 보는 입장 사이에 논쟁이 일어났다. 결국엔 신사참배를 거부하고 학교를 폐교하기로 결정했다. 폐교 이후 학교는 일반에 매각되거나 공립으로 전환되어 운영되었다.[164)

재한선교회 가운데 남장로회는 신사참배 문제에 대하여 가장 강력하게, 일사분란하게 입장을 정리하고 학교폐교를 조직적으로 진행하였다. 이러한 비타협적 태도에 대하여 "원리원칙적인 입장을 고수"하면서 학생들의 학습권을 고려하지 않고 무책임하게 학교폐쇄를 결정하였다고 비판하는 주장도 있다.[165) 이러한 입장은 당시 학생과 학부모, 한국교회 지도자들의 비판이기도 했다. 목포 영흥학교와 정명학교 학생들이 폐교조치에 분개하며 단식투쟁을 하였고, 광주 수피아여학교에서도 학생들이 반발하며 교장 유화례 선교사를

162) 이성전, 『미국 선교사와 한국 근대교육』, 237-40.

163) Brown, "A History of the Korea Mission," 505-9.

164) Yoonmi Lee, "Religion, Modernity and Politics," 608-10.

165) 안홍선, 『일제강점기 중등교육정책』, 394-5.

감금하고 일부 교사들의 선동으로 집단행동을 하였다.[166] 교육의 기회가 좌절된 학생과 학부모 입장에서, 신사참배를 수용하더라도 자녀들을 계속 교육시키기를 바라는 한국교회의 입장에서는 선교회의 결정이 무책임하고 편협하다고 여길 수 있었다. 그러나 이후 전시체제기에 황국신민화라는 이념 아래 학교와 교육이 전쟁동원의 수단이 되어서 수업연한을 단축하고 학생들을 근로보국과 교육활동의 이름으로 군수공장이나 방공호 건설현장에서 노동인력으로 동원하고, 심지어 학도병이나 징병으로 동원하는 상황을 고려할 때 학생들의 학습권을 고려한 학교의 유지가 최선의 방안이었다고 단정하기는[167] 어렵다.

VI. 해방 이후 교육선교 정책과 활동

1. 북장로회 기독교 고등교육 사업

북장로회 선교사들은 해방 후 1946년부터 복귀하였다. 선교본부는 한국선교회를 재조직하기까지 전권을 가진 비상실행위원회(Emergency Executive Committee)를 구성하였고, 선교회와 논의하여 현장대표(Field Representative)를 임명했다.[168] 비상실행위원회가 선교사들 복귀 이전에 한국선교회의 기능을 수행하였다. 비상실행위원회 위원으로는 안두화(Edward A. Adams), 고언(Roscoe C. Coen), 플레처(Archibald G. Fletcher), 램프(H. W. Lampe), 노해리(H. A. Rhodes), 옥호열(Harold Voelkel)이었다.[169] 선교회를 대표하는 현장대표는 안두화(1948-1957), 베어드(Richard H. Baird, 1957-1960), 마삼락(S. H. Moffett, 1960-1964)였고, 권세

---

166) 『조선일보』, 1937년 3월 4일, 3월 9일; 유화례, "수피아와 나 (6)," 『전남매일신문』, 1975년 5월 13일.

167) 안홍선, 『일제강점기 중등교육정책』, 80-82.

168) Harry A. Rhodes and Archibald Campbell, eds., *History of the Korea Mission Presbyterian Churcn in the U. S. A. Vol. II: 1935-1959* (Commission on Ecumenical Mission and Relations, The United Presbyterian Church in the U. S. A., 1964), 70.

169) "Emergency Executive Committee Meeting, Korea Mission, Presbyterian Church, U. S. A., Seoul, Korea, October 2-5, 1946," *Minutes, Actions and Reports of the Korea(Chosen) Mission of the Presbyterian Church in the U. S. A. from August 1941 to June 1948* (n.p., n.d.), 18.

열(Francis Kinsler)이 부분적으로(1951-1952, 1957) 역할을 수행했다.[170]

북장로회는 교육선교를 위해 중등학교의 재건을 지원하였다. 서울의 경신학교와 정신여학교는 동문들에 의해 재개교되면서 선교회와 협력관계를 갖추었다. 선교회는 재건기금으로 학교건물을 새롭게 건축하는 것을 지원하였다. 또한 서울에 피난 온 숭실학교 동문들이 1948년에 학교를 재건하는 운동을 시작하며 선교회의 재건기금 사용을 청원했고, 선교회는 1956년부터 학교를 지원했다. 숭의여학교와 보성여학교도 서울에서 개교하였고, 선교회는 두 학교에도 재정을 지원했다.[171] 지방에서도 재건되는 중등과정 학교와 새로 설립되는 학교에 선교회가 재정지원을 했다. 청주의 세광고가 충북노회에 의해 설립될 때 선교회는 1950년에 학교부지를 확보하는 기금을 지원했다.[172] 안동의 경안고가 1954년에 설립될 때 선교회와 한국교회가 절반씩 기금을 모았고, 미군대한원조(AFAK) 프로그램[173]의 현물지원으로 1955년에 2층 벽돌 건물이 건립되었다.[174] 대구의 신명여학교는 동문들의 주도로 학교를 운영하면서 선교사들의 복귀 이후 사라진 미션스쿨의 기독교 전통을 되살리기 위한 노력을 기울였다. 1956년 학교는 미국교회 여성들의 감사헌금으로 채플실과 강의실 건립 기금을 확보하였고, 1957년에 건물이 완공되었다. 대구의 계성학교는 한국전쟁 중에 군병원으로 사용되었고, 전쟁 후 반환되었다. 1959년에 미국연합장로교회 남선교회 후원으로 4층짜리 새로운 건물을 건립하였다.[175]

중등학교의 재건과 설립에도 선교회는 재정을 지원했지만, 해방 이후 북장로회(이후 연합장로회)의 교육선교는 고등교육 기관의 설립 지원과 운영 참여에 집중되었다. 대구의 계명기독대학(Keimyung Christian College, 계명대학교 전신)은 해방 후 한국교회 지도자들의 요청과 노력에 북장로회가 협력하여 재건

---

170) Rhodes and Campbell, 70.

171) Ibid., 121-5.

172) Ibid., 133-4.

173) 미군대한원조(Armed Forces Assistance to Korea) 프로그램은 6.25 전쟁 복구를 위해서 미군 부대 단위로 진행된 사업이었다. "한국사회를 지원하는데 관심있는 부대가 지역 당국과 합동으로 사업을 선정"하고, 승인 후 사업을 지원하였다. 관할부대 군인들의 자원봉사와 할당된 자금을 활용하고, 획득이 어려운 자재를 공사에 배정했다. 이와 관련하여, 서일수, "6.25 전쟁 복구사업과 미군대한원조(AFAK) 프로그램," 「기록인」 21 (Winter 2012), 101-5.

174) Rhodes and Campbell, 153.

175) Ibid., 169-71.

기금을 대거 투입하여 설립한 대학이었다. 대구 스테이션의 첫 상주 선교사였던 안의와(James E. Adams)는 한국 남부지역에 대학설립의 비전을 가지고 있었으나 당시 선교본부는 숭실과 연희에 이은 제3의 대학을 승인하지 않았다. 해방 후 대구의 기독교 지도자들은 기독교 대학 설립의 필요를 느꼈고, 선교회를 통해 대학설립 청원을 하였으나 북장로회 선교본부의 승인을 얻지 못했다. 이에 따라 1953년에 자체적으로 대학설립 계획을 추진하기로 결정하고, 학교 정관을 만들고, 대구 스테이션의 선교사 2명과 안동 스테이션의 선교사 1명의 참여를 요청하여 이사회를 구성하였다. 안두화(Edward Adams)가 이사장으로 선임되었고, 대학은 4년제 대학에 준하는 학관으로 정부의 인가를 받았다. 감부열(Archibald Campbell)이 이사회에서 학장으로 선임되었으나 선교본부는 승인을 거부하다가 임시적으로 허락하였다. 대학은 1954년 4월에 개교하였고, 대구 스테이션은 안의와의 사택을 대학이 사용하도록 허락했다. 또한 한국전쟁 당시 대구에 내려와 있다가 1953년에 서울로 올라간 장로회신학교를 위해 지은 강의실, 기숙사, 교수사택을 대학이 사용하도록 허락했다. 북장로회 선교본부 총무 스미스(John C. Smith)가 내한하여 한국교회 지도자들의 요청을 받아들여 선교본부 자금지원과 기관에 대한 승인을 허락하였다. 북장로회 선교본부 재건기금에서 초기 설립자금 125,000 달러가 지원되었지만, 서울에 숭실대학을 재건하는 비용에 일부 지원하라는 단서조항이 달려 있었다. 1956년부터 북장로회는 예장총회와 모든 선교사업을 합동으로 진행하기 위한 협의체를 만들기 위해 선교회-교회협의회(Mission-Church Conference)를 구성하였고, 여기서 서울에 숭실대학 건립을 위해 35,000 달러를 재건기금에서 사용하고, 계명대학에는 9만 달러를 배정하여 건물, 시설, 5년간의 경상비로 사용하도록 결정했다. 감부열 학장은 부족한 금액을 다른 곳에서 모금하였고, 미군으로부터 31,000 달러에 달하는 건축자재를 확보했다. 대학본관 건축공사가 1955년 2월 8일에 시작되었고, 안두화 박사가 대학의 정초석을 놓았다. 봉헌식은 1955년 12월 5일에 거행되었다. 감부열의 뒤를 이어 2대 총장으로 안두화 박사가 압도적인 지지를 받아 선임되었고, 학장직을 수행하면서 총장공관, 여자기숙사, 상주 선교사 사택, 22동의 교수사택을 건립했다.[176]

---

176) Ibid., 171-5.

평양의 숭실대학은 공산당이 북한을 점령한 이후 공산당 양성학교 건물로 사용되었다. 1950년 한국전쟁 당시 일부 선교사들이 연합군을 따라 평양을 방문할 때까지 학교 건물에 큰 손상은 없었으나 이후 중공군 개입 시 미군 공습으로 파괴되었다. 숭실대학의 재건논의는 이북에서 월남한 동문들을 중심으로 추진되었다. 1952년에 과거 숭실전문 이사였던 고한규는 북장로회에 학교재건을 위한 지원을 요청하였다.[177] 북장로회는 1952년 회의에서 안두화(위원장)와 권세열에게 일임하여 선교본부에 5만 불 지원을 대학설립 자금으로 요청하기로 했다는 결의사항을 대학재건을 주도하는 영락교회 한경직 목사에게 알렸다.[178] "숭실재건기성회"는 1953년 12월 17일 영락교회에서 개최되었고, 이 회의는 숭실재건을 위한 공식적인 최초의 모임이었다. 회장은 한경직, 서기는 김양선이었다.[179] 숭실대학의 공식적인 시작은 영락교회에서 이루어졌고, 영락교회 건물을 사용하여 대학수업이 이루어졌다. 대학 이사회에는 북장로회와 남장로회가 참여하여 운영되었다.[180] 1956년 북장로회 선교회는 대학의 정관을 심사하여 학교설립을 승인하고, 약속한 설립기금을 승인하며 공식적으로 학교운영에 참여하였다. 학교이름은 예전에 사용하던 영문교명(Union Christian College)는 더 이상 사용하지 않고, 한글이름 숭실대학만을 사용하기로 했다. 대학설립 기금은 재건기금에서 35,000 달러가 지원되었고, 부족한 비용은 이북출신 기독교인들의 모금으로 채워졌다. 한경직의 뒤를 이어 미국 LA의 김성락 목사가 새로 건립된 숭실대학 학장으로 일하였다. 다섯 개 학과(영문, 철학, 사학, 법학, 경제학)로 출발하였고, 서울에 재건된 이후 첫 졸업생은 1958년에 배출되었다.[181]

북장로회는 재한선교회 연합의과대학(Union Medical College)인 세브란스 의

---

177) 숭실대학교120년사편찬위원회 편, 『민족과 함께 한 숭실 120년』 (서울: 숭실대학교, 2017), 230-31.

178) Rhodes and Campbell, 277-8.

179) 숭실대학교120년사편찬위원회 편, 『민족과 함께 한 숭실 120년』, 231.

180) 1954년 1월 이사회규정을 수정하여 확대된 이사회에 안두화(북장로회)와 인돈(남장로회)이 이사로 선정되었다. 그러나 1957년 이사회에서는 남장로회는 대전에 대전대학(한남대학교 전신)을 설립하여 운영하면서 숭실 이사회에서 빠지고 북장로회 인사들이 2명 참여하는 것으로 변경되었다. 1960년 이사회에 리처드 베어드가 명예이사로 추대되었고, 마삼락과 옥호열이 이사로 참여하였다. 이에 대하여, 앞의 책, 232-5.

181) Rhodes and Campbell, 276-80.

과대학의 재건에도 주도적 역할을 했다. 해방 후 선교회가 복귀하자 세브란스 학장 최동(Paul Choy) 박사가 선교회의 협력을 요청하였고, 1948년에 북장로회 한국선교회가 재조직되면서 세브란스와 협력을 재개했다. 북장로회 플레처 박사가 선교회 파송으로 세브란스에 머물면서 병원 재건을 도왔다. 1948년부터 세브란스 의대 학장을 맡은 이용설 박사는 연희대학과 세브란스의과대학이 함께 가야 한다는 구상을 구체화시키고 있었고 연희대학 인근에 구입한 새로운 부지로 이전할 계획을 세웠다. 주한 미8군은 한국주둔 기념으로 외과병동을 건립하여 세브란스에 기증하기로 했고, 40만 달러 상당의 건축자재와 7만 달러 상당의 시설을 제공하기로 했다. 북장로회는 최대 50만 달러에서 36만 달러를 지원하고 400병상 이상의 병원을 건립하기로 했다.[182] 북장로회는 연희대학의 재건에도 관여하였다. 미군정은 유억겸으로 하여금 대학을 재건하도록 하였고, 곧이어 그가 미군정 문교부장으로 옮기자 백낙준이 학장이 되어 학교재건을 이끌었다. 해방 이전에도 북장로회 선교사들은 학교 교수진으로 참여하였고, 해방 이후에도 원한경 부부와 원한경의 아들 원일한이 교수로 활동했다. 1955년에 연희대학과 세브란스의과대학 이사회가 연합하였고, 백낙준이 연합이사회 이사장이 되었다. 1957년에 연세대학교로 새롭게 출발하게 되었고, 백낙준이 초대 총장이 되었다.[183]

북장로회는 1956년에 예장총회와 협의회를 구성하면서 5개년 계획을 수립하였는데, 장로회 여자대학을 설립하는 것이 시급한 문제라는 것에 동의했다. 당시 예장총회 직영의 총회신학교가 과밀한 상황에서 교회에서 요청하는 풀타임으로 사역할 여성사역자들을 양성할 수 있는 교육기관이 절대적으로 필요했고, 또한 장로교 여성들을 위한 고등교육기관이 시대적으로 요청되는 상황이었다. 해방 이전에는 이화여전이 장로교 여성들을 위한 고등교육기관으로도 활용되었으나 이화여대가 기독교 사역자 양성보다는 사회적 경력을 위한 여성들을 길러내는 방향으로 발전하는 상황에서 신학과 성경을 철저히 가르치는 학과를 갖춘 장로회 여자대학 설립이 강력히 요청되었다. 이러한 인식에 따라 1960년에 설립된 장로회 여자대학이 서울여대였다. 예장총회에

---

182) Ibid., 282-90.
183) Ibid., 291-300.

서 위원회가 구성되어 계획안이 만들어졌고, 정관이 채택되고, 담당자들이 선정되었다. 미국장로교 여성지도자 더글라스(J. M. Douglas) 부인, 앳킨스(Margaret Atkins) 부인, 모저(Paul Moser) 부인이 방한하면서 미국교회 여성들의 헌금 8만 달러 후원을 약정했고, 정신여고 교장 김필례가 상당한 자금을 모았다. 이사회는 고황경 박사를 학장으로 임명하였고, 정관을 만드는 작업이 진행되었다. 북장로회 한국대표 리처드 베어드, 진 델마터(Jean Delmarter), 권세열 부인, 앤 버그맨(Ann Bergman)이 북장로회 파송 이사로 이사진에 참여하였다. 1958년에 미국에서 펀드가 답지하였고, 주선애가 미국에서 유학을 마치고 돌아와 학교 홍보를 맡아 전국교회와 노회와 여전도회에 학교설립의 필요성을 역설하였다. 1959년에 장로회신학교로 사용하기 위해 육군사관학교로부터 사들인 부지에 서울여대가 자리를 잡았고, 1959년에 첫 번째 대학건물 건축이 시작되었으며, 1960년 4월에 개교하였다.[184]

2. 남장로회 고등교육 기관 설립과 운영

해방 후 남장로교 해외선교부는 한국의 상황을 조사하는 위원회를 조직하였는데, 위원으로는 인돈과 함께 크레인, 김아각, 하퍼, 우월손(Robert M. Wilson)이 임명되었다. 한국에 도착하여 상황을 점검하던 인돈은 한국인 교인들의 열렬한 환영을 받았고, 무엇보다도 교육사업의 재개에 대한 강력한 요청을 받았다. 학교가 폐쇄되기 이전의 교육목적을 회복하고 인돈이 남학교(신흥학교)와 여학교(기전여학교)의 교장이 되어 당장 개교해야 할 것을 요청하였다.[185] 그리하여 신흥학교와 기전여학교는 1946년 11월에 재개교하였다.[186] 폐교된 남장로교 선교학교들은 속속 개교되었다.

해방 이후 한국에서는 대학설립에 대한 요청이 꾸준히 있어 왔고 남장로회도 이에 대한 논의가 있었다. 남장로회 선교지역의 기독교학교에서 배출된 학생들을 교육하기 위한 대학의 필요성이 요청되었던 것이다. 해방 이전에는 연합사업의 일환으로 숭실전문이나 세브란스 의전 운영에 참여하여 고등교

---

184) Ibid., 302-3.

185) Charlotte B. Linton to Folks, August 2, 1946.

186) G. Thompson Brown, 『한국선교이야기』, 252-3..

육을 해왔다면, 해방 이후에는 독자적인 남장로회 대학의 필요를 느끼며 설립을 추진하였다. 남장로회가 고려하는 대학은 그들이 미션스쿨에서 길러낸 학생들을 교육하는데 필요한 소규모 대학이면 충분하였다. 이에 1948년 2월 24일-25일에 순천에서 열린 임시위원회는 고등교육을 위하여 3명의 선교사를 충원해 줄 것을 해외선교본부 실행위원회에 청원하였고, 남장로교 선교회의 교육 센터로 활용하기 위해 대전에 새로운 선교지부를 설치할 타당성에 대해 논의하자는 동의안이 통과되었다. 그리고 예장총회에 남장로회가 고등교육(대학)의 문제를 고려하고 있다는 사실을 정식으로 알리자는 동의안이 통과되었다.[187] 이로써 남장로회의 대학설립안이 본격화되기 시작하였다.

해방 후 제2차 선교사 연례모임은 같은 해 5월 27일-6월 4일에 전주에 있는 인돈의 사택에서 열렸는데, 인돈이 의장으로 선임되었다. 이 회의에서는 여러 가지 문제들 외에도 대학설립에 관한 문제가 집중적으로 다루어졌다. 5월 28일 오전 회의에서는 정기환 목사가 장로교대학 설립의 문제를 제기하였고, 그가 대변하는 전북노회는 선교회가 전북노회와 협력하여 전주에 기독교대학을 설립해 줄 것을 제안하였다. 또한 순천노회의 대표들인 김상권, 나덕환, 김형모 목사가 선교회에 인사하였고, 김상권 목사는 순천에 대학을 설립해 줄 것을 요청하였다. 5월 29일 오전모임에서는 증경 총회장 배은희 목사가 다른 요청사항들과 함께 대학설립을 요청하였다. 6월 3일 오전모임에는 네 명의 전남노회 대표들이 인사하면서 광주에 대학을 세워달라는 청원을 하였다.[188] 대학설립과 관련하여 남장로회 산하 교육위원회는 다음의 사항들을 청원하였다.

- 우리는 인문대학(College of Liberal Arts)을 한국의 서남부에 설립할 것을 청원하며, 그 대학의 분명한 목적은 기독교 지도자와 교사와 미래의 목사(preacher)를 길러내는 것이다.
- 우리는 녹스 박사, 인돈, 하퍼 박사, 크레인 박사(구바울)로 구성된 위원회를 설

---

187) "Ad Interim Committee Meetings, Sunchon, February 24-25, 1948," *Minutes of Korea Mission, 1946-1948,* 30.

188) *Minutes of the Second Postwar Annual Meeting of the Korea Presbyterian Church of the U.S. in Minutes of Korea Mission, 1946-1948,* 33-41.

립하여 위의 청원을 실행하게 할 것을 청원한다.

- 우리는 다섯 노회에서 파송한 위원회의 제안에 따라 당분간 대학의 감독권을
선교회가 보유하도록 하지만, 우리 선교회의 실행위원회는 관계된 노회에서 온
대표위원과 협의하도록 지시할 것을 청원한다.[189]

이러한 교육위원회의 청원을 채택하면서 선교회는 몇 가지 내용을 결정하
였다. 위에서 언급한 실행위원회를 대학위원회(the College Committee)라고 부르
면서, 이 위원회가 본국의 해외선교본부 실행위원회와 대학설립 예산안을 논
의할 권한을 위임하였다. 대학설립을 위한 예산($25,000)이 추가되었고, 대학
설립의 위치는 광주에 적합한 장소가 있다면 광주로 하고, 그렇지 않을 경우에
는 전주에 설치하기로 의견을 모았다.[190] 초기에 대학설립의 장소로 대전은 전
혀 고려의 대상이 아니었다. 또한 대학의 교육이념은 일제강점기에도 유지된
남장로회의 교육목적이 그대로 계승되었다. 대학의 목적은 기독교지도자의
양성으로서, 단지 목사와 교역자만을 길러내는데 목적이 있지 않았고, 인문학
과 순수과학을 포괄하는 인문과학(liberal arts)을 전공한 지도자를 의미하였다.
한국교회를 이끌어 갈 목회자, 미션스쿨에서 가르칠 교사, 선교병원에서 일할
의사, 기독교적 정신으로 교회와 사회에 봉사할 기독교 인재를 양성하는 목표
를 지향하였다.

그러나 한국전쟁의 발발로 대학설립 추진은 뒤로 미루어질 수밖에 없었
다. 이후 1954년 5월 6일-15일에 전주에서 열린 연례회의에서 인돈이 의장으
로 선임되었고 이 회의에서 대학설립에 관한 중요한 문제들이 확정되었다.[191]
5월 10일 저녁회의에서 대학설립 후보지로 대전, 광주, 전주, 순천을 놓고 열띤
토론이 있은 후에 비밀투표를 진행하여 두 개의 지역만을 남기고 탈락시켰다.
순천과 함께 유력한 후보지 전주가 탈락하였다. 서의필(John N. Somerville)의 회
고에 따르면 사실 전주는 인돈이 대학설립을 원하던 지역이었다. 신흥학교를
중심으로 남장로회 교육선교가 깊게 뿌리내린 곳이었고, 선교병원(예수병원)과

---

189) "Report of the Educational Committee," 위의 책, 46.

190) 위의 책, 41.

191) *The Minutes of the Eighth Annual Post War Meeting of the Korea Mission.* 이 회의록에는 페이
지수가 생략되어 표시할 수가 없다.

의 연관성까지 생각해 본다면 대학설립 장소로 적합하다고 여겼다.[192] 대학설립의 최종 후보지는 광주와 대전 사이에서 결정되어야 했다. 5월 11일 오전에 속개된 회의에서 비밀투표를 통해 대전이 대학설립지로 최종 결정되었다. 5월 12일 회의에서 선교회는 인돈이 대전에 설립할 기독교대학을 이끌어 나가야 하며 그가 대학위원회를 구성하여 대학설립을 추진할 것을 결의하였다.[193] 대전이 대학설립지로 결정된 것은 새로 마련된 대전 스테이션이 다른 지역에 비하여 매우 넓은 장소를 확보하고 있었기 때문에 대학을 설립하기에 적합하다고 판단하였고, 다른 교파 선교회들과 연합으로 교육사업의 요충지로 발전시키려는 계획이 있었기 때문이라고 사료된다.

토지매입과 선교사 사택건축을 시작으로 본격적으로 대학설립과 대전 스테이션 개척이 동시에 진행되었고 대학건물 건축설계와 교과과정작업, 그리고 교수요원 확보 등의 작업이 이루어졌다. 1955년 11월에는 인돈이 전주에서 대전으로 옮겨왔고, 대학설립인가 신청을 하였다. 그러나 시설미흡 등을 이유로 4년제 대학보다는 정규대학에 준하는 "대전기독학관"으로 시작하고 건축 중인 학교건물이 완성되면 대학설립인가를 곧바로 추진하기로 하였다. 그리하여 1956년 2월 5일에 성문과, 영문과, 화학과의 3개 학과로 대전기독학관 설립 인가 신청을 하였고 3월 13일에 인가를 받았다. 그리하여 4월 10일에 대전기독학관(Taejon Presbyterian College)이 개교하였다.[194] 인돈과 김기수(Keith R. Crim)가 학교의 설립과 운영에 주도적인 역할을 하고 있었다. 신입생 81명과 전임교수 6명으로 시작한 작은 대학이었다. 신학교와 같은 분위기로 전교생이 세례교인이었고 날마다 경건의 시간으로 일과가 시작되었다. 교수와 강사들이 인도하는 묵상과 간증의 시간이었다. 매주 목요일에는 목사가 인도하는 예배가 열렸다.[195] 인돈의 부인 인사례(Charlotte B. Linton)는 대전기독학관이 비록 학생 수와 교수 수는 적지만 끈끈한 관계와 협력의 훌륭한 정신이 있는 학교이며 성경과 과학과 수학의 좋은 과목들이 있는 작은 기독교 인문과학대학으로서 한국

---

192) 최영근, 『인돈의 생애와 기독교정신: 미국 남장로회 선교사 윌리엄 A. 린튼(William A. Linton) 전기』 (서울: 한교총, 2022), 214-6.

193) *The Minutes of the Eighth Annual Post War Meeting of the Korea Mission.*

194) 최영근, 『인돈의 생애와 기독교정신』, 233-37.

195) 『한남대학교40년사』, 68-75.

사회에 기여할 것이라고 내다봤다.[196]

대전기독학관이 개교한지 얼마 되지 않은 1956년 12월 23일에 성문과, 영문과, 화학과, 수물학과 네 개 학과의 입학정원 480명의 4년제 정규대학 인가 신청서를 제출하였지만 시설미비를 이유로 인가가 불허되었다. 그러나 꾸준히 대학발전 자금을 모금하고 시설확충과 교수확보의 노력에 힘을 쏟으며 정규대학인가를 받기 위한 노력을 기울여 마침내 1959년 2월 26일에 대전대학 설립 인가를 받았다.[197]

VII. 결론

이 연구는 140주년 미국장로교의 한국선교 역사를 교육선교의 맥락에서 살펴보며, 그들의 교육선교의 정체성과 목적이 변화된 시대적 상황에서 구현되는 과정을 조명하였다. 북장로회와 남장로회를 아우르는 공통적 교육선교의 목적과 정체성은 한국교회 발전을 이끌어 나갈 기독교 지도자 양성이며, 이를 위해 철저한 기독교적 신념과 교육내용에 기반하여, 기독교 교사가 기독교인 학생들을 기독교적 원리로 가르치는 학교의 본질과 특징을 유지하는 것이었다. 구한말, 일제강점기, 해방 이후 한국사회에서 한국교회를 이끌어 나갈 지도자와 기독교 인재를 양성하기 위해서 기독교적 정체성과 교육목적을 유지하며 교육선교를 이어갔다. 선교초기 초등교육에서 시작하여 중등교육에 집중하고, 더 나아가 고등교육으로 발전시키며 체계적으로 교육선교를 이어나갔고, 교회학교, 미션스쿨, 기독교대학의 체계적인 기독교 교육의 체제 안에서 서구의 근대교육과 민주적 가치를 심화시키며 한국사회를 이끌어 나갈 시민 계층과 지도자를 배출하였다. 특히 일제강점기 한국사회에서 선교회가 발전시킨 기독교 학교는 근대적 지식과 민주적 시민의식과 더불어 무너진 민족-국가를 재건하는데 필요한 기독교 민족의식을 불어넣는 교육의 공간으로도 작용하였다. 한국교회와 기독교 공동체를 위한 인재 양성이라는 본질적 목적 외

---

196) Charlotte B. Linton to Friends, Nashville, Tennessee, April 23, 1958.

197) 『한남대학교40년사』, 82-9. 대전대학(Taejon Presbyterian College)은 1970년 숭실대학과 합병하여 숭전대학이 되었다가, 이후 1982년에 분리되어 한남대학교가 되었다.

에도 선교회의 교육목적에 동의하는 비기독교인 학생을 받아들여 교육하면서 다른 방법으로는 서구적 근대 교육을 제공받을 수 없었던 당시 한국사회에서 미션스쿨과 기독교 학교는 한국의 근대교육 발전에 결정적 기여를 했다. 교육을 통해서 근대 한국사회가 형성되고, 일제 식민통치를 극복하며 민주국가를 건설하는 기반이 되었기 때문에, 미국장로교(북장로회와 남장로회)를 비롯하여 재한선교회의 교육선교는 전도와 의료를 포함한 그 어떤 선교영역보다 한국사회에 발전에 결정적 공헌을 했다고 평가할 수 있다.

기독교 학교와 미션스쿨에서 기독교 신앙과 가치를 체득한 기독교적 인재를 양성한 것은 일제강점기와 해방 이후 혼란과 한국전쟁의 참화라는 어두운 한국의 역사를 뚫고 자유롭고 정의로운 사회를 건설하는 동력을 제공했을 뿐만 아니라 이들이 한국교회 지도자로서 교회발전을 이끌었다는 점에서 지속가능한 한국기독교 발전과 한국교회 성장에 결정적인 기여를 했다고 평가할 수 있다. 대한제국의 멸망과 해방 후 대한민국 정부수립 사이에 끼여 있는 일제강점기는 나라의 독립을 무너뜨리고 민족공동체를 근본적으로 해체시킬만한 파괴적인 시기였다. 일제의 식민교육은 근대화를 표방하였지만, 차별과 서열화를 통해 식민체제의 권위에 복종하고 제국주의 확장의 필요에 유용한 사람으로 길러내는 식민지배의 도구였다. 그러나 미션스쿨은 구한말과 대한제국 시기부터 한국인들의 근대화의 열망을 충족시키고 근대사회를 형성하는 중요한 기제(機制)였다. 미션스쿨의 기독교적 교육은 한국의 복음화와 한국교회 발전에 기여하는 기독교적 인재 양성이라는 선교적 목표를 가지고 있었지만, 기독교적 정신과 더불어 민주적, 근대적 교육을 얻을 수 있는 기회를 제공하였다. 선교회 학교가 제공하는 대안적 교육은 당시 식민지 조선과 조선인에게 서구적 근대교육의 유일한 통로였다. 따라서 사립학교와 미션스쿨의 기세(氣勢)를 꺾지 않고는 식민교육이념을 달성하는 것이 불가능했던 일제는 법과 제도를 통해 기독교학교를 압박하며 식민교육제도 아래 두고 통제하였고, 제도권 밖의 기독교 교육은 철저히 고사(枯死)시키는 정책을 사용하지 않을 수 없었다. 조선교육령과 사립학교규칙과 지정학교제도는 그들이 한국에서 교육제도를 독점적으로 지배하고 사립학교를 규제하고 통제함으로써 식민교육이념을 달성하기 위한 법적, 제도적 장치였다. 1915년 사립학교규칙의 개정으로 종교교육을 금지하여 미션스쿨의 전향과 굴복을 의도했던 것과, 1936년 신사참배를 앞세워 기독교 학교를 일제 천황제 국가체제에 굴복시키려고 했던 것도 같은 맥락이었다.

일제의 엄혹한 식민통치와 천황의 철저한 신봉자를 길러내는 일제 식민교육제도 아래서, 선교회가 운영하는 미션스쿨이 기독교적 교육의 정체성과 목적을 끝까지 지켜내면서 투철한 기독교 신앙과 건강한 민족의식을 갖춘 인재들을 양성한 것은 어두운 시대를 가로질러 한국사회에 밝은 내일을 열어가는 초석(礎石)이 되었다. 일제강점기 미국 남장로회 교육선교를 이끌었고 해방 이후 남장로회 고등교육을 주도한 인돈 선교사가 한국에서 선교회가 할 수 있는 최고의 봉사가 교육이라고 지적한 것은 의미심장하다. 한국인을 철저한 천황의 숭배자로 길러내는 식민지 교육, 물질주의와 이데올로기의 노예로 길들이는 세속적 교육이 아니라 그리스도의 사람으로 건강한 인성을 갖추고, 교회와 사회와 민족을 위해 봉사하는 섬김의 지도자를 길러내는 진정한 기독교적 교육이야말로 한국교회와 한국사회의 축복이라고 여겼던 것이다. 그것은 단지 인돈 한 사람의 비전이 아니라 평양 숭실을 시작한 배위량, 그 학교를 이끌어 나간 마포삼열과 윤산온, 그리고 서울에서 연희전문을 시작하고 복음의 사회적 확장을 추구한 언더우드, 대구의 기독교대학의 비전을 품은 안의와, 안두화를 비롯한 수많은 선교사들의 교육선교의 비전이기도 했다.

구한말, 일제강점기와 마찬가지로 해방 이후 기독교가 사회에 영향을 끼칠 수 있었던 가장 중요한 기여 가운데 하나는 기독교 학교를 설립하고 기독교적, 근대적 교육으로 한국교회와 사회가 필요로 하는 인재를 양성한 교육선교라고 평가할 수 있다. 무너진 한국사회를 다시 일으켜 세우는 과정에서 국가와 사회와 교회의 발전을 위해 가장 절실했던 고등교육기관 설립과 운영에 미국 장로교 한국선교회가 기여함으로써 교회와 사회에 항구적인 영향을 끼쳤다.

7장

연표

- 미국 감리교회
- 미국 장로교회
- 호주장로교회/호주연합교회

⟨미국 감리회 한국선교 약사⟩

1883.9	가우처목사가 보빙사절단 전권대신 민영익을 만나 조선선교에 관심을 갖다.
1883.11.6	가우처 목사가 미감리교 해외선교부에 한국선교를 요청하고 2천불을 기탁하다.
1884.1.31	가우처 목사가 일본주재 선교사인 매클레이에게 한국방문을 요청하다.
1884.3.	미감리회 해외선교부에서 매클레이 목사에게 한국 방문 지시하다.
1884.6.24	맥클레이 선교사, 최초로 공식내한하여 교육, 의료사업을 제안하는 고종 윤허 (7.3)를 확인하다
1884.10	스크랜턴 대부인 미감리회 해외여선교회에서 선교사로 임명하다.
1884.11.	미 감리회 총회 선교위원회에서 한국선교를 결정하다.
1884.12.4	스크랜튼 선교사 목사안수를 받다.
1884.12.	매클레이 선교사가 이수정에게 감리교교리문답 한글번역을 요청하다.
1885.2.2	아펜젤러 선교사 파울러감독의 집례로 목사안수를 받다.
1885.3.5	동경 아오모리, 맥클레이 선교사 사택에서 조선선교사회를 조직하고, 파울러 감독이 매클레이 목사를 조선선교사업관리자로, 아펜젤러를 부관리자로, 스크랜트 대부인을 회계로 임명하다.(2.23 파울러감독)
1885.4.5.	감리교회 첫 선교사 아펜젤러 선교사(교육), 스크랜턴 선교사(의료5.3) 스크랜턴 대부인(여성6.20) 내한
1885.9.10	스크랜튼 선교사, 정동 시병원 개원하다.
1886.4.25	부활절에 언더우드의 보좌로 서울에서 스크랜튼의 딸(마리나), 아펜젤러딸(앨리스), 일본공사 하야카와 테츠야에게 세례를 주다.
1887.7.24	아펜젤러 목사가 박중상(배재학생)을 한국인 최초로 세례하다.
1895	미국 남 감리교회 리드 선교사 내한
1905.6	미 감리회 신학당 건립을 결의하고 조원시(C.H. Jones) 목사를 초대당장으로 임명하다. 감리교회 선교연회 조직
1914	남 감리교회 한국선교연회 조직
1924.6.16	미감리교회 부인부 유지재단 설립 허가
1925.6.22	재단법인 남감리교회 조선선교부 유지재단 설립 허가
1926.5.7	재단법인 미감리교회 조선선교부 유지재단 설립 허가

1927	남 감리교회 선교 30주년 기념식 거행, 남·북 감리교회 총회에 한국감리교회 합동청원
1931	제1회 동부, 서부. 중부 연합연회 조직, 제1회 만주선교연회 조직, 세계감리교회 최초로 여목사 제도 및 여자 평신도 총회 대표 제도를 시작하다. S.쿠퍼외 13명의 여선교사에게 목사안수를 하다.
1934.6.24	한국 감리교 선교 50주년 기념행사/서울 배재학교 50주년 기념 씰을 발행하다.
1941.2.20	2차세계대전 발발로 감리교 선교사 한국 철수
1953.3	대전제일교회에서 중부, 동부연합연회와 특별총회모임, 류형기 목사 제7대 감독 피선, 웨슬리 탄생 250주년 기념 부흥의 해로 정하고 배가운동시작, 부녀회를 여선교회로 개칭
1954.3	제3회 정기총회(정동교회) 류형기 목사 제7대 감독으로 재선, 한국선교70주년 기념사업의 해(1954.4~1955.3)에 전도하기로 결의하다
1954.6.27	한국 선교 70주년 기념주일로 지키다.(6.24기념일)
1968	한미감리교회 선교협의회를 온양에서 개최하다.
1975.9.10	김창희감독이 새세계 선교를 위한 기독교대한감리회 선언서를 발표하다.
1980.6.10~12	한국 감리교회 미래의 전망이란 주제로 전국 선교부 및 사회부 총무 협의회를 부산애린유스호스텔에서 개최하다.
1981	김옥라 장로 세계감리교 여성연합회 회장(1981~1986) 및 세계감리교협의회 임원 취임.
1982.1.11~13	감리사,선교부총무,사회부총무협의회(임원대회)를 온양제일호텔에서 개최하다.(강사 제임스 암스트롱 감독)
1986.10.23	광화문 선교 100주년 감리회관 기공예배
1988	1995. 8. 15. 직전 주일을 해방 50주년, 한국선교 110주년 한반도 평화통일을 위한 공동기도주일로 지키기로 결의하다.
1988.10.26	호주연합교회와 선교협력 협약을 체결하다.
1989.7.27	제18회 총회 제5차 실행부위원회에서 한국감리교회와 브라질감리교회(IMB)의 선교협정을 인준하다.
1992	전 주한선교사 제임스 레이니 박사가 주한 미국대사로 부임하다.
1993.4.1~2.	창천교회에서 국외선교연회를 조직하다.
1995.10.24~26	제21회 총회 입법의회, 광림교회에서 열다. 국외선교연회를 신설하다
1997.2.20.	국외선교백서를 발간하다.
1999.10.28~30	입법의회(만나교회)에서 국외선교연회가 미주선교연회로 개칭되다.

2005.5.10-12	2005 임원대회를 강원도 횡성 현대성우리조트에서 개최하여 900여명의 임원이 모여 선교120주년을 반성하고 교회와 민족을 향한 소명을 새롭게 하다.
2006.5.24	양화진에 하디 선교사 영적대각성운동 기념비를 건립하다.
2006.5	선교사 백서를 발간하다.
2008.4.3-6	세계 감리교선교사대회를 온양 팔레스호텔, 하늘중앙교회에서 300여명이 참가하여 감리교회 세계선교를 위한 네트워크의 기초를 마련하다.
2008.9.18	독일감리교회와 선교협약을 체결하기 위해 프랑크푸르트에 있는 독일감리교회 본부를 방문하다.
2008.11.4	감리교회 선교사자녀 장학재단을 종교교회에서 창립하다.
2008.12.30.	해외선교백서를 발간하다.
2016.09.01	미국 휴스턴에서 제1차 한반도 평화를 위한 라운드테이블 (KMC, UMC, WMC) 개최하다.
2016.09.03.	박종천 목사 세계감리교협의회 의장으로 선출되다.
2017.	한국선교부에서 아시아선교본부로 확장하다.
2023. 8. 28-29	한국 서울에서 제4차 한반도 평화를 위한 라운드테이블 개최하다.
2024.8.14-18	스웨덴 예테보리에서 열린 제22차 감리교협의회 총회에 대표단 참가하다.

〈미국장로교회 한국선교 약사〉

1884.9	미국 북장로교 Horace Allen(안련) 내외 미국공사관 내의로 내한 갑신정변 때 민영익 치료로 고종의 시의로 임명
1885.4	미국 북장로교 Horace Underwood(원두우) 선교사 미국감리교 아펜젤러 선교사와 함께 내한
1885.4	광혜원(제중원) 설립하여 의료활동
1886.5	언더우드에 의해 고아학교 개원 (경희 > 연희전문 > 연세대학)
1887.9	존 로스 선교사 및 조선인 신자 14명이 참석한 가운데 언더우드 새문안교회 창립
1889.12	선교사 연합기구(United Council of Mission in Korea) 설립
1890.1	미국 북장로교 Samuel Moffett(마포삼열) 선교사 내한
1892.11	미국 남장로교 William Junkin(전위렴) 선교사 내외 내한
1893.1	남북 장로교 선교사들이 모여 장로회선교부공의회(The Council of Mission Holding the Presbyterian Form of Government) 조직. 선교구 분할협정 교계예양

	체결. 호남을 남장로교 선교 구역으로 결정.
1895.4	미국 남장로교 Eugene Bell(배유지) 선교사 내외 내한
1895.7	한국 최초 교회인 소래교회가 한국인에 의해 설립
1897.5	예수병원 설립. 남장로회 한국 여선교사인 의사 잉골드(Martha B. Ingold)에 의해서 설립 개원됨
1901.2	평양 장대현교회에서 Moffett(마포삼열) 선교사가 김종섭, 방기창 장로에게 신학수업을 하며 평양신학교 시작
1903.10	언더우드, 헐버트, 게일 선교사 등이 윤치호, 김규식 등과 함께 상류 지식층 지도자와 청년 전도를 목적으로 황성기독청년회(현 YMCA) 창립
1905.11	남장로교 의료선교사 Josheph W. Nolan의 사택에 진료원을 개설하며 광주 제중원(현 광주기독병원) 시작. 광주 지역 현대 의료의 시작.
1907.9	대한예수교장로회 독노회 창설, 선교사 33명 모임(한국 최초의 목사 7명 장립)
1912.2	서서평(Elisabeth Shepping) 선교사 내한
1921.2	미국 북장로교 Wallis Anderson(안대선) 선교사에 의해 기독청년면려운동(Christian Endeavor Movement) 설립
1924.6	미국북장로교 유지재단(United Presbyterian Juridical Person) 창립
1927.1	미국 남장로교 Florence Root(유화례) 선교사 내한
1933.2	유화례 선교사 수피아여학교 교장 취임 / "수피아의 어머니"
1937.9	남장로교 선교회는 신사참배 반대 차원에서 미션스쿨 폐교
1938.2	장로교 평양신학교 학생들의 신사참배 반대운동
1938.9	일제 총독부가 장로교총회에서 신사참배를 결의하도록 강요함
1938.10	YMCA, YWCA를 해산시키고 일본기독교청년회에 종속시킴
1942.6	선교사들 강제 송환
1946.1	남장로교 의료선교사 윌슨(Robert M. Wilson) 내한. 순천 애향원
1946	북장로교 선교사 11명 내한
1947.10	해방 후 복교한 수피아여고에 유화례 선교사 8대 교장 취임
1950-1954	전후 한국교회 복구를 위해 미국장로교가 180만 달러 모금
1953.6	대한기독교장로회 조직. 미국남북장로교 선교회는 장로회신학교 지지.
1954.12	북장로교 선교사 감의도(Otto Decamp)의 주도로 CBS 기독교 방송국 개국
1957.4	Henry Jones 목사의 권유로 1958년 4월 <영등포지구 산업전도위원회>(현 영등포 산업선교회) 창립
1959	한국 내 미국장로교 재산 대한예수교장로회(통합)에 이양 시작

2013.1	이광원(Kurt Esslinger), 이혜영 선교사 내외 내한
2013	미국장로교 유지재단(UPJP)의 선교지원프로그램 시작
2015.1-2020.6	화해평화 좌담회 (50회)
2020.3	미국장로교 내한선교사 총람 발간
2020.8	한명성, 김지은 선교사 동아시아 선교 담당으로 내한
2021.3	이은주 선교사 동아시아 선교 담당으로 내한

〈호주장로교회/호주연합교회 한국선교 약사〉

1880-1890년대

1889	호주 빅토리아장로교회 헨리 데이비스 목사와 누이 메리 데이비스 한국 파송
1890	호주 빅토리아여선교연합회 창립
1891	제임스 매케이 목사 부부, 벨레 멘지스, 메리 포세트, 진 페리 부산 도착
1892	엘리자베스 무어 부산 도착
1893	부산선교부 개원
1894	앤드류 아담슨 목사 부부 부산 초량 거주
1895	아그네스 브라운 부산 도착

1900년대

1900	겔슨 엥겔 목사 부부 부산 도착-부산진교회 부임
1901	휴 커를 박사 부부 부산 도착
1903	심취명 경상남도 첫 장로 안수
1905	진주선교부 개설
1905	메리 켈리와 엘리스 니븐 부산 도착
1906	빅토리아여선교연합회 '더 미셔너리 크로니클' 창간호 발행, 마산에 독서숙(후에 창신학교) 설립
1906	진주에 소학교 설립. 후에 광림남학교와 시원여학교로 명명
1907	넬리 스콜스 진주 도착, 한국교회 독노회 설립. 왕길지 목사 개회 설교
1909	데이비드 라이얼 목사 부부 진주 도착

1910년대

1910 노블 맥켄지 목사 부산에 도착, 프란시스 클라크 진주 도착, 마가렛 데이비스 양과 프레더릭 매크레이 목사 한국 도착, 빅토리아장로교회 총회 대표단 한국방문, 로버트 왓슨 목사 한국 도착

1911 마가렛 알렉산더 양 한국 도착, 마산선교부 설립, 찰스 맥라렌 부부 진주 도착, 이다 맥피 도착

1912 첫 경상노회 임시노회장 왕길지 목사, 마산 의신초등학교 개교, 예수교장로회 조선총회 창립총회. 손안로와 왕길지 목사 참석, 켈리 목사 부부 도착, 알버트 라이트 목사 도착, 거트루드 네피어 간호사 도착

1913 알렌과 커닝햄 목사 진주에 도착, 윌리엄 테일러 박사와 퀸즐랜드의 캐서린 레잉 도착, 통영선교부 개원, 통영 시약소 설치, 거창선교부 개원, 진주에 진명유치원 개원. 진명야학교 시작, 총회 제2대 총회장으로 엥겔 선출, 진주 배돈기념병원 완공 및 공식 개원, 통영 진명야학교 설립. 마산에 의신여학교 설립

1914 에이미 스키너와 에버리 거창 도착

1915 거창 명덕강습소 설립, 호킹, 스코트, 토마스 목사 부부 도착

1916 경남노회 설립. 초대 노회장 엥겔 목사

1918 진 데이비스 박사와 위더스 한국에 도착, 통영 소녀들을 위한 산업반 시작, 제인 매카그 부산 도착

1919 일신여학교 교사와 학생 만세운동 참여, 마산 문창교회 중심으로 만세운동 시작, 통영 진명여학교 교사 만세운동 주도, 메이지 테잇 거창 도착, 엥겔 목사 부부 평양신학교 강의, 빅토리아장로교회 대표단 한국방문

1920년대

1921 에디스 커 진주에 도착, 마산의 김호열 호주 멜버른 유학

1922 마틴 트루딩거 목사 부부, 조지 앤더슨 목사 부부, 진, 에셀 딕슨 한국 도착

1923 맥라렌 박사 부부 세브란스의과대학 이전, 진주 시원여학교 개교, 엘리자베스 던 한국 도착

1924 부산에 빅토리아장로교 유지재단 설립

1925 동래일신여학교 개교

1926 양한나 호주빅토리아교회 방문

1929 토마스 볼란드 목사 부부 진주 도착

1930년대

1931	프란시스 커닝햄 목사 성서번역위원회 임명
1933	빅토리아장로교회 총회장 매카울리 목사 방한
1934	에스몬드 뉴 목사 부부 마산에 임명, 마산 복음농업실수학교 설립
1935	헤럴드 레인 목사 부부 한국 통영 도착, 제임스 스터키 목사 부부 한국 진주 도착, 동래에 여자농업실수학교 개교
1936	호주선교회 신사참배를 반대 선언문 발표, 이삼남 호주 멜버른 방문, 부산진 일 신 여학교 새 건물 완공
1937	캐서린 리체 마산에 도착, 간호사 송옥순, 이영복 호주 연수, 빅토리아장로교회 백 주년 기념. 이약신 목사 한국교회 대표로 참석
1938	거창에 새 학교 건립 및 개교, 복음농업학교 구포로 이사
1939	호주선교회 신사참배 반대 입장 재확인, 세계 2차 대전 발발, 호주장로교회 한국 선교 50주년 기념, 빅토리아장로교회 총회 특별대표단 한국방문

1940년대

1940	레인 선교사 신사참배 불협조 이유로 경남노회 시찰권 및 당회권 파면, 영국과 미 국 선교사 한국 출국할 것을 통보
1941	알렉산더와 테잇 경찰에 의하여 구금, 일본의 진주만 공격. 맥라렌 진주에 11주 구금. 그 후 라이트 부부와 레인 부부와 함께 부산에 억류
1942	마지막 호주선교사 호주로 귀국
1946	해외선교위원회 대표단 총무 앤더슨 목사, 레인 목사 한국 방문
1947	위더스, 던, 레게트 양 부산 입국

1950년대

1950	헤럴드 레인 목사 가족, 율 목사 부부, 맥납 한국 도착, 한국전쟁 발발
1952	캐서린과 헬렌 맥켄지 자매 부산 도착-부산일신병원 설립
1953	에디스 골드 부산 도착-일신병원에서 근무, 찰스 케년 목사 부부 부산 도착
1954	애슐리 콜빈 도착
1955	프레드 터비 부산 도착
1957	알란 스튜아트 목사 부부 부산 도착-마산과 부산에서 사역, 제임스 스튜아트 목 사 부부 도착-부산과 진주 사역, 아그네스 와렌 의사 입국
1958	제임스 크로프트 목사 부부 도착
1959	브리즈번의 조이스 앤더슨 목사 부산 도착

1960년대

1960	조안 잉글랜드 디커니스 도착-진주에서 사역, 도로시 언더우드 도착-장로회신학대학과 이화여자대학 교회음악 교수, 데스몬드 닐 목사 도착-진주와 예장 총회 협력
1962	마저리 하포드 디커니스 도착
1960	존 브라운 목사 부부 한국 도착-마산과 서울 장신대에서 히브리어와 구약학 강의
1964	바바라 마틴 의사 부산 도착. 부산일신병원 사역, 리차드 우튼 목사 부부 한국 도착. 서울 영등포산업선교회 근무, 윌리엄 포드 부부 한국 도착
1965	베리 로우 목사 부부 한국 도착-서울과 울산
1968	도로시 나이트 도착-일신병원과 전주 예수병원 근무, 베리 로우 양지훈련재활원 설립

1970년대

1972	레이몬드 스타만 도착-부산과 거제도 사역, 호주장로교회와 호주연합교회 총회 영등포산업선교회 총무 12년간 봉급지원
1975	엘리자베스 니콜슨 의사 부산 도착-일신병원 근무
1976	스티븐 라벤더 서울 도착-영등포산업선교회 근무
1977	호주연합교회 탄생. 한국선교관계 호주장로교회에서 호주연합교회로 이관
1979	앤서니 도슨 한국 도착-영등포산업선교회 근무

1980년대

1982	크리스챤 모스테드 목사 부부 도착-장신대 교수
1986	임경란 선교사 서울 도착-영등포산업선교회 근무
1989	한호선교 백주년 기념예배 한국과 호주에서 진행, 김진엽 부산 도착-일신기독병원 치과의사로 근무. 임수경 방북 편의 제공 혐의로 구속

1990년대

1990	데비 카슨 서울 도착-영등포산업선교회 근무
1992	데브라 굿서 서울 도착-아시아여성정보센터 근무
1994	엘렌 그린버그 서울 도착-영등포산업선교회 근무

2000년대

2000	로한 잉글랜드 서울 도착-영등포산업선교회와 안산 외국인노동자센터 근무

| 2009 | 예장 통합 총회와 호주연합교회 총회 '한호선교 120주년 기념 선교선언문' 선포. 선교 120주년 기념행사, 마산에 순직 호주선교사 묘역 제막, |

2010년대-현재

2010	양명득 선교사 서울 도착. 예장 총회와 제10차 세계교회협의회 준비위원회 사역, 영등포산업선교회 국제협력부 근무
2014	한호선교 125주년 기념예배 부산진교회에서 열림
2019	예장 총회 '한호선교 130주년 기념 예배', 호주 멜버른교회 기념예배
2023	호주선교기념관 개관-마산, 부산진교회 호주장로교 한국선교기념교회 지정